RENCONTRES
160

La Scène en miroir : métathéâtres italiens (XVIe-XXIe siècle)

Ouvrage publié avec le concours de l'EA 4385 Laboratoire d'études romanes,
de l'axe histoire de l'EA 1573 Scènes du monde, création, savoirs critiques
de l'université Paris 8 – Vincennes – Saint-Denis
et du LABEX Arts et médiations humaines (Arts-H2H).
Cet ouvrage a bénéficié d'une aide de l'État français gérée
par l'Agence nationale de la recherche au titre du programme
« Investissements d'avenir » (ANR-10-LABX-80-01).

La Scène en miroir : métathéâtres italiens

(XVIe-XXIe siècle)

Études en l'honneur de Françoise Decroisette

Sous la direction de Céline Frigau Manning

PARIS
CLASSIQUES GARNIER
2016

Céline Frigau Manning est maître de conférences en études théâtrales et italiennes à l'université Paris 8 – Vincennes – Saint-Denis et membre junior de l'Institut universitaire de France. Ancienne élève de l'École normale supérieure de Paris, agrégée d'italien, elle a été pensionnaire à la Villa Médicis. Ses travaux portent sur l'opéra (*Chanteurs en scène*, Paris, 2014) et la traduction théâtrale.

ISBN 978-2-8124-6007-4 (livre broché)
ISBN 978-2-8124-6008-1 (livre relié)
ISSN 2103-5636

INTRODUCTION

En 2004, Robert Carsen met en scène *Capriccio* à l'Opéra de Paris. Au Palais-Garnier, foyer, salle et plateau, il emprunte ses décors pour y démultiplier les effets de métathéâtralité propres à l'œuvre de Richard Strauss. Ainsi se découvre une scène en miroir, saisissant la Comtesse et son public jusque dans l'ultime vertige de leur propre reflet. Les panneaux des décors remontent alors, et dans la solitude du fond de la scène nue, une danseuse esquisse quelques mouvements à la barre. En quelques instants, les coulisses débordent et reprennent le plateau. Ce qui vient de s'écouler sous nos yeux était-il bien « réel », dans les limites de la fiction théâtrale, ou n'était-il que chimère ? L'illusion est-elle rompue, ou renforcée par le degré de conscience que nous en prenons ?

Si Carsen fait du miroir un *leitmotiv* de sa mise en scène, c'est sans doute, au-delà de la force d'évocation métaphorique et symbolique de l'objet, pour le vertige immédiat qu'il produit sur la perception. Car un miroir ne reflète pas que l'image d'un sujet qui s'y penche ; il renvoie les réflexions de l'espace qui l'entoure. De là ce « double paradoxe de la perception spéculaire » que l'anthropologue Julien Bonhomme décrit en ces termes : « d'une part, le reflet de soi dans le miroir dédouble le sujet ; d'autre part, l'espace du reflet est perçu comme le prolongement de l'espace réel au-delà du miroir. Le double spéculaire ouvre sur des vertiges identitaires, l'espace spéculaire sur des vertiges ontologiques[1] ».

La scène en miroir permet donc d'explorer un espace ambigu, celui-là même que Borges désigne comme « le fond illusoire des miroirs[2] ». Cet espace n'est pas le simple prolongement du réel : le miroir qui reflète le Palais-Garnier n'en est pas la continuation, il est plutôt la confirmation

1 J. Bonhomme, « Réflexions multiples. Le miroir et ses usages rituels en Afrique centrale », *Images Re-vues*, 4/2007, en ligne : http://imagesrevues.revues.org/147 (consulté le 26 septembre 2016).

2 J. L. Borges, « Tlön Uqbar Orbis Tertius », *Fictions*, trad. P. Verdevoye, N. Ibarra et R. Caillois, Paris, Gallimard, [1957], nouvelle édition augmentée, 1983, p. 15.

d'un espace autre, à la fois ancré dans le réel, non assimilable à son redoublement, invisible si ce n'est sous forme de panneau décoratif, autrement dit par la prise de conscience de l'artifice. C'est la mise en perspective problématique d'un espace qui est déjà lui-même un théâtre à l'italienne – autrement dit, une scène d'illusion. La « profondeur de champ abstraite[1] » que le théâtre dans le théâtre introduit n'en est que plus manifeste.

Loin de se limiter à l'autoréflexion, toute scène en miroir interroge ainsi le trouble de la perception. Face au miroir, mais aussi au-delà du miroir, nous voyons se dérouler devant nous des scènes qui nous sont extérieures en même temps qu'elles nous saisissent. Pris et compris dans l'espace où nous sommes, nous ne portons plus alors sur la scène en miroir un regard de simples témoins. C'est un regard participatif, intérieur – comme dans un rêve qui se dédoublerait. Mais « quand on rêve qu'on rêve, le rêve "intérieur" dit la vérité », note Anne Ubersfeld en écho à Freud[2]. Et lorsqu'on rêve qu'on rêve, c'est qu'on est conscients de rêver. De même, reconnaître le théâtre dans le théâtre, c'est ne pas oublier que l'on est au théâtre. Théâtre dans le théâtre, rêve dans le rêve – le phénomène appelle une participation active de son spectateur pour être reconnu comme manifestation d'une vérité qui ne se donne pas comme telle ; il éveille une prise de conscience qui, pourtant, ne vient pas forcément mettre fin au rêve.

Vertige de la perception, le théâtre n'a certes pas attendu Strauss ni Carsen pour se reconnaître dans l'image du miroir. Miroir tendu à la nature, pour reprendre la célèbre formule d'*Hamlet*[3], « il se fait tout naturellement miroir de lui-même », écrit celle à qui nous dédions cet ouvrage, « lorsqu'une société s'interroge sur l'image qu'elle veut donner d'elle-même, lorsque ses formes d'expression spectaculaires sont remises

---

1 G. Forestier, *Le Théâtre dans le théâtre sur la scène française du* XVIIe *siècle*, Genève, Droz, [1981], 1996 pour la deuxième édition revue et augmentée, p. 21.

2 A. Ubersfeld, *Les Termes clés de l'analyse du théâtre*, Paris, Seuil, 1996. *Cf.* S. Freud, *L'Interprétation du rêve. Œuvres complètes*, t. IV, trad. J. Altounian, P. Cotet, R. Lainé *et al.*, Paris, PUF, 2010, p. 383.

3 W. Shakespeare, *Hamlet*, trad. J.-M. Déprats, éd. bilingue présentée par G. Venet, Paris, Gallimard, 2002, III, 2, p. 178-179 : « anything so o'erdone is from the purpose of playing, whose end, both at the very first and now, was and is to hold as 'twere the mirror up to nature » (« tout ce qui est forcé s'écarte du propos du jeu théâtral, dont le but, dès l'origine et aujourd'hui, était et demeure de tendre pour ainsi dire un miroir à la nature »).

en question, lorsqu'un auteur questionne sa création[1] ». Le spectateur et le lecteur de théâtre connaissent bien ce procédé qu'ils ont sans doute découvert chez Shakespeare, Corneille, Marivaux, Goldoni ou Pirandello. Le spectateur assiste à une pièce ; si dans celle-ci s'enchâsse une autre pièce, les acteurs interprétant la pièce enchâssée deviennent des *personnages* d'acteurs, devant les autres comédiens qui prennent alors le rôle de spectateurs. Ce théâtre dans le théâtre, qui inspire à Pirandello le titre de sa célèbre trilogie, est pour la critique un métathéâtre *stricto sensu*, l'une des formes de ce qui peut se concevoir plus largement comme théâtre *sur* le théâtre. À défaut de pièce dans la pièce, en effet, le jeu, la mise en scène, l'écriture théâtrale ou la vie d'une compagnie peuvent être le sujet de la construction dramaturgique ou scénique, de discours sur les pratiques de l'acteur, de l'auteur ou du spectateur. Multiples sont donc les formes de métathéâtralité : « complètes » ou « périphériques », pour reprendre la distinction de Manfred Schmeling entre phénomènes de théâtre dans le théâtre et thématisations du jeu, avec de fréquents effets de citation et d'intertextualité[2].

En reprenant le concept de métathéâtre, nous nous inscrivons dans un courant pérenne mais encore ouvert de la réflexion critique, depuis les travaux fondateurs de Robert J. Nelson sur la pièce dans la pièce et de Lionel Abel, premier théoricien à forger le concept de métathéâtre dans *Metatheatre. A New View of Dramatic Form*[3]. Ce courant est d'autant plus effervescent, dans les années 2000, que l'actualité théâtrale l'attise : par les effets de montage, de collage et le recours aux nouvelles technologies, par la réflexion que mènent les artistes sur la place de l'auteur, du texte, du personnage, du spectateur, la scène ne cesse aujourd'hui de revisiter les formes du métathéâtre et, plus largement, du métadiscours. Il ne s'agit pas ici cependant de s'insérer dans le fil d'une lignée critique, pour retracer la généalogie de la notion et ses applications dans le domaine italien.

---

1 F. Decroisette, « Avant-propos », dans *Le Théâtre réfléchi : poétiques théâtrales italiennes des Intronati à Pasolini*, dir. F. Decroisette, Saint-Denis, PUV, 2000, p. 8. Cet ouvrage collectif questionne la « poétique en action » d'hommes de théâtre italiens, telle qu'elle s'inscrit dans la *mimésis*.

2 M. Schmeling, *Métathéâtre et intertexte. Aspects du théâtre sur le théâtre*, Paris, Lettres modernes, 1982, p. 10-12.

3 R. J. Nelson, *Play within a Play. The Dramatist's Conception of his Art : Shakespeare to Anouilh*, New Haven, Yale University Press, 1958 ; L. Abel, *Metatheatre. A New View of Dramatic Form*, New York, Hill and Wang, 1963. Pour d'autres références théoriques et critiques, se reporter à la bibliographie proposée à la fin du présent volume.

Indissociable, peut-être, du théâtre lui-même, le métathéâtre est si récurrent dans l'histoire et l'espace qu'on ne saurait le limiter à une aire géographique ou à une période historique. Alors pourquoi *Capriccio* apparaît-il, pour reprendre une formule de Françoise Decroisette, comme une véritable « page d'histoire goldonienne[1] » ? Pourquoi Strauss dialogue-t-il de préférence, dans cet opéra ou dans *Ariane à Naxos*, avec la tradition métathéâtrale italienne et ses galeries d'acteurs, de chanteurs, d'imprésarios ou de librettistes ? Métathéâtre et italianité entretiendraient-ils, dans les faits ou dans les mythes, un lien privilégié ? C'est parce que nous en sommes convaincus que nous souhaitons rendre hommage à Françoise Decroisette par ces études consacrées aux métathéâtres italiens du XVIe au XXIe siècle[2].

Nous ne rechercherons pas au phénomène des origines italiennes, et ce bien que Georges Forestier, dans la préface de l'édition revue de son ouvrage, ait invité les chercheurs à remonter plus loin qu'aux dates de naissance officielles, au-delà de *The Spanish Tragedy* de Thomas Kyd (1589) ou de *Lusitânia* de Gil Vicente (1532), jusqu'aux canevas des *Comici dell'Arte*[3]. Plutôt que de nous demander si le métathéâtre est « né » dans la péninsule, nous interrogerons les très nombreuses expressions qu'il

1 F. Decroisette, « Goldoni et le *metamelodramma* : *La bella verità* », dans *Musiques goldoniennes. Hommage à Jacques Joly*, dir. F. Decroisette, Strasbourg, Circé, coll. « Outremonts », 1995, p. 37. F. Decroisette a par la suite développé cette question dans son article « Fantômes goldoniens dans *Capriccio* de Richard Strauss », dans *L'Autre de l'œuvre*, dir. Y. Nakaji, Saint-Denis, PUV, coll. « L'Imaginaire du texte », 2006, p. 161-175.

2 Plusieurs études ont déjà été consacrées au métathéâtre italien : *Le Théâtre réfléchi*, dir. F. Decroisette, *op. cit.* ; M. Cambiaghi, *Teatro e metateatro in Italia tra barocco e Novecento*, Milan, Cuem, 2008 ; *Il teatro allo specchio : il metateatro tra melodramma e prosa*, dir. F. Cotticelli et P. Maione, Naples, Turchini Edizioni, 2012.

3 Dans la préface à l'édition revue de son ouvrage, *Le Théâtre dans le théâtre sur la scène française du XVIIe siècle*, *op. cit.*, p. XI, Georges Forestier souligne que « c'est par ignorance de la littérature portugaise que l'on s'accordait jusqu'ici à considérer que *The Spanish Tragedy* (1589) était la première pièce (conservée) à mettre en œuvre le procédé. En fait, il faudrait remonter jusqu'en 1532, date de la création de *Lusitânia* par le grand poète dramatique portugais Gil Vicente ». Georges Forestier ne s'arrête pas cependant à cette nouvelle « date officielle » mise en lumière par Graça Abreu, et souligne dans l'introduction de sa thèse : « Il conviendrait donc de se livrer désormais à une étude comparative approfondie de tous les théâtres européens du XVIe siècle, qui tiendrait compte des spécificités de certains genres nationaux [...] et qui prendrait en considération les connaissances nouvelles que nous possédons aujourd'hui sur la *Commedia dell'Arte*, car je persiste à croire que les comédiens italiens, en dépit du très petit nombre de pièces à enchâssement figurant dans les canevas publiés au XVIIe siècle, ont joué un rôle déterminant dans la diffusion de certaines formes du procédé. »

y trouve sur les scènes italiennes depuis la culture baroque, fascinée par le motif du miroir et du double, puis le long d'une veine comique particulièrement féconde au XVIIIe et au début du XIXe siècle, jusqu'à la trilogie pirandellienne et les explorations d'une postmodernité artistique communément qualifiée comme telle par ses procédés d'autoconscience et de réflexivité. Par-delà la question de la structure-cadre, des dispositifs et des procédés, le métathéâtre italien déploie en effet, depuis le *theatrum mundi*, une réflexion sur l'illusion, qu'il paraît menacer en produisant un risque de rupture, alors même que par ce risque il la renforce, superposant niveaux de perception, textes et intertextes. Dans ce théâtre, la mise en abyme en appelle profondément au principe de reconnaissance, dont elle joue et qu'elle met en péril, tout en le réaffirmant ainsi.

Plus que le théâtre et son double, ce sont donc les paradoxes d'une scène en miroir que nous questionnerons dans le domaine italien à travers la démultiplication de ses sujets, acteurs, auteurs, gens de théâtre ou spectateurs, comme dans la création d'espaces échappant à l'ordre habituel de la perception. Sous leurs formes multiples, les métathéâtres italiens convient leur spectateur à une véritable expérience perceptive, l'arrachent au masque ou miroir auquel le renvoie, dans une image saisissante, *La Tartarea* de Briccio – visage muré au fond de la scène[1].

Lieu de réflexion et d'autoréflexion, le métathéâtre italien prouve alors toute sa portée critique. Pour l'explorer, il faut se départir d'une association trop restrictive entre métathéâtre et comédie, non moins que d'une approche limitée au théâtre parlé. En le questionnant dans sa pluralité, par-delà les genres, les registres, et sur une large plage historique, nous visons à en éclairer les multiples fonctions esthétiques, historiques et philosophiques. Nous entendons ainsi alimenter la réflexion, au-delà du simple constat de la variété, sur le trope d'une théâtralité perçue comme italienne, si présent dans d'autres cultures, exerçant notamment les fascinations germaniques, anglaises ou encore françaises, jusqu'à susciter par-là même d'autres formes de métathéâtralité[2]. Est-ce le mythe d'une culture qui s'est bâtie sur un tissu de matériaux, habitée par les réminiscences constantes à une Rome antique et par l'omniprésence de

1 G. Briccio, *La Tartarea, commedia infernale*, Bologne, Antonio Pisarri, 1674, p. 368 ; *cf.* l'article de S. Miglierina dans le présent volume, « L'enfer métathéâtral : le miroir du monde dans *La Tartarea* de Giovanni Briccio », p. 179-191.

2 *Cf.* C. Frigau Manning et T. Picard, « "La petite chose avec Molière" : Strauss et la tradition métathéâtrale », *L'Avant-Scène Opéra. Ariane à Naxos*, n° 282, 2014, p. 112-119.

figures canoniques, que d'être *méta* ? La culture italienne tiendrait-elle de là un caractère référentiel, voire autoréférentiel – culture dans la culture, culture sur la culture – qu'il lui faudrait non seulement affirmer mais continuellement mettre en scène ? Et dans la relation aux canons fondateurs, ne doit-elle pas trouver, pour ne pas étouffer, une distance vis-à-vis de son héritage ? Si ce n'est pas ici le lieu d'y répondre, du moins peut-on entrevoir que les questions abordées dans cet ouvrage contribuent à la compréhension non seulement de la métathéâtralité, mais, plus largement peut-être, de la culture et de l'histoire italiennes.

Nous déclinerons la notion de miroir au fil de six parties. Il ne s'agira pas ainsi, comme peut le faire Georges Forestier autour d'un corpus et d'une période bien définis, d'identifier les « grandes significations qui correspondent aux différentes perceptions du théâtre que se faisaient les contemporains[1] », telles qu'elles pourraient évoluer et se déployer à travers le temps dans la péninsule italienne. Le métathéâtre est un théâtre qui se dédouble, et plus encore, se décentre et se démultiplie : qu'ils soient réfléchissants ou déformants, à doubles fonds ou brisés, ses miroirs nous invitent à procéder par décentrements successifs. Ni diachronique, ni thématique, la démarche n'en demeure pas moins résolument historique et esthétique. Elle entend s'attacher à des questions théoriques précises, à des contextes historiques particuliers, et à des œuvres célèbres ou moins connues, analysées dans leurs dimensions textuelle et spectaculaire.

Dans un premier effort de théorisation, la première partie, *Frontières du métathéâtre*, se garde de poser des définitions dogmatiques, ou d'établir un catalogue italien de procédés métathéâtraux. Elle s'attache à démonter d'emblée plusieurs idées reçues, distinguant ainsi métathéâtre et

---

1 G. Forestier, *Le Théâtre dans le théâtre sur la scène française du XVIIe siècle*, *op. cit.*, p. 15. L'auteur identifie pour le XVIIe siècle français quatre grandes significations autour de quatre approches du miroir : « Il y a d'une part le miroir réfléchissant qui renvoie au public l'image du monde et du théâtre. Il y a ensuite le miroir trompeur qui joue sur les ressemblances, fait hésiter entre la réalité et son double. [...] Il y a d'autre part le miroir oblique, ou miroir convexe, ni reproduction, ni illusion, mais révélation : le théâtre se dédouble pour instruire les spectateurs. [...] Et nous débouchons sur le quatrième miroir, pur miroir dans lequel le théâtre se contemple et s'amplifie tout à la fois : théâtre enchanté où se déploie la magnificence, la pompe, le spectaculaire [...], le théâtre de l'âge baroque devait en se dédoublant, jouer lui-même le rôle de décor magnifique afin de rajouter du spectacle au spectacle », p. 16.

métalepse, deux procédés souvent confondus au théâtre, ou se situant à rebours d'une critique qui s'accorde souvent à affirmer que le méta-théâtre sied davantage à la comédie qu'à la tragédie. La deuxième partie n'en interroge pas moins la question du *Miroir réfléchissant ou déformant* par le biais de la veine comique si féconde au XVIIIe siècle et au début du XIXe siècle, qui, depuis les pièces goldoniennes ou les *opere buffe* métathéâtrales, alimente longtemps la tradition satirique de ses typologies. La troisième partie, *Miroirs à doubles fonds*, vient quant à elle reposer à nouveaux frais la question du rapport entre métathéâtre et intertexte[1]. Nous la situons très concrètement au cœur de la fabrique du texte de théâtre, qu'il s'agisse des XVIe et XVIIe siècles, ou de la période contemporaine, pour montrer non seulement comment le métathéâtre joue des effets d'intertextualité, mais comment la multiplication des médiations enchâssées les unes dans les autres ménagent au spectateur-lecteur la possibilité de s'inscrire dans l'œuvre même, de passer d'un texte à l'autre, d'une scène à l'autre. La quatrième partie s'inscrit dans le prolongement de cette réflexion : intitulée *Au miroir de la Commedia dell'Arte*, elle analyse la façon dont des acteurs et dramaturges italiens du XXe siècle tels que Strehler, Fo ou Poli puisent, comme l'avaient fait Meyerhold, Craig, Copeau ou Decroux, dans une matière aussi connotée que la tradition des *Comici dell'Arte*. La cinquième partie déplace le regard vers les *Miroirs brisés*, s'intéressant aux formes nouvelles que des créateurs de périodes diverses recherchent par des voies métathéâtrales. Ils renouvellent alors, au théâtre et à l'opéra, des questions aussi essentielles que celles des relations entre le spectaculaire et le dramaturgique, entre le texte et la musique. Enfin, la sixième et dernière partie, *De l'autre côté du miroir*, aborde les questions de jeu, de mise en scène et de réception sur la scène métathéâtrale, en engageant un dialogue original entre spécialistes d'études théâtrales, italianistes, et praticiens analysant les processus métathéâtraux qui ont motivé leurs créations.

Nous entendons ainsi saluer les travaux d'une figure majeure de l'italianisme et de l'histoire du spectacle vivant. Et si nous prenons en considération les scènes parlées et chantées, nous distinguant par-là de la plupart des études consacrées au métathéâtre, c'est certes pour affirmer la même ambition critique que Francesco Cotticelli et Paologiovanni

1 Cette question fait l'objet de l'ouvrage de M. Schmeling, *Métathéâtre et intertexte*, *op. cit.*

Maione dans l'ouvrage collectif qu'ils ont récemment dirigé[1] ; mais c'est surtout pour répondre aux deux amours de Françoise Decroisette – le théâtre et l'opéra.

Professeur émérite en études italiennes à l'université Paris 8, directrice de 1993 à 2011 de l'équipe *Histoire et pratiques du spectacle vivant* au sein du Laboratoire d'études romanes, Françoise Decroisette embrasse toute l'histoire du théâtre et de l'opéra du XVIe siècle à nos jours. Depuis ses premières recherches sur l'*Accademia degli Immobili* de Florence et le théâtre de la Pergola au XVIIe et XVIIIe siècles, jusqu'à ses récentes réalisations sur le livret d'opéra ou sur les écritures scéniques du Risorgimento[2], en passant par ses nombreux travaux autour de Carlo Goldoni et Carlo Gozzi, elle développe une approche de l'histoire du spectacle vivante comme l'est cet art, fondée sur les relations et les circulations, la fabrique poétique et le système productif du spectacle, comme partie prenante de la vie sociale, économique et culturelle.

Traductrice passionnée par les échanges culturels, attentive aux grands classiques ou aux petites gens qui font le théâtre, Françoise Decroisette a engrangé une mémoire active du spectacle, rayonnant par-delà les frontières de son pays et de sa discipline. Tel un *comico* itinérant, elle multiplie les déplacements conceptuels et les allers-retours entre la langue italienne et la langue française, entre la France et la péninsule[3]. Sans cesse, elle stimule le dialogue et en crée les conditions. Dialogue entre les disciplines, bien sûr, pour son choix des études italiennes, qui forment en soi une discipline hybride, au carrefour d'enjeux et d'approches historiques, esthétiques, linguistiques ou littéraires ; pour

1 F. Cotticelli et P. G. Maione, *Il teatro allo specchio : il metateatro tra melodramma e prosa*, *op. cit.*

2 *Cf.* F. Decroisette (dir.), *Le Livret d'opéra, œuvre littéraire ?*, Saint-Denis, PUV, coll. « Théâtres du monde », 2011, et F. Decroisette (dir.), *L'Histoire derrière le rideau. Écritures scéniques des luttes du Risorgimento*, Rennes, PUR, coll. « Le Spectaculaire Théâtre », 2013.

3 Outre des ouvrages collectifs qu'elle a dirigés sur la question, comme *La France et l'Italie : traductions et échanges culturels*, Caen, université de Caen, 1992, et *Voyages des textes de théâtre Italie-France-Italie : XVIe-XXe siècles*, Saint-Denis, PUV, 1998, il faut citer ici, parmi les nombreuses traductions de Françoise Decroisette, celle de Giambattista Basile qui a fait date : *Le Conte des contes*, Strasbourg, Circé, 2015, traduit d'un napolitain du XVIIe siècle aussi sophistiqué qu'il peut être trivial. Le *Conte* contient du reste nombre de tirades qui pourraient être un enregistrement littéraire du théâtre des *comici*, comme Françoise Decroisette l'a développé dans « Improvisation, enregistrement, création en Italie au XVIIe siècle », dans *Création et mémoire dans la culture italienne (XVe-XVIIIe siècles)*, dir. S. Leoni et A. Perifano, Besançon, Presses universitaires Franc-Comtoises, 2001, p. 105-129.

sa recherche, consacrée à un objet d'étude non moins hybride, les arts de la scène sous leurs formes plurielles. Dialogue entre les chercheurs, issus de champs disciplinaires distincts, ainsi qu'avec les artistes et les praticiens[1] : avec la passion du travail en équipe, l'art des grands travaux collaboratifs, Françoise Decroisette nourrit les liens d'amitié et de collaboration scientifique qu'elle crée avec de nombreuses institutions, françaises et italiennes. Dialogue avec les jeunes chercheurs, enfin, celles et ceux dont elle dirige les travaux ou qu'elle implique dans ses chantiers : liant toujours les périodes et les générations, elle a pour priorité le présent et le futur de la recherche. Et ce qu'elle transmet avant tout, c'est le goût du défi. Avec sa capacité de rassembler, elle sait nous lancer dans des entreprises risquées ou apparemment impossibles, nous amenant avec son pragmatisme et sa ténacité, son énergie et son savoir, à les rendre possibles[2] – et ce, en conscience, dans une attention constante aux processus mêmes de notre recherche. C'est là vigilance, et non pas redondance, que ce geste métacritique : non pas pour affirmer des méthodes avec complaisance, mais pour nous engager à soustraire nos objets, selon la formule célèbre de Chklovski, aux automatismes de notre perception[3].

Rendre possible l'impossible, rendre visible l'invisible, prendre conscience des rouages du jeu en action : ce à quoi n'a de cesse de nous inviter Françoise Decroisette, comme chercheuse ou pédagogue, est au fondement du métathéâtre. C'est bien ce qui en fait un procédé

1 Le chantier que Françoise Decroisette a mené avec Françoise Graziani, comparatiste, et Joël Heuillon, musicologue, est en cela emblématique : les études par eux rassemblées dans *La Naissance de l'opéra : Euridice, 1600-2000* (Paris, L'Harmattan, 2002) s'accompagnent d'un corpus de données précieux pour appréhender la production lyrique du premier baroque, dans l'objectif de représenter ou restituer ces œuvres aujourd'hui.

2 La traduction des *Memorie inutili* de Carlo Gozzi [1797], pour laquelle Françoise Decroisette a rassemblé autour d'elle douze traducteurs et collaborateurs, en est un exemple des plus représentatifs, tant l'entreprise semblait impraticable : C. Gozzi, *Mémoires inutiles de la vie de Carlo Gozzi écrits par lui-même et publiés par humilité*, trad. sous la dir. de F. Decroisette, Paris, Alain Baudry & Cie, 2010.

3 V. Chklovski, « L'art comme procédé », *Sur la théorie de la prose* [1929], trad. G. Verret, Lausanne, L'Âge d'homme, 1973, p. 14 et 17 : « Si nous examinons les lois générales de la perception, nous observons qu'en devenant coutumiers les actes se changent en automatismes. Ainsi, par exemple, toutes nos habitudes plongent-elles dans le domaine de l'inconscient et de l'automatique [...]. Dès qu'on perçoit les choses plusieurs fois, la perception commence à opérer par reconnaissance : la chose est devant nous, nous le savons, mais nous ne la voyons pas. Et c'est pourquoi nous ne pouvons rien en dire. Pour soustraire une chose à l'automatisme de la perception, l'art dispose de différents moyens. »

particulier, de tous ceux dont dispose l'art pour parvenir à susciter un sentiment d'étrangeté. L'« ostranénie » chklovskienne, inspiration cruciale pour l'esthétique de la distanciation brechtienne, ne vise pas à revenir à la pureté, à l'authenticité mythique d'une perception originelle. Le métathéâtre est un théâtre qui nous arrache à l'automatisme de la fiction théâtrale, qui nous en dévoile l'agencement non pas seulement pour que nous reconnaissions ce que nous connaissons déjà, mais pour que nous en fassions l'expérience dans une perception qui n'est plus celle de la première fois. Passée de l'autre côté du miroir, passée par le risque même de l'automaticité, elle en est revenue, riche de sa conscience.

Si nombre de pièces métathéâtrales peuvent d'abord apparaître comme des textes à codes ou des textes didactiques, le métathéâtre ne se réduit pas au dispositif ou à la leçon de théâtre. La scène en miroir tient en son cœur un mystère, et c'est bien ce qui nous a réunis autour de Françoise Decroisette : non pas tant une thématique de travail qu'un double mouvement. Celui de la recherche et de l'élucidation, face à des noyaux de mystère que nous avons recherchés, identifiés, qui nous ont passionnés, et le mouvement même de mise en abyme auquel nous procédons lorsque nous présentons le fruit de nos recherches. Le mystère est peut-être entier. Reste, dans cet hommage collectif à Françoise Decroisette, une réflexion sur le vraisemblable, sur l'illusion, sur l'artifice, dans ses thèmes et variations au fil du temps – et par-delà, une réflexion sur le monde lui-même ; une réflexion du monde.

Céline Frigau Manning
Université Paris 8 –
Institut universitaire de France

PREMIÈRE PARTIE

FRONTIÈRES DU MÉTATHÉÂTRE

DÉFINITIONS, GENRES ET PROCÉDÉS

MÉTATHÉÂTRE ET MÉTALEPSE

Pour une distinction et une définition théorique

Notion relevant du champ de la rhétorique, la *métalepse* a connu récemment un sort heureux dans les études de narratologie ou dans ses applications cinématographiques, alors que ses retombées sur la théorie théâtrale me semblent totalement absentes. Dans une approche reprenant les concepts genettiens que j'ai proposée, lors d'une occasion antérieure, pour pallier cette absence, j'ai tenté une réflexion synthétique sur la question[1]. Je voulais avant tout effectuer une mise en relation et une distinction d'avec la très courante catégorie (parfois trop courante) de *métathéâtre* : j'essaierai donc ici de poursuivre en ce sens, en apportant une nouvelle pierre à la construction d'un « discours sur le théâtre ».

TRANSGRESSION ASCENDANTE : MÉTALEPSE DU NARRATEUR

La définition restreinte que la tradition rhétorique nous donne de cette figure concerne l'intromission du narrateur – qui devrait être impossible du fait de son statut – dans le récit. L'infiltration dans la fiction d'un narrateur « actif », chanteur épique ou aède, est la seule figure décelable

1 *Cf.* P. Vescovo, *Il tempo a Napoli. Durata spettacolare e racconto*, Venise, Marsilio, 2011, en particulier le chapitre final, p. 195-223 (pour une approche générale de l'application des catégories genettiennes à la dramaturgie, *cf.* ma précédente étude *Entracte. Drammaturgia del tempo*, Venise, Marsilio, 2007). Voir également *Métalepses. Entorses au pacte de la représentation*, dir. J. Pier et J.-M. Schaeffer, Paris, Éditions de l'EHESS, 2005, et le chapitre fondamental de G. Genette, « De la figure à la fiction », p. 21-35, amplifié dans son essai *Métalepse. De la figure à la fiction*, Paris, Seuil, 2004. Pour de fructueuses applications cinématographiques, je signale le livre récent de V. Re, *Cominciare dalla fine. Studi su Genette e il cinema*, Milan-Udine, Mimesis, 2012 (p. 13-42 pour une vue d'ensemble).

dans le répertoire classique où l'on n'a qu'une *transgression ascendante*, et non symétrique, ou *descendante*, amenant le personnage à sortir de son monde pour entrer dans le nôtre.

La métalepse est d'abord l'invocation ou l'expédient qui « émeut », au sens littéral, celui qui narre et celui qui écoute, en affirmant l'impossibilité de modifier l'issue inévitable de l'histoire, comme du reste l'auditeur ou le lecteur le souhaiterait. On en trouve un exemple extrêmement parlant au chant XII de la *Gerusalemme liberata*, juste avant le coup d'épée fatal qui tue Clorinde, au moment où les personnages, épuisés, s'arrêtent, dans l'injonction du narrateur à Tancrède, qui bien entendu ne peut l'entendre :

> Misérable, et de quoi te réjouis-tu ? Oh combien tristes
> tes triomphes seront, malheureuse ta gloire !
> Tes yeux paieront (si tu restes en vie)
> pour chaque goutte de ce sang un océan de pleurs[1].

Et au livre XIV de *L'Odyssée* d'Homère, le narrateur s'adresse à Eumée, noble gardien de porcs qui ne peut évidemment pas l'entendre, non pas pour modifier la trame, mais pour souligner une différence de niveaux infranchissable.

Dans l'autre branche principale de la tradition métalepsique – bien plus récente –, le narrateur parle au lecteur, par-delà les modalités classiques de l'interpellation ou de l'invocation, en faisant semblant de combler avec lui le laps de temps nécessaire aux personnages pour effectuer des actions généralement banales (ainsi dans *Jacques le fataliste*, après que les chevaux sur lesquels voyagent les deux interlocuteurs ont pris des directions différentes, le narrateur dit, « Vous voyez, lecteur, combien je suis obligeant : il ne tiendrait qu'à moi de donner un coup de fouet aux chevaux »). De toute évidence, le grand Sterne qui inspire ici Diderot – celui qui trace la parabole du bâton lancé en l'air plutôt qu'il ne la raconte, ou qui fait relier à l'intérieur du volume le spécimen de papier marbré de la jaquette –, se risque sur ce terrain, dans le feu d'une série d'effets métaleptiques excentriques, à un épanchement de *pathos* inattendu : lorsque le

1 T. Tasso, *Gerusalemme liberata. Jérusalem délivrée*, éd. bilingue, éd. L. Caretti, trad. G. Genot, t. II, Paris, Les Belles Lettres, 2008, p. 56 (texte original p. 57 : « Misero, di che godi ? oh quanto mesti / fiano i trionfi ed infelice il vanto ! / Gli occhi tuoi pagheran (se in vita resti) / di quel sangue ogni stilla un mar di pianto »).

narrateur Tristram crie en vain à son oncle Toby de ne pas entrer avec sa pipe allumée dans le magasin d'outils où il y a risque d'explosion (« Cher oncle *Toby* ! n'entre pas dans la guérite avec ta pipe, – on n'est pas sûr de soi avec une pareille chose dans un pareil coin[1] »). Une page susceptible d'émouvoir le lecteur tout autant que la mort de Clorinde[2].

INSTANCE NARRATIVE ET THÉÂTRE

La métalepse au théâtre est la catégorie que négligent plus précisément les modélisations opposant sèchement communication narrative et communication dramatique. À rebours de ce qu'on peut lire dans ces schématisations simplistes, nombre de narrateurs ou de « didascalistes » sur scène – agissant donc hors du prologue ou des chœurs – se situent clairement à un niveau diégétique différent de celui de l'action mimétique en cours, qui est de fait contenue dans leurs paroles ou générée par elles : du Gower du shakespearien *Pericles, Prince of Tyre*, au « réalisateur » de *Our Town* de Thornton Wilder, en passant par le Speaker du *Calderón* pasolinien, jusqu'à l'Annoncier du très récent *Hamelin* de Juan Mayorga, il suffit pour le constater de glaner un peu au hasard, en nous contentant des narrateurs de type clairement extradiégétique (ou mieux, extramimétique)[3].

1 L. Sterne, *La Vie et les Opinions de Tristram Shandy, Gentleman*, trad. A. Tadié, Paris, Gallimard, 2012, p. 649.

2 Dans les contributions au volume *Métalepses. Entorses au pacte de la représentation*, *op. cit.*, la distinction entre un *degré rhétorique* et un *degré ontologique* du procédé occupe une large place qui ne me semble cependant pas nécessaire. On voit bien la différence entre une simple mise en relief, souvent ironique, du temps de la lecture et du temps de l'action insignifiante (telle la digression célèbre et souvent citée de Balzac dans les *Illusions perdues*, qui met en relation le temps de l'implication directe du lecteur avec le temps que prend un personnage pour monter des escaliers) et un effet surprenant d'étrangeté, comme l'irruption du personnage dans le « monde » du lecteur (le personnage de Cortázar qui poignarde le lecteur du livre) ; mais il s'agit là d'une différence de gradation, de l'infime à l'extrême, et non d'une différence de nature ou d'espèce.

3 Pour la fonction narrative ou didascalique « qui monte sur scène » – développée dans une théorie plus générale de la didascalie – *cf.* S. De Min, *Leggere le didascalie. Narrazione, commento, immaginazione nella drammaturgia moderna*, Bologne, Archetipolibri, 2012, en particulier p. 145-208.

Nous, spectateurs, pouvons voir et entendre ces narrateurs, que les personnages en scène ne voient pas, lorsqu'ils racontent ou commentent, suspendent ou font avancer l'action. De plus : ils voient et décrivent au besoin la scène où la *fabula* se déroule dans sa réalité supposée, scène que nous, nous ne voyons pas : « La scène que vous allez voir maintenant sera construite selon les vieilles règles de la scénographie traditionnelle », dit le Speaker pasolinien ; « Ce n'est pas par nostalgie de telles règles que l'auteur s'est décidé à envisager tout ceci, et donc à m'utiliser en lieu et place de la non moins vieille touchante didascalie[1]. » Et l'on pourrait ici longuement commenter les indications continuelles que nous fournit l'Annoncier de Mayorga, dont la parole contient entièrement des espaces, temps et actions, à la seule exception du dialogue pur des personnages : « *Hamelin* est une œuvre sans scénographie, sans lumières, sans costumes. Les lumières, la scénographie, les costumes, c'est à vous [spectateurs] de les inventer[2]. » Non seulement il détermine en quelques mots l'espace, le temps, les objets et les actions des personnages (il nous informe ainsi que le rôle de l'enfant sera joué par un acteur adulte, car au théâtre les enfants ne sont presque jamais capables de jouer ou parce que, s'ils jouent bien, le public se distrait), mais il peut aller jusqu'à prononcer le mot « silence » entre deux répliques prononcées par les personnages.

Le drame se caractérise par sa forme classique ou traditionnelle comme le type de texte où l'auteur ne peut pas prendre la parole, et où seuls les personnages parlent. L'expérience du théâtre que nous pouvons qualifier, à gros traits, de « moderne » – bien qu'il s'agisse en réalité d'une fonction ou d'une perspective vieille comme le monde – se caractérise en fonction de l'instance d'intromission de cette voix. La croissance exponentielle de la didascalie sur la page (mais aussi des fonctions de didascalisation ou de « littérarisation du théâtre » sur la scène) et la complexification des niveaux diégétiques de la représentation sont les deux principales directions qu'elle emprunte.

Le Chanteur de *Der Kaukasische Kreidekreis* de Bertolt Brecht offre un déploiement varié de fonctions de réciprocités entre narration et

1 P. P. Pasolini, *Calderón*, dans *Théâtre*, trad. M. Fabien, Paris, Actes Sud, 1995, p. 25 (texte original *Calderón*, dans *Teatro*, Milan, Mondadori, 2001, p. 675 : « La scena che ora vedrete sarà costruita secondo le vecchie regole della scenografia tradizionale. Non è per nostalgia di tali regole, che l'autore si è deciso a progettare tutto questo, e quindi a usare me, in sostituzione della non meno vecchia e commovente didascalia »).

2 J. Mayorga, *Hamelin*, trad. Y. Lebeau, Besançon, Les Solitaires intempestifs, 2007, p. 27.

théâtre. Les spectateurs réels le voient raconter une histoire à un groupe d'auditeurs réunis autour de lui, mais ils voient en même temps son récit prendre corps sur la scène, avec pléthore de personnages et de moyens représentatifs, comme si ce récit sortait de sa propre parole (quant au « texte » dont part le Chanteur, il s'agit d'un fascicule usé par le temps, avec quantité de feuillets intercalés qu'il ne cesse d'exhiber). La règle générale est celle de l'arrêt (*pause*) du temps de l'histoire au moment du commentaire ou du *résumé sommaire* : le Chanteur se tait et la représentation prend place ; la représentation cesse et le Chanteur reprend la parole. Ceci dit, les exemples de résumés « mixtes » où la parole du narrateur s'accompagne de l'action simultanée des personnages ne manquent pas. Qu'il s'agit de *résumés*, c'est ce que démontre l'extraordinaire accélération du temps de la représentation que l'action subit à travers eux. Le Chanteur s'avère du reste capable d'une focalisation du point de vue des personnages, transformant leurs pensées en mots : pouvant même attribuer des pensées, dans un cas-limite, à un nouveau-né abandonné, qui ne pourrait évidemment pas s'exprimer.

Il y a surtout un moment précis où, ne serait-ce qu'un instant – comme si Tancrède soudain s'était entendu interpelé – l'un des personnages du récit (ce qui ne peut arriver qu'au théâtre) entend la voix de celui qui est en train de narrer sa destinée : « Regarde encore autour de toi, aveugle ! » Et, nous dit la didascalie, « *Le prisonnier* [le Gouverneur] *regarde autour de lui*[1] ».

La métalepse au théâtre procède, de toute évidence, de la distanciation d'avec la nature mimétique conventionnelle, prétendument objective, du drame, en assumant la représentation comme niveau mimétique contenu dans un acte narratif. Le procédé métaleptique produit, en somme, la *distanciation du drame et des principes mimétiques* à travers la diégèse. Brecht – si on le lit correctement, loin des sentiers battus et autres simplifications idéologisantes – théorise tout cela dans le très important *Organon pour le théâtre.* On part de la distanciation de l'acteur ou du spectateur pour définir ensuite la « distanciation du texte », ce qui signifie que son *mode* se situe entre diégèse et mimésis. Rappelons-nous les exercices recommandés à l'acteur en répétition : utiliser la troisième personne au lieu de la première, faire passer les verbes du présent scénique au passé narratif, lire les didascalies à voix haute voire les inventer.

1 B. Brecht, *Le Cercle de craie caucasien*, trad. G. Proser, Paris, L'Arche, 1978, p. 19.

Autant de perspectives diégétiques qui produisent, si on les applique au texte plutôt qu'aux seules répétitions, une dramaturgie semblable à celle des exemples que je viens de donner.

Outre les narrateurs-didascalistes, personnages extradiégétiques du drame, nous pourrions compiler une liste analogue de personnages agents dans la *fabula* qui deviennent narrateurs en s'en extrayant à cet effet, autrement dit en changeant de niveau diégétique. C'est le cas notamment de Guglielmo Speranza dans *Gli esami non finiscono mai* de Eduardo De Filippo. L'exemple est particulièrement instructif en ce que l'auteur-acteur-réalisateur désormais « âgé » assume avec une évidente distanciation le rôle du personnage jeune et d'âge moyen dans la *fabula*, en n'étant donc lui-même « que jusqu'à un certain point », et en se contentant d'accrocher une barbe noire, puis grise, à la boutonnière de sa veste pour montrer l'âge de son personnage.

Sur les potentialités de la fonction mimétique de la diégèse, on pourrait ouvrir une réflexion non sans importance pour comprendre combien le théâtre le plus proche de notre expérience a confirmé la possibilité, même à travers une théâtralisation du roman, de renoncer aux procédés typiques, conventionnels, d'« adaptation » au théâtre. Qu'il me suffise ici de rappeler l'extraordinaire *Pasticciaccio* de Gadda monté par Luca Ronconi (1996) : admirable exemple qui met en lumière toute une pluralité de perspectives de *mode* et de *voix*. Les personnages parlent d'eux-mêmes à la troisième personne, selon un procédé qui d'emblée fait ressortir et valorise les fragments de la parole directe – surtout dialectale et expressive – au sein du discours indirect libre où se mêlent la voix de l'auteur et celle du personnage. La foule prend corps sur scène comme la somme de voix d'individus qui apparaissent en se décrivant et qui prennent ensuite, en passant de la phrase à l'interjection, leur espace de parole. De même, du point de vue temporel, l'utilisation du passé épique permet la dislocation du personnage – en général une bilocation – dans un entre-deux temps : le cousin de madame Balducci est sur la scène du crime à la fois quand il retrouve le cadavre de cette dernière et au moment où le commissaire l'interroge sur les faits ; plus audacieux encore, la même madame Balducci, défunte, dit un fragment de la narration formulé dans une focalisation interne[1].

1 Le procédé rappelle la parole accordée à la morte dans *As I Lay Dying* de William Faulkner, roman entièrement composé de monologues intérieurs, parfois réduits à la forme d'une phrase coupée et non aboutie sur le plan syntaxique.

Cette dramaturgie et ces « mises en scène » montrent l'inconsistance de l'idée même selon laquelle le théâtre ne pourrait représenter qu'un « temps non réversible, analogue à celui du vécu[1] », face à toutes les possibilités de condenser et de dilater le temps, de le faire se dérouler en sens inverse (voir le cas, désormais classique, de la simple et prodigieuse analepse continue de *Betrayal* de Harold Pinter, dans un récit qui remonte de la séparation des amants jusqu'à leur première rencontre), mais aussi de superposer la temporalité de deux récits entremêlés, ou plus (comme dans *Más cenizas* de Mayorga, l'histoire d'un coup d'État en trois épisodes qui se partagent la scène mais dont les personnages, trois couples, sont réciproquement « invisibles » les uns pour les autres).

Une simple observation à ce propos, empruntée à un acte unique d'Alberto Savinio, *Il suo nome* (1948). Qui parle ? « Una Maschera » (et même, « Una Maschera scura ») – non pas dans le sens d'un personnage qui porterait un masque, ou d'un type fixe, mais (le mot est le même en italien) d'ouvreur de la salle, un « ouvreur sombre » avec sa casquette :

> Ici [au théâtre] on *ne* peut *pas* dire « se rencontrent » ou « se sont rencontrés », ou « se rencontreront ». Ici, les choses ne suivent pas l'irréversible course du temps où ce qui vient après ne peut venir avant et inversement. Ici, c'est la mémoire qui opère et les choses adviennent grâce à l'esprit, lequel est libre et consent que l'après précède l'avant et que les pieds soient plus hauts que la tête[2].

Le spectateur Ludovico échappe au contrôle des Masques et monte sur le plateau, lieu où ses souvenirs prennent corps : il se dédouble plus particulièrement en un Ludovico qui raconte et un Ludovico II qui agit dans la *fabula*, librement manipulée tant du point de vue de l'agencement des segments temporels que dans la répétition (*fréquence*) ou le large recours à des perspectives mimétiques et diégétiques combinées (récit

---

1 C. Segre, *Teatro e romanzo. Due tipi di comunicazione letteraria*, Turin, Einaudi, 1984, p. 5.

2 A. Savinio, *Son nom*, trad. M.-J. Tramuta et M. Bencella, dans *De l'informe, du difforme, du conforme au théâtre, sur la scène européenne, en Italie et en France*, dir. Y. Butel, Berne, Peter Lang, 2010, p. 109-142 (trad. modifiée en italiques par les traductrices de l'article), *cf.* A. Savinio, *Il suo nome*, dans *Alcesti di Samuele e atti unici*, Milan, Adelphi, 1991, p. 224 : « Qui [a teatro] non si può dire "si incontrano", o "si sono incontrati", o "s'incontreranno". Le cose qui non seguono l'irreversibile corteo del tempo, ove quello che viene dopo non può andare prima o viceversa. Qui opera la memoria e le cose avvengono per virtù di mente, la quale è libera e consente che il poi preceda il prima e i piedi stiano più alti della testa. »

pur ; récit accompagné de visualisation à travers de *petites scènes* peintes ; scène mimétique ou mixte, avec intromission physique du narrateur, et ainsi de suite).

Quant au redoublement d'un unique personnage, on le retrouve aussi bien dans des procédés dramaturgiques (comme, par exemple, dans *L'Inconnue d'Arras* de Salacrou, où les personnages peuvent se dédoubler en des stades ou des âges divers de l'existence et interagir), que dans la pratique spectaculaire : comme dans le cas du splendide *Frankenstein* de Gustavo Tambascio (2010), où la « créature » se trouve redoublée dans le personnage qui a acquis l'usage de la parole (celui qui narre) et dans le « monstre » (qui agit dans le récit d'un lui-même désormais au-delà de sa propre expérience), et où l'on voit se transformer en créatures de chair, autrement dit en personnages, les livres que la créature artificielle trouve dans la valise : les *Vies parallèles* de Plutarque ou le *Paradis perdu* de Milton[1]. Le redoublement se montre ici dans une perspective symétrique mais alternative à celle de Ronconi, que nous avons brièvement décrite, de la bilocation du personnage.

TRANSGRESSION DESCENDANTE : MÉTALEPSE DU PERSONNAGE

Il ne fait aucun doute, pour prendre cet exemple, que les *Sei personaggi in cerca di un autore* constituent un cas manifeste de métalepse, bien plus encore, comme cela va de soi, que de théâtre dans le théâtre.

Le métathéâtre ou plus exactement, le théâtre dans le théâtre, ne contredit pas en soi le principe de réalité et, en ce sens, il me semble peu productif de le considérer – comme le propose Genette, bien qu'à juste titre – comme une sous-catégorie de la métalepse, au sens littéral de passage d'un niveau diégétique ou mimétique (les personnages de la *pièce enchâssante*) à un autre niveau diégétique ou mimétique (les personnages, deux fois fictifs, de la *pièce enchâssée*)[2]. Les artisans d'Athènes peuvent

1 Pour des exemples plus détaillés, je renvoie à mon ouvrage *Il tempo a Napoli*, *op. cit.*, p. 123-146.

2 Pour les catégories d'analyse des procédés de théâtre dans le théâtre – que l'on peut étendre à toutes les époques – nous renvoyons évidemment à l'ouvrage fondamental de Georges Forestier, *Le Théâtre dans le théâtre sur la scène française du* XVIIe *siècle*, *op. cit.*, 1996.

en effet vivre au seuil du bois qui renferme un monde fantastique et parallèle, et en subir les conséquences au niveau de leur réalité (ainsi Nick Bottom se retrouve-t-il avec une tête d'âne), mais en rien leur mise en scène montée tant bien que mal du destin tragique de Pyrame et Thisbé ne transgresse le principe de réalité : pas plus que dans les « comédies des comédiens » de Molière et de Goldoni, où nous avons affaire à des acteurs réels qui se jouent eux-mêmes en train de jouer.

Dans les *Sei personaggi*, il y a théâtre dans le théâtre quand des acteurs en chair et en os (qui font semblant d'être acteurs de la pièce enchâssante) répètent, sous les yeux du chef de troupe, une vraie comédie de Pirandello (*Il gioco delle parti*). Il y a métalepse, en revanche, quand les six personnages sortent de l'ébauche d'un drame laissé inachevé par un Auteur (qu'il ne faut pas forcément identifier, au niveau de la fiction, avec Luigi Pirandello). Que dans l'idée pirandellienne de départ ces personnages sortent d'un roman plutôt que d'un drame (comme dans *Niebla* de Miguel Unamuno), c'est bien entendu une donnée d'une grande importance, et le « brevet » pirandellien consiste précisément dans l'idée de la quête d'une réalisation en substance par la construction d'un « scénario », confiée au travail d'interprétation dans la collaboration avec les acteurs, en cherchant – comme il arrive à d'autres personnages d'autres narrations – une destinée autre que celle, tragique, qui les attend et qui doit fatalement s'accomplir, bien que leur histoire ne soit que sommairement ébauchée.

Il me semble que l'image la plus forte qui illustre l'inéluctabilité du destin (celui-ci s'accomplissant, de toute évidence, de façon représentative, puisque les faits n'ont été qu'ébauchés), se trouve contenue dans une didascalie de la version finale. Cette didascalie exprime le « pouvoir occulte » qui empêche le Fils de descendre les marches qui unissent la salle et la scène. Il s'agit d'une invention fondamentale, totalement absente dans la première version, point extrême de la complexité offerte par la trame cérébrale de départ à l'expérience concrète de la scène.

> *Le Fils reste tendu vers le petit escalier, mais, comme enchaîné par un pouvoir occulte, il ne peut pas en descendre les marches ; puis, au milieu de la stupeur et de l'effarement angoissé des Acteurs, il longe lentement la rampe, en direction de l'autre petit escalier du plateau ; arrivé là, il y reste aussi, tendu en avant, sans pouvoir descendre*[1].

---

1 L. Pirandello, *Six personnages en quête d'auteur*, trad. M. Arnaud, *Théâtre complet*, vol. 1, éd. P. Renucci, Paris, Gallimard, 1977, p. 1075 (texte original *Sei personaggi in cerca di un autore*,

Sans aller plus loin (on pourrait notamment prendre encore en considération le rire de la Belle-Fille à la vue de cette scène), il suffira ici de souligner l'indiscutable pouvoir magique, et même ensorcelant, de l'adjectif *legato* (« enchaîné ») auquel se réfère la déclaration du *potere occulto*.

Pour ce qui est de la capacité du personnage, en général, à regarder au-dehors du niveau de l'histoire qui lui est réservé, et ce ne serait-ce qu'un seul instant, reportons-nous – bien avant Pirandello et Brecht – au cas exemplaire de la goldonienne Giacinta, qui met en cause l'auteur de son rôle. On n'échappe pas au destin inscrit, choisi par l'auteur, mais on peut en modifier, si ce n'est les *effets*, du moins les formes de son expression : « Mesdames et messieurs, ici, notre auteur, faisant appel à toute son imagination, avait préparé une longue scène de désespoir, une lutte entre des sentiments contradictoires, un mélange d'héroïsme et de tendresse. Mais j'ai cru bon d'omettre cette scène[1]. »

Nous sommes à la fin des *Avventure della villeggiatura*, second épisode d'une comédie-roman en trois parties, et Goldoni y joue la carte – entre attente et suspension – de la figure typique du personnage qui prend conscience du public qui le regarde de l'extérieur : comme le fait le pédant Manfurio, à la fin du *Candelaio* de Giordano Bruno, qui paraît obligé de recompter depuis le début les coups de bâton que des voyous lui infligent mais qui soudain, chaussant ses lunettes et s'apercevant de « la couronne de nombreux spectateurs », découvre qu'il est « en scène » et « dans une comédie » ; ou comme Prospero – autre exemple notoire – qui, après avoir libéré tout le monde, demande au public de le libérer à son tour de la magie et du sortilège de la représentation, renonçant pour ce faire à ses accessoires de magicien.

Le rapport entre acteur et personnage – comme le montre de façon exemplaire le moment du congé (que même l'inflexible abbé d'Aubignac autorisait) – constitue sans conteste une donnée incontournable et caractéristique, qui n'advient pas dans le monde de papier et de celluloïd

dans *Maschere Nude*, éd. A. D'Amico, Milan, Mondadori, 1993, vol. 2, p. 749 : « *Il Figlio resterà proteso verso la scaletta, ma, come legato da un potere occulto, non potrà scenderne gli scalini ; poi, tra lo stupore e lo sgomento ansioso degli Attori, si moverà lentamente lungo la ribalta, diretto all'altra scaletta del palcoscenico ; ma, giuntovi, resterà anche lì proteso, senza poter discendere.* »)

1 C. Goldoni, *Les Aventures de villégiature*, dans *Théâtre*, trad. M. Arnaud, préf. P. Renucci, Paris, Gallimard, 1972, p. 1232 (texte original *Le Avventure della villeggiatura*, dans *Trilogia della villeggiatura*, éd. F. Fido, Venise, Marsilio, 2005, p. 243 : « Signori miei gentilissimi, qui il poeta con tutto lo sforzo della fantasia avea preparato una lunga disperazione, un combattimento d'affetti, un misto d'eroismo e di tenerezza. Ho creduto bene di ometterla »).

(aujourd'hui digital). Deux perspectives, me semble-t-il, découlent de cette distinction élémentaire, qui permettent de revenir sur la catégorie de *métathéâtralité*, dont on fait quelquefois un usage trop partiel et générique. La distinction même entre une métalepse d'« énoncé horizontal » et une métalepse d'« énoncé vertical » peut être avantageusement employée sur la base du statut d'acte concret de toute fiction portée à la scène.

À partir de l'échantillon narratif de Julio Cortázar, on peut, comme le fait Klaus Meyer-Minnemann, fournir à l'envi des exemples de relation verticale aussi bien qu'horizontale[1], cette dernière désignant « une transgression de la ligne de partage entre deux situations d'énonciation ou de communication différentes, qui, au lieu d'être subordonnées l'une à l'autre, se trouvent coordonnées au même niveau narratif[2] ». Recourant particulièrement à la métaphore de la « distinction spatiale » pour éclairer cette relation, voici que soudain nous reviennent à la mémoire des exemples théâtraux ostensiblement fondés sur ce procédé, et notamment le nom de Rafael Spregelburd, sans doute le Cortázar de la scène contemporaine : « Pour qu'il y ait métalepse [d'énonciation horizontale], il faut que les deux situations d'énonciation parallèle soient spatialement séparées l'une de l'autre[3]. »

Le théâtre peut, en effet, mettre en scène deux situations totalement indépendantes d'énonciation parallèle – ce que nous montre Spregelburg – par le biais de mêmes acteurs pour « incarner » les personnages de chacune de ces situations. *L'Heptalogie de Hieronymus Bosch* en donne nombre d'exemples, comme dans *La Panique* ou *La Modestie*, récemment mis en scène par Luca Ronconi, sur lesquels je me suis ailleurs arrêté[4]. Une brève allusion au second de ces « péchés capitaux » modernes suffira ici : deux histoires très éloignées l'une de l'autre dans le temps et l'espace – l'une a lieu en Argentine, l'autre en Russie – se déroulent sur la même scène et sont jouées par de mêmes acteurs qui se dédoublent pour donner vie, sur chacun des deux plans, à des personnages différents, jusqu'à ce que les deux univers, par des effets de contamination (tel un objet passant de l'une à l'autre), ne s'effondrent l'un dans l'autre, dans une sorte d'« effet domino ».

1 K. Meyer-Minnemann, « Un procedé narratif qui "produit un effet de bizarrerie" : la métalepse littéraire », dans *Métalepses*, *op. cit.*, p. 133-150.

2 *Ibid.*, p. 145.

3 *Ibid.*, p. 146.

4 *Cf.* P. Vescovo, *Il tempo a Napoli*, *op. cit.*, p. 170-175 et 191-193.

MÉTALEPSE DU SPECTATEUR

Il ne fait aucun doute, comme l'affirme Genette, que la spectatrice de *The Purple Rose of Cairo* (titre qui par extension métaleptique désigne non seulement le film dans le film, mais le film de Woody Allen que nous sommes en train de regarder) entre dans un écran fictif, et non pas dans l'écran réel de la salle où nous sommes assis. Il est impossible, au cinéma, d'entrer ou de sortir de l'écran. Mais au théâtre, l'entrée du spectateur dans l'histoire ne peut se laisser réduire au cas évoqué dans une page de Stendhal, à propos d'un spectateur qui tire sur Othello au moment où celui-ci est sur le point d'étrangler Desdémone dans un théâtre de Baltimore en août 1822 (« Il ne sera jamais dit qu'en ma présence un maudit nègre aura tué une femme blanche »). Et l'on pourrait citer des réactions moins extrêmes et plus récentes du public des *sceneggiate*, les mélos napolitains, à l'encontre du sale type de service (en dialecte, « *'o malamente* »). C'est là une « métalepse façon de parler », bien entendu, où l'on finit par blesser ou malmener l'acteur et non le personnage, tandis que l'histoire du théâtre (surtout au XXe siècle) est pleine de faux spectateurs qui montent sur la scène ou qui perturbent la salle, aussi bien que d'actions de « participation » du public réel (depuis les soirées futuristes, au moins, jusqu'aux happenings des années 1960 et 1970). Combien de fois n'avons-nous pas vu de faux spectateurs sur le plateau, interprétés par des acteurs ou par des spectateurs réels que l'on a pris dans le public et fait monter sur scène, plus ou moins embarrassés ? À force d'être utilisés, ces effets ont naturellement perdu de leur efficacité et de leur pouvoir de surprise et de provocation.

MÉTALEPSE DU TEXTE

Si le XXe siècle est sans conteste la patrie temporelle de l'assomption mimétique des principes narratifs et donc de la métalepse, portons brièvement notre regard en arrière, et puisque nous célébrons Françoise Decroisette, tournons-nous vers l'un de ses domaines privilégiés.

I due fratelli nemici de Carlo Gozzi (inspiré de *Hasta el fin nadie es dichoso* de Augustìn Moreto) ajoute à l'intrigue originale un personnage qui puise dans l'action en cours un *fond* de tragi-comédie. C'est le chemin pour ainsi dire opposé à celui des personnages en quête d'auteur, mais identique à celui de Gozzi qui emprunte à la tragi-comédie espagnole un drame nouveau. Si les *Personaggi in cerca di un autore* cherchent une réalisation dans un scénario de la « comédie à faire », ici Brighella tire un « sujet » de la réalité qui l'entoure (mais qui est en fait romancée). Il est même bien plus intéressant qu'il commence à prendre des notes avec son petit cahier et son crayon en pensant esquisser l'intrigue d'un roman, pour découvrir peu à peu que celle-ci se déploie mieux selon une *ossature* dramatique. Or c'est précisément à ce moment-là qu'émerge le *point de vue* – qui se consolide par la suite dans la tradition narrative européenne – du narrateur interne mais latéral, étranger à l'action mais présent (on arrive, en somme, jusqu'au « monsieur G-v, jeune homme d'éducation classique [...] en relation avec la société la plus distinguée » des *Démons* de Dostoïevski) : « Je ne veux pas être une personne importante dans ce roman. Je me contenterai d'être un accessoire[1]. »

Brighella pense donc, comme Pirandello, d'abord à un roman plutôt qu'à une « comédie à faire » (« Oh, le premier tome a l'air intéressant. Il me semble meilleur que *Guérin le mesquin*[2] ») pour arriver ensuite à la révélation décisive : « J'ai trouvé, je veux composer un drame larmoyant. Que vous semble des premiers actes de mon ossature[3] ? » Nous ne sommes pas ici en présence d'un personnage secondaire qui fait part, le rideau tombé, de son souhait d'écrire une comédie à partir des choses étranges dont il a été le témoin subalterne (tel le Gouverneur d'une comédie de Giovan Battista Andreini, qui résout le cas épineux et incroyable des jumeaux et des amours saphiques : « je veux en faire un petit canevas pour le faire ensuite jouer dans notre Académie, et l'intituler *Amour dans le miroir*[4] »). Le *canevas* ici, c'est la solution même, prévisible, de la *fabula*

1 C. Gozzi, *I due fratelli nemici*, dans *Opere. Teatro e polemiche teatrali*, éd. G. Petronio, Milan, Rizzoli, p. 873-970, *cf.* II, 2, p. 903 : « No vogio miga esser una persona considerabile in sto romanzo. Me basta de esser un accessorio. »

2 *Ibid.*, I, 6, p. 889 : « Oh, el primo tomo se fa interessante. El me par megio del Guerino il meschino. »

3 *Ibid.*, III, 9, p. 951 : « Ho resolto, vogio componer un dramma flebile. Cossa ghe par in sti primi atti della mia ossadura ? »

4 G. B. Andreini, *Amor nello specchio*, éd. S. Maira et A. M. Borracci, Rome, Bulzoni, 1997, V, 8, dernière réplique : « voglio farne di mia mano un poco d'abbozzo per farlo poi

à laquelle assiste le spectateur. Brighella peut bien lire alors, nous lire, le dénouement de l'intrigue dans ses notes, et ce faisant anticiper l'action, envoyer valser la *catharsis*, et éviter sa représentation : « Le dénouement n'est pas mauvais. Votre Majesté ne sera pas mécontente[1] », prévient Tartaglia, qui est impliqué dans le projet.

> Dernière scène. Sa Majesté phtisique embrasse son frère, lui cède le trône, pardonne à don Gaston, ordonne que don Raimond soit tiré de sa tour et se retire pour prendre sereinement son lait d'ânesse en toute inutilité etc. Don Garcia, illégitime, désespéré, se cloître dans une retraite[2]...

Ainsi le « théâtre romanesque » à l'espagnol permet-il à tous les personnages de découvrir qu'ils vivent dans une trame fictive digne du théâtre d'*antan*, dans une représentation qui peut donc remonter jusqu'à l'idée même du canevas scénique : non pas un livre, mais l'intrigue narrative qui précède le texte dramatique à proprement parler ou qui sert de base au travail de plateau. La Cour d'Espagne devient ainsi la troupe des comédiens, dès lors que le concertateur lit à voix haute le résumé de l'histoire à représenter.

Nous ne pouvons certes pas parler ici de théâtre dans le théâtre au sens propre du terme – comme mise en scène de personnages qui à leur tour jouent ou répètent une ou plusieurs pièces – mais tout au plus de métathéâtre, comme résultat d'un changement de niveau, de la fiction à la « réalité », que le procédé métaleptique ne révèle qu'après coup.

Prenons l'exemple de *L'Illusion comique* de Corneille : jeu vertigineux de miroirs baroques qui cependant, à son premier niveau d'énonciation, ne fait aucune entorse à l'identité temporelle dans son rapport au temps du spectateur. Un magicien évoque auprès d'un père désespéré des fragments de la vie d'un fils porté disparu. Il faut attendre la fin pour comprendre que l'on est au théâtre et que les « phantomes nouveaux » (IV, 10) ne sont autres que des acteurs, lorsque ce qui semblait être la mort violente du jeune Clitandre s'avère en réalité le finale d'une tragédie

recitare nella nostra Accademia, e intitolarlo *Amor nello specchio* ».

1 C. Gozzi, *I due fratelli nemici*, *op. cit.*, III, 18, p. 968 : « Il scioglimento non è cattivo. Vostra Maestà non sarà scontenta. »

2 *Ibid.*, p. 968-969 : « Scena ultima. Sua Maestà tisica abbraccia il fratello, gli cede il trono, perdona a don Gastone, ordina che don Raimondo sia tratto dalla torre, e si ritira per prendere con quiete il latte d'asinella inutilmente ecc. Don Garzia, illegittimo, disperato si chiude in un ritiro... »

qu'il était en train de jouer, Clitandre étant passé du rang d'aventurier à celui d'acteur. Nous sommes dans un théâtre parisien, pareil à celui où siégeait le public de la première cornélienne, croyant assister pendant les quatre actes précédents à une histoire de magie, située devant la grotte d'un puissant magicien dans une lande sauvage et inhospitalière, qui n'est autre que l'antre obscur de la scène.

MÉTALEPSE DU MODE

On aura compris à quel point la question de la métalepse comme figure de fiction (du personnage, de l'auteur, du spectateur) est en fin de compte, et plus généralement, une figure du *mode*. Il s'agit maintenant de voir si les drames qui ont l'air de romans et les romans qui ont l'air de drames ne constituent pas le terrain privilégié de cette figure.

Je donnerai à ce propos un exemple particulièrement évident, ne serait-ce parce qu'il est tiré d'un roman non seulement dominé par la métalepse, mais entièrement composé de dialogues et de didascalies, qu'on pourrait à ce titre confondre, si on l'ouvrait au hasard, avec un texte dramatique (ce qu'il est peut-être, si l'on enlève ce que révèlent les dernières lignes). Il s'agit du *Vol d'Icare* de Raymond Queneau (1968) : titre qui nous renvoie d'ailleurs au niveau-base de la métalepse entendue comme figure du discours, dans le glissement d'un mot, d'un plan ou d'un niveau de signification vers un autre (envol et délit). Lorsqu'on ouvre le roman d'où Icare s'envole pour ensuite se perdre dans les rues de Paris, on imagine qu'il a commencé quinze pages plus tôt, par la distinction entre le manuscrit et le livre que l'on est en train de lire. Quand on arrive à la fin de ce roman *distancié* par sa forme dramatique, une foule entière de SPECTATEURS (comme le dit le texte, tout en majuscules) est en train de décrire en direct les évolutions du vol d'Icare sur une place parisienne ; Hubert, le personnage-romancier, arrive haletant en taxi au moment même où la foule hurle à l'unisson : « Il tombe ! Il tombe ! Il va s'écraser sur le sol ! » Et voilà qu'en un brusque changement de lieu et de niveau réapparaissent – sur le bureau de l'écrivain, sous la forme d'un manuscrit, et dans nos mains, sous la forme d'un livre – les pages qui se referment au moment précis où Icare s'écrase sur le sol, et où revient le temps passé (« *se passa* ») :

HUBERT
(*refermant son manuscrit sur Icare*)
Tout se passa comme prévu ; mon roman est terminé.

On n'échappe pas à son destin (dans ce cas à la chute finale en vol), même si le sol n'est ici, bien sûr, qu'un sol de papier.

J'essaierai de rapprocher le roman de Queneau, par symétrie, d'un texte de Juan Mayorga, dramaturge contemporain (de la génération de 1965) que j'ai déjà ici cité plusieurs fois. Il est capital de rappeler que Mayorga (qui a étudié les mathématiques et la philosophie et à qui l'on doit, entre autres, un essai sur *Politica y memoria en Walter Benjamin*) est un dramaturge pur, autrement dit qu'il n'a jamais – du moins jusqu'à présent – joué ou mis en scène ses textes. Comme il serait trop long de faire un récit détaillé de l'intrigue de sa pièce de 2006, *El Chico de la última fila*, je me contenterai de dire que la pièce met en scène un professeur lisant les rédactions d'un élève, et pénétrant grâce à elles dans la vie des autres (François Ozon en a tiré récemment un film dont le titre est *Dans la maison*, mais il en a sacrifié le finale audacieusement métaleptique au profit d'une réinvention cinématographiquement compatible, fondée sur le fait indéniable qu'au cinéma, aucun acteur en chair et en os n'interprète jamais devant nous un personnage comme il advient au théâtre – un peu dans le goût de *Rear Window* d'Hitchcock).

On est surpris – avant d'en trouver l'explication à la lumière de la révélation finale – par ces passages qui ont lieu sur scène sans médiation narrative ni didascalie, par un simple effet de condensation de l'espace et du temps. Voyons à titre d'exemple le premier, et le plus élémentaire, de ces moments. Le professeur lit à voix haute la première rédaction à sa compagne quand l'élève qui en est l'auteur, et qui a à peine été évoqué, se matérialise ; l'action se déplace alors.

JEANNE

Dix ? Il a l'air d'un bon garçon. Tu mets dix-sept à l'autre et à celui-là, un dix.

GERMAIN

Ce n'est pas un cours d'éthique ni de religion. C'est langue et littérature.

Il prend une autre copie.

JEANNE

Vraiment, ça ne t'inquiète pas ? Moi, au moins, je parlerais avec lui. Tu ne vas pas lui parler ?

CLAUDE

Vous vouliez me voir ?

GERMAIN

Assieds-toi, mon garçon.

Claude s'assied[1].

Nous suivons le déroulement du drame comme si c'était le professeur, de rédaction en rédaction, qui faisait reconstruire à l'élève l'histoire qui nous est racontée, comme si c'était lui qui donnait corps à cette histoire sur la scène, alors que nous découvrirons à la fin que le professeur lui-même est contenu dans les rédactions de l'adolescent, et que ce sont ces dernières qui constituent le plan référentiel de la narration et de son énonciation dramatique. À la fin, l'élève, Claude, parvient à s'introduire dans la vie de Germain, le professeur, jusqu'à faire des avances à sa compagne Jeanne : Germain le gifle alors, mais d'un simple geste Claude le fait disparaître, lui et tout ce que nous avons vu jusque-là, car tout est contenu dans l'énonciation théâtrale de son « texte » :

CLAUDE

À l'instant où je vous ai connu, j'ai eu envie de voir comment vous viviez. Dès le premier cours. Comment peut-elle être, la maison de ce type ? Qui peut bien vivre avec un type comme lui ? Il a sûrement une femme assez folle, une nana suffisamment folle pour…

(Germain gifle Claude. Silence.)

Alors là, oui, maestro. C'est la fin.

Avec un geste, il commande le noir[2].

Je signale, à titre de curiosité, qu'un roman de 2010 de Jonathan Coe – auteur qui affectionne tout particulièrement les intrigues métaleptiques (pensons à *What a Carve Up* de 1994) présente une fin identique :

---

1 J. Mayorga, *Le Garçon du dernier rang*, trad. D. Poulange et J. Lavelli, Besançon, Les Solitaires intempestifs, 2009, p. 12-13.

2 *Ibid.*, p. 95.

il s'agit de *The Terrible Privacy of Maxwell Sim*, où le protagoniste, dont le nom de famille coïncide justement avec le *Subscriber Identity Module* des téléphones portables, obsédé par les coïncidences incroyables qui entourent son histoire, découvre à la fin qu'il est le personnage d'un roman, lorsqu'à la dernière page il rencontre l'auteur du livre assis sur un banc. Le roman est écrit à la première personne[1]. Lisons-en les dernières répliques :

> « Ça ne peut pas être fini, j'ai protesté, je ne sais toujours pas comment ça finit. – Facile, a dit l'écrivain, je vais vous le dire, moi, comment ça finit ». Il m'a fait un dernier sourire, navré mais impitoyable, et il a claqué dans ses doigts : « Comme ça[2]. »

EXPLICIT

Un paragraphe assez long que j'ai écrit, mais auquel je dois renoncer – comme la Giacinta de Goldoni – avait pour ambition de poursuivre cette réflexion sur le plan spectaculaire pour identifier une *métalepse de l'effet* scénique ou représentatif, avec une attention particulière à la scène contemporaine, entre intrigue dramaturgique et déploiement d'effets technologiques. Je pense, en particulier, aux dernières créations de deux grandes figures de la scène contemporaine, Robert Lepage et Ariane Mnouchkine : *Lipsynch* (2009) et *Les Naufragés du fol espoir* (2010) – deux magnifiques spectacles récents fondés sur le cinéma dans le théâtre (tous deux nous font assister à la réalisation d'un film, depuis le tournage jusqu'au montage et à la projection), qui nous offriraient sur ce sujet beaucoup de matière à réflexion, mais nous manquerions ici d'espace pour nous aventurer sur ce terrain.

Je conclus donc en revenant à l'acte unique de Savinio cité plus haut, et en particulier à la réplique sans doute la plus mémorable du tête-à-tête entre les deux ouvreurs : étrange et profonde illumination ironique, qui

---

1 Je remercie au passage Giulietta Bazoli de m'avoir indiqué cette référence (et de m'avoir fait lire Jonathan Coe).

2 Jonathan Coe, *La Vie très privée de Mr. Sim*, trad. J. Kamoun, Paris, Gallimard, 2011, p. 449.

transforme les règles et la grammaire des poétiques – celles auxquelles se réfèrent les législateurs et les faiseurs de petits schémas des « systèmes de modélisation secondaire » – en règlement de salle. L'histoire des formes et des *modes* est, au fond, une histoire de l'infraction ou de l'évitement du *règlement* à des fins imaginatives. Et tant mieux si cela a lieu sous les yeux des *vigiles* désignés pour le faire respecter :

OUVREUR SOMBRE II (*à l'Ouvreur I*)
Crois-tu qu'un personnage puisse mourir deux fois pour des exigences scéniques ?

OUVREUR SOMBRE I (*après longue réflexion*)
Si le règlement y consent, oui[1].

Piermario VESCOVO
Université Ca' Foscari de Venise

Traduction de Céline FRIGAU MANNING et Eleonora VISCIGLIO

1 Alberto Savinio, *Son nom*, *op. cit.*, p. 134 (texte original *Il suo nome*, *op. cit.*, p. 228 : « II MASCHERA SCURA (*alla I Maschera scura*) Credi che per esigenze sceniche un personaggio possa morire due volte ? / I MASCHERA SCURA (*dopo una lunga riflessione*) Se il regolamento lo consente, sì »).

LA TRAGÉDIE DANS LA TRAGÉDIE

Essais de définition du métathéâtre propre à la tragédie

La lecture extensive des tragédies italiennes modernes, de l'*Orbecche* de Giraldi (1541) à l'*Aristodemo* de Dottori (1657), révèle que le théâtre dans le théâtre est un procédé relativement absent de la tragédie italienne. Je tenterai ici d'explorer les raisons de l'incompatibilité apparente entre poétique tragique et pratique du théâtre dans le théâtre, pour tâcher de comprendre s'il existe une forme de métathéâtre propre à la tragédie, et quelle image de la scène – et de la salle – cette métathéâtralité tragique permet de définir.

DE L'ABSENCE RELATIVE DE MÉTATHÉÂTRE TRAGIQUE SUR LA SCÈNE ITALIENNE (1515-1650)

Si le théâtre dans le théâtre est un procédé relativement commun dans la *Commedia dell'Arte* et dans la comédie italienne[1], il s'avère absent de la scène tragique. Je précise que j'entends par théâtre dans le théâtre, comme la plupart des critiques qui ont considéré la notion[2], l'enchâssement d'une pièce dans la pièce représentée, dont les acteurs deviennent spectateurs de la pièce intérieure : cette forme paraît tout à fait absente de la tragédie italienne, alors qu'elle apparaît dans les

1 *Cf.* à ce sujet : M. Cambiaghi, *Teatro e metateatro in Italia tra barocco e Novecento*, *op. cit.*, p. 25-50.

2 G. Forestier, *Le Théâtre dans le théâtre sur la scène française du* XVII*e siècle*, *op. cit.* ; T. Kowzan, *Théâtre miroir. Métathéâtre de l'Antiquité au* XXI*e siècle*, Paris, L'Harmattan, 2006 ; M. Schmeling, *Métathéâtre et intertexte*, *op. cit.* ; R. J. Nelson, *Play within a Play*, *op. cit.* ; J. Voigt, « Das Spiel im Spiel. Versuch einer Formbestimmung an Beispielen aus dem deutschen englischen und spanischen Drama », thèse de doctorat, Göttingen, 1954.

tragédies françaises et anglaises de la même époque. En France, parmi les quarante pièces métathéâtrales dénombrées par Georges Forestier, deux seulement portent le nom de tragédie : *Le Véritable Saint Genest* de Rotrou et *L'Illustre Comédien* de Desfontaines. Sur la scène anglaise, les tragédies dans la tragédie sont plus nombreuses et issues de l'imitation de la *Spanish Tragedy* de Kyd, où la vengeance de Hieronimo se fait par la représentation d'une tragédie enchâssée qui lui permet de tuer sur la scène dans la scène ses ennemis[1]. Il apparaît ainsi que l'enchâssement d'une pièce à l'intérieur d'une tragédie est un procédé relativement rare dans la tragédie moderne, ce dont la critique a cherché à rendre compte.

Lionel Abel affirme ainsi que la tragédie est diamétralement opposée au métathéâtre, car si l'une met en scène la vie humaine dominée par le destin, l'autre représente la vie comme une illusion, créée par l'imagination humaine, qui peut à tout moment dénoncer le destin comme faux. Le métathéâtre serait alors le théâtre de la modernité, qui représente la volonté de l'homme de comprendre et de maîtriser son action, alors que la tragédie représenterait un théâtre plus ancien, où l'homme se voit dominé par des forces qu'il ne sait ni définir, ni dominer[2]. L'absence de métathéâtre en tragédie est donc d'emblée perçue et comprise comme un corollaire de la philosophie du « tragique » : parler de métathéâtralité tragique revient alors non seulement à considérer la « forme » de la tragédie, mais aussi la vision du monde qu'elle implique.

Toutefois, la rareté de l'enchâssement métathéâtral sur la scène tragique trouve une première explication beaucoup plus simple, qui a trait à la définition même de la tragédie que partagent les auteurs modernes : la tragédie est en effet considérée, d'après Aristote, comme une « imitation d'une action illustre[3] », c'est-à-dire comme un genre au style élevé, qui met en scène des rois et des actions éclatantes. Or le théâtre, ses comédiens et ses coulisses sont considérés par les modernes comme des objets de style bas. La vulgarité et l'immoralité des comédiens sont souvent dénoncées par les censeurs du théâtre, et si leur statut leur permet de jouer des rois et des princes, il ne les autorise pas à porter à la scène tragique le jeu des coulisses. C'est pour cette raison sans doute

---

1 Voir notamment : T. Kyd, *The Spanish Tragedy*, 1587 ; W. Shakespeare, *Hamlet*, 1603 ; J. Marston, *Antonio's Revenge*, 1600 ; T. Dekker, *Lust's Dominion*, 1600 ; C. Tourneur, *The Revenger's Tragedy*, 1606 ; F. Beaumont et J. Fletcher, *The Maid's Tragedy*, 1610.

2 L. Abel, *Metatheatre. A new view of dramatic form*, *op. cit.*, p. 112-113.

3 Aristote, *Poétique*, éd. R. Dupont-Roc et J. Lallot, Paris, Seuil, 1980, chap. VI, p. 53.

que le théâtre dans le théâtre est davantage un procédé comique que tragique. S'il apparaît dans la tragédie anglaise, c'est parce que le théâtre anglais est plus faiblement normé que les théâtres français et italien. En ne laissant subsister que deux exemples de métathéâtre tragique, la scène française évacue rapidement le procédé de la tragédie classique : or, seules ces deux tragédies dans la tragédie du théâtre français présentent un sujet particulier.

En effet, la pièce de Rotrou et celle de Desfontaines adaptent le martyre de saint Genest, et représentent donc la conversion du comédien romain et le supplice qui en découle. Si ces pièces portent le nom de « tragédie », c'est probablement parce qu'elles peuvent être comprises à la fois comme des pièces métathéâtrales et comme des tragédies de dévotion. Genest n'est pas seulement un comédien qui est pris par l'illusion de son jeu au point de devenir ce qu'il imite, c'est aussi un misérable comédien qui parvient, par la grâce, à quitter l'immoralité de son métier pour devenir un martyre de la foi. Le cadre romain contribue à faire de ces deux pièces des tragédies : c'est l'empereur Dioclétian qui assiste au jeu de Genest et qui décide enfin de le condamner à mort. Si la tragédie présente une pièce enchâssée, donc, c'est de manière exceptionnelle, sans que l'on puisse faire du théâtre dans le théâtre un trait propre au genre tragique.

L'absence d'enchâssement dramatique dans la tragédie italienne manifeste par un cas extrême la distance qui sépare théâtre dans le théâtre et poétique tragique. Si des adaptations du martyre de saint Genest existent dans la dramaturgie italienne de la première modernité, elles ne portent pas le nom de tragédie, mais plutôt celui, plus général, d'*opera scenica*. C'est le cas de la pièce de Michele Stanchi, *Il san Ginnesio*, publiée posthume à Rome en 1687. Dans la tragédie italienne, le champ du tragique est encore plus restreint qu'en Angleterre et en France : une pièce à martyre qui traite de la conversion d'un acteur n'aborde pas un sujet assez élevé pour porter le nom de tragédie. Ainsi, non seulement les règles génériques excluent le métathéâtre du domaine de la tragédie, mais la faible théâtralité de la tragédie italienne rend le genre rétif à l'exhibition du procédé théâtral. En effet, comme la critique[1] l'a relevé, la *déclamation* tient dans la tragédie de la première modernité une place bien plus importante que le *jeu* des acteurs : les premières tragédies

1 M. Fumaroli, *Héros et orateurs*, Genève, Droz, 1990.

se composent de très longues tirades qui mettent en valeur la beauté rhétorique du texte plus que son pouvoir pragmatique.

Dès lors, si l'on trouve une forme d'enchâssement dramatique dans la tragédie italienne, c'est moins une forme métathéâtrale que métatextuelle – si l'action dramatique n'est pas enchâssée, d'autres textes dramatiques sont souvent cités ou repris dans la tragédie moderne. Le banquet de Thyeste est un exemple de cette reprise textuelle : l'épisode sanglant qui apparaît dans le *Thyeste* de Sénèque est repris maintes fois sur la scène italienne et notamment dans la tragédie qui devient rapidement le modèle du genre, l'*Orbecche* de Giraldi Cinzio, où les enfants de l'héroïne sont dépecés par le tyran et offert en hommage à sa fille Orbecche (V, 3). Cette évocation sanglante sert à marquer la proximité entre le genre moderne et la tragédie antique, mais ne vient pas mettre en avant la nature proprement théâtrale du spectacle dramatique.

QUELLES FORMES DE MÉTATHÉÂTRE POUR LA TRAGÉDIE ?

Si donc le théâtre dans le théâtre, c'est-à-dire l'enchâssement d'une pièce dans la pièce représentée, n'est pas présent dans la tragédie italienne, d'autres formes de ce que Forestier appelle, à la suite de Barthes[1], « théâtralité », apparaissent sur la scène tragique. Après un rapide relevé de ces procédés qui exhibent la nature « dramatique » du texte tragique, je chercherai à comprendre si ces procédés permettent de définir un « métathéâtre » qui serait proprement tragique.

La théâtralité tragique est souvent exhibée par le travestissement des personnages. Ce procédé appartient davantage à la poétique de la comédie, mais il apparaît aussi dans certaines tragédies pour susciter la reconnaissance et ainsi donner lieu au renversement de fortune qui dénoue la pièce. Dans les versions modernes de la trame de Mérope[2], par exemple, le déguisement est mis au service de la vengeance. Dans ces

1 La théâtralité désigne les traits propres au spectacle théâtral, que Barthes définit comme une « épaisseur de signes », *cf.* R. Barthes, « Littérature et signification » [1963], *Essais critiques*, Paris, Seuil/Points, 1981, p. 258-276, *cf.* p. 258.

2 P. Torelli, *La Merope*, 1589 ; A. Cavallerino, *Telefonte*, 1582 ; G. Liviera, *Cresfonte*, 1588.

pièces, Cresphonte, le fils de Mérope et de son premier mari, se présente à la cour du roi qui a usurpé le pouvoir de son père et épousé sa mère en dissimulant son identité. Il dit être le meurtrier de Cresphonte, dans l'espoir de déjouer les plans du tyran qui désire sa mort et de porter ainsi secours à sa mère. De même, dans les adaptations de l'histoire de la reine Rosemonde[1], cette dernière se déguise en sa propre suivante pour exercer un chantage. Elle entend attirer dans son lit l'amant de sa suivante, Pérédée, et lui découvrir ainsi que, alors qu'il croyait profiter des grâces de sa maîtresse, il a déshonoré la reine. Ici, le déguisement est un élément d'une stratégie métathéâtrale plus vaste qui est, elle, proprement tragique : le déguisement de Rosemonde sert l'établissement d'une ruse.

La ruse est une forme de théâtralité qui relève de la poétique tragique et apparaît dans de nombreuses intrigues, notamment dans l'*Orbecche* et dans les tragédies qui l'imitent. Dans sa première tragédie, nous l'avons vu, Giraldi reprend le motif du banquet de Thyeste. Or, cette reprise textuelle est l'aboutissement d'un stratagème qui vient articuler nœud et dénouement et permettre le renversement de l'action. En effet, les trois premiers actes de la pièce servent la préparation d'une ruse : le roi Sulmone apprend les amours clandestins de sa fille Orbecche et d'Oronte à l'acte II. Il semble céder aux conseils de Malecche (III, 1), et vouloir accepter Oronte comme gendre et ses deux enfants comme héritiers, mais dès le départ du conseiller il déclare son désir de vengeance : il affirme vouloir « simuler[2] » une réconciliation avec Orbecche et son amant, à la fois par ses paroles et par l'expression de son visage, pour mieux tramer une vengeance secrète. La scène qui suit est donc placée sous le signe de la simulation et prépare la ruse qui dénoue la pièce. Sulmone va tuer Oronte et les enfants d'Orbecche (IV, 1). Un messager se présente ensuite auprès d'Orbecche pour lui offrir le cadeau de mariage que lui destine son père (V, 2) : mais à la place du présent espéré, Orbecche découvre les membres meurtris de ses enfants et de son époux ; elle sombre alors dans le désespoir, en tuant son père avant de se donner la mort (V, 3). La ruse est donc un dispositif qui se sert de la théâtralité pour susciter un

---

1 G. Ruccellai, *La Rosmunda*, 1516 ; A. Cavallerino, *Rosimonda regina*, 1582 ; A. Scaramuccia, *La regina Rosmonda*, 1619 ; A. Grossi, *Perideo*, 1621.

2 G. B. Giraldi, *Orbecche* (1541), dans *Il teatro italiano II*, éd. M. Ariani, Turin, Einaudi, 1977, vol. 1, p. 79-184, *cf.* III, 3, p. 137 : « simolare ». – Sauf indication contraire, toutes les traductions sont de notre responsabilité.

effet de surprise. Un personnage met en place un leurre, dont il est à la fois l'acteur et le metteur en scène, pour tromper les autres personnages. Par la ruse, donc, comme par le déguisement, est dénoncé le caractère déceptif de l'illusion dramatique : la tromperie, ou en termes tragiques, l'*inganno*, qui détermine l'aveuglement et le malheur du héros.

Si le déguisement et la ruse constituent des exemples de théâtralité tragique, ils ne représentent pas des traits génériques fixes qui permettraient de définir une forme de métathéâtre propre au genre tragique. Il existe en revanche un dispositif dramatique qui exhibe la théâtralité de la scène et qui, pour les théoriciens, est indissolublement associé au genre tragique, au point qu'il apparaît dans toutes les tragédies italiennes de la première modernité. Il s'agit du chœur. Les modèles tragiques anciens ainsi que les affirmations de la *Poétique*[1] en font un élément nécessaire du genre que les théoriciens modernes reprennent et théorisent. Trissino, par exemple, dans la première vulgarisation de la *Poétique*, affirme que le chœur se compose d'« hommes ou de femmes sages, bons et pleins de compassion » et qu'il « représente presque la personne du poète[2] ». Le rôle du chœur est de « parler », « prendre part à la tragédie et agir avec les autres personnages » et « chanter des choses concernant l'action[3] ». Les propos de Trissino permettent de comprendre en quoi le chœur exhibe la théâtralité de la tragédie. Il s'agit de convoquer sur scène une quinzaine de personnages qui dialoguent avec les héros du drame et qui commentent l'action représentée. L'apparition du chœur est ainsi le lieu d'un enchâssement dramatique : l'action principale devient l'objet du regard et des propos d'un public interne, qui, d'après Trissino, est à la fois « une partie » de la tragédie et la figuration de l'auteur dramatique. Les commentaires du chœur permettent alors à l'auteur d'orienter la réception de sa pièce en proposant au public une compréhension de l'action représentée et des passions qu'elle suscite.

L'*Orbecche* de Giraldi est un exemple emblématique de cet usage du chœur et fonde le modèle dramatique des tragédies à venir. Le chœur

1 Aristote, *Poétique*, *op. cit.*, chap. XII, p. 75.

2 Trissino, *La quinta e la sesta divisione della Poetica* (1549), dans *Trattati di poetica e di retorica del Cinquecento*, vol. 2, éd. B. Weinberg, Bari, Laterza, 1974, p. 5-90, *cf.* p. 23 : « uomini o di donne savii e buoni e compassionevoli », « quasi rappresenta la persona del poeta ».

3 *Ibid.*, p. 23 : « parlare e dee essere parte della tragedia et operare insieme con gli altri », « cantar cose appertinenti all'azzione ».

est formé par des « femmes de Suse[1] » qui dupliquent sur scène le destinataire idéal de l'*Orbecche*, c'est-à-dire les « femmes de cour » ou encore les « femmes [...] de nature douce et délicate[2] » à qui s'adresse le prologue de la pièce. Le chœur constitue donc un public interne que le poète peut orienter à sa guise pour guider les réactions de son public réel. Le chœur ponctue ainsi l'action et souligne ses articulations les plus importantes : il intervient à la fin de tous les actes et participe à l'action, en recueillant les propos du messager qui raconte l'horrible carnage exécuté par Sulmone (IV, 1) et en accompagnant la plainte d'Orbecche qui déplore son sort et s'ôte la vie (V, 3). Le chœur, enfin, n'a pas seulement un rôle d'encadrement, mais constitue un véritable personnage qui participe à l'action dramatique. Loin de se limiter à commenter l'action par des tirades en vers, il dialogue activement avec les personnages en scène : en interrogeant le messager à l'acte IV, il parvient à reconstituer les crimes perpétrés par Sulmone[3] ; en commentant le crime d'Orbecche, qui tue son père et recule ensuite au fond de la scène pour couper ses mains et sa tête, il peut évoquer ce que le public ne voit pas – c'est-à-dire la barbarie d'Orbecche à l'égard de son père mort – et susciter le pathétique et l'effroi du public réel[4].

Le chœur semblerait ainsi représenter un avatar du théâtre dans le théâtre tel qu'il se manifeste ensuite, et notamment au XVIIe siècle, sur la scène comique en Italie, en France et en Angleterre[5]. Mais en regardant de plus près la fonction du chœur dans les tragédies italiennes, il apparaît qu'elle s'écarte, en dépit des ressemblances formelles, de l'enchâssement métathéâtral. S'il est vrai en effet que la présence du chœur permet de « cadrer » la scène dramatique, cet encadrement ne vient pas dupliquer la séparation entre la scène et la salle, mais bien au contraire décompartimenter la scène tragique. Au lieu de souligner le jeu de duplication propre à l'illusion dramatique – la scène dans la scène duplique la symétrie entre la scène et la salle – le chœur vient abolir toute

1 *Orbecche*, *op. cit.*, p. 83 : « donne di Susa ».
2 *Ibid.*, p. 86 : « donne di corte », « donne [...] di natura dolci e dilicate ».
3 *Cf.* par exemple *ibid.*, IV, 1, p. 147-154.
4 *Ibid.*, V, 3, p. 171 : « E sol dal cor l'escon lamenti e grida / E come forsennata [Orbecche], or quinci or quindi / Crudelmente guatando, aggira gli occhi, / Che due facelle sembrano di fuoco. / Ma veggio che col capo e co le mani / Del crudo padre e col coltello in mano / Se ne viene di fore. »
5 C'est notamment la thèse de G. Forestier dans *Le Théâtre dans le théâtre*, *op. cit.*, p. 59-60.

symétrie et toute duplication pour marquer en revanche la continuité entre la salle et la scène. Le chœur n'est ni un acteur du drame, ni un spectateur de la pièce, mais il joue un rôle intermédiaire, qui est plutôt celui de l'interprète ou de l'enquêteur. Au lieu de renforcer l'illusion dramatique en la dupliquant, le chœur entend briser l'illusion de la scène pour accéder au sens véritable de l'action dramatique. Il n'interroge pas la qualité du jeu des acteurs – comme c'est le cas chez le public d'une pièce enchâssée – mais questionne la valeur de son action : pourquoi Sulmone a-t-il trucidé ses petits enfants ? Pourquoi Orbecche souhaite-t-elle le tuer et le mutiler ? Ce questionnement montre bien que le chœur n'est pas un public passif, qui assiste à une action scénique, mais un public actif qui cherche à reconstituer le sens des propos qu'il entend.

Le chœur s'avère donc être la forme de théâtralité propre à la tragédie, mais qui adopte des modalités qui s'écartent du procédé du théâtre dans le théâtre. Il est en ce sens significatif de relever que c'est justement au moment où la pratique du théâtre dans le théâtre se fait relativement fréquente sur la scène européenne – c'est-à-dire, au XVIIe siècle – que le chœur disparaît progressivement de la tragédie. Tout se passe donc comme si l'importance accrue de l'illusion dramatique et de la poétique de la vraisemblance marquait le déclin de cette forme de métathéâtre inachevé que manifeste la pratique du chœur. De même, si le chœur moderne ne coïncide pas avec le public d'une pièce intérieure, il s'écarte également du chœur de la tragédie antique. L'imaginaire qu'il convoque, en effet, rend compte de la vision du monde partagée par l'auteur et par le public de la pièce : il ne s'agit pas de déplorer la cruauté des dieux, mais plutôt de pleurer la « fortune âpre et cruelle[1] », la vanité du sort et la distance qui sépare la vie éternelle de la vie mortelle, car cette dernière n'est qu'une « ombre de la vie éternelle[2] ».

La théâtralité tragique découle donc d'un imaginaire particulier, qui ne coïncide pas exactement avec l'imaginaire du théâtre, comme c'est en revanche le cas dans la pratique du théâtre dans le théâtre. S'il est question d'ombre, d'illusion et de représentation, c'est à partir de l'imaginaire du théâtre du monde. Je chercherai à présent à comprendre en quoi cette topique affecte la poétique de la tragédie et vient mettre en avant sa théâtralité.

---

1 *Orbecche*, *op. cit.*, V, 4, p. 177 : « fortuna aspra e ria ».
2 *Ibid.*, p. 178 : « ombra de l'eterna ».

THÉÂTRE DU MONDE ET MÉTATHÉÂTRE TRAGIQUE

La topique du théâtre du monde semble bien rendre compte de la théâtralité propre à la tragédie de la première modernité. L'analyse des occurrences des mots « tragédie » et « tragique » dans les pièces italiennes permettra de confirmer cette hypothèse et de montrer en quoi la tragédie est considérée comme un dispositif en mesure de configurer, voire d'expliquer, les accidents de l'action humaine.

Le théâtre dans le théâtre n'est pas *a priori* un procédé métathéâtral mais davantage une métaphore du discours philosophique[1]. S'il est exploité par les dramaturges, c'est pour exhiber le sens de cette métaphore et l'associer à la pratique dramatique : le théâtre représente le monde parce que le monde lui-même n'est qu'un vaste théâtre. En ce sens le théâtre du monde s'écarte du théâtre dans le théâtre. D'un côté, il s'agit d'inviter le public à considérer que la salle *est* la scène, de l'autre, de montrer que la scène *est* la salle. Si le théâtre dans le théâtre duplique ainsi le dispositif dramatique pour questionner la relation qui subsiste entre la salle et la scène de l'illusion, le théâtre du monde marque la continuité entre la scène et la salle pour interroger la relation qui subsiste entre l'illusion du monde et la vérité du ciel. Si dans le théâtre dans le théâtre, la scène est exhibée comme le lieu de l'illusion, dans le théâtre du monde la scène est le lieu de l'interprétation et la « tragédie » un dispositif pour interpréter le monde. C'est ainsi que nombre de tragédies modernes mettent en scène des événements de l'histoire pour chercher à les comprendre par le dispositif du théâtre.

Ainsi, Vincenzo Giusti, dans sa tragédie *Irene* de 1579, entend justifier la défaite vénitienne à Chypre en 1571. Le prêtre qui assiste la reine commente la défaite des Vénitiens devant les Turcs à Nicosie, en décrivant le grand « spectacle tragique » que la pièce déploie. Les Vénitiens jouent devant Dieu, qui contemple « le spectacle qu'il aime et qu'il chérit » en se penchant « du haut des cieux ». Ce spectacle est proprement tragique : il s'agit de contempler « un homme qui lutte

1 G. Navaud, *Persona. Le théâtre comme métaphore théorique de Socrate à Shakespeare*, Genève, Droz, 2011, p. 241-484.

contre la fortune contraire », et cette lutte est en mesure de susciter « la piété du ciel[1] ». Les héros vénitiens, comme de bons acteurs tragiques, cherchent à susciter la pitié du ciel, et c'est ainsi qu'ils parviennent à briser l'illusion du monde et à atteindre la vérité du ciel : en cherchant à plaire à Dieu plus qu'à être heureux dans le monde, ils comprennent que leur malheur n'est que « rêve et ombre » et que le vrai bonheur n'est pas à rechercher dans ce monde, dominé par la fortune, mais dans l'autre[2].

Le théâtre du monde est donc une forme de théâtralité qui apparaît sur la scène de la première modernité et qui s'intègre à la poétique de la tragédie et à la compréhension que ses auteurs et son public ont du « tragique ». Par ce procédé, la tragédie – c'est-à-dire la pièce représentée – devient le lieu où se joue une « tragédie » – c'est-à-dire une histoire malheureuse. En d'autres termes, la scène tragique permet de configurer une histoire et de la comprendre par l'exhibition des traits qui l'apparentent au théâtre. C'est ainsi que dans la bouche des personnages revient le terme de « tragédie », moins pour définir le genre de la pièce représentée que pour comprendre le sens de l'action dramatisée. Dans *Il Gostavo re di Svezia*, Tomira, en apprenant par le récit du messager la mort du roi qu'elle aime, s'exclame : « oh Tragédie funeste ! / oh histoire douloureuse ! / oh clou qui me blesse et me tue[3] ». Le récit de la mort du roi est une « tragédie » parce qu'il a une fin funeste, et cette tragédie s'avère enchâssée dans une autre tragédie qui constitue sa mise en scène dramatique. L'auteur est d'ailleurs conscient de cet enchâssement et s'empresse de l'expliciter dans le commentaire qui suit sa pièce :

> Je suis, dans ce texte, sorti des règles d'Aristote, et j'ai réduit de deux actes cette Tragédie [...]. Puisque la vie de ce Roi a été abrégée par un événement malheureux, je devais pareillement en écourter l'image et le miroir[4].

1 V. Giusti, *Irene*, Venise, Rampazetto, 1579, p. 1 : « Gli dei, che hanno di noi gran cura / Mirar / non ponno giù dagli alti chiostri, / Il più grato spettacol e il più caro, / Ch'un uom lottar con la fortuna irata. »

2 *Ibid.* : « sogno e ombra ».

3 F. Bernaudo, *Il Gostavo re di Svezia*, Naples, Scorigio, 1633, p. 50 : « O Tragedia funesta / o historia dolente : / o chiodo che mi fere, e che m'uccide. »

4 *Ibid.*, « l'autore a chi a letto », p. 55 : « Sono pur questa volta dalle regole di Aristotele uscito, e ho raccorciato alla presente Tragedia due atti [...], essendo con infausto avvenimento abbreviata la vita di questo Re, doveva similmente abbreviarsi il suo esemplare, e specchio. »

Sa tragédie est donc un miroir de la vie du héros, qui est considérée elle aussi comme une tragédie. La vie du roi est « comme une tragédie ». La pièce qui la représente, donc, est un miroir réfléchissant qui exhibe le malheur du héros tout en manifestant sa possible explication : si la vie de Gostavo est « tragique », c'est qu'elle est plongée dans l'illusion. Alors que l'amour de Tomira était le gage pour lui d'un bonheur possible, le roi préfère ignorer ses sentiments et partir à la guerre qui causera sa mort. Le roi s'est donc aveuglé sur son propre bonheur, et pour cause : Tomira se présente à lui sous un déguisement masculin qui dissimule son identité et qui empêche les amants de reconnaître leur passion. L'histoire de Gostavo est donc une véritable « tragédie » : l'apparence des choses l'empêche de connaître son véritable bonheur et le condamne au malheur et à la mort. La pièce de Bernaudo exhibe ainsi la topique du théâtre du monde pour en faire une source puissante de théâtralité. Ce même procédé se retrouve dans nombre de tragédies : non seulement dans les premières pièces modernes, comme la *Tragedia* de Daniele Barbaro[1] et la *Semiramis* de Manfredi[2], mais aussi dans les tragédies plus tardives, comme la *Iudith* de Federico della Valle[3] ou l'*Aristodemo* de Carlo de' Dottori[4].

La topique du théâtre du monde dans sa version tragique nous permet alors de mieux comprendre en quoi la figure du chœur suppose et

1 Daniele Barbaro appelle sa pièce sur la défaite de Chypre « tragedia » sans préciser d'autre titre, et dans la pièce : « Di noi non s'apparecchi / Una nova tragedia e un caso orrendo » (« Qu'il ne nous arrive pas une nouvelle tragédie et un destin horrible ») (D. Barbaro, *Tragedia* [vers 1541], dans *Discours littéraires et pratiques politiques*, éd. A. C. Fiorato, Paris, Presses de la Sorbonne nouvelle, 1987, p. 89-162, *cf.* p. 135).

2 M. Manfredi, *Semiramis* [1593], éd. G. Distaso, Tarente, Lisi, 2001, p. 35-118, *cf.* p. 117 : « Fiera Semiramis, vattene mesta / cercando luoghi solitari ed ermi : / siano de l'onta tua ripari e schermi / orrore e fuga e furia ultrice infesta. / Fuggi i teatri e più la gente onesta » (« Cruelle Sémiramis, va-t-en, triste, vers des lieux solitaires et écartés : que l'horreur, la fuite, et la terrible furie vengeresse soient un écran et une protection contre la honte que tu portes. Fuis les théâtres et les honnêtes gens »).

3 F. della Valle, *Iudith* [1627], dans *Opere*, éd. M. G. Stassi, Turin, UTET, 1995, p. 59-170, *cf.* p. 144. Le chœur commente ainsi le dîner entre Judith et Olopherne : « O non succeda pur quel che si vide / già de' guerriere Lapiti e Centauri, / che fêro stanza di vinosa cena / cadaverosa scena » (« Oh, qu'il n'arrive pas ce que l'on vit arriver aux guerriers Lapithes et aux Centaures, qui firent du lieu d'un dîner arrosé une scène encombrée de cadavres »).

4 Le messager commente ainsi l'issue funeste de la pièce : « O di che strani, o di che fieri eventi, / miseramente è fatta / oggi la patria mia tragica scena ! » (« Oh, de quels étranges et cruels événements est misérablement remplie aujourd'hui ma patrie, scène tragique ») (C. de' Dottori, *Aristodemo* [1657], dans *Il teatro del Seicento*, éd. L. Fassò, Milan-Naples, Riccardo Ricciardi, 1954, p. 751-854, *cf.* V, 2, p. 836).

esquisse une forme latente de métathéâtre. L'*Orbecche* de Giraldi rend compte des raisons de cet enchâssement dramatique. En effet, l'action principale de l'*Orbecche* s'avère doublement enchâssée. Un premier cadre est constitué par les mots du prologue au début et par les propos de la « tragédie » après le dénouement. Mais ce cadre métatextuel est plus de l'ordre du paratexte critique que du métathéâtre et n'est nullement représentatif de la pratique tragique. L'action tragique présente pourtant un deuxième, voire un troisième cadre que Giraldi imite de Sénèque et qui devient rapidement un trait fixe de la tragédie italienne. Au premier acte, Némésis d'abord, déesse de la vengeance, puis Selina, l'ombre de la mère défunte d'Orbecche, expliquent le sens de la pièce. À la fin de chaque acte et plus longuement à la fin de la pièce, le chœur cherche à son tour à interpréter le sens de l'action qui occupe les actes centraux de la tragédie : Sulmone découvre les amours illicites de sa fille, tue son gendre et ses petits-enfants, est tué à son tour et entraîne le suicide d'Orbecche. L'action de la pièce est donc envisagée par différents « publics » qui participent chacun à la construction et à l'interprétation de l'intrigue. En amont, Némésis explicite le sens de l'intrigue : la « bonté du Créateur éternel[1] » exige la justice, et fait donc en sorte que tôt ou tard les coupables soient punis. C'est ainsi que Sulmone, le cruel tyran de la pièce, est puni de son désir d'être l'égal de Dieu dans l'exercice de son pouvoir[2]. Son châtiment montre que la justice de Dieu, en dépit des apparences, punit les erreurs des méchants, et c'est à Némésis de réaliser cette rétribution, elle qui a en ce monde le rôle de l'« enquêteur[3] », elle qui est seule en mesure de découvrir le coupable et de rendre justice. Némésis est donc à la fois le public intérieur à la pièce et le metteur en scène qui orchestre la

1 *Orbecche*, *op. cit.*, I, 1, p. 79 : « bontà del Creatore eterno ».

2 *Ibid.*, I, 1, p. 81 : « Questo fiero Tiran che si pensava / esser al par de la divina altezza, / E da l'età sua prima Dio sprezzando, / Insino ad or ha sempre oprato male » (« Ce cruel Tyran, que l'on croyait aussi puissant qu'une divinité, depuis sa jeunesse et jusqu'à maintenant, a toujours mal agi, en méprisant Dieu »).

3 *Ibid.*, I, 1, p. 90-91 : « O gente sciocca, voi che non vedete / A pena quel ch'avete innanzi a gli occhi, / Volete far del sommo Dio giudicio ! / O pazza presunzion ! Nulla procede / Senza ordine infinito ; et io che sono / Qui tra' mortali indagatrice certa / De' fatti loro e con acuta vista / E le cose celate e le palesi / Giudico e veggio con giudicio intiero » (« Oh, gens stupides, vous qui ne voyez même pas ce que vous avez devant les yeux, vous voulez juger le grand Dieu ! Folle prétention ! Rien ne procède, sans son ordre infini ; et moi, qui suis parmi les mortels une juste observatrice de leurs faits, je juge et vois entièrement d'un œil éclairé les choses cachées et celles évidentes »).

vengeance. Toutefois, un deuxième personnage apparaît ensuite pour énoncer une autre explication de la pièce.

En effet, l'ombre de Selina prend la parole à la scène 2 pour dire son désir de vengeance : Orbecche a découvert son amour incestueux pour son fils et déterminé ainsi sa mort. Elle veut alors se venger de sa fille et lui faire endurer le même malheur. Selina est un deuxième spectateur du drame qui présente un lien explicite avec les personnages : elle est la mère de l'héroïne et n'est séparée de l'action que par la mort, qui l'empêche de paraître sur la scène du monde. Ces deux figurations du public entretiennent des relations troubles avec l'action de la pièce. Dans les actes suivants, tout se passe sans leur intervention directe, comme si le destin des héros était le fait de leurs choix particuliers et de leurs agissements. Si Selina et Némésis assument à la fois la posture du public et du metteur en scène, elles disparaissent au cours de la pièce et posent la question de leur intervention réelle dans le drame, d'autant plus que leurs desseins respectifs ne coïncident pas – là où Némésis veut manifester la justice de Dieu et punir Sulmone, Selina désire se venger de sa fille. L'action principale présente ainsi d'emblée un statut instable : Orbecche et Sulmone déterminent-ils librement leur perte, ou bien agissent-ils comme des marionnettes guidées par les fils invisibles du jugement divin ou orientées par les trames invisibles d'une ombre vindicative ? La pièce ne donne pas de réponse à cette question, et le rôle du chœur est justement de reconstituer le sens véritable de l'intrigue.

Dès le premier acte le chœur intervient sur scène, encadrant à son tour l'action dramatique. Il demande à Vénus, qui a le pouvoir de discerner « ce qui est caché et ce qui est apparent[1] », de protéger les deux amants de la pièce (Orbecche et Oronte) qui brûlent d'amour. Ces trois enchâssements successifs mettent en exergue la nature « dramatique » de l'action qui se joue ainsi sur le théâtre du monde. Ces cadres multiples dénoncent l'impossibilité d'expliquer de manière claire les raisons qui poussent les personnages à se donner la mort : est-ce la volonté de Dieu ? la loi de la vengeance ? la cruauté des personnages ? Le chœur explore tour à tour ces hypothèses et cherche à comprendre ce qu'il définit comme un « spectacle horrible[2] ». Il agit ainsi en « enquêteur »

1 *Ibid.*, p. 95 : « quanto è nascosto e quanto appare ».
2 *Ibid.*, IV, 1, p. 155 : « orrendo spettacolo ».

et cherche à reconstruire le sens de la pièce, en interrogeant le messager, en écoutant les propos des personnages et en commentant enfin le carnage final. L'action principale se donne ainsi comme une « tragédie » encadrée par les propos de spectateurs et d'interprètes. Cet encadrement est à l'origine de sa nature proprement « tragique » : les explications discordantes du malheur des personnages empêchent le chœur – et le public réel de la pièce – de comprendre le sens véritable de ce malheur. La scène reste le lieu d'une illusion, non pas parce qu'elle exhibe un spectacle vraisemblable, mais parce qu'elle révèle l'impossibilité de distinguer la vérité de l'illusion. Les derniers propos du chœur affirment l'impuissance de toute tentative de briser l'illusion pour expliquer les raisons du malheur des héros : notre vie mortelle n'est que l'« ombre de la vie éternelle ». Si celui qui est avec Dieu « discerne le vrai », ceci n'est pas le lot des mortels, qui sont souvent séduits et confus par les réalité du monde, car « les choses de ce monde embuent les yeux[1] ».

L'analyse des tragédies italiennes de la première modernité montre donc que la tragédie ne présente pas, à proprement parler, de théâtre dans le théâtre. Toutefois, le genre tragique manifeste une forme de théâtralité, au sens barthésien du terme, qui lui est propre et qui permet de définir sa pratique ainsi que son horizon idéologique. Le recours fréquent à l'ombre protatique, héritée du théâtre de Sénèque, ainsi que la présence du chœur – une règle du genre – présentent une forme d'enchâssement qui met en avant la nature fictive de l'action représentée par la topique du théâtre du monde. Au lieu de faire signe vers la scène comme lieu de l'illusion dramatique (comme c'est le cas dans le théâtre dans le théâtre), la tragédie représente le monde comme le lieu d'une illusion métaphysique. Le chœur porte à la scène le questionnement du public qui cherche à connaître le sens véritable de l'action principale, et

1 *Ibid.*, p. 178 : « Coro : Ben è vana e fugace / Questa felicità nostra mortale, / Ch'un'ombra è de l'eterna ; / E a chi ne la divina l'alma interna, / Quanto più bella par, tanto men vale. / Dunque a quella immortale / Ch'è là dov'è il Signor che 'l ciel governa, / Chiunque il ver discerna, / Del veloce pensier spiegar dee l'ale / E lasciar questa frale / Qui godere a gli sciocchi, / Cui le cose terrene appannan gli occhi » (« Chœur : Vaine et fugace est notre joie mortelle qui n'est que l'ombre de la joie éternelle. Et qui cherche à pénétrer par son âme dans le bonheur éternel, plus il le voit beau, plus il se trompe. Donc qui désire discerner la véritable joie immortelle, auprès du Seigneur qui gouverne les cieux, doit s'envoler par l'esprit et quitter l'image mortelle du bonheur, dont jouissent ici-bas les esprits faibles, à qui les choses de ce monde embuent les yeux »).

manifeste en même temps l'impossibilité d'expliquer de manière univoque l'action du héros. En ce sens la tragédie incarne ce que Françoise Decroisette a dit au sujet du théâtre : « Le théâtre est un miroir. Miroir de la vie, selon une définition canonique. Représentation polysémique la plus apte à saisir la complexité de l'humain[1]. » La tragédie est un miroir, mais dont le reflet polysémique manifeste la complexité de l'humain sur le mode de la déploration. Si l'enquête du chœur discute les diverses compréhensions du malheur des personnages, c'est pour déplorer l'impossibilité de découvrir le sens véritable de leur échec. La scène tragique, par ses multiples enchâssements, montre qu'il est impossible de comprendre le sens véritable de notre agir. Seuls restent le spectacle illusionniste de notre vie et de notre mort, et la tentative désespérée de lui donner un sens.

Enrica ZANIN
Université de Strasbourg

1 F. Decroisette, « Avant-propos », *Le Théâtre réfléchi*, *op. cit.*, 2000, p. 8.

LES FINS CLOSES ET CIRCULAIRES DU MÉTATHÉÂTRE

Des *Sei personaggi in cerca di un autore* aux *Giganti della montagna* de Luigi Pirandello

L'emblème peut-être le plus représentatif de l'expérimentation théâtrale du XXe siècle est la conclusion manquante, la fin interrompue ou qui n'a pas lieu. Ce constat est presque un lieu commun de nos jours. Pour autant, nous ne sommes pas toujours à l'aise avec le renversement radical des structures du texte mis en œuvre par le théâtre du début du XXe siècle. Peut-être ne pouvons-nous pas saisir, dans toute leur profondeur, les implications philosophiques d'une telle rupture. Parce qu'il y a là précisément une ligne de démarcation : les œuvres du siècle dernier qui n'ont pas de fin marquée renvoient à un système culturel qui n'est pas assimilable à l'*épistémè* romantique, pas plus qu'à celui du baroque, bien qu'il fasse par certains traits écho à la tradition poétique et dramatique du passé (les personnages-ombres, la mort imminente, le cercle, le rêve). Si « les formes narratives traditionnelles donnent l'impression d'être complètes, écrit Calvino, le problème de l'histoire inachevée sous-tend la conscience *que celui qui raconte est ailleurs*[1] ». Si tel est le défi que relève le théâtre du XXe siècle, avec plus ou moins de succès et de courage, dans son besoin de revenir aux histoires et au récit, il nous revient alors d'explorer cet « ailleurs » en nous reposant constamment les questions suivantes : ces fins nouvelles sont-elles vraiment cruciales ? En quoi consiste leur nouveauté ? Et surtout, que pouvaient-elles bien exprimer à l'époque, dès lors que toute fin achevée était renvoyée au placard[2] ?

---

1 I. Calvino, *Saggi 1945-1985*, éd. M. Barenghi, Milan, Mondadori, 1995, vol. 1, p. 748-749. – Sauf mention explicite, les traductions sont de la directrice du volume.

2 Pour une approche théorique du dénouement du texte de théâtre, voir B. Alfonzetti, *Drammaturgia della fine. Da Eschilo a Pirandello*, Rome, Bulzoni, 2008. À confronter aux

C'est au philosophe italien Adriano Tilgher, militant du « théâtre nouveau » et de celui de Pirandello en particulier, que nous devons la synthèse la plus éloquente des raisons philosophiques de la disparition soudaine de la trame narrative et dramatique : si la vie est perçue comme un flux ininterrompu, ce qui rejoint l'argumentation du spiritualisme bergsonien, comment pourrait-on alors représenter des intrigues, des caractères, des développements et des fins[1] ?

De tous les dramaturges de son temps, Pirandello est sans doute celui qui s'est le plus aventuré au-delà de tout dénouement prévisible, expérimentant tous les possibles d'une gamme de fins inédites au XXe siècle : fins énigmatiques, suspendues, interrompues, absentes, circulaires. Un écheveau qu'il n'est pas facile de démêler, en ce qu'on ne peut le subdiviser sans y perdre quelque chose : une fin interrompue peut apparaître comme circulaire, tout comme une fin *a priori* accomplie peut s'avérer sans fondement. C'est donc avec un regard neuf qu'il nous faut considérer tout suicide, tout homicide du théâtre nouveau, quels qu'en soient les accessoires – poisons, pistolets, épées ou couteaux. Nous pourrons ainsi saisir la métamorphose des *personae* dramatiques en marionnettes, désirs, ombres, fantômes, personnages, symboles ; ou encore la transformation des intrigues en paraboles, mystères, jeux, fantaisies, synthèses, aventures, voyages, situations, rêves, métathéâtre, contes et mythes de la contemporanéité. Une fois banni le principe de l'imitation, le théâtre du XXe siècle se lance dans une quête permanente d'invraisemblable, qui s'exprime par la relation entre, d'une part, le grotesque, l'humour, le lyrisme, le réalisme magique, la satire et, d'autre part, le fantastique, le surréel, l'imagination, les visions. Les catégories spatio-temporelles se dilatent, se défont, se superposent dans des scènes décousues, répétitives, simultanées, qui vont et viennent, avancent en zigzag, souvent

---

propositions théoriques d'Andrea Del Lungo sur le roman, dans son introduction « En commençant et en finissant. Pour une herméneutique des frontières », dans *Le Début et la fin du récit. Une relation critique. Accompagné d'entretiens inédits avec Christine Montalbetti, Jean Rouaud et Jean-Philippe Toussaint*, dir. A. Del Lungo, Paris, Classiques Garnier, 2010, p. 7-22.

1 A. Tilgher, cité dans L. Pirandello, *Maschere nude*, éd. A. D'Amico, Milan, Mondadori, 2004, vol. 3, p. 553-554 : « Ce n'est pas du théâtre, le théâtre de Pirandello, entendais-je murmurer de tous côtés hier soir. [...] Mais il est étrange qu'aujourd'hui encore on veuille rester fidèle au vieux concept de théâtre, avec son intrigue, son développement, son conflit et sa conclusion finale, alors que même l'art narratif renonce de plus en plus à l'intrigue et à l'histoire, en s'approchant de plus en plus de la vie nue, conçue, je dirais même plus, sentie comme un flux chaotique et une succession d'événements sans début ni fin. »

drapées de lumières lunaires, nocturnes, ou de couleurs déconcertantes (violet, turquoise, vert) ; le jeu des éclairages ne cherche pas qu'à créer une atmosphère magique, mais vient exhiber le caractère irréel de ces visions, de ces émanations de l'imagination et du rêve.

Pirandello semble presque s'être amusé à cacher la résolution non seulement du dénouement énigmatique de *Così è se vi pare*, mais encore des dénouements interrompus ou inachevés de la trilogie du théâtre dans le théâtre. Or cette trilogie même incarne dans notre imaginaire l'œuvre « qui ne conclut pas », pour reprendre l'expression centrale du roman *Uno, nessuno e centomila*, qui s'achève sur les dernières considérations de Vitangelo Moscarda. L'expression garde tout son sens dans la trilogie, à moins qu'il ne s'agisse, plus simplement, d'une « absence apparente » de fin, visant au « transport de l'action au-delà des limites tracées par la rampe[1] ».

LA FIN CIRCULAIRE

Avec son argumentation un peu spécieuse, Pirandello illustre dans la *Premessa* de la trilogie le genre nouveau de « conflit » à l'œuvre dans son théâtre. Il explique comment le conflit entre les différentes figures du théâtre empêche la comédie d'avoir lieu dans *Sei personaggi in cerca di un autore*, l'improvisation d'aboutir dans *Questa sera si recita a soggetto*, et la représentation de prendre fin dans *Ciascuno a suo modo*. Même conflit, et, en apparence, mêmes conclusions déclarées. De quoi rester déconcerté en lisant la suite : « c'est pourquoi celles-ci [les trois pièces], même si elles restent inachevées ou interrompues quant à leurs prétextes ou à leurs sujets, sont en elles-mêmes parfaitement achevées, menées à terme, et peuvent être réunies [...] de manière à former une trilogie du théâtre dans le théâtre[2] ». *Prétexte* pour Pirandello signifie *fait*, mot qui

1 Y. M. Lotman, « La signification modélisante des concepts de "fin" et de "début" dans les textes artistiques », dans *Travaux sur les systèmes de signes. École de Tartu*, dir. Y. M. Lotman et B. A. Ouspenski, trad. Anne Zouboff, Bruxelles, Éditions Complexe, 1976, p. 201.

2 L. Pirandello, *Théâtre complet*, vol. 1, éd. P. Renucci, Paris, Gallimard, 1977, p. 1344. Pirandello composa la *Premessa* à l'occasion de l'édition des *Maschere nude* de 1933. Renucci la considère comme une « page rétrospective » sans importance car « rien de tel n'était

évoque le naturalisme, objet polémique de toute sa poétique ; et c'est dans cette perspective que l'interruption prend un sens philosophique. Entendu comme une métaphore, l'atterrissage manqué court-circuite la possibilité même d'un théâtre bâti sur de vieilles charpentes avec des bouts d'histoires renvoyant respectivement au théâtre romantique, au théâtre bourgeois ou aux livrets d'opéra.

Au théâtre refusé correspond cependant – selon notre lecture – un théâtre *accueilli*, dont le dispositif théâtral se base sur l'anticipation, l'amplification et la répétition, avec une fin philosophique fixe et circulaire, et par là absolument conclusive. Une telle stratification des significations nécessite par sa complexité une brève analyse textuelle.

Dans *Sei personaggi*, « comédie à faire », le conflit intérieur des Personnages, tout comme le conflit théâtral entre les Personnages, les acteurs et le Directeur chef de troupe, empêchent la comédie d'arriver à un dénouement. Par « comédie », on entend ce que le Directeur, s'intéressant au cas étrange des Personnages, voudrait monter avec le Père. La Belle-Fille même participe au départ à ce projet (« Nous allons pouvoir être votre pièce nouvelle[1] »), avant de s'insurger contre la « petite bleuette romantico-sentimentale » que le Directeur semble avoir en tête pour elle[2]. La comédie nouvelle devrait découler du « drame douloureux » auquel le Père fait plusieurs fois allusion, en laissant ouverte la possibilité, pour les Personnages, de représenter directement la passion qui gronde en eux, sans la médiation des acteurs[3].

C'est la Belle-Fille qui, au début de la péroraison au Directeur, anticipe le dénouement dans sa double fonction de fin du drame des Personnages et de fin, non de la comédie à faire, mais du texte même : elle révèle en effet qu'elle prendra son « envol » à la fin, après on ne sait quels épisodes impliquant son frère et sa petite sœur, et après un événement très intime la concernant, elle et le Père. Ce dernier n'entretient en réalité aucune relation de parenté avec la Belle-Fille, puisqu'il n'est

envisagé ni sous-entendu dans les textes avant-coureurs de la pièce qui sont venus à notre connaissance » (*ibid.*). Pour une lecture, qui, au contraire, y recourt largement, *cf.* B. Alfonzetti, *Il trionfo dello specchio. Le poetiche teatrali di Pirandello*, Catane, Cuecm, 1984.

1 L. Pirandello, *Six personnages en quête d'auteur*, trad. M. Arnaud, dans *Théâtre complet*, vol. 1, *op. cit.*, p. 1020 (texte original, *Sei personaggi in cerca di un autore*, dans *Maschere Nude*, éd. A. D'Amico, Milan, Mondadori, 1993, vol. 2, p. 680 : « Potremmo esser noi la loro commedia nuova »).

2 *Ibid.*, p. 1062.

3 *Ibid.*, p. 1021.

que le premier mari de la Mère ; mais au niveau symbolique, leur rapport frôle l'inceste, comme l'a souvent souligné la critique, de Roberto Alonge à Franca Angelini, en passant par Edoardo Sanguineti[1].

Tout de suite après dans le texte des *Sei personaggi*, la Belle-Fille accuse le Fils (son demi-frère) d'indifférence à l'égard des trois « bâtards » et de la Mère, mère commune des quatre enfants, qui tente alors de se justifier d'avoir abandonné sa première maison et sa première famille. Dans ce chaos apparent, fait de récits décousus et d'inserts représentatifs et dramatiques (les personnages racontent, et à chaque fois, c'est comme s'ils représentaient déjà leur drame), leur sombre histoire commence à se dévoiler, à la stupeur des acteurs et du Directeur. L'horreur touche à son comble lorsque la Belle-Fille fait allusion, de manière très explicite, à sa rencontre avec le Père dans l'atelier de couture de Madame Pace. Cet atelier, ainsi dénommé pour protéger la dignité de ses habitués et des jeunes filles de bonne famille qui y travaillent, n'est autre en réalité qu'une maison close. La Belle-Fille veut désormais sa « vengeance » : mot dramatique, qui, avec celui de « passion », relève du discours tragique. Ce sont là les mots les plus connotés du langage dramatique et du drame même ; un drame refusé par l'auteur, mais accepté comme un fait établi, comme nous le dit Pirandello.

Plus avant dans la pièce, lorsque le Père intervient pour mettre de l'ordre dans le récit de la Belle-Fille et se lance dans une digression à caractère philosophique sur le mal de la parole, la double perspective du texte émerge. Les acteurs ne manquent pas de le remarquer par leurs commentaires : « C'est une situation tellement nouvelle ! », « Et tellement intéressante[2] ! ». Ainsi la situation originale des *Sei personaggi* part-elle du court-circuit entre le drame des personnages refusés par

1 Il est significatif que le Père appelle une fois, en raison d'un lapsus, sans doute, la Belle-Fille « ma fille » : « Regardez : ma fille l'a reconnue et s'est tout de suite approchée d'elle ! », *Six personnages en quête d'auteur*, *op. cit.*, p. 1051. – Voir sur ce point B. Alfonzetti et A. Ferretti Levi Montalcini, « *Sei personaggi in cerca d'autore.* Il fuoco bianco dell'incesto », dans *L'ascolto del testo*, dir. S. Teroni, Florence, Nicomp, 2007, p. 80-123, et en particulier p. 93. Voir également F. Angelini, « Sei personaggi in cerca d'autore di Luigi Pirandello », dans *Letteratura italiana*, dir. A. Asor Rosa, *Le opere IV. Il Novecento 1. L'età della crisi*, Turin, Einaudi, 1995, p. 463-496 ; R. Alonge, *Madri, baldracche, amanti. La figura femminile nel teatro di Pirandello*, Milan, Costa & Nolan, 1997 ; E. Sanguineti, *Sei personaggi.com. Un travestimento pirandelliano*, Gênes, Il Nuovo Melangolo, 2001.

2 L. Pirandello, *Six personnages en quête d'auteur*, *op. cit.*, p. 1031 (texte original, *Sei personaggi in cerca di un autore*, *op. cit.*, p. 693 : « È un caso così nuovo ! », « Interessantissimo ! »).

l'auteur et leur universalité qui amène l'écrivain à les accueillir comme personnages d'un autre drame, celui des personnages en quête d'un auteur dramatique.

Pirandello place ses Personnages du côté de l'Esprit (le Père et la Belle-Fille) ou de la Nature (la Mère), exprimant ainsi sa vision de la vie : l'illusion d'une compréhension réciproque basée sur l'abstraction de la parole ; les personnalités multiples de chacun ; « le tragique et immanent conflit entre la vie qui bouge continuellement et qui change, et la forme qui la fixe, immuable[1] ». Un conflit qui touche jusqu'au rapport entre acteurs et Personnages, les premiers étant changeants, éphémères, les seconds immobilisés dans l'éternité de leur forme artistique.

> Et voici que ce sens universel cherché en vain auparavant chez ces six personnages, c'est maintenant eux qui, venus d'eux-mêmes sur cette scène, réussissent à le trouver en eux dans la frénésie du combat désespéré que chacun livre à l'autre et qu'ils livrent tous au Chef de troupe et à ces acteurs qui ne les comprennent pas[2].

Selon un procédé qui commence par la fin, on apprend d'abord le dénouement (les « balivernes » et « le vol »), la partie centrale (l'atelier), les antécédents (le fils confié à une nourrice, la mère renvoyée, le fait qu'elle reste veuve de son second mari). Des antécédents, on revient de nouveau au drame « aussi imprévu que violent » de la rencontre du Père et de la Belle-Fille, précisé par l'acte charnel manqué, grâce à l'intervention de la Mère. La narration de l'antécédent et du drame est surtout le fait du Père, qui l'accompagne de digressions sur la part inavouable de tout homme, fait d'irrépressibles pulsions sexuelles dissimulées sous une dignité de façade, et sur le drame de se croire un, alors que l'on est cent mille, avec pour conséquence l'injustice d'être accusé et traîné dans la boue pour une seule action.

« Et vous verrez qu'à cause de cela notre drame prendra une très grande valeur[3] », dit le Père, *alter ego* de l'écrivain, au Directeur. La réplique s'adresse au lecteur-spectateur à qui elle indique la perspective humoristique de la décomposition du fait (le drame relatif aux

---

1 L. Pirandello, « Préface », *Six personnages en quête d'auteur*, *op. cit.*, p. 999.

2 *Ibid.*

3 L. Pirandello, *Six personnages en quête d'auteur*, *op. cit.*, p. 1038 (texte original, *Sei personaggi in cerca di un autore*, *op. cit.*, p. 702 : « E vedrà che da questo il dramma acquisterà un grandissimo valore »).

Personnages). Enfin, pendant l'échange d'accusations réciproques, la fin est évoquée une énième fois : la prostitution de la Belle-Fille, l'entrée dans la maison du Père de l'autre famille après l'inceste manqué de peu, la mort des deux petits frères. « Il y a là de quoi tirer un beau drame[1] ! », s'écrie le Directeur. Pour lui, il suffit de l'écrire ; pour le Père, il suffit de le transcrire.

C'est ainsi que prend fin la première partie des *Sei personaggi*, durant laquelle le drame se trouve par deux fois raconté par les mêmes Personnages, une première fois par la fin, la deuxième fois enrichi de détails complétés par des considérations d'ordre général. La deuxième et la troisième parties sont marquées par la tentative de jouer la pièce, mais le conflit entre acteurs et Personnages est tel, dans la seconde partie, que le Directeur se décide à ne faire la représentation (une sorte de répétition) qu'avec ces derniers. Selon la logique de la « comédie à faire », on montre directement sur scène le drame des Personnages, qui se concentre sur les deux séquences fondamentales en suivant cette fois une logique temporelle : la représentation de la Scène (la rencontre dans l'atelier) et la fin. L'amplification et la répétition constituent donc le dispositif dramatique du texte, dont la fin est à la fois fixe (les Personnages, en ce qu'ils sont éternels, la répèteront à l'infini) et circulaire : le vol qu'évoque la Belle-Fille dans l'*incipit* correspond exactement à la dernière séquence du texte, la Belle-Fille prend son envol, fuyant la famille recomposée.

Dans la troisième partie, comme le laissait déjà présager la fuite initiale du Fils, la fin résolument tragique se heurte à la résistance de ce Fils : comment pourrait-il accepter de jouer une scène avec la Mère qui n'a jamais eu lieu, et que le Directeur juge pourtant indispensable ? En dépit de tous ces obstacles, la fin du drame parvient à être représentée grâce à l'intervention active de la Belle-Fille qui place sa petite sœur dans la baignoire du jardin et cache son frère derrière le cyprès, en lui reprochant d'avoir retourné le pistolet contre lui-même plutôt que contre le Fils abhorré. Ce dernier, sous la contrainte, ne fait que narrer les faits – il est accouru, mais n'a pu voir qu'une chose : l'enfant regardant, avec des yeux de dément, la fillette se noyer. Le coup de pistolet part alors d'entre les arbres : le corps immobile est immédiatement conduit hors de la scène, tandis que les acteurs, consternés, se demandent si ce

1 *Ibid.*, p. 1040 (texte original, *Sei personaggi in cerca di un autore*, *op. cit.*, p. 704 : « C'è materia da cavarne un bel dramma ! »).

qu'ils ont vu relève de la fiction ou de la réalité. La mort, déjà narrée plusieurs fois par les Personnages, se matérialise sur scène dans une situation qui reste pourtant bloquée. Le procédé n'est pas sans évoquer les formes paradoxales que prend la présence de la mort au début et à la fin de *Fu Mattia Pascal*[1].

Les Personnages disparaissent pour réapparaître comme « des formes de rêve », d'abord projetés sur le fond de la scène puis de nouveau sur le plateau, fixés dans leur essence immuable de personnages. Leur fixité renvoie à l'univers supérieur de l'art, au fait qu'ils sont moins réels que les acteurs et pourtant, comme le suggère le Père, plus vrais. En ce sens, la répétition et l'achèvement sont leurs qualités principales. De la même manière, la fin philosophique et métathéâtrale du texte est bel et bien conclue. Elle tend à démontrer l'impossibilité du drame – l'histoire vécue, racontée et représentée par fragments par les Personnages – c'est-à-dire d'un drame privé de sens universel. Et c'est alors qu'éclate le dernier conflit, et qu'explose avec lui la « comédie à faire » :

> [...] lorsque, donc, à l'instigation du Chef de troupe en proie à l'envie triviale de savoir comment les choses se sont passées, ces choses sont rappelées par le Fils dans la succession matérielle de leurs instants, perdant par là toute signification, et donc sans même avoir besoin de la voix humaine, elles s'abattent à l'état brut, inutilement, avec la détonation sur la scène d'une arme automatique, brisant et dissipant la stérile tentative des personnages et des acteurs, sans que celle-ci ait apparemment reçu l'assistance du poète[2].

L'INTERRUPTION ET LES FAITS DU NATURALISME

Ciascuno a suo modo laisse également présager l'interruption finale : l'Avis affiché à l'entrée du théâtre[3], tout comme le premier intermède

1 G. Ferroni, « Mourir au début, mourir à la fin », dans *Le Début et la fin du récit*, dir. A. Del Lungo, *op. cit.*, p. 207-223.

2 L. Pirandello, « Préface », *Six personnages*, *op. cit.*, p. 1009.

3 « Par suite des incidents qui risquent probablement d'empêcher la représentation intégrale de cette pièce, il n'est pas possible de préciser le nombre d'actes qu'elle comporte, de dire si elle en aura deux ou trois », L. Pirandello, *On ne sait jamais tout*, trad. M. Arnaud, dans *Théâtre complet*, vol. 2, éd. A. Bouissy et P. Renucci, Paris, Gallimard, 1985, p. 145

choral, anticipe ce que répètera le Directeur à la fin lorsqu'il se présentera sous les feux de la rampe : « j'ai le regret de vous annoncer que par suite des déplorables incidents qui se sont produits à la fin du deuxième acte, la représentation du troisième acte ne pourra pas avoir lieu[1] ». Le troisième acte hypothétique, où la représentation tourne mal en raison de l'interruption des protagonistes véritables du drame représentés par les acteurs sur scène, n'a évidemment pas lieu, même si le second intermède aux spectateurs – désormais curieux de savoir comment le drame va s'achever – est l'occasion pour le Premier Acteur de leur faire entrevoir « des choses, des choses[2] ! ». Il y a bien là également un « événement tragique » (le suicide par amour), dans sa double fonction : la résolution de faits réellement advenus en même temps que le point de départ ou l'antécédent de la comédie à représenter. L'affiche placardée à l'extérieur du théâtre anticipe l'événement, en évoquant le fait divers auquel la comédie va faire allusion (le suicide d'un jeune sculpteur qui a surpris dans son atelier sa fiancée, une actrice célèbre, avec le fiancé de la sœur du sculpteur). Le texte se déploie dès lors de manière humoristique comme une simple discussion autour de cette histoire banale ; comme le remarquent les spectateurs avertis et les critiques bien disposés, l'action du drame se présente donc bien comme une discussion de celui-ci, comme une comédie de l'inconsistance des opinions et des sentiments.

En ce sens, la comédie est absolument conclue. Elle montre que personne ne sait ce qui le fait parler ou agir, et que chacun tend à se construire des vérités rationnelles sans lien avec les vérités profondes. La fin du fait tragique se répète de la scène à la vie, et les amants qui se cachent dans le public feront exactement ce qu'ont fait les acteurs qui les incarnent : « Ils rejouent la scène », comme les spectateurs le commentent

(texte original *Ciascuno a suo modo*, dans *Maschere nude*, éd. A. D'Amico, avec A. Tinterri, Milan, Mondadori, 2004, vol. 3, p. 327 : « Non è possibile precisare il numero degli atti di questa commedia, se saranno due o tre, per i probabili incidenti che forse ne impediranno l'intera rappresentazione »).

1 *Ibid.*, p. 213 (texte original *Ciascuno a suo modo, op. cit.*, p. 405 : « Sono dolente d'annunziare al pubblico che per gli spiacevoli incidenti accaduti alla fine del secondo atto, la rappresentazione del terzo non potrà più aver luogo »).

2 *Ibid.*, p. 212-213. Auparavant, p. 207 : « VOIX CONFUSES : Ça se bagarre sur la scène ! [...] Qu'est-ce que c'est que ce charivari ? – Laissez-moi passer ! – Le spectacle est fini ? – C'est le troisième acte ? – Il doit bien y avoir un troisième acte ! » (texte original *Ciascuno a suo modo, op. cit.*, p. 397 : « VOCI CONFUSE : S'azzuffano sul palcoscenico ! [...] Che putiferio è questo ? – Mi lascino passare ! – Lo spettacolo è finito ? – È il terz'atto ? – Ci dev'essere il terz'atto ! »).

en chœur, dans le chahut qui suit la fin du deuxième intermède[1]. Ainsi la représentation s'interrompt-elle, puisque le personnage de la vraie vie attaque l'actrice ; le conflit métathéâtral reconduit la même métaphore que dans les *Sei personaggi*. Le théâtre du naturalisme n'a plus de sens, comme le démontre la fausse coupure du troisième acte : à quoi bon connaître la suite d'une telle histoire ?

Sans doute n'est-il pas plaisant de dépecer ainsi des drames qui continuent de nous émouvoir, tel celui de Mommina mourant, sur un air du *Trovatore*, de la façon la plus touchante qui soit. Comme tous les grands écrivains, Pirandello n'est pas exempt de contradictions poétiques. *Questa sera si recita a soggetto* est un drame du théâtre, mais c'est aussi le drame de la nostalgie pour le monde chanté par les opéras, pour les contes et les drames complets, ceux du temps où les personnages, contrairement à Sampognetta et à Mommina, mouraient pour de bon.

Le coup de revolver qui retentit à la fin des *Sei personaggi*, déchargé de toute signification spirituelle – tout comme la mort, d'un coup de couteau, du personnage de Sampognetta dans *Questa sera si recita a soggetto* – peut se lire comme une parodie des catastrophes mises en scène par les drames naturalistes et intimistes. D'autant que cette mort au couteau est une trouvaille du docteur Hinkfuss, personnage de cette dernière pièce : comme il l'explique lui-même, il l'a ajoutée à la nouvelle dont est tiré le drame maintenant confié aux acteurs pour qu'ils le jouent à l'impromptu.

> Une scène capitale, mesdames et messieurs, vu les conséquences qu'elle entraîne. C'est moi qui en ai eu l'idée; elle ne se trouve pas dans la nouvelle; et je sais même que l'auteur ne l'y aurait jamais mise, aussi à cause d'un scrupule que, moi, je n'avais aucune raison de respecter : celui, veux-je dire, de ne pas confirmer la croyance, très répandue, qu'en Sicile on fait un si grand usage du couteau[2].

Ce qui chez Pirandello se présente ouvertement comme fiction ou comme vérité fantastique est montré, dans les drames véristes, comme

1 *Ibid.*, p. 211.

2 L. Pirandello, *Ce soir on improvise*, trad. M. Arnaud, dans *Théâtre complet*, vol. 2, *op. cit.*, p. 743 (texte original *Questa sera si recita a soggetto*, dans *Maschere Nude*, éd. A. D'Amico, avec A. Tinterri, Milan, Mondadori, 2007, vol. 4, p. 369 : « Scena capitale, signori, per le conseguenze che porta. L'ho trovata io ; nella novella non c'è ; son certo anzi che l'autore non l'avrebbe mai messa, anche per uno scrupolo ch'io non avevo motivo di rispettare : di non ribadire, cioè, la credenza, molto diffusa, che in Sicilia si faccia tant'uso del coltello »).

si c'était vrai. Arrêtons-nous un instant sur les morts sur scène qui ont lieu dans *Questa sera si recita a soggetto* : elles signalent la fin de l'opéra, mais renvoient surtout à des drames naturalistes. Les acteurs de la pièce sont en train de jouer – contre mille difficultés, car ils n'ont pas le texte – une véritable nouvelle de Pirandello intitulée *Leonora, addio !*, prétexte à l'intervention du docteur Hinkfuss et à la parodie, à travers lui, de la mise en scène totalisante du XXe siècle. À un certain point de l'acte II, arrive l'Acteur, « brillant » de son emploi, qui est chargé du rôle de Sampognetta : tout ruisselant de sang, les mains ensanglantées sur son ventre blessé d'un coup de couteau, il se met à hurler, furieux que la scène ne soit pas prête. On reprend, tandis qu'il continue à maugréer que tout l'effet de la mort sera perdu tant qu'il ne réussira pas à faire sa scène. Il en va de même quand les acteurs, une fois chassé Hinkfuss, essaient seuls de représenter la fin, c'est-à-dire la mort par infarctus de Mommina. L'actrice qui joue le rôle de Signora Ignazia (la mère) chuchote aux actrices qui interprètent ses filles : « Il faut l'aider à jouer sa scène ; nous approchons de la fin[1] ! » Puis presque comme par magie, s'impose la sublime illusion que Mommina est un « vrai » personnage, bouleversant avec son chant du cygne. De toutes ses sœurs, c'est elle qui avait la voix la plus belle, mais le destin a voulu qu'elle demeure enfermée dans une maison-prison avec un mari jaloux qui lui a interdit jusqu'au souvenir du passé. Apprenant que sa sœur est devenue une célèbre chanteuse lyrique et chante désormais dans le lieu magique du théâtre, Mommina décide de faire elle aussi du théâtre devant ses deux filles. Celles-ci, croyant à la fiction, restent immobiles pendant que leur mère chante désespérée *Il trovatore* et que, d'épuisement ou de tourment, elle « *s'écroule soudain, morte* ».

Les acteurs ont réussi, ils ont porté le spectacle à son terme en poussant si loin l'identification avec leurs rôles que la Première Actrice en a le souffle coupé : « Non... merci... C'est vraiment mon cœur[2]... » L'expérience ne pourra plus être répétée. Pour l'Acteur brillant, il faudrait un auteur, pour Hinkfuss, revenu triomphant, ce sont plutôt les rôles écrits qui manquent pour les faire revivre sur scène. Pirandello a beau nous expliquer ce qui n'arrive pas à destination (le conflit entre acteurs et metteur en scène empêche l'improvisation d'arriver à une conclusion),

1 *Ibid.*, p. 762.
2 *Ibid.*, p. 767.

le texte ne le suit pas, et présente trois fins l'une dans l'autre : la fin du drame, la fin de la représentation et la fin métathéâtrale. Les deux premières coïncident avec la mort de Mommina, représentée à la perfection par l'actrice ; mais la seconde (la représentation) annule l'effet tragique de la mort, et met l'accent, non pas sur la fin, mais sur une pratique scénique impossible, celle de l'improvisation, qui constitue le dernier segment du texte.

C'est là un point qu'il faut souligner : l'interruption est une catégorie qui se rapporte à la fin des faits ou des intrigues, contre lesquels, à quelques exceptions ou parenthèses près, se construit une large part de la dramaturgie du XXe siècle, autour d'histoires qui ne se terminent pas, qui ne révèlent pas la solution de l'énigme, qui prennent des directions imprévisibles, et dont on ne connaîtra pas la fin. Ainsi Calderón ou Shakespeare sont-ils repensés à la lumière de la religion indienne, à partir de laquelle les auteurs de théâtre se posent le problème de la connaissance et des conclusions mythiques du texte. C'est avec *Le Songe* de Strindberg (1901) que débute la dramaturgie onirique ; elle rend possible une forme nouvelle de fin circulaire qui traduit, dans le langage du théâtre, la découverte et l'utilisation du nouveau savoir onirique. Dans cette typologie autre, la fin fait revenir la situation en arrière, raccordant de manière plus ou moins explicite le début et la fin, traçant ainsi une ligne circulaire qui tend à évacuer le sens du fini aussi bien que du non-fini. Bien qu'elle ne soit pas l'apanage exclusif des premières avant-gardes, la fin circulaire renvoie surtout au départ au surréalisme, tant au théâtre (Vitrac, Goll, Neveux) qu'au cinéma (Buñuel). Du *Songe* à l'*Alcesti di Samuele* d'Alberto Savinio en passant par le *Calderón* de Pier Paolo Pasolini, le rêve, conjugué au mythe, devient une manière d'accéder au tragique.

LE DÉNOUEMENT TRAGIQUE

Prêtresse de l'art dans *I giganti della montagna*, Ilse s'offre au sacrifice de la mort après l'« héroïque martyre » de sa vie[1]. La transfiguration mythique fait de l'épisode habituel des antécédents une action sacrée : faire vivre l'œuvre de poésie du jeune poète, qui s'est suicidé par amour pour elle, c'est désormais la seule raison de vivre de la comtesse Ilse. Avec sa compagnie de comédiens et son mari le Comte, Ilse a frappé à toutes les portes, s'est produite dans tous les théâtres, touchant ainsi le fond de l'humiliation et de la misère. Pour s'acquitter de sa « dette sacrée[2] », elle est revenue sur scène jouer la *Favola del figlio cambiato*, et continuera de le faire jusqu'à la fin. Le dénouement tragique se trouve suggéré dès l'image d'ouverture, quand Ilse, sur une charrette traînée par les comédiens, arrive à la villa des mendiants, lieu fantastique où règnent l'imagination et la fantaisie, où désirs et rêves donnent forme à des apparitions, dans l'ivresse céleste et constante de ses habitants. La villa est le royaume du poète Cotrone, surnommé « le Mage » : parce qu'il a renoncé à tout, même à la vie, à cause de la « défaite de la poésie », ses créations ne sont plus désormais que des visions désintéressées et fantastiques. Grâce à ses pouvoirs, Cotrone peut voir dans ses « cheveux rouges répandus comme le sang d'une tragédie[3] » la fin tragique d'Ilse, qu'elle-même anticipe à deux reprises à son arrivée : « maintenant que nous sommes au bout du rouleau[4] », « tout est fini, je sens que nous touchons au terme[5] ».

« Consécration et martyre » définissent Ilse et dépassent son destin singulier, renfermant le sens de toute vie vouée à la seule religion qui ait survécu : celle de l'art, auquel le mythe est dédié. C'est pourquoi le texte se construit sur le registre onirique et fantastique, et montre ainsi en action non seulement le processus mystérieux de la création artistique, mais tout le spectre même des fantômes possibles de l'art.

1 L. Pirandello, *Les Géants de la montagne*, trad. P. Renucci, dans *Théâtre complet*, vol. 2, *op. cit.*, p. 1044.
2 *Ibid.*, p. 1049.
3 *Ibid.*, p. 1036.
4 *Ibid.*, p. 1043.
5 *Ibid.*, p. 1049.

Ceux-ci prennent la forme d'ombres, d'images, de larves, d'apparitions, de voix, de couleurs et de musiques, pour se transformer, apparaître et disparaître, comme dans les rêves. Les fantômes où se déverse tout l'infini qu'il y a en l'homme, nous explique Cotrone, ce sont les vérités que la conscience refuse, et qui s'expriment alors « à la limite de la vie » sous des formes évanescentes et non plus dialectiques, dans un glissement significatif de la raison vers l'imagination[1].

Hors du règne enchanté et suspendu de la villa, il y a le mal, l'échec et la mort. C'est là qu'Ilse veut aller pour représenter une fois encore la *Favola*. Le texte s'interrompt alors, laissé inachevé par la mort inopinée de Pirandello en 1936. La pièce est représentée après sa mort, avec une fin composée à partir du résumé de Stefano Pirandello et qui n'en est donc plus qu'un contenu. L'horrible massacre est voilé par un drap, derrière lequel Spizzi et Diamante, les deux plus fidèles disciples de la comtesse, sont littéralement dévorés vifs par une masse de spectateurs féroces. De leurs corps il ne reste rien. Quant au corps agonisant d'Ilse, il est retrouvé et emporté sur la même charrette par laquelle elle était arrivée, pâle et recouverte d'un voile violet. Sur le fond de la scène se reflètent des images floues de la violence consumée face à un public brutal et soumis aux serviteurs fanatiques de la vie (des Géants), une allusion presque évidente au régime du fascisme auquel Pirandello avait adhéré en 1924 – mais la question, qui ne peut être ici traitée, reste ouverte.

La dimension mythique donne à cette mort le sens d'une défaite propre à l'époque même. La vraie poésie, dont Ilse et Cotrone sont tous deux dépositaires, ne peut vivre parmi les hommes ; elle ne peut vivre que dans un espace autonome, à part, dans la villa fantastique de Cotrone et de ses habitants pour le moins étranges. Dans la première édition des deux premières parties du texte, Cotrone était appelé poète, un poète créant des fantômes, c'est-à-dire les personnages. Et en effet, le titre originaire de la pièce était *I fantasmi*[2]. C'est là le sens caché des *Géants* et son lien avec les *Sei personaggi* : les personnages du poète ne

1 *Ibid.*, p. 1056 : « Nous sommes ici, comtesse, comme aux jointures de la vie. Sur un ordre, les jointures se descellent : c'est l'invisible qui entre ; les fantômes s'exhalent. C'est chose naturelle. Il se passe ce qui arrive d'ordinaire dans les rêves. »

2 L. Pirandello, *I fantasmi*, dans *Nuova Antologia*, 16 décembre 1931, p. 475-501. *Cf.* B. Alfonzetti, *Il trionfo dello specchio*, *op. cit.*, p. 192-194 ; L. Pirandello, *I giganti della montagna*, dans *Maschere nude*, vol. 4, *op. cit.* p. 813 et 1045.

peuvent vivre que dans une dimension fantastique et onirique, loin des hommes, de la société, du théâtre.

Mais si la poésie ne s'ouvre pas aux autres, si elle ne transmet pas ses vérités, que devient l'art ? C'est là le noyau tragique du texte, et la fin le dévoile, qui donne au sacrifice d'Ilse une fonction messianique pour les temps à venir.

Beatrice ALFONZETTI
Université de Rome – La Sapienza

DEUXIÈME PARTIE

MIROIRS RÉFLÉCHISSANTS OU DÉFORMANTS

FIGURES D'ACTEURS, DE DRAMATURGES ET DE SPECTATEURS

LA LOCANDIERA, COMÉDIE NOUVELLE OU PORTRAIT D'UNE COMPAGNIE ?

> Tous les ouvrages dramatiques que j'ai faits par la suite, je les ai écrits pour des gens que je connaissais, en ayant sous les yeux le caractère des acteurs qui devaient les jouer, ce qui, je crois, a beaucoup contribué à la réussite de mes pièces ; je m'étais si bien fait à cette règle qu'une fois trouvé l'argument d'une comédie, je ne commençais pas par en esquisser les personnages pour chercher ensuite quels acteurs pourraient les interpréter, mais je commençais par observer les acteurs pour imaginer ensuite le caractère des personnages.
>
> Carlo GOLDONI[1]

Lorsqu'au carnaval de Venise de 1753 *La locandiera* est mise en scène au théâtre Sant'Angelo, alors dirigé par Girolamo Medebach, Carlo Goldoni a déjà largement fait l'expérience des qualités de ses acteurs. Il se trouve donc à même d'actionner dans les faits – *in corpore vili* ? – le mécanisme créatif qu'il ne présentera comme l'application raisonnée d'une poétique que bien des années plus tard, au fil des bilans dressés dans ses préfaces et dans la conclusion, proche de la monumentalisation,

---

1 C. Goldoni, *Les Mémoires italiens*, trad. et éd. G. Herry, Belfort, Circé, 1999, p. 182 ; texte original, *Memorie italiane*, prefazioni Pasquali, t. XI, Venise, Marsilio, 2008, p. 202-203 : « Tutte le opere teatrali che ho poi composte, le ho scritte per quelle persone ch'io conosceva, col carattere sotto gli occhi di quegli Attori che dovevano rappresentarle, e ciò cred'io, ha molto contribuito alla buona riuscita dei miei componimenti, e tanto mi sono in questa *regola* abituato, che trovato l'argomento di una Commedia, non disegnava da prima i Personaggi, per poi cercare gli Attori, ma cominciava ad esaminare gli Attori, per poscia immaginare i caratteri degli interlocutori. »

de son autobiographie mémorielle ; et ce, alors même que ce mécanisme relève plus vraisemblablement d'une pratique née dans l'action. Goldoni y revient dans la préface de *La castalda*, œuvre « de formation » où la mise au point de ses processus de création fait encore défaut. La préface vise à justifier le maigre succès d'une pièce marquant le début de la collaboration avec Maddalena Marliani, qui vient tout juste de réintégrer la troupe après quelques années d'étourderies de jeunesse :

> Le rôle principal de la *Castalda* n'a guère eu de succès sur la scène, bien qu'il ait été assuré par la célèbre Corallina, que je célèbre dans mes écrits et qui est partout applaudie. C'était la première fois que j'avais le plaisir d'écrire pour cette excellente actrice ; je ne l'avais pas encore beaucoup vue jouer jusque-là, et je n'avais donc pas encore bien saisi son caractère, comme j'y parvins ensuite dans *La serva amorosa*, *La locandiera* et tant d'autres pièces[1].

Élargissant ici encore sa méthode à l'ensemble de ses sources d'inspiration actoriale, Goldoni réitère dans le bilan de sa préface :

> Je m'en suis toujours tenu, et je me tiens encore au même rigoureux principe lorsque j'écris [...] à savoir, d'adapter la comédie à la troupe des acteurs, et de ne pas pouvoir les choisir pour la représentation de mes pièces. Une fois que je connais la valeur d'un Personnage, il est donc rare que je me trompe, et si certaines scènes peuvent être moins réussies que d'autres, c'est parce que je ne suis pas certain de qui va les jouer. Pour moi, aucun personnage n'est inutile. Chacun possède un caractère qui lui est propre, et qui peut avoir son utilité au théâtre ; certains plus que d'autres, il est vrai, mais les demi-caractères sont aussi nécessaires que les demi-teintes le sont aux peintres. Pour moi, aucun

1 C. Goldoni, *La castalda / La gastalda*, « Prefazione » (1755), éd. L. Riccò, Venise, Marsilio, 1994, p. 117-121 : « pochissimo incontro ha fatto sopra la scena quantunque la Parte principale della *Castalda* sostenuta fosse dalla celebre Corallina, tanto ne' fogli miei decantata e tanto universalmente applaudita. Fu quella la prima volta che io ebbi il piacer di scrivere per la brava Attrice ; pochissimo io l'aveva veduta recitare per avanti onde non aveva ancor bene il suo carattere rilevato, come in appresso poi mi riuscì di colpirlo nella *Serva amorosa*, nella *Locandiera* ed in tante altre ». Sauf mention explicite, les traductions sont de la traductrice de l'article. – Parue en 1755 dans le tome VIII de l'édition Paperini, la préface contient quelques-unes des plus importantes pages de réflexion sur le métier du théâtre que Goldoni ait écrites, poussé par la nécessité d'éclaircir ses droits dans l'écheveau de la querelle qui l'oppose à l'éditeur Bettinelli. Sur cette question complexe, voir l'enquête minutieuse menée par Laura Riccò dans son « Introduzione », p. 9-67, en particulier p. 9-21 et dans sa « Nota ai testi », p. 69-108. Voir aussi A. Scannapieco, « Giuseppe Bettinelli editore di Goldoni », dans *Problemi di critica goldoniana*, dir. G. Padoan, Ravenne, Longo, 1994, p. 63-188, et A. Scannapieco, « *Io non soglio scrivere per le stampe...* Genesi e prima configurazione della prassi editoriale goldoniana », *Quaderni veneti*, n° 20, 1994, p. 119-186.

personnage n'est inutile [...]. Celui qui va au théâtre et dépense de l'argent pour se divertir n'est pas là pour vérifier le rang des acteurs mais leur mérite[1].

Plus qu'à la « vive, spirituelle, et naturellement accorte » Maddalena Marliani, qui « donnait un nouvel essor à mon imagination et m'encourageait à travailler dans ce genre de Comédies qui demande de la finesse et de l'artifice[2] », nous voudrions ici nous intéresser aux autres rôles de la pièce, afin de voir si ce mécanisme créatif fonctionne aussi pour eux, et s'il ne serait pas dès lors opportun d'identifier, dans l'indéniable travail de réforme dramaturgique engagé dans *La locandiera*, une sorte de portrait de la compagnie[3].

---

1 C. Goldoni, « Prefazione », *La castalda*, *op. cit.*, p. 117-118 : « Io ebbi sempre nello scrivere e ho tuttavia, un precetto asprissimo [...] quello cioè di adattare la Commedia alla compagnia di Attori, e non potergli scegliere per la rappresentazione delle opere mie. Da ciò avviene che, conosciuto il valore d'un Personaggio, rade volte m'inganno, e poco felici riescono alcune scene, quando incerto sono di chi le debba rappresentare. Per me nessun personaggio è inutile. Ciascheduno ha qualche carattere particolare, che può servire al teatro; chi più che meno, egli è vero, ma i mezzi caratteri son necessari ancora come le mezze tinte ai Pittori. Per me nessun personaggio è inutile [...] chi va al teatro e spende il suo denaro per aver piacere, non è impegnato a sostenere il grado degli Attori ma il merito ». Preuve que la question était pour lui cruciale, Goldoni revient à de nombreuses reprises sur ses processus de création, sur le rapport, pour lui essentiel, qu'il tisse avec chaque acteur et sur leurs interactions entre eux. Outre ce paratexte qui m'apparaît comme le plus dense et le plus synthétique à la fois, voir également les préfaces aux tomes XI, XV, XVI de l'édition Pasquali, désormais dans *Tutte le opere di Carlo Goldoni*, éd. G. Ortolani, Milan, Mondadori, 1952, 1964, vol. 1, p. 694, 738-739, 745 ; voir aussi dans ce même volume les *Mémoires*, I, chap. XL, XLI ; II, chap. I, X, XI. Il faut songer en outre à la précision avec laquelle l'auteur rend compte dans l'agencement littéraire des éditions imprimées de l'ennoblissement des personnages dialectaux pour un meilleur usage des compétences actoriales et de la transformation langagière qui en suivit pour une plus large utilisation sur le marché scénique de toute la péninsule. À ce propos, l'adaptation des *Due Pantaloni* me semble la plus symptomatique, en ce que le double rôle dialectal interprété par le grand Collalto se trouve scindé de manière ostensible et significative en deux emplois plus facilement réalisables, celui du père et celui du fils, d'abord en dialecte vénitien pour un usage immédiat au San Luca, puis en langue italienne pour une plus ample diffusion du texte et en prévision d'ultérieures reprises.

2 *Cf.* C. Goldoni, *Mémoires*, dans *Tutte le opere di Carlo Goldoni*, éd. G. Ortolani, *op. cit.*, vol. 1, II, chap. XIV, p. 303.

3 Sur le processus d'osmose créative qui unit l'auteur et son actrice Maddalena Marliani, nous renvoyons à G. Herry, « Goldoni e la Marliani, ossia l'impossibile romanzo di Corallina », *Studi goldoniani*, dir. Nicola Mangini, n° 8, 1988, ainsi qu'aux précisions convaincantes de L. Riccò, *La castalda*, *op. cit.*, p. 204. Voir également notre introduction à *La locandiera*, éd. S. Mamone et T. Megale, Venise, Marsilio, 2007, p. 9-91 (à laquelle le présent article doit beaucoup) et en particulier aux p. 17-24, « La drammaturgia per l'attrice ».

LA DISTRIBUTION DE *LA LOCANDIERA*, OU LES ENJEUX DRAMATURGIQUES D'UN EXERCICE D'ATTRIBUTION DÉLICAT

Qui étaient donc les partenaires de jeu de la servante Corallina dans la troupe du Sant'Angelo, alors solide dans sa composition ? La compagnie s'est stabilisée, les acteurs sont désormais bien connus du public et de l'auteur, qui en a éprouvé les potentialités sans les forcer ni les altérer – autrement dit, sans s'attaquer encore au système des rôles. Ainsi peut-on reconnaître dans cette dramaturgie de compagnie, sans risque d'erreur, l'interprète pour lequel le rôle a été « taillé ». L'opération est d'autant plus simple lorsque les acteurs gardent leur nom d'emploi (Rosaura, Ottavio, Lelio ou Corallina), car il n'est guère plausible qu'un interprète d'un autre emploi s'en approprie. Même lorsque le nom est changé (la presse dépersonnalisant parfois l'emploi par un changement de nom), il reste en général aisé d'identifier dans un rôle son inspirateur, l'interprète auquel il était destiné ; la migration des emplois n'est jamais assez brutale pour rendre invisibles ou confuses les traces du « rôle » d'origine.

Dans le cas de *La locandiera* pourtant, cet exercice de reconnaissance n'est pas aussi simple ou du moins pas aussi immédiat : l'auteur-expérimentateur possède désormais une maîtrise complète des caractères des acteurs, ce qui l'autorise à réaliser une variation plus audacieuse que dans d'autres cas, lui permet de bouleverser les symétries et l'incite à créer une œuvre échappant à la norme. L'intrigue narrative ne doit pas être difficile à identifier : d'une part, parce que Goldoni croule alors sous les engagements et se trouve sur le point de quitter la compagnie du théâtre Sant'Angelo pour celle du San Luca[1], d'autre part, parce que le plan, autrement dit le sujet de la comédie, découle de la connaissance *a priori* des contraintes imposées par les conditions de production de la troupe – à commencer par l'indisponibilité de la première amoureuse.

1 Goldoni détient déjà le contrat qui l'engagera pour la saison suivante avec le théâtre San Luca des Vendramin.

Sans doute ces contraintes mêmes engagent-elles l'auteur à une audace accrue, lui inspirant d'associer une histoire réaliste (la trame principale, avec Mirandolina et ses prétendants, personnages réalistes, « vivants » pour reprendre une expression pirandellienne) à la réinvention d'un théâtre refusé (le vieux théâtre dépassé, mourant, que les comédiennes, dans la pièce, représentent sur scène). Une fois son sujet trouvé, Goldoni procède à l'examen du caractère, autrement dit des caractéristiques de ses acteurs.

Bien que son titre semble la renvoyer à toute une galerie de comédies consacrées à la figure de la servante[1], *La locandiera* présente un canevas de composition qui rappelle clairement celui de *La vedova scaltra*. Goldoni devait certainement se rappeler cette œuvre à laquelle il devait son premier triomphe aux côtés de la compagnie qu'il allait bientôt quitter[2], et qui continuait, depuis de longues années, à lui attirer le succès auprès de ses spectateurs et de ses lecteurs[3]. Si la critique a relevé une certaine proximité entre les deux pièces[4], elle a surtout souligné une affinité de caractère entre les deux protagonistes, s'arrêtant ainsi à des éléments psychologiques ou tout au plus à une affinité de « caractère » au sens théâtral du terme. Pourtant la proximité des œuvres, à mon sens indéniable, tient davantage à leur structure (« l'argument » goldonien), et plus particulièrement au jeu centripète qui s'y déploie : Rosaura, comme le sera Mirandolina, est au cœur du mouvement de l'action qui repose entièrement sur elle[5]. « Une fois trouvé l'argument », Goldoni se tourne vers ses acteurs – des acteurs que du reste il connaît déjà bien, avant même de procéder au choix de cet argument.

Avec la compagnie dont il dispose, les emplois accessoires disparaissent forcément. Reste alors le noyau dur de ce qui se dessine comme un

1 *Cf.* L. Riccò, « Introduzione », art. cité, p. 48-56 et L. Comparini, « Le tablier et le mouchoir. L'ascension de la servante dans le théâtre de Pietro Chiari et Carlo Goldoni », thèse de doctorat en études italiennes, dir. F. Decroisette, université Paris 8, 1996.

2 *La vedova scaltra*, créée en 1748 à Venise, fut le premier grand succès du dramaturge dans ses débuts aux côtés de la nouvelle compagnie dirigée par Medebach.

3 L'œuvre, parue en 1750 dans l'édition Bettinelli, est également insérée dans le volume 3 de l'édition Paperini de 1753 ; très vraisemblablement, l'écrivain devait en préparer la parution au moment où il allait honorer la dernière saison du Sant'Angelo, autrement dit il travaillait à cette édition au moment même où il concevait *La locandiera.*

4 À commencer par G. Ortolani, *Tutte le opere di Carlo Goldoni*, éd. G. Ortolani, *op. cit.*, vol. 2, p. 1213 ; pour une étude globale de l'œuvre, *cf.* C. Goldoni, *La vedova scaltra*, éd. L. Sannia Nowé, Venise, Marsilio, 2004.

5 Nous renvoyons à ce propos à notre étude, S. Mamone, « Introduzione », *La locandiera*, *op. cit.*, p. 26-28.

véritable défi, réduire à son squelette une histoire qui relève d'un double pari : rendre le Chevalier amoureux de Mirandolina en seulement deux jours, et pour rendre les spectateurs amoureux de l'auteur, leur faire accepter ce processus d'énamourement comme crédible en seulement deux actes (le troisième sera même presque de trop). L'auteur ne doit pas avoir moins d'audace que Mirandolina : celle-ci, dans sa détermination à vaincre le misogyne, celui-là, dans sa volonté de l'affranchir de tout ce qui est de trop, entrave ou ralentit ; autrement dit, de toute action diversive et de tout personnage qui n'est pas strictement nécessaire. Aucun personnage superflu ne doit freiner l'inexorable issue du piège de Mirandolina.

AUTOUR DE MIRANDOLINA. LA DISTRIBUTION DES RÔLES FÉMININS

La compagnie est ainsi composée : outre la protagoniste Marliani, trois amoureux et un serviteur[1], il y a Ottavio, premier amoureux (Girolamo Medebach, chef de troupe), Florindo, deuxième amoureux (Francesco Falchi), Lelio, troisième amoureux (Luzio Landi), Brighella, serviteur (Giuseppe Marliani). Sans oublier bien entendu les deux amoureuses : Beatrice, deuxième actrice (Caterina Landi) et Eleonora, troisième actrice (Vittoria Falchi). Leur présence, dans une œuvre centripète qui ne peut avoir que Mirandolina comme pilier féminin, n'est pas seulement inutile, elle est néfaste. Goldoni s'est trouvé libéré de la première actrice par le hasard, de Pantalone par les quelques énergies que ce dernier tient à préserver ; un choix précis l'affranchit des comédiennes amoureuses. S'il est incité à les employer sur scène en raison d'obligations de contrat, pour des questions d'équilibre au sein de la troupe et parce qu'une distribution rationnelle des ressources l'y oblige, qu'à cela ne tienne : il les enfermera dans leur propre rôle. Qu'elles fassent ce qu'elles sont – deux actrices. Il ne s'agit pas là de conciliation ni même de métathéâtralité

1 Sont donc exclus pour diverses raisons la Medebach, perdue dans ses « vapeurs », et Collalto auquel, de toute évidence, on accorde un repos mérité du fait de son implication au même moment dans le double rôle des *Due Pantaloni.*

didactique. Présent, passé se retrouvent ici sous les yeux de tous : on voit ainsi, d'une part, défiler la comédie vivante, psychologique, naturelle, bien conduite, d'une action « parfaitement soutenue et complète[1] », et, d'autre part, se refléter la caricature du théâtre d'autrefois, comme dans un miroir déformant.

Nous pouvons sans peine identifier les actrices qui donnèrent vie à Ortensia et à Dejanira, convoquées sur scène pour jouer leur propre rôle et maintenir ainsi la hiérarchie de leur emploi. Experte et sûre d'elle, Ortensia a sans doute été inspirée par la belle et célébrée Caterina Landi (Beatrice de son nom d'emploi), deuxième actrice de talent, que les variations de santé et d'humeur de la première rendent plus précieuse encore[2] : elle reste présente dans la pièce sous le nom de Beatrice. Tante de Lelio et maîtresse de Florindo, amie, fille, sœur, veuve, d'âge avancé, épouse, seconde épouse, nièce – elle offre bien entendu un large éventail de possibilités, à commencer par sa confiance en elle et sa force de séduction. Dans *Il poeta fanatico*, daté de 1750 mais attesté par l'édition Paperini de 1755, l'auteur en réaffirme les qualités dans un sonnet très élogieux[3]. L'abbé Chiari en dresse pour sa part, dans son roman *La commediante in fortuna* paru la même année, un portrait similaire, et parfaitement contemporain ; c'est en ces termes qu'il la décrit lorsqu'il la compare à Teodora Medebach, première actrice de la compagnie où il est poète-dramaturge depuis le départ de Goldoni :

> Le caractère de la deuxième actrice semblait fait exprès par la nature pour s'opposer à celui de la première, et donner sur la scène tout leur relief aux comédies, comme le font, dans les tableaux des plus excellents peintres, les

1 Ce sont les termes qu'emploie Goldoni dans les pages qu'il consacre à *La locandiera* dans ses *Mémoires*, *op. cit.*, p. 313 : « On m'a flatté peut-être en Italie ; mais on m'a fait croire que je n'avais rien fait de plus naturel et de mieux conduit, et qu'on trouvait l'action parfaitement soutenue et complète. »

2 Seule exception, *Le donne gelose* où chacun change de nom et où il est peut-être possible de lui attribuer le rôle de Giulia. Nous nous tenons ici à signaler sa présence dans les œuvres représentées pendant la « période Marliani » : dans *La castalda* (amie de Rosaura), *L'amante militare* (veuve), *Il tutore* (« veuve, mère de Rosaura, femme frivole et ambitieuse »), *La moglie saggia* (antagoniste), *Il feudatario* (marquise, mère de Florindo, propriétaire terrien), *La serva amorosa* (deuxième femme de Ottavio), *I puntigli domestici* (comtesse, veuve, belle-sœur du comte Ottavio), *La figlia obbediente* (amie de Rosaura), *I due Pantaloni* (fille de Pantalone) ; signalons également sa présence, dans la période immédiatement successive de la saison du carnaval de 1753, dans *Le donne curiose* (Beatrice, femme de Ottavio), *Il contrattempo* (veuve), *La donna vendicativa* (nièce de Ottavio).

3 C. Goldoni, *Il poeta fanatico*, éd. M. Amato, Venise, Marsilio, 1996, p. 175.

> ombres aux couleurs, par un effet de contraste nécessaire. Autant l'une était pathétique et touchante, autant l'autre était fière et hautaine ; mais d'une hauteur qui n'excluait pas l'amour dans les moments opportuns. L'une était bien en point, autant que l'autre était frêle et gracile. L'une, d'une voix forte et sonore ; l'autre, d'une voix faible et fluette. L'une, d'un tempérament colérique et fougueux ; l'autre, tranquille et flegmatique. Toutes deux dotées, avec cela, de la plus heureuse mémoire pour apprendre les rôles qui leur revenaient, toutes deux animées par un désir enviable de se distinguer par leur zèle[1].

Plus en retrait demeure, dans la dramaturgie goldonienne, la troisième actrice Vittoria Falchi (Eleonora). Son éclipse, surprenante dans la deuxième phase de la production de Goldoni au Sant'Angelo, contrastant fortement avec sa présence vive et lumineuse dans la première[2], ne peut certes pas être imputée à de mauvais rapports avec l'auteur. Car l'actrice fait bientôt avec lui, et aux côtés de son mari, l'ouverture de la saison du San Luca ; elle figure déjà en bonne place dans son *Introduzione* programmatique, puis occupe par la suite des rôles d'une certaine importance au sein de la compagnie. D'après une hypothèse plus plausible, Vittoria Falchi aurait pu avoir été gardée en réserve comme doublure de la première actrice, toujours moins fiable : la troisième amoureuse possède de fait des caractères relativement proches de ceux de la première, ainsi qu'une disponibilité personnelle susceptible de lui être précieuse dans un rôle de réserve peu gratifiant du point de vue psychologique. Les limites qui la confineront toujours au rôle de troisième actrice étaient certainement connues du public lui-même ; Goldoni les soulignera

---

1 P. Chiari, *La commediante in fortuna, o sia Memorie di madama N.N. scritte da lei medesima*, t. I, Venise, Angelo Pasinelli, 1755, p. 122-123 : « Il carattere della seconda donna parea fatto apposta dalla natura, per opporsi a quel della prima, e dare in sulla scena alle Commedie quel risalto medesimo, che né quadri de' più eccellenti pennelli danno l'Ombre a' colori col loro necessario contrasto. Quanto era l'una patetica e flebile, era altrettanto l'altra fiera e sdegnosa ; ma d'un cotal sdegno, che non escludeva punto a tempo e luogo l'amore. Ben messa della persona, quanto era quell'altra gracile e tenue. Di voce forte e sonora quanto l'avea l'altra fiacca ed esile. Di caldo temperamento e focoso, quanto nell'altra scorgeasi cheto e flemmatico. Tutte due poi d'una memoria felice nell'imparare quanto ad esse toccava, e d'una premura invidiabile di distinguersi con la loro attenzione. »

2 Vittoria Falchi joue son propre rôle, Eleonora, « cantatrice » dans *Il teatro Comico* et dans *Il poeta fanatico* en 1750 (« Eleonora veuve ») puis dans *Il cavaliere di buon gusto* (« madame Eleonora, dame veuve, tante et tutrice de la petite marquise »), dans *L'incognita* (« Eleonora comtesse »), dans *L'avventuriere onorato* (« Eleonora napolitaine, fiancée de Guglielmo »), dans *La donna volubile* (Eleonora), dans *I pettegolezzi delle donne* (Eleonora, amie de Beatrice), dans *Il feudatario* (mais pas sous son nom d'emploi), dans *Le donne gelose* (*idem*). Elle apparaît de nouveau sous son nom d'emploi dans *Le donne curiose* (Eleonora, femme de Lelio).

explicitement dans l'autoportrait qu'il lui fait jouer à l'occasion de son *Introduzione* à la saison du San Luca :

> Voilà cinq ans que j'ai l'honneur de servir ce public, exemple de bonté et de courtoisie. Moi aussi, les premiers temps, j'ai tremblé [...] et pourtant, malgré tous les défauts que j'avais, et que je n'ai pu corriger, on a souffert ma présence, avec bienveillance ; moi aussi, j'ai dû faire de petits rôles, qui m'ont valu de l'indulgence. Tout acteur peut jouer davantage dans un genre que dans l'autre. J'avoue ne pas être douée pour des rôles trop sérieux, ou trop languissants, mais pour un caractère plus léger je peux moi aussi me donner beaucoup de mal[1].

Aussi peut-on attribuer à Vittoria Falchi, sans trop d'hésitation, le rôle d'inspiratrice et d'interprète de Dejanira, la comédienne sotte et ingénue. Mais si l'attribution des rôles « refusés » ne semble pas donner lieu à d'incertitudes particulières, celle des rôles masculins est moins évidente.

TROIS AMOUREUX, UN SERVITEUR. LA DISTRIBUTION DES RÔLES MASCULINS

La distribution des rôles est à mon sens un moment-clé qui correspond à la nature intime de l'œuvre goldonienne, et ne peut se confondre avec une identification posthume purement documentaire. Il ne fait aucun doute que pour comprendre la dramaturgie goldonienne, la définir comme une dramaturgie « pour l'acteur » ou « d'acteur » ne suffit pas. Elle est bien plus que cela : une dramaturgie née de l'acteur, non pas comme

1 C. Goldoni, *Introduzione per l'apertura del teatro Comico, detto di San Luca, la sera de' 7 ottobre 1753*, dans *Tutte le opere di Carlo Goldoni*, éd. G. Ortolani, *op. cit.*, vol. 5, p. 5 : « Son cinque anni che ho l'onore di servire questo popolo, esempio della bontà e della gentilezza. Anch'io in principio tremai [...] eppure con tutti quei difetti che aveva, e che non ho potuto correggere, sono stata benignamente sofferta ; anch'io ho avuto le mie particine che mi hanno acquistato qualche compatimento. Ciascheduno più in un genere che nell'altro può comparire. Confesso non essere buona per certe parti troppo gravi, o troppo languenti, ma per un caratterino di mezzo m'ingegno anch'io. » L'auteur nous informe dans la note de bas de page qu'« après avoir passé cinq ans à jouer à Venise, au théâtre dit de Sant'Angiolo, elle vient d'être engagée au théâtre de San Luca, aux côtés de Florindo, son mari » (« dopo essere stata per cinque anni a recitare in Venezia, nel teatro detto di Sant'Angiolo, passò ora in questo, unitamente a Florindo, marito suo »).

simple interprète, mais comme personne et comme objet de création. J'irai même jusqu'à dire qu'il s'agit d'une dramaturgie *de l'habitude*, où l'acteur condense, pour l'auteur, le patrimoine relationnel qu'il a accumulé jusque-là avec le public[1]. L'identification des rôles ne relève donc pas de la fortune du texte, mais de son essence même.

Pour *La locandiera*, Goldoni disposait dans la troupe, une fois son sujet choisi, de trois amoureux et d'un serviteur. Pour ce dernier, aucune hésitation : le personnage du serviteur Fabrizio est taillé sur mesure pour Giuseppe Marliani, en vertu de son emploi (Brighella, rusé serviteur), de sa biographie personnelle (c'est le mari de la protagoniste) et professionnelle (il est présent dans presque toutes les pièces écrites pour le Sant'Angelo). À quoi s'ajoute une déclaration explicite de l'auteur :

> Je dois t'avertir, très cher Lecteur, d'un petit changement que j'ai apporté à la présente Comédie. Fabrice, le valet de chambre de l'auberge, parlait vénitien lors de la première représentation ; j'avais fait cela pour la commodité de l'acteur, habitué à parler en tant que Brighella[2].

Marliani est peut-être, après l'imprésario, la personnalité la plus marquante de la compagnie[3].

1 *Ibid.*, p. 12 : « In due si fanno / l'opre famose : dagli attori insieme / e dagli amici spettator cortesi » (« les œuvres célèbres se font à deux : par les acteurs, et par nos aimables amis les spectateurs »).

2 C. Goldoni, « Au lecteur », *La locandiera*, trad. N. Jonard, Paris, GF Flammarion, 1996, p. 43 ; texte original, *L'autore a chi legge*, *La locandiera*, t. II de l'édition Paperini (1753) : « Deggio avvisarvi, Lettor carissimo, di una piccola mutazione, che alla presente Commedia ho fatto. Fabrizio, il cameriere della Locanda, parlava in Veneziano, quando si recitò la prima volta ; l'ho fatto allora per comodo del personaggio, solito a favellar da Brighella. »

3 C'est ainsi que Pietro Chiari le décrit dans *La commediante in fortuna* (*op. cit.*, p. 124), à la même période que *La locandiera* et avant d'en faire l'acteur sans doute le plus important de sa dramaturgie au Sant'Angelo : « Brighella était un homme qui maîtrisait parfaitement son métier, et qui se montrait vraiment admirable dans nombre de caractères même très éloignés du sien. Doté par la nature de la voix la plus sonore, et de l'expression la plus pénétrante que l'on puisse voir sur la scène, il pouvait incarner des extrêmes si contraires, que l'on peinait à croire, d'un soir à l'autre, qu'il était toujours le même » (« il Brighella era un uomo nel suo mestier maestro, ed in molti caratteri anche dal suo lontanissimi veramente ammirabile. Provvisto dalla natura della più sonora voce, e della più penetrante espressione che si possa vedere sulle scene, facea vedere in sé solo degli estremi tanto contrari, che si penava a credere dall'una sera all'altra, ch'egli fosse lo stesso »). – Parmi ceux qui œuvrèrent pour la fusion de la compagnie de Gasparo Raffi dans celle de Medebach, Marliani était l'un des acteurs de référence pour le public, et il avait été de fait, dans *Il teatro comico*, le porte-parole de l'auteur. Capable de passer de la sagesse sereine de Ridolfo dans *La bottega del caffè* au cynisme chargé du père flagorneur

Acteur goldonien idéal (« Quand j'ai mon masque sur la figure, je suis Brighella ; quand je l'enlève, je suis un homme qui n'est peut-être pas un auteur pour ce qui est de l'invention, mais qui a toujours bien assez de jugeote pour comprendre son métier. Un comédien ignorant ne pourra jamais jouer un seul rôle convenablement[1] »), versatile, à la hauteur des grands rôles mais prêt à accepter les petits, aimé du public – sa longévité sur scène en est la meilleure preuve –, il est dans cette phase un point de repère évident pour l'organisation de la troupe, et un véritable centre de gravité dans les équilibres scéniques.

L'apparente marginalité du rôle de Fabrizio dans *La locandiera* doit sans doute se repenser à la lumière du fonctionnement général de la compagnie, tout en permettant de définir la marge d'action de Mirandolina au prisme de l'horizon d'attente des spectateurs. Pour eux, le lien entre les deux acteurs (scénique voire personnel) se présentait déjà, *a priori*, comme un nœud de l'intrigue, relativisant les rôles des autres personnages comme autant de pions dans un jeu à l'issue prévisible. Ce qui, pour un spectateur moderne, habitué à un théâtre ouvert et problématique, peut apparaître comme un dénouement convenu, est au contraire le présupposé même de ce jeu. Un jeu qui ne pourrait être déclenché sans Fabrizio, personnage fort que le public considère comme un élément fixe, comme le point d'abordage attendu d'une histoire qui se veut morale alors que tout le reste n'est que défi, transition. « Ce n'était qu'une plaisanterie, qu'un jeu, un simple caprice d'amour-propre[2] », explique Mirandolina à son mari à la fin de la pièce, renchérissant : « Je ne jouerai plus jamais à ce jeu-là[3]. »

Pour les trois amoureux destinés à tourner autour de l'aubergiste, le chevalier de Ripafratta, le marquis de Forlipopoli et le comte d'Albafiorita,

---

dans *La figlia obbediente*, il était auréolé par le succès personnel (ou plutôt de couple) de *I puntigli domestici* et de *La figlia obbediente*, après que *La moglie saggia* et *La serva amorosa* avaient aussi scellé, sur la scène même, avec le mariage de Corallina et de Brighella, la réconciliation personnelle de Giuseppe et de Maddalena.

1 C. Goldoni, *Le Théâtre comique*, *op. cit.*, II, 1, p. 136-137 ; texte original, *Il teatro comico*, *op. cit.*, p. 1067 : « Colla maschera son Brighella, senza maschera son un uomo che, se non è poeta per l'invenzion, ha però quel discernimento che basta per intender el so mistier. Un comico ignorante no pol riuscir in nessun carattere. »

2 C. Goldoni, *La locandiera : comédie en 3 actes*, III, 19, trad. D. Aron, Paris, Comédie-Française, 1981, p. 218 ; texte original, *La locandiera*, *op. cit.*, p. 225 : « È stato uno scherzo, una bizzarria, un puntiglio. »

3 C. Goldoni, *La locandiera : comédie en 3 actes*, III, 20, *op. cit.*, p. 219 ; texte original, *La locandiera*, *op. cit.*, p. 225 : « Di questi spassi non me ne cavo mai più. »

Goldoni disposait des trois amoureux de la troupe : Girolamo Medebach, premier amoureux surnommé Ottavio, Francesco Falchi, deuxième amoureux sous le nom de Florindo, et Luzio Landi, troisième amoureux, Lelio de son emploi – le premier, à la fois fondateur et imprésario de la compagnie, les deux autres, venus la renforcer pratiquement depuis sa création. Tous étaient donc bien connus du public vénitien, et apparaissaient jusqu'ici dans presque toutes les œuvres goldoniennes sous leurs noms d'emploi, ou du moins avec si peu de variantes onomastiques que cela n'empêchait en rien de les identifier.

Mais avec *La locandiera*, la prise de distance vis-à-vis des rôles canoniques est immédiate, et le processus de travestissement s'affirme[1]. Ottavio, Florindo et Lelio, privés de leurs noms et bannis de la hiérarchie consolidée, doivent chacun retrouver leur rôle dans le nouvel agencement. Mieux encore : ils doivent conférer les particularités actoriales et le caractère personnel qui leur sont propres à des personnages nouveaux, en conservant dans le même temps les liens de continuité et de reconnaissance sur lesquels se fonde la fidélité du public qui s'est attaché à eux[2]. Le public, nous l'avons dit, aime les nouveautés sous condition, et la fortune d'un acteur ou d'une compagnie est faite de la variation dans la répétition. Il ne serait donc pas juste de procéder de façon mécanique à la distribution des rôles en attribuant le plus important (celui, de toute évidence, du chevalier de Ripafratta) au premier amoureux, c'est-à-dire à Medebach[3] ; le second (l'extraordinaire marquis de Forlipopoli), au deuxième amoureux, Francesco Falchi ; et le troisième (le comte d'Albafiorita), au troisième amoureux, Luzio Landi. Car il n'y a pas de hiérarchie amoureuse dans le jeu obstiné de Mirandolina et de son auteur, étant donné qu'il est évident, dès le début, qu'il ne s'agit pas là d'une histoire sentimentale, mais de

1 Ce jeu de glissements se fera systématique par la suite dans le processus de composition au théâtre San Luca.

2 Telle est la réponse que le chef de troupe Orazio donne, dans *Il teatro comico*, au second amoureux, alléguant la nécessité de changements progressifs qui puissent être intégrés par le public : « Malheur à nous si nous voulions nous lancer dans une telle nouveauté : ce n'est pas encore le moment. Dans aucun domaine, il n'est utile de lutter de front contre l'opinion. » (*Le Théâtre comique*, *op. cit.*, II, 10, p. 158 ; texte original, « Guai a noi se facessimo una tal novità ; non è ancor tempo di farla. In tutte le cose non è da mettersi di fronte contro all'universale », *Il teatro comico*, *op. cit.*, p. 1080.)

3 Attilio Gentile (*Carlo Goldoni e gli attori*, Trieste, Cappelli, 1951, p. 35), attribue sans hésiter le rôle à Medebach ; sauf sources inconnues de moi, je penche pour une erreur de sa part.

la mise en œuvre d'une démonstration. Les deux amoureuses ayant du reste été mises à l'écart (de l'horizon dramaturgique de Goldoni et même de l'horizon social des personnages, qui ne sauraient faire part d'inclinations amoureuses sérieuses pour deux actrices), l'action n'autorise plus, en guise de dénouement, d'échappatoires combinatoires et consolatoires. Les acteurs ne jouent donc pas sur leur emploi mais sur leurs caractéristiques propres, que le public reconnaît en vertu d'une habitude acquise au fil des années.

Considéré par Goldoni comme un « bon comédien[1] », « excellent dans les caractères chargés[2] », Girolamo Medebach devait mener de front sa pratique d'acteur et les tâches toujours plus lourdes d'une saison imprésariale faste et prenante. L'abbé Chiari, que Medebach vient d'engager pour la saison hivernale après la défection de Goldoni, décrit ainsi ses talents scéniques :

> Monsieur Marbele, chef et directeur de cette troupe, y jouait les rôles de premier acteur ; mais c'était dans les caricatures les plus ridicules qu'il était le meilleur. En cela il n'avait, et n'aura pas de sitôt son pareil. Son apparence et sa voix ne contribuaient pas peu à le rendre excellent dans de tels caractères [...] il entendait la force des actions qu'il devait représenter, et des paroles qu'il devait avoir à la bouche[3].

Les deux témoins concordent donc à reconnaître que les plus grandes qualités de l'artiste tiennent moins à l'adhésion canonique au rôle de premier amoureux, qu'à sa versatilité d'acteur caractériste, pour reprendre une définition de l'emploi anachronique et postérieure[4].

---

1 C. Goldoni, *Mémoires*, *op. cit.*, II, chap. II, p. 248.

2 C. Goldoni, *L'autore a chi legge*, *La donna vendicativa*, dans *Tutte le opere di Carlo Goldoni*, *op. cit.*, vol. 4, p. 1005 : « nei caratteri caricati eccellente ».

3 P. Chiari, *La commediante in fortuna*, *op. cit.*, p. 125 : « il signor di Marbele capo e direttore di quella Truppa esercitava in essa le parti di primo uomo ; ma il suo forte si era nel rappresentare le più ridicole caricature. In questo non ebbe, e non avrà sì di leggieri chi lo somigli. La sua figura medesima, e la sua voce contribuiva non poco a farlo eccellente in somiglianti caratteri [...] intendea la forza delle azioni, che rappresentar dovea, e delle parole che gli mettevano in bocca ».

4 Gerardo Guccini (« Dall'Innamorato all'autore. Strutture del teatro recitato a Venezia nel XVIII secolo », *Teatro e storia*, vol. 3, octobre 1987, p. 251-293) met en évidence le rôle particulier du premier amoureux qui, dans le théâtre vénitien de la première moitié du XVIIIe siècle, se chargeait de tâches extra-artistiques de la première importance. Il pourrait donc n'être pas inexact de penser que Medebach occupait comme acteur l'emploi de premier amoureux de façon à peine plus que formelle et que cela le dotait de fait de son autorité dramaturgique et gestionnaire. – Un résumé rapide de ses performances les plus

Après le réajustement que suscite l'arrivée de la Marliani et de Collalto, l'espace pour les rôles de jeunes gens et les emplois d'amoureux semble pour Medebach se réduire, tandis qu'il se retrouve de plus en plus confiné aux rôles secondaires dont il avait théorisé l'importance comme imprésario dans *Il teatro comico*. À quoi j'ajouterais qu'une autre caractéristique pertinente du personnage du marquis, à savoir la pauvreté, la quête permanente de l'argent, pourrait aussi faire office de caricature bienveillante des préoccupations imprésariales incessantes du chef de troupe. Si l'on adopte ici une approche fondée sur la dramaturgie d'acteur, il me semble que Goldoni a confié à Girolamo Medebach des personnages très proches de celui du marquis de Forlipopoli, bien que l'écart qui sépare l'acteur du divin moliérien de *La locandiera* est considérable – non pas du point de vue de la typicisation dramaturgique et actoriale, mais de celui de la réussite artistique.

En reprenant passivement l'identification convaincue mais non motivée avancée par Attilio Gentile (qui ne se fonde pas, à ma connaissance, sur des preuves documentaires)[1], la critique a continué d'attribuer à Medebach le rôle du chevalier de Ripafratta. Pourtant, le plus important des trois prétendants de Mirandolina, le destinataire de toutes ses attentions et la véritable raison de son pari n'est pas un personnage éminemment ridicule. Si nous voulions croire aux intentions déclarées de l'auteur, nous devrions même voir en lui, dans « la plus morale, la plus utile, la plus instructive » de ses comédies, « un exemple des plus éclatants de la présomption humiliée », et appréhender son histoire comme « une école qui enseigne à fuir les dangers pour ne pas être entraîné dans la chute[2] ».

---

significatives à partir du *Teatro comico* confirme sa place parmi les interprètes de personnages « chargés » et d'âge moyen, toujours moins « amoureux » et toujours plus efficace dans les rôles ridicules. Il incarne don Marzio dans *La bottega del caffè*; Ottavio, chevalier de Padoue dans *Il bugiardo*; Ottavio, poète fanatique et rôle éponyme dans *Il poeta fanatico* (qui devient, dans l'édition Bettinelli, le plus emphatique « prince de l'Académie »); le comte Ottavio, chevalier de bon goût, rôle éponyme (*Il cavaliere di buon gusto*); Ottavio, vieil avare, père de Rosaura (*Il vero amico*); vraisemblablement Agapito, apothicaire sourd d'oreille (*Lo speziale, ossia La finta ammalata*); il se renforce dans son rôle de père comme « Ottavio, romain, dit Salamina » (*I pettegolezzi delle donne*). À l'exception peut-être de sa sagesse tranquille, sénile et accommodante dans *Le donne curiose* (qui fait immédiatement suite à *La locandiera*), c'est là un catalogue d'incongruités ridicules qu'il fournit.

1 A. Gentile, *Carlo Goldoni e gli attori*, *op. cit.*, p. 35 : « Tous ses autres personnages furent déséquilibrés et bizarres [...]. Le chevalier misogyne ou rendu lascif par l'aubergiste. »

2 C. Goldoni, *La locandiera*, trad. N. Jonard, *op. cit.*, p. 41 ; texte original, *La locandiera*, *op. cit.*, p. 1 : « più morale, la più utile, la più istruttiva », « esempio vivissimo della presunzione

Sans pour autant croire à un seul mot des déclarations de l'auteur, nous devons prendre en considération la description qu'il propose de celui qui est, avec une évidence absolue, le protagoniste masculin de la « leçon » :

> Il paraît impossible qu'en quelques heures un homme puisse être épris à ce point et, qui plus est, un homme qui méprise les femmes, qui ne les a jamais fréquentées, mais c'est justement pour cela qu'il tombe plus facilement, car, les méprisant sans les connaître, et ne sachant pas quels sont leurs artifices ni sur quoi elles fondent l'espoir de leurs triomphes, il a cru que son aversion suffisait à le défendre, et il a offert sa poitrine nue aux coups de l'ennemi[1].

L'inexpérience (« perché sprezzandole senza conoscerle »), et non pas le ridicule, constitue donc le trait distinctif du personnage, qui, allié à la présomption (« ha creduto »), le rend agressif et sans défense. Dans la remémoration posthume des *Mémoires*, le résumé détaillé de l'intrigue s'arrête encore, outre sur le comportement, sur le caractère du chevalier, « homme agreste et sauvage[2] », adjectifs qui sont à l'époque – en plein débat sur l'état de nature –, dans le français parfait mais non maternel de Goldoni, l'indice précis d'une connaissance de ce débat en même temps que le choix pondéré de souligner, non pas tant la mysoginie que l'ignorance, la naïveté sentimentale du personnage. *Sauvage* est l'exact contraire d'*apprivoisé*, c'est-à-dire dompté, domestiqué, réglé, réduit à la raison. Le chevalier ne sera pas réduit à la raison parce que son caractère colérique l'empêche d'accepter la défaite et d'en faire trésor[3].

Il y avait dans la troupe un amoureux expert dans l'art de la colère, et peu occupé à apprendre, un acteur capable de parler la langue même de Ripafratta et d'en rendre les traits psychologiques : le florentin Luzio Landi, le Lelio de la compagnie, marié à Caterina, la belle deuxième amoureuse, engagé avec elle depuis 1747 au moins. Voici la description qu'en donne Chiari.

---

avvilita », « scuola che insegna a fuggire i pericoli, per non soccombere alle cadute ».

1 *Ibid.*, p. 42 : « Pare impossibile, che in poche ore un uomo possa innamorarsi a tal segno : un uomo, aggiungasi, disprezzatore delle donne, che mai ha seco loro trattato ; più facilmente egli cade, perché *sprezzandole senza conoscerle*, e non sapendo quali sieno le arti loro, e dove fondino la speranza de' loro trionfi, ha creduto che bastar gli dovesse a difendersi la sua avversità, ed ha offerto il corpo ignudo ai colpi dell'inimico ». – Les italiques sont les nôtres.

2 C. Goldoni, *Mémoires*, *op. cit.*, II, chap. XVI, p. 312.

3 C. Goldoni, *La locandiera*, *op. cit.*, III, 18, p. 224.

> Le mari de cette deuxième actrice remplissait les rôles de deuxième amoureux, et avait reçu de si grands dons de la nature qu'il aurait été un acteur inégalé si sa diligence avait été à la hauteur de son talent. Je ne veux pas dire par là qu'il ne faisait pas ce qu'il avait à faire ; mais il aurait pu le faire beaucoup mieux ; et celui qui ne s'applique pas à perfectionner son art lorsqu'il le peut, ne doit se plaindre que de lui-même si on ne lui fait pas toujours justice[1].

Nous pouvons entrevoir ici un caractère malaisé, peu enclin à la discipline et au perfectionnement, une certaine réticence à tirer leçon de l'expérience[2].

Certes, le caractère de Landi ne suffirait pas seul à lui attribuer le rôle si le personnage de Lelio (son nom d'artiste) n'avait pas pris, au fil du travail mené avec Goldoni, un caractère hautement compatible avec la création de Ripafratta. Si l'on considère tous les rôles de Landi, il est certainement le plus névrosé des amoureux goldoniens, bien plus que Florindo (Falchi), qui est dans l'ensemble satisfait ; il est le plus fantasque mais aussi, souvent, le plus démuni. C'est généralement un personnage perturbé, ou du moins perturbateur, parfois mal à l'aise. Il est sans doute lui aussi un personnage secondaire plus qu'un véritable amoureux, et il est constamment présent, avec des variations d'importance, pendant toutes les années du Sant'Angelo[3]. Un chevalier de Ripafratta parfait.

---

1 P. Chiari, *La commediante in fortuna*, *op. cit.*, p. 122-123 : « Il marito di questa seconda sosteneva le parti di secondo innamorato e sortiti avea de' gran doni dalla natura, per essere un Comico inarrivabile se corrisposto avesse all'abilità sua con la sua diligenza. Non voglio dire perciò che non facesse il debito suo ; ma lo potea fare assai meglio ; e chi non studia di perfezionarsi nell'arte sua quando può, non deve lagnarsi che di sé stesso, se non gli venga sempre fatta giustizia. »

2 Rares sont les informations dont nous disposons sur lui. Les indications de Bartoli *ad vocem* sont inutilisables et induisent même en erreur. Nous savons que cette absence de maîtrise de soi ne s'apaisera pas avec le temps, et l'amènera même à se rendre coupable, au seuil de ses soixante-dix ans, d'homicide, fût-il en légitime défense, *cf.* L. Rasi, *I comici italiani*, *op. cit.*, *ad vocem*.

3 Poète sans défense dans *Il teatro comico*, ignorant les règles de la composition et du jeu mais radical et péremptoire comme le sera Ripafratta dans les choses de l'amour, il agit par préjugés. Manipulateur maladroit dans *Le femmine puntigliose*, il reprendra dans *Il bugiardo* sa marginalité constitutive vis-à-vis de la société dans laquelle il se trouve et clôturera l'intrigue avec l'un des innombrables départs précipités et déshonorants dont est constellé son parcours dramaturgique. – Il ne se montre guère plus à son aise comme ami de Ottavio, *Il cavaliere di buon gusto*, auquel il sert de contrepoint névrosé et médisant dans une comédie dont Ottavio incarne le personnage sérieux et positif. Ici encore les choses tournent mal et, accusé d'hypocrisie et d'ingratitude (« faccia doppia », « ingrato, incivile »), il quitte la troupe humilié. C'est encore humilié et mortifié qu'il prend congé

Reste à trouver un interprète-inspirateur pour le comte d'Albafiorita. Et si notre méthode d'attribution actoriale est jusqu'ici correcte, il n'y a plus maintenant qu'une seule possibilité : le deuxième amoureux Florindo, Francesco Falchi, « bon et honorable comédien[1] ». Membre de la troupe avec sa femme dès l'arrivée de Goldoni au Sant'Angelo, il est présent dans presque toutes ses œuvres. Souvent promu aux rôles de premier amoureux, en raison du goût particulier de Medebach, premier amoureux officiel, pour les rôles de caractériste, Falchi donne sans doute le meilleur de lui-même pendant la phase du San Luca, servant de point de repère à Goldoni dans une troupe nouvelle pour lui et qui ne lui crée pas peu de problèmes. L'acteur figure dès l'*Introduzione* de 1753, riche de plusieurs éléments descriptifs intéressants pour nous : il y apparaît réactif mais pas susceptible, bien loin, de par son caractère personnel, de tout excès et du ridicule. Cette introduction peut justement nous renseigner utilement sur lui. Premier amoureux en alternance[2], les rôles composés jusque-là pour lui, bien qu'avec des variations selon la situation et des effets différents selon l'histoire et les autres personnages, ne contrastent pas avec les caractères décrits ici ni avec ceux que l'on peut en déduire. La

---

dans *Il giocatore*, avec ses trois-cent-cinquante sequins mal acquis et l'amitié de Florindo brisée. L'efficacité menaçante d'un amour méprisant et autoritaire (et c'est bien tel que demeure celui du chevalier à l'égard de Mirandolina, dans le trouble même de son incontrôlable passion) s'était déjà montrée sous les traits de *Lelio, bravaccio*, dans le pastiche espagnol de *L'incognita* où, en Dom Juan dégradé, plus capitaine qu'*Innamorato*, Landi s'était déjà vu offrir l'occasion d'un grand rôle d'abus de pouvoir séducteur. Dans cette pièce d'ailleurs, Landi avait déjà pu mettre au point la scène de l'évanouissement. Qu'il avait bientôt reprise dans *I pettegolezzi delle donne*, où il avait confirmé son ignorance en matière de psychologie féminine, adoptant un programme d'autodéfense assez proche de lui qui le mène à l'échec dans *La locandiera*. À partir de la saison de 1750, l'arrivée en renfort de Collalto puis de Maddalena Marliani n'altère pas les rôles de Lelio mais en ternit un peu l'éclat. Il retrouve un peu de brio dans *I puntigli domestici*, mais ses tentatives naïves et donc péremptoires de devenir le moteur de l'intrigue se heurtent à son insuffisance, ses prises de parole n'ont aucune conséquence et à la fin rien ne se passe comme il le voulait. La colère ne l'abandonnera pas plus que son insuffisance, y compris dans les rôles qu'il interprètera juste après *La locandiera* : il sera, dans *Le donne curiose*, un « Lelio bolonais, plutôt colérique », un semeur récidiviste dans *Il contrattempo*, et enfin, tout simplement, un « Lelio, colérique » dans *La donna vendicativa* – pièces toutes écrites presque en même temps.

1 C'est ainsi que Goldoni définit cet acteur dans la *Prefazione*, t. XVII, de l'édition Pasquali, I, *Tutte le opere di Carlo Goldoni*, *op. cit.*, vol. 1, p. 748 : « bravo e onorato comico ».

2 En alternance avec Ottavio, le bolonais Francesco Grandi *alias* Majani, qui n'est en rien agacé par cette cohabitation, mais souligne au contraire le caractère aimable et conciliant de Florindo, *cf.* C. Goldoni, *Introduzione per l'apertura del teatro comico*, *op. cit.*, p. 7.

négociation entre l'acteur et le personnage semble dès lors très sereine : petit mais gracieux, « filiforme » (« stropolo[1] ») mais d'une voix puissante, conscient de ses moyens mais sans arrogance, plus enclin à passer outre qu'à s'enflammer et revendiquer, il fait l'objet d'une appréciation sans réserves de la part de l'écrivain, qui le juge remarquable et d'une expression excellente en italien aussi bien qu'en dialecte[2].

Vénitien d'après les informations de Goldoni (« tous deux dans leur langue vénitienne[3] »), bolonais selon celles de Bartoli, Falchi devait en effet faire preuve d'une grande versatilité dans son usage des dialectes. S'il est souvent vénitien ou bolonais, Florindo de' Maccheroni ou Florindo Aretusi peut être aussi tantôt turinois (s'il est déjà le Florindo de *Il servitore dei due padroni*), véronais (*Il tutore*), sicilien (*Le femmine puntigliose*) ou livournais (*La figlia obbediente*, et peut-être *Il feudatario*, si Montefosco correspond, dans la région de Livourne, à Villeggiatura Montenero), voire napolitain (*I puntigli domestici*, *L'incognita*). Jouer en napolitain, c'est donc là une pratique déjà entrée dans les habitudes ; c'est peut-être même une pièce à conviction supplémentaire qui permettrait de voir en lui l'inspirateur et l'interprète du personnage du comte de Albafiorita, qui est justement napolitain, et qui semble partager avec Falchi bonhomie et flexibilité. Ce sont ces qualités mêmes qui, au terme de sa défaite dans la partie amoureuse jouée avec Mirandolina, permettront au comte « au comté acheté » de s'accommoder, sans trop se désoler, d'actrices qu'aucun gentilhomme n'aurait jamais invitées à sa table.

---

1 Ainsi défini par l'expérimenté Pietro Gandini dans la comédie d'ouverture de la saison du San Luca (« Via, sé troppo piccolo, sé uno stropolo, no me piasé »), il répliquera avec orgueil en revendiquant ses bons rapports avec ses partenaires de jeu et le public lors de l'expérience du Sant'Angelo (*ibid.*, p. 7-8).

2 Dans l'appel *L'autore a chi legge* figurant dans *I mercatanti*, (vol. 5, éd. Paperini, 1754 ; je cite ici l'édition de F. Vazzoler, Venise, Marsilio, 2001, p. 216 ; l'éditeur choisit de se référer à l'édition Pasquali qui conserve du reste le même avertissement au lecteur que l'édition Paperini), réécriture des *Due Pantaloni*, l'auteur se souvient de lui avoir peu après confié le rôle du fils (dédoublé par rapport à la prestation de Collalto pour lequel il avait été écrit, et qui était capable d'interpréter les deux rôles) à l'occasion de la reprise au San Luca : « Il Pantalone abilissimo della compagnia che chiamasi San Luca fece a maraviglia il vecchio, ed il bravo comico Francesco Falchi il giovine, ambidue nella loro veneta lingua » (« Pantalon, acteur talentueux de la troupe dite du San Luca, interpréta à merveille le rôle du vieillard, et l'excellent acteur Francesco Falchi celui du jeune homme, tous deux dans leur langue vénitienne »).

3 *Ibid.*

Les voici donc tous prêts, nos acteurs : bien plus que de simples interprètes, ce sont les co-auteurs d'une comédie nouvelle et expérimentale, bien alignés dans un beau portrait de famille. Une famille d'acteurs, bien entendu.

Sara MAMONE
Université de Florence

Traduction de Céline FRIGAU MANNING

LES MIROIRS CROISÉS DE *LA CAMERIERA BRILLANTE* DE CARLO GOLDONI

« El capriccio de far sta commedia… per un'altra ragione »

Avec *La cameriera brillante*, Carlo Goldoni propose, après les réalisations de sa réforme théâtrale, une variation sur trois thématiques réunies en une seule comédie : la servante maîtresse[1], la villégiature et le théâtre dans le théâtre. Il s'agit de la quatrième comédie de la saison théâtrale 1753-1754 qui représente, pour Goldoni, une délicate période d'adaptation. Au terme de son contrat avec le théâtre de Sant'Angelo de Venise, auprès duquel il n'a pas souhaité demeurer, il s'est lié à la troupe du théâtre de San Luca à laquelle il a dû adapter son travail. *La cameriera brillante* est ainsi au carrefour d'un certain nombre d'expériences nouvelles et différentes dans la carrière du poète dramatique qui expliquent, bien plus que la simple reprise d'un procédé traditionnel du théâtre à l'impromptu, l'exploitation de l'élément métathéâtral (comme discours sur le théâtre) ainsi que du théâtre dans le théâtre.

---

1 Cette thématique me permet de lier cette contribution à l'hommage ici rendu à Françoise Decroisette, qui est devenue ma directrice de thèse alors qu'elle enseignait encore à Caen, et avec laquelle je désirais travailler sur la figure de la soubrette et de la servante parvenue dans les œuvres de Carlo Goldoni et de Pietro Chiari. Au fil des années, nos contacts scientifiques, professionnels et très vite amicaux ont fait de nos rencontres l'occasion d'échanges enrichissants sur le théâtre, la traduction, les ateliers étudiants (dont elle a l'habitude de dire que c'est ce qui lui a le plus manqué dans sa carrière car sa première intention était de se consacrer exclusivement à la pratique théâtrale). À cette occasion je voudrais saluer sa stature intellectuelle et ses intérêts variés, mais aussi ses immenses qualités humaines, car elle est ce qu'on appelle en italien une belle personne, au contact de laquelle on apprend ce qu'est une enseignante à l'écoute des étudiants, une universitaire impliquée dans la gestion de son établissement, une italianiste passionnée par sa discipline, une chercheuse affirmée, une traductrice pleine de finesse, une spectatrice avisée, une marcheuse déterminée, une patiente combative, une mère respectueuse et une grand-mère joueuse. À Françoise un grand merci.

En effet, si la scène est souvent utilisée, chez Goldoni, comme mise en abyme de la salle de spectacle, du lieu de répétition, voire des coulisses elles-mêmes, plus complexe et moins étudié est le cas de la représentation amateur dans des lieux privés : c'est l'occasion, comme ici dans *La cameriera brillante*, de faire intervenir le théâtre dans le théâtre ou des schémas métathéâtraux à des fins internes – l'étude des caractères, la découverte d'une vérité, la résolution de l'action – ou d'explorer de manière détournée les potentialités parfois paradoxales de la mise sur scène qui devient découverte de l'autre et découverte de soi.

CONTEXTUALISATION

La contextualisation permet d'emblée d'éclairer quelques-uns des enjeux et des aspects allégoriques de cette pièce métathéâtrale. *La cameriera brillante* est représentée à la fin de l'automne 1753, d'après la datation de Ginette Herry, reconnue comme la plus valable par Roberto Cuppone et Paolo Puppa dans l'édition scientifique de la comédie[1]. La pièce se situe donc après le succès de *La sposa persiana*. La seconde amoureuse Caterina Bresciani vient de voler la vedette, dans le rôle de l'esclave Ircana, à Teresa Gandini, première amoureuse qui avait le rôle-titre, et la comédie porte la trace de ces circonstances, comme on le verra dans le traitement des rôles des deux amoureuses, même si le

1 Ginette Herry vient de publier chez Marsilio le quatrième tome de son imposante « biographie raisonnée » de Goldoni qui contient aussi le commentaire le plus récent sur la pièce (dont la lecture éclairante qu'elle m'a permis de faire a confirmé la possibilité de dégager une étude spécifique de l'aspect métathéâtral et la mise en abyme dans cette comédie). *Cf.* G. Herry, *Carlo Goldoni. Biografia ragionata*, Venise, Marsilio, 2007-, t. I : 1707-1744, t. II : 1744-1750, t. III : 1750-1753, t. IV : 1753-1755. Pour les années suivantes, voir G. Herry, « Pour une biographie détaillée de Carlo Goldoni – printemps 1755-1756, premiers matériaux », dans *Tra libro e scena, Carlo Goldoni*, dir. C. Alberti et G. Herry, Venise, Il Cardo, 1996, p. 11-47. – L'édition scientifique italienne de la pièce est la suivante : C. Goldoni, *La cameriera brillante*, éd. R. Cuppone, introduction de P. Puppa, Venise, Marsilio, 2002. Une traduction française a été établie pour la mise en scène de G. Zampieri en Suisse : *La Brillante Soubrette : comédie en trois actes*, trad. M. Salvi et R. Aubert, introduction de G. Zampieri, Dole, Canevas, 1993. Il m'a cependant paru utile, pour les besoins de cet article, de retraduire les citations sur lesquelles je me suis appuyée.

rôle-titre en est cette fois confié à la soubrette Giustina Campioni. Sa représentation coïncide avec celle de *La donna vendicativa* au théâtre concurrent de Sant'Angelo, finalement montée bien que la soubrette Maddalena Marliani ait d'abord refusé de tenir le rôle de la servante maîtresse négative.

Il se trouve que Goldoni rédige aussi sa *Cameriera brillante* au moment où il prépare le texte de *La locandiera* pour le volume 2 de l'édition Paperini de ses œuvres, ce qui enrichit probablement son inspiration sur le pouvoir du jeu théâtral. Il faut indiquer par ailleurs que la rédaction de *La cameriera brillante* se termine après la première représentation de *La schiava chinese* de Pietro Chiari, rival de Goldoni depuis plusieurs années et devenu l'auteur de la compagnie du théâtre de Sant'Angelo : on trouve dans *La cameriera brillante* quelques réponses de Goldoni aux inventions de Chiari (par exemple le divertissement théâtral durant le repas traité à l'inverse de ce qui se passe dans la pièce de Chiari).

Enfin, la comédie de Goldoni fait allusion à une fonction nouvelle qui est assignée à l'auteur à son arrivée dans la troupe, celui de répétiteur des acteurs, qu'assume le personnage éponyme. *La cameriera brillante* revient aux divertissements de la villégiature pour s'approcher de nouveau de la comédie bourgeoise qui, jusque-là, n'a pas eu le succès escompté au théâtre de San Luca, du fait que les acteurs n'y sont pas rompus aux exigences de la réforme goldonienne (*La donna di testa debole* et *Il geloso avaro* ont précédemment échoué). Il s'agit aussi de stimuler la curiosité du public pour une forme hybride et nouvelle de comédie.

VILLÉGIATURE, DIVERTISSEMENTS THÉÂTRAUX, MARIAGES

Au premier abord, l'intrigue semble simple et convenue, et elle est résumée ainsi par Goldoni dans sa préface à la pièce dans son édition de 1757 : « Une cameriste femme d'esprit, qui a de l'esprit et du talent, en villégiature avec ses maîtres organise les divertissements d'où vont naître le mariage de ses maîtresses et le sien avec le père de ses dernières » (*Avis au lecteur*[1].) Une famille séjourne à la campagne pour la période de la villégiature, elle est composée d'un marchand retiré des affaires et veuf, de ses deux filles en âge de se marier et courtisées et d'une femme de chambre qui est davantage une gouvernante (dans le sens classique du terme) tant elle a le pouvoir dans la maison bien qu'elle ne nuise pas à l'économie domestique ni aux intérêts des maîtres.

Comme l'intendante Corallina de *La gastalda* (devenue pour l'édition *La castalda*), Argentina commande avec bienveillance tout en pensant à sa propre ascension par le mariage avec son vieux maître Pantalon. La différence essentielle dans l'intrigue consiste dans le dédoublement des jeunes filles à marier, dans le traitement de leurs caractères et dans l'opposition de ces caractères : l'une est trop humble, l'autre trop prétentieuse. En outre, le personnage du noble pauvre et orgueilleux et le personnage du riche bourgeois mal dégrossi, déjà présents dans *La gastalda* (même si le bourgeois était présenté sous les traits d'un ignorant au langage baroquisant ridicule), deviennent ici les prétendants et futurs époux des jeunes filles. Enfin, les affinités sont placées dans une combinatoire en chiasme : la modeste Flamminia est attirée par le noble Ottavio imbu de son rang (bien que peu fortuné), tandis que l'orgueilleuse Clarice s'est éprise du rustique et riche Florindo (ces deux personnages masculins sont par bien des aspects issus de *La locandiera* autant que de *La gastalda*). À cette configuration problématique s'ajoute l'accentuation du caractère d'un Pantalon aux tendances misanthropes et autistes qui ne veut ouvrir sa porte à personne et risque de faire échouer les mariages de ses filles.

Quelques détails dans l'intrigue nous semblent dignes d'intérêt : alors que Pantalon a promis au riche Florindo sa fille Clarice, qui pourtant est la cadette, il ne veut pas d'un gendre comme Ottavio qui n'a que la vantardise de caste et les dépenses somptuaires à la bouche, et ne se range pas à l'avis de Flamminia qui voit dans l'union avec Ottavio la possibilité de rendre noble sa descendance. Inversement, Argentina est disposée à aider la docile Flamminia, mais prend un malin plaisir à rebuter la capricieuse Clarice qui accepte mal son autorité. La partie est d'autant plus mal engagée au lever du rideau que Florindo, qui est

1 Carlo Goldoni, *La cameriera brillante*, *op. cit.*, p. 95 : « Una cameriera brillante, che ha dello spirito e del talento, trovandosi in villeggiatura con i padroni, promuove i divertimenti, e da questi fa nascere il collocamento delle padrone ed il suo con il padre delle medesime » (*L'autore a chi legge*).

pourtant le promis de Clarice, ne semble pas pressé de s'unir à elle, et qu'Ottavio attend d'être invité par Pantalon pour se déclarer. Les obstacles externes aux mariages sont amplifiés par les obstacles internes propres aux caractères des personnages et tous liés à l'incompatibilité d'une vie commune autant qu'à une sociabilité impossible.

LE THÉÂTRE D'ARGENTINA

Le théâtre dans le théâtre propose une solution possible à ces blocages socio-psychologiques. La représentation a pour raison apparente les divertissements offerts par Argentina aux *villeggianti*, mais sa fonction réelle est de permettre les mariages et de concilier l'intérêt des jeunes maîtresses avec l'intérêt personnel de la femme de chambre. Sans ce divertissement théâtral qui devrait faciliter le rapprochement des amoureux et du père de famille dont le devoir est de marier ses filles avant de penser à lui, Argentina ne peut espérer voir aboutir ses propres projets matrimoniaux. C'est *a priori* dans ce sens qu'il faut comprendre ses répliques sur le but caché de la comédie de villégiature, qui est à la fois divertissement des spectateurs internes et divertissement de l'organisatrice des jeux : « *(À part)* Divertir l'assemblée, c'est bien mon intention, mais j'ai ma petite idée derrière la tête » (II, 14) ; « Ce sont des choses que l'on fait à la campagne ; mais peut-être qu'il ne sera pas inutile de la monter pour d'autres raisons » (III, 1[1]). Si les divertissements théâtraux retardent les unions, c'est pour en assurer une meilleure assise, car ils vont constituer une voie d'issue à l'incompatibilité des caractères par une sorte de thérapie comportementale à la fois individuelle, par couples et de groupe. Le théâtre dans le théâtre va se déployer progressivement, avec ses intermèdes métathéâtraux, transformant Argentina en actrice, en metteur en scène et en poète dramatique.

La cameriera brillante comporte ainsi trois représentations enchâssées, différentes par leur genre et leur déroulement, qui occupent une scène à

1 *Ibid.*, p. 157 : « (*A parte.*) Vuò divertir la conversazione, ma col mio secondo fine però) » ; p. 173 : « Sono cose che in campagna si fanno ; ma forse non sarà fuor di proposito il farla per un'altra ragione. »

l'acte I (partie centrale), cinq scènes à l'acte II et huit à l'acte III. Si on intègre les scènes de préparation ou de discussion autour des représentations, le procédé occupe une scène à l'acte I, huit scènes de l'acte II et tout l'acte III, soit en tout vingt-trois scènes sur les quarante-sept que compte la comédie. L'importance de ces trois moments de théâtre dans le théâtre est confirmée par les trois gravures de Giuliano Zuliani qui accompagnent l'édition Zatta de 1791, et qui sont toutes liées à cet élément de l'intrigue (l'édition Pasquali de 1779 ne comporte qu'une seule gravure correspondant à la scène II, 19).

UNE PANTOMIME ET TROIS SAYNÈTES

La première petite représentation interne (à un seul spectateur) est fondée sur le jeu muet et le langage des signes. L'alphabet mimé d'Argentina forme une affirmation antiphrasique (« Je vous aime peu, vous ne m'aimez pas », I, 4[1]) que doit deviner Pantalon, spectateur infantilisé. Il sert ainsi d'ouverture à la verbalisation de l'amour de la part du maître et au chantage affectif que la servante lui impose en vue de l'introduction d'Ottavio dans la maison. C'est sans doute la réussite de ce jeu de marionnettiste qui donne à Argentina l'idée du divertissement théâtral à donner durant le repas de l'acte II. Ce dernier s'annonce tendu tant chaque couple est mal assorti, chaque prétendant caricatural, chaque sœur ironique envers l'autre, tandis que Pantalon se montre peu enclin à la patience devant des prétendants bien défectueux (II, 15-17). La *burla* (plaisanterie, farce[2]) qui interrompt le repas a été pensée et préparée par Argentina à la fois comme diversion, puis comme retour habile à la réalité. La petite représentation en plusieurs temps parodie les excès idéologiques des soupirants. Argentina en est le metteur en scène et l'actrice principale, avec Traccagnino qu'elle a recruté comme partenaire de scène (un comparse, le villageois anonyme, fait une brève apparition avec deux répliques). Brighella prête main-forte

1 *Ibid.*, p. 110-112 : « io vi voglio bene poco, voi a me niente ».

2 Argentina emploie ce terme en exposant son projet de représentation durant le repas, *cf.* II, 14, *ibid.*, p. 157.

à la mise en scène pendant qu'il sert le repas aux invités : c'est lui qui annonce les entrées d'Argentina déguisée en dame comme s'il s'agissait d'une visiteuse réelle.

Les dialogues sont issus du théâtre à l'impromptu et l'aspect carnavalesque des saynètes est rehaussé par les difficultés de Traccagnino à rendre son premier rôle de gentilhomme vraisemblable. Lorsqu'ils comprennent le jeu de la servante, les convives jouent eux-mêmes à l'accueillir et commentent ensuite ses qualités d'actrice ainsi que le contenu de ses répliques. Argentina se présente en premier lieu sous l'apparence de la comtesse de l'Orizzonte, qui impressionne Ottavio, puis de la villageoise Momoletta, qui séduit Florindo. Au début de cette mascarade, le personnage de la visiteuse se propose de montrer deux scènes de vie conjugale. La première tranche de vie est celle d'un « mariage à la mode », une union trop libre de nobles dépensiers, la seconde celle d'un mariage de paysans économes et repliés sur une intimité domestique un peu grossière. La projection caricaturale de l'idéal d'Ottavio, puis de l'idéal de Florindo, coïncide avec la projection d'un risque inacceptable pour Flamminia, puis pour Clarice, d'où les dissensions inévitables qui apparaissent dans les débats qui suivent les saynètes. Si les couples fictifs sont en harmonie, la mésentente parmi les couples réels s'avère profonde. La représentation théâtrale a atteint un premier but, au-delà du divertissement : celui du dévoilement, de la prise de conscience des désirs et des limites de leur réalisation.

L'illusion comique partielle est ménagée par le travestissement et les dialogues, ainsi que par un espace de jeu séparé des spectateurs (on peut imaginer une estrade improvisée, par exemple avec la table qui a été débarrassée et écartée des convives, II, 18). La mise en abyme initiale, bien que schématique, est même double : dans la pièce-cadre, Argentina-actrice joue la dame qui introduit la saynète de l'épouse noble. Elle devient ensuite la soubrette transformiste qui interprète différents rôles pour appuyer sa démonstration, revenant à un degré d'illusion plus simple. Ces petites représentations ont des dénouements opposés : dans la première, la comtesse sort au bras d'un chevalier servant villageois, dans la seconde, elle refuse le bras du sigisbée et sort seule. La troisième apparition d'Argentina (elle s'est changée durant les sept répliques de Traccagnino et du comparse garçon de ferme, II, 23) ouvre la troisième saynète dont la construction est différente car Argentina entre en scène seule, déguisée en Pantalon (II, 24). Il faut noter que le Pantalon qu'elle incarne jusque dans sa langue vénitienne se différencie du Pantalon « réel » de la pièce-cadre. Il s'agit d'un bourgeois idéalisé, sociable et porteur de la morale du juste milieu. Or, sa longue tirade, construite rigoureusement, fait le lien entre les saynètes allégoriques sur le mariage et la situation des jeunes gens à marier de l'assemblée (les italiques font partie de la représentation enchâssée) :

> *Flaminia est trop modeste ; Clarice trop fière. Le sior Ottavio n'a d'argent qu'à la bouche, le sior Florindo en a dans la poche, mais il le laisse dormir. Savez-vous qui a de la jugeote, qui est le plus avisé ? Pantalon des Bisognosi. Il n'aime pas les grandeurs, mais il n'aime pas non plus les incivilités* (II, 24[1]).

La démonstration débouche habilement sur l'éloge de Pantalon grâce à un passage à la troisième personne doublé de l'éloge d'Argentina. Ce procédé brouille momentanément les pistes de la fiction et maintient un niveau de conscience intermittent des spectateurs : Argentina, visible sous son déguisement de Pantalon, fait parler un Pantalon qui avoue son attachement pour une Argentina aimable. Cette distanciation permet d'énoncer, dans la fiction, le projet de mésalliance du maître avec la servante, puis de le rendre idéalement concevable par le retour à la première personne de Pantalon joué par Argentina. L'image projetée ici dans le discours comme une hypotypose comique est celle de la seule union harmonieuse. Le divertissement n'a cependant pas servi d'exemple et l'harmonie est loin d'être rétablie dans la pièce-cadre : Ottavio ne s'est pas déclaré pour demander la main de Flamminia, qui s'est elle-même montrée réticente au mariage à la mode de la saynète, tandis que Florindo, dans sa rusticité névrotique, s'inquiète d'être forcé de vivre avec la frivole Clarice allergique à l'intimité domestique des villageois. Quant à Pantalon, il ne s'est pas prononcé en faveur de l'union de ses deux filles et déclare à la fin de l'acte qu'il craint de se brûler auprès d'une Argentina qui s'est comparée à une chaufferette pour vieillard. La deuxième épreuve théâtrale d'Argentina est donc parfaitement justifiée.

1 *Ibid.*, p. 170 : « *Flamminia xe troppo umile ; Clarice xe troppo altiera. Sior Ottavio gh'ha troppo fumo ; sior Florindo gh'ha del rosto, ma el lo lassa brusar. Saveu chi gh'ha giudizio ? Chi gh'ha prudenza ? Pantalon dei Bisognosi. Nol xe omo che ghe piasa grandezze, ma no ghe piase gnanca le inciviltà.* »

LA COMÉDIE DES ÉNORMITÉS : PRÉPARATION ET DISCUSSION

À l'acte III s'affirme le procédé du théâtre dans le théâtre. Il s'agit cette fois de faire jouer aux convives eux-mêmes une petite pièce en un acte (un peu moins aboutie que *Il padre rivale del figlio* répétée par la troupe professionnelle de *Il teatro comico* de 1750). Les acteurs sont ici des amateurs, voire des grands débutants (sauf peut-être Ottavio qui dit avoir déjà joué les héros chez des princes, III, 3), qui plus est récalcitrants au rôle qui leur est assigné. Argentina annonce que la représentation sera répétée devant des spectateurs invités, repoussant à plus tard les performances du petit théâtre de société. Argentina-dramaturge a choisi une comédie de caractère ou plus exactement de caractères, au pluriel, comme le suggérait déjà Orazio dans *Il teatro comico* (II, 3), une comédie entièrement rédigée (*commedia premeditata* ou *studiata*), contrairement aux saynètes à l'impromptu qui ont formé la comédie (*concertata*) de l'acte II, et fondée sur la détermination socio-psychologique des personnages. Cette fois Argentina devient chef de troupe en action : c'est elle qui a recopié et distribué les rôles à apprendre et elle seule connaît le texte entier. À l'en croire (III, 1), l'auteur veut rester anonyme, mais il semble qu'elle lui ait commandé cette petite pièce pour la circonstance, à moins qu'elle en soit elle-même l'auteur incognito. Son dialogue avec Brighella avant le début de la répétition est métathéâtral ; la figure de *capocomico* se confond avec celle du poète dramatique dont Argentina est le porte-parole. Aussi, la liberté qu'elle a prise de distribuer les rôles à sa façon relève-t-elle d'une expérience théâtrale inédite.

BRIGHELLA

Donc ce soir nous donnerons cette comédie.

ARGENTINA

Ce soir nous la répéterons. Et une autre fois nous la donnerons à un public d'invités. [...] C'est une petite comédie entièrement écrite. [...] Je l'ai commandée à quelqu'un qui veut rester anonyme. [...] c'est une comédie entièrement de caractères.

BRIGHELLA

Ils sont bien distribués, au moins ? Suivant le talent et le tempérament de ceux qui doivent la jouer ?

ARGENTINA

Pas du tout, j'ai pris soin que chacun fasse un personnage à l'opposé de ce qu'il est. [...] Elle n'en sera que plus comique. Pour divertir, il faut que les choses soient ou très bonnes ou très mauvaises.

BRIGHELLA

Sauf que quand elles sont trop mauvaises, elles ne tiennent pas longtemps.

ARGENTINA

Il me suffit qu'on la joue une seule fois. (III, 1[1])

L'originalité du théâtre dans le théâtre tel qu'il s'organise ici consiste dans le fait que les acteurs doivent jouer les rôles les plus opposés à leur caractère, que le comique qui en découle vient du jeu problématique et qu'il s'agit d'un comique de circonstance, difficilement reproductible.

Poursuivant le but du triple mariage, Argentina donne à son théâtre une fonction utilitaire et éphémère : une unique représentation et même une seule répétition suffiront. Dans la succession de dialogues amoureux qui doivent se conclure par des mariages, les acteurs auront tendance à sortir sans cesse de l'illusion théâtrale de la pièce enchâssée pour formuler des protestations ou pour introduire délibérément des répliques infirmant celles du texte et qui sont pour eux des *spropositi*, des énormités. Le titre de la comédie enchâssée est à la fois théâtral et métathéâtral, car distribuer les rôles et les jouer de cette façon est une énormité en soi, comme le remarque Brighella transformé en souffleur pour l'occasion (le Brighella de la troupe du San Luca est Angeleri, ami de Goldoni, familiarisé avec la réforme et l'habitude goldonienne d'écrire en fonction des caractéristiques des acteurs – cette dernière sera rappelée dans la préface de *La castalda*).

---

1 *Ibid.*, p. 172-173 : « BRIGHELLA : Donca stassera se farà sta commedia. / ARGENTINA : Questa sera la proveremo. Poi un'altra volta si farà con invito. [...] È una piccola commediola studiata. [...] L'ho fatta far io da una persona che non vuol esser nominata. [...] è tutta caratteri. / BRIGHELLA : Eli mo distribuidi ben, segondo l'abilità, e el temperamento delle persone che il deve rappresentar ? / ARGENTINA : Oibò, ho studiato che tutti faccino un carattere al loro temperamento contrario. Le cose, perché diano divertimento, o hanno da essere buone buone, o cattive cattive. / BRIGHELLA : Mo co le xe cattive, la dura poco. / ARGENTINA : A me basta che si faccia una volta sola. »

Dans sa préface, Goldoni indique la nouveauté de cette utilisation à contre-emploi des acteurs dans la comédie des comédiens :

> C'est une idée tout à fait nouvelle que de donner un caractère déterminé à chacun des acteurs et de faire en sorte qu'ils soient forcés, dans la représentation fictive, de jouer un rôle opposé à leur propre caractère, qu'ils aient de la répugnance à dire le contraire de ce qu'ils pensent, même si c'est un rôle appris pour le jouer (*Avis au lecteur*[1]).

Il est possible que l'auteur tire cette palinodie de l'expérience de *Il geloso avaro*, comédie pour laquelle le choix premier de l'acteur Pietro Gandini, maigre et plutôt laid, s'est avéré malheureux alors que le choix postérieur du gracieux Pantalon Francesco Rubini sera profitable à la représentation (celle de Gênes, dont Goldoni se souvient peut-être au moment de publier *La cameriera brillante*). Ici, le divertissement théâtral de la villégiature et la réalisation ludique du procédé des rôles *a contrario* permettent d'en énoncer le principe dramaturgique sur scène et d'en dévoiler les modalités aux spectateurs. Argentina-Goldoni, face à l'énième échec du jeu des acteurs amateurs et en particulier du dialogue amoureux de Florindo et Clarice, répond à la critique de Brighella que son système fonctionnerait avec des comédiens professionnels (et serait donc reproductible), affirmant ainsi la validité d'un paradoxe sur le comédien avant la lettre (Mirandolina s'y est essayée sans le théoriser dans *La locandiera*) et que l'objection de Brighella sur les inévitables remarques à voix basse des acteurs ne contredit pas : « Cela n'arriverait pas si les acteurs étaient des comédiens professionnels et s'ils se trouvaient dans un théâtre où ils ont l'habitude de jouer le rôle qu'on leur attribue » (III, 10[2]).

1 *Ibid.*, p. 95 : « è pensier novissimo dare a ciascheduno dei personaggi un positivo carattere, e far sì che nella finta rappresentazione siano forzati a sostenerne uno contrario, ed abbiano della repugnanza a dir cose contrarie al loro sistema, ancorché apparentemente studiate » (*L'autore a chi legge*).

2 *Ibid.*, p. 185 : « questo non succederebbe, se i rappresentanti fossero comici, e fossero in un teatro, dove sogliono dir tutto ciò che viene loro assegnato ».

LA RÉPÉTITION

Une première ébauche de répétition est constituée par les doléances de trois acteurs (III, 2-4) qui veulent tour à tour renoncer à leur rôle ou le critiquer après avoir pris connaissance de leurs répliques sur les feuilles que leur a distribuées Argentina hors scène (probablement entre l'acte II et l'acte III). La métathéâtralité affleure régulièrement dans les réticences des comédiens lorsqu'ils répètent à tour de rôle ou en couple. Elle s'exprime aussi sous la forme d'ordres ou de conseils qui valent moins pour ces dilettantes occasionnels que pour les acteurs professionnels en général. L'accent est mis en particulier sur l'importance de l'allure et la manière de se tenir sur scène, la nécessité de comprendre ce que l'on dit, de parler à son interlocuteur et non au public dans les dialogues, de ne pas se répéter dans le but d'être applaudi, de ne pas inventer, modifier ni sauter des répliques, d'écouter attentivement le souffleur, de ne pas s'en prendre personnellement à l'auteur, de ne pas commenter à voix haute ce que l'on dit et de ne pas sortir de la fiction scénique (III, 5-11).

Toutefois, les acteurs se montrent incapables de bien suivre ces consignes et sont conscients de la répartition inadaptée des rôles : Ottavio doit jouer le second amoureux et l'homme modeste, de noblesse récente, tandis que Florindo doit se comporter en damoiseau s'exprimant de manière précieuse. Argentina bouleverse aussi la hiérarchie familiale et actorielle en rétablissant une certaine préséance : Flamminia se voit attribuer la place de prima donna que sa qualité d'aînée de la famille devrait lui réserver puisqu'elle joue une femme noble et orgueilleuse (Aspasia), tandis que Clarice est obligée d'imiter la jeune fille simple et retenue (Lavinia). Ce faisant, Argentina-Goldoni dédommage peut-être Flamminia-Teresa (Gandini), plus sympathique dans cette comédie que Clarice-Caterina (Bresciani), du retournement de situation qui a vu le public s'enflammer pour la seconde amoureuse au détriment de la première amoureuse avec *La sposa persiana*. Cette hypothèse est confirmée par la scène, inutile pour l'intrigue des mariages de *I spropositi*, où les deux sœurs sont placées face à face dans leurs rôles contraires, le croisement des caractères permettant à Flamminia, grâce à son texte, de se venger du mépris de sa sœur et, allégoriquement, à l'actrice réelle Gandini de se venger avec humour de la Bresciani (le passage aux caractères romains indique le retour au discours du personnage de la pièce-cadre, mais l'aparté peut être un clin d'œil de l'acteur au public) : « *Vous n'avez aucune qualité pour vous faire aimer. C'est la crainte qui vous rend humble, et votre âme hautaine attirera toujours moquerie et mépris.* (*À part*) Cela, je l'ai dit avec plaisir » (III, 8[1]).

Les scènes de dialogues amoureux sont particulièrement comiques, car le face à face des contraires externes croise celui des contraires internes : chaque personnage répugne à jouer son rôle d'amoureux, et le joue mal, alors que, simultanément, il voit dans son partenaire le piètre jeu de ce qu'il apprécie le plus. Chacun fait la caricature de l'autre et les couples se retrouvent, dans cette permutation fictive, encore plus mal assortis que dans la réalité, à tel point que les dialogues amoureux tournent court après des efforts insurmontables et des retours incessants à la nature propre de chacun :

FLAMMINIA

Puisque vous reconnaissez ce que vous êtes, soumettez-vous donc et sollicitez ma pitié pour que je daigne accepter votre affection… Pardonnez-moi…

OTTAVIO

Ce sera donc un grand honneur pour moi si vous daignez souffrir ma grande ignorance… Je ne veux pas en dire davantage.

ARGENTINA

Finissez au moins votre réplique.

BRIGHELLA, *soufflant*

Et ma caricature…

OTTAVIO

Quelle caricature ? En moi il n'y a ni caricature, ni bassesse, ni ignorance. Je suis qui je suis, et je ne jouerai rien d'autre. (III, 7[2])

---

1 *Ibid.*, p. 183 : « *Voi non avete prerogative per farvi amare. Siete umile per soggezione, e il vostro animo altiero vi renderà sempre mai sprezzata, e derisa.* (Questo l'ho detto di gusto.) »

2 *Ibid.*, p. 181-182 : « FLAMMINIA : *Se conoscete voi stesso, umiliatevi dunque, e domandatemi per pietà ch'io mi degni di aggradire l'affetto vostro.* Compatitemi… […] / OTTAVIO : *Così non sarà poca gloria per me, che vi degnate di soffrire la mia ignoranza…* Non voglio dir altro. / ARGENTINA : Almeno terminate il periodo. / BRIGHELLA : *E la mia caricatura…* (*suggerendo*) / OTTAVIO : Che cosa è questa caricatura ? In me non vi è né caricatura, né viltà, né ignoranza. Son chi sono, e non voglio recitar altro. »

CLARICE
Si vous me désirez ardemment pour femme, je jure que pour vous plaire, je me soumettrai à n'importe quelle loi. Mais pas à celle qui me ferait vivre comme une villageoise.

FLORINDO
Ah, madame, vos beaux yeux… l'éclat qui s'exhale de vos cils… la grâce de vos lèvres purpurines… Hélas ! Je me sens languir… je m'embrase… (*Avec un geste déplaisant*) Quel fatras écœurant ! […] *Vous êtes la dame et la souveraine de mon cœur.*

CLARICE
Vous seul occupez ce sein.

FLORINDO
Mais je veux aimer à la paysanne.

CLARICE
Mais je vous maudis, pour mon malheur. (III, 9[1])

SORTIE DE CRISE

Si l'intention d'Argentina est la même qu'à l'acte II, la méthode diffère. De pédagogique et démonstratif, le théâtre dans le théâtre est devenu thérapeutique par le jeu des acteurs eux-mêmes. Le fait d'imposer aux individus des rôles opposés à leur caractère et de les mettre en présence pousse à l'extrême le jeu des oppositions croisées réelles. Les couples, qui restent les mêmes, sont reconstitués dans les contraires, par une sorte d'échange des caractères, et continuent à être mal assortis. Le jeu s'avère insupportable pour chacun et exacerbe les incompatibilités si on en croit les commentaires des personnages-acteurs. Apparemment, la thérapie comportementale des contraires débouche sur l'échec, non seulement l'échec du jeu, mais aussi l'échec de toute compatibilité, puisque chaque amoureux est furieux de jouer la caricature de ce qui lui est le plus opposé.

1 *Ibid.*, p. 184-185 : « CLARICE : *Se voi aspirate a volermi, vi giuro che mi sottometterò a qualunque legge per compiacervi.* Fuori che a quella di vivere da villana. / FLORINDO : *Ah madama, i vostri begli occhi… il brio che spira dalle dalle vostre ciglia… il vezzo delle vostre purpuree labbra… oimè ! Mi sento languire… mi sento ardere…* Uh ! Che diavolo di roba è questa ? […] *Voi siete del mio cuore donna e sovrana.* / CLARICE : *Siete di questo sen l'unico amore.* / FLORINDO : Ma vuò far all'amore alla villana. / CLARICE : Ma vi mando, stramando ; e v'ho nel cuore. »

Seul le couple Pantalon-Argentina, sur lequel la critique nous semble ne pas avoir assez insisté, réussit à jouer le dialogue amoureux jusqu'à la fin de sa scène (III, 11). Certes, Pantalon doit parler un toscan imprononçable, mais il accepte de bonne grâce le jeu des contraires qui met dans sa bouche les répliques d'un maître particulièrement éclairé (et non les grivoiseries du Pantalon réel qui réussit tout de même à couper court à son monologue sérieux, III, 12) ainsi que la décision et la justification de la mésalliance avec sa domestique. Argentina, quant à elle, devenue actrice à son tour – et seule vraie actrice excellant dans l'art de jouer ce qu'elle n'est pas, comme Mirandolina – incarne la femme de chambre humble, pleine de gratitude et impliquée affectivement, alors que les déclarations précédentes de l'Argentina réelle ont couvert l'expression sincère des sentiments du voile de l'humour, du brio, de ce jeu « brillant » qui éloigne l'émotion et place sur le même plan le divertissement théâtral et le rapport amoureux : « Je suis en amour comme on est à la comédie. Tant qu'elle me procure du plaisir, je l'écoute ; dès qu'elle commence à m'ennuyer, je remets mon masque et je m'en vais » (I, 4[1]). Dans *I spropositi*, Argentina joue alors à la Pamela (la *Pamela* de Goldoni est de 1750), comme la Corallina de *La gastalda* dans une scène comique de faux adieux à son maître et comme Mirandolina avec le Chevalier. L'échange de la scène enchâssée de la servante et du maître se conclut donc par une déclaration d'amour et une promesse de mariage[2].

Les personnages de cette comédie dans la comédie sont comme la projection du contraire de soi, mais peu à peu le jeu libère en eux ce qui était précédemment refusé. Ainsi, la modeste Flamminia « apprend » à opposer son individualité au sentiment de supériorité de sa sœur et de son amant. Mais la fiction met aussi à jour la projection en l'autre des fixations de chacun, de son idéal et de son désir. Grâce à l'illusion théâtrale, l'autre peut apparaître, momentanément et par intermittence, plus conforme au désir, comme le théâtre de Mirandolina en a fourni la démonstration. Toutefois, le jeu contradictoire empêche la séduction de devenir trompeuse. En effet, l'illusion est sans cesse rompue à cause

1 *Ibid.*, p. 108 : « Io faccio all'amore, come si fa quando ascoltasi una commedia. Fin che mi dà piacere, l'ascolto ; quando principia ad annoiarmi mi metto in maschera e vado via. »

2 L'actrice Giustina Campione avait sans doute les qualités nécessaires pour jouer les rôles sérieux et Goldoni lui-même nous informe dans sa préface de la suite de sa carrière comme première amoureuse.

du traitement caricatural des caractères fictifs, le sien propre et celui de l'autre, de sorte que l'acteur est pour ainsi dire obligé au recul critique. En outre, la caricature, au-delà de son effet comique immédiat, produit sur le personnage-acteur une prise de conscience de ses excès idéologiques et psychologiques. L'effet de miroir déformant, dans ce jeu de miroirs croisés, finit par être efficace. Ainsi, le jeu théâtral de l'amour permet d'aimer en l'autre non pas ce qu'on avait projeté de soi en lui et qui s'avère inadapté dans la caricature, mais la part acceptable de ce qu'il est et de ce qu'il peut être s'il atténue ses défauts : Clarice, la plus virulente dans le refus de son jeu avec Florindo, s'excuse de son mauvais traitement tout en appréciant l'absence de rancune en lui (III, 13). Les promesses de mariage fictives (dont l'initiative revient audacieusement aux femmes-actrices) des trois couples réunis apparaissent alors comme un chef-d'œuvre de concessions qui débouchent sur les arrangements dans la réalité :

CORALLINA

Cher Signor Anselmo, si vraiment vous m'aimez, vous n'aurez pas de difficulté à dévoiler publiquement votre affection. [...]

FLAMMINIA

Chevalier, je vois que vos nobles desseins s'accordent à l'élévation de mes pensées, il faut donc que le ciel nous ait faits l'un pour l'autre ; faites-moi le don de votre main, pour qu'en récompense je puisse vous offrir la mienne. [...]

CLARICE

Jeune homme prudent et sage, j'avoue que l'affectation est chose ridicule quelle que soit sa condition, mais si vous êtes disposé à tempérer votre comportement, vous trouverez en moi une épouse compréhensive. [...]

FLORINDO

Nous pouvons partager nos efforts. Rabaissez d'un cran vos exigences, à mon tour j'élèverai un peu les miennes ; ainsi nous rapprocherons nos principes. [...]

FLAMMINIA

La dernière scène de la comédie m'a convaincue.

CLARICE

Et moi, ce sont les derniers mots du signor Florindo qui m'ont plu.

FLORINDO

[...] Tout ce que je peux faire, c'est accepter certaines choses d'une épouse qui n'est pas née villageoise.

OTTAVIO

[...] Moi, j'ai trouvé en votre fille les dispositions d'une héroïne et je la préfère à cent dames soupirantes. (III, 13[1])

Dans la scène des faux mariages, le jeu des mauvais acteurs sonne enfin juste. Après avoir été malmenés par leurs rôles, ils parlent vrai en parlant faux (les répliques des personnages fictifs s'adaptent aux personnages réels), comme s'ils avaient intégré leur propre paradoxe sur le comédien. La réussite des mariages fictifs et leur glissement dans les mariages de la pièce-cadre est la preuve que le théâtre a rendu les couples plus compatibles et les unions acceptables. La mise en acte de la déclaration amoureuse entre les jeunes gens, qui n'a pas eu l'occasion de se déployer précédemment, libère enfin la parole, fictive d'abord, puis réelle, dans la scène finale des compromis.

La fin heureuse de la comédie reste mitigée, puisqu'il reste aux couples à mettre en place, hors scène, leurs systèmes de compensations, y compris pour ce qui est du sort de la jeune femme de chambre et de son vieux maître. Il n'est pas exclu que la protagoniste ait eu elle-même besoin de ces mises en abyme pour accepter tout à fait la perspective d'un avenir matrimonial somme toute peu réjouissant, malgré le brio de ses principes et de sa méthode. Le théâtre d'Argentina, au-delà du divertissement et de l'intérêt qui en sont le dessein le plus apparent, est expérimental et atteint le but, peut-être éphémère et exprimé comme un espoir, de la proposition régénérative faite aux acteurs : celle d'une meilleure connaissance de soi, d'une exploitation de toutes ses potentialités et d'une tolérance plus grande envers la différence de l'autre.

---

1 *Ibid.*, p. 189-191 : « CORALLINA : *Caro Signor Anselmo, se veramente mi volete bene non avrete difficoltà a svelare in pubblico l'affetto vostro.* [...] / FLAMMINIA : *Cavaliere, poiché conosco che le nobili vostre mire sono uniforme all'altezza de' miei pensieri, credo che il cielo ci abbia fatti nascere l'uno per l'altro, e però fatemi il dono della vostra mano, che in ricompensa vi esibisco la mia.* [...] / CLARICE : *Giovine prudente, e saggio, accordo ancor io che l'affettazione sia ridicola in ogni grado, ma se voi foste disposto a moderare il vostro costume, trovereste in me una sposa condiscendente.* [...] / FLORINDO : *La cosa si può dividere metà per uno. Discendete voi un gradino dalle vostre pretensioni, mi alzerò io un poco sopra le mie, ed avvicinandosi le nostre massime.* [...] / FLAMMINIA : L'ultima scena della commedia mi ha persuaso. / CLARICE : Ed a me sono piaciute le ultime parole del signor Florindo. / FLORINDO : [...] tutto quello ch'io posso fare si è soffrir qualche cosa da una consorte che non è nata villana. / OTTAVIO : [...] Ed io, trovando in vostra figlia sentimenti d'una eroina, la preferisco a cento dame che mi sospirano. »

Aussi *La cameriera brillante* apparaît-elle, au bout du compte, non pas comme un retour rassurant aux archaïsmes de la *Commedia dell'Arte*, non pas comme un collage d'ébauches ou une farce savoureuse, mais comme une pièce volontairement construite sur l'approfondissement progressif des expériences dramatiques, à la fois métathéâtrale et allégorique, et projetée vers la possibilité de nouvelles réalisations.

Lucie COMPARINI
Université Paris-Sorbonne

L'OPÉRA DANS L'OPÉRA

Actualité de *L'opera seria* de Florian Leopold Gassmann (1769)

Dans son chapitre pionnier consacré à ce microgenre mélodramatique qu'elle appelle « l'opéra dans l'opéra », Daniela Goldin, plus récemment suivie de Christian Carlstedt[1], établit un parallèle entre les débuts de la satire du monde opératique et l'institution du *teatro da prezzo*, à savoir des spectacles payants[2], tout en soulignant la difficulté de déceler l'archétype de cette catégorie. C'est cependant autour de 1750 qu'elle situe la floraison du métaopéra avec l'épanouissement de l'*opera buffa* vénitien, avis que partage Raffaella Ambrosoli[3]. Ce à quoi nous ajouterions l'apport de l'*intermezzo* napolitain. Parmi quelques pièces sur lesquelles nous allons ici revenir, Daniela Goldin considère *L'opera seria* de Ranieri Calzabigi, créé au Burgtheater de Vienne en 1769 par Florian Leopold Gassmann, comme le titre le plus complet, le plus représentatif de la tradition de l'opéra dans l'opéra, sorte de synthèse de ses caractères, de ses types et de ses motifs ; « un opéra brillant, chef-d'œuvre de son siècle dans le genre métathéâtral[4] », n'hésite pas à préciser Mathilde Catz dans sa

1 D. Goldin, « Un microgenere melodrammatico : l'opera dell'opera », dans *La vera fenice*, Turin, Einaudi, 1985, p. 73 ; C. Carlstedt, « Le *metamelodramma*, ou la parodie à l'italienne de l'opéra du XVIIIe siècle », dans *L'opera seria* (programme de salle), Théâtre des Champs-Élysées, saison 2002-2003, p. 56. – *Cf.* également G. Ferroni, « L'opera in commedia : una immagine del Melodramma nella cultura veneziana del Settecento », dans *Venezia e il Melodramma nel Settecento*, dir. M. T. Muraro, Florence, Olschki, 1978, p. 63-78 ; le panel d'œuvres considérées va néanmoins au-delà de notre propos sur le métaopéra, la question posée étant justement l'opéra au théâtre.

2 C'est en 1637 que s'ouvre la première véritable scène musicale publique : le Teatro San Cassiano de Venise.

3 R. Ambrosoli, « La satira metateatrale di Calzabigi : *L'opera seria* », dans *Ranieri Calzabigi tra Vienne e Napoli, Atti del convegno di studi (Livorno, 23-24 settembre 1996)*, dir. F. Marri et F. P. Russo, Lucques, Libreria Musicale Italiana, 1997, p. 85.

4 M. Catz, « L'"opera comica" chez deux compositeurs viennois : Florian Leopold Gassmann, Joseph Haydn », thèse en musicologie, dir. L. Quetin, université François Rabelais, Tours,

thèse passionnante sur l'*opera comica* à Vienne à l'époque de Gassmann et de Haydn. *L'opera seria* est en tout cas l'un des rares exemples de métaopéra du XVIIIe siècle ayant connu une renaissance à la fin du siècle dernier et trois nouvelles productions dans les décennies qui ont suivi, ce qui permet d'envisager sa présence durable au répertoire opératique, à côté de quelques ouvrages plus tardifs n'ayant pratiquement jamais tout à fait quitté l'affiche. En nous penchant donc sur l'« actualité » de cet *opera seria*, nous souhaiterions tout d'abord faire le point sur le genre métaopératique. Nous procéderons ensuite à une approche de l'œuvre, à la fois historique et structurelle. Nous aborderons enfin ses résurrections contemporaines et essaierons de prolonger sa présence au-delà de la contingence de telle ou telle mise en scène.

L'OPÉRA DANS L'OPÉRA

En plus de leur enthousiasme commun pour notre titre, Daniela Goldin et Mathilde Catz affirment aussi que l'inspiration du livret de Calzabigi est largement redevable de cette autre satire du monde opératique italien qu'est *Il teatro alla moda* (1720) de Benedetto Marcello[1]. La première avance également le rapprochement avec les *Directions to Servants* (posthumes en 1745) de Jonathan Swift, tandis que Raffaella Ambrosoli remonte jusqu'à la préface de Giulio Caccini à ses *Nuove musiche* (1601), ce qui, toutes proportions gardées, nous situe aux sources mêmes du genre lyrique. À la scène, l'aventure métaopératique, ou plus généralement métamusicale, semble néanmoins commencer aux alentours de 1715 avec *La Dirindina o il maestro di cappella* de Girolamo Gigli pour la musique de Domenico Scarlatti, repris en 1732 par Giovanni Battista Martini. Métastase lui-même, qui sera l'une des cibles de la satire de

---

2002, vol. 1, p. 265.

1 D. Goldin, *La vera fenice*, *op. cit.*, p. 74-75 ; M. Catz, *L'« opera comica »…*, *op. cit.*, vol. 1, p. 250-251 ; *cf.* aussi R. Ambrosoli, « La satira metateatrale di Calzabigi : *L'opera seria* », art. cité, p. 85, p. 88-91 ; C. Carlstedt, « Le *metamelodramma*, ou la parodie à l'italienne de l'opéra du XVIIIe siècle », art. cité, p. 53 et suiv. ; A. L. Bellina, « Introduzione », dans R. de' Calzabigi, *Scritti teatrali e letterari*, éd. A. L. Bellina, Rome, Salerno, 1994, vol. 1, p. XXI.

Calzabigi, contribue au développement du genre avec *L'impresario delle Canarie* (1724[1]) pour Domenico Sarro, encore connu sous le titre *Dorina e Nibbio* et reproposé l'année suivante par Tommaso Albinoni, en 1729 par Giuseppe Orlandini, en 1741 par Leonardo Leo et en 1744 à nouveau par Martini. De 1730 daterait *L'impresario del teatro* de Leonardo Vinci, mais son attribution reste douteuse. En 1752 est représenté *Il maestro di musica* d'Antonio Palomba pour Pietro Auletta, mieux connu surtout pour avoir servi de base au *pasticcio* apocryphe de Giovanni Battista Pergolesi. De la même année est aussi *Le virtuose ridicole* de Baldassarre Galuppi, sur un texte de Carlo Goldoni (l'un des modèles d'inspiration de Calzabigi) qui, en 1762, fournit *La bella verità* à Niccolò Piccinni – livret où le dramaturge vénitien se met en scène lui-même[2] – et, en 1793, inspire à Giuseppe Maria Foppa le livret *L'impresario delle Smirne* pour Giuseppe Rossi.

Parmi les œuvres qui ont pu influencer le choix de Calzabigi, Mathilde Catz cite aussi *L'opera in prova alla moda* (1751) de Giovanni Fiorini pour Gaetano Latilla et *L'amore in musica* (1763) d'Antonio Boroni sur des vers vraisemblablement de Francesco Griselini que l'on attribue parfois à Goldoni. En 1766, Franz Joseph Haydn donne sa *Canterina* d'un poète inconnu, et en 1770 voit le jour *L'impresa d'opera* de Pietro Alessandro Guglielmi pour Bartolomeo Cavalieri ; en 1781 est donné *L'opera nuova* de Matteo Rauzzini sur des paroles de Giovanni Bertati, qui réitère en 1787 avec *Il capriccio drammatico* pour Giovanni Valentini. Suivent en 1786 *La discordia teatrale* de Bonifacio Asioli et *L'impresario in angustie* (1786) de Giuseppe Maria Diodati pour Domenico Cimarosa, l'année même de la joute entre Mozart et Salieri, respectivement avec *Der Schauspieldirektor* et *Prima la musica e poi le parole*, de Johann Gottlieb Stephanie le premier, de Giambattista Casti le second. Le siècle s'achève sur *Le cantatrici villane* (1797), une pièce de Giuseppe Palomba pour Valentino Fioravanti et sur *Che originali ! ossia La musicomania* (1798) de Gaetano Rossi pour Giovanni Simone Mayr.

---

1 *Cf.* aussi G. Lazzeri, *La vita e l'opera letteraria di Ranieri Calzabigi : saggio critico*, Città di Castello, Lapi, 1907, p. 85 et R. Jacobs, « Le théâtre dans le théâtre. La satire de l'opéra chez Florian Leopold Gassmann », dans *L'opera seria* (programme de salle), *op. cit.*, p. 29 et suiv.

2 *Cf.* F. Decroisette, « Goldoni et le *metamelodramma* : *La bella verità* », dans *Musiques goldoniennes. Hommage à Jacques Joly*, *op. cit.*, p. 37-43.

Ces deux derniers compositeurs prolongent l'expérience au XIXe siècle où ils tentent à nouveau la voie du métathéâtre, le premier avec *I virtuosi ambulanti* (1807) de Giuseppe Luigi Balocchi, le second avec *I virtuosi a teatro* (1801) de Rossi et *Le inconvenienze teatrali* (1802) de Simeone Antonio Sografi, déjà mis en musique par Andrea Majer en 1800 et accompagné des *Convenienze teatrali* (1801), toujours de Sografi pour Pietro Carlo Guglielmi – les deux livrets de Sografi étant agencés par Donizetti dans ses *Convenienze e inconvenienze teatrali* (1827), parfois joué sous le titre *Viva la mamma !*. En 1803 est créé *La prima prova dell'opera gli « Orazi e Curiazi »* de Giulio Artusi pour Francesco Gnecco, repris ensuite comme *La prova di un'opera seria*, en 1804 *Le cantatrici in viaggio* de Giovanni Giraud pour Orazio Bucelli ; et en France, *Le Maître de chapelle* (1821) de Sophie Gay pour Ferdinando Paër.

Ajoutons à cela *Il turco in Italia* (1814) de Felice Romani pour Rossini, même s'il s'agit davantage de théâtre dans l'opéra ; tout comme, vers la fin du siècle, dans *Pagliacci* (1892) de Ruggero Leoncavallo, auteur à la fois de la musique et du texte. Plus près de nous, rappelons, de Richard Strauss, *Ariadne auf Naxos* (1912), encore du théâtre dans l'opéra, et *Capriccio* (1942), qui reprend le dilemme de Salieri (livrets respectivement de Hugo von Hofmannsthal et de Clemens Krauss, en collaboration avec le compositeur). Et touchons un mot du *Don Giovanni* mozartien (1787) dont le début du finale II fait accompagner le dîner du héros par une série de « tubes » opératiques de l'époque, désormais peu reconnaissables pour un public de non spécialistes, sauf pour la citation des *Nozze di Figaro* (1786), malgré les évocations explicites de Leporello. Mais, bien entendu, les paroles restent muettes puisque le concert donné pour Don Giovanni n'est pas chanté.

L'OPERA SERIA : FORTUNE ET MORPHOLOGIE DE L'ŒUVRE

Jusqu'à une date assez récente, l'attention s'est maintenue autour de *L'opera seria* de Gassmann et Calzabigi principalement grâce aux lectures des spécialistes de l'histoire du livret, surtout en Italie, et ce malgré quelques études musicologiques menées par les chercheurs germaniques et anglophones[1]. Or comme le rappelle Mathilde Catz, nous ne savons pas grand-chose de la création de l'ouvrage – à l'exception du témoignage de Charles Burney qui nous confirme qu'il fut véritablement joué à Vienne en 1769 –, bien que l'on puisse la dater du début du printemps de cette année-là, à savoir après la brouille qui oppose l'imprésario Giuseppe D'Affisio au chorégraphe Jean-Georges Noverre à cause des dépenses jugées inconsidérées de ce dernier[2]. Cette œuvre – que Ghino Lazzari inscrit dans ce qu'il appelle la « *seconda maniera* » de la carrière du poète[3] – se structure en trois actes, respectivement de onze, six et cinq scènes, et représente les mésaventures d'une troupe de comédiens aux prises avec les répétitions d'un *opera seria* : *L'Oranzebe*[4].

Les actes I et II se situent dans la maison de l'imprésario, alors que l'acte III se partage entre les décors de la pièce en question – la Grande Place d'Agra, capitale de l'Hindoustan – et les coulisses du théâtre. Les répétitions à part entière occupent la seconde moitié de l'acte II, ce qui fait déceler à Mathilde Catz cinq tableaux[5] : les vicissitudes au quotidien du monde du théâtre de l'acte I se prolongent au début du second (II, 1-5), avant que l'on ne commence à répéter l'opéra au programme

---

1 *Cf.* notamment G. Donat, « Florian Leopold Gassmann als Opernkomponist », *Studien zur Musikwissenschaft*, vol. 2, 1914, p. 34-211 ; F. Kosch, « Florian Leopold Gassmann als Kirchenkomponist », *Studien zur Musikwissenschaft*, vol. 14, 1927, p. 213-240 ; E. R. Meyer, « Florian Gassmann and the Viennese Divertimento », thèse en musicologie, dir. L. Quetin, University of Pennsylvania, 1963 ; sur la vie et la carrière du compositeur, voir notamment M. Catz, *L'« opera comica »*, *op. cit.*, vol. 1, p. 114-126, ainsi que la documentation contenue dans le vol. 3.

2 *Ibid.*, vol. 1, p. 156-157, p. 269-270, p. 274. – Sur le témoignage de Burney, voir aussi C.-H. Malhing, « "C'était le meilleur des hommes". Un portrait du compositeur Florian Leopold Gassmann », dans *L'opera seria* (programme de salle), *op. cit.*, p. 19-26.

3 G. Lazzeri, *La vita e l'opera letteraria di Ranieri Calzabigi*, *op. cit.*, p. 79.

4 Pour un résumé détaillé de l'opéra, nous nous permettons de renvoyer aux ouvrages de vulgarisation, en particulier au *Dizionario enciclopedico universale della musica e dei musicisti. I titoli e i personaggi*, dir. A. Basso, Turin, UTET, 1999, t. II, p. 475-476 ; pour un bref condensé, *cf.* G. Lazzeri, *La vita e l'opera letteraria di Ranieri Calzabigi*, *op. cit.*, p. 85-86, R. Ambrosoli, « La satira metateatrale di Calzabigi : *L'opera seria* », art. cité, et, en quatre langues, *L'opera seria* (programme de salle), *op. cit.*, p. 13-16. – Pour le livret, nous utilisons l'édition suivante : R. de' Calzabigi, *L'opera seria*, éd. R. Candiani, Rome, CISU, 1993, p. 39-107. – Contrairement à ce que fera Gnecco quelques décennies plus tard, qui met en scène la répétition d'une des œuvres les plus célèbres du répertoire, le titre ici représenté est factice, bien que Raffaella Ambrosoli, suivie par Mathilde Catz, ait savamment démontré sa dérivation drydenienne.

5 M. Catz, *L'« opera comica »*, *op. cit.*, vol. 1, p. 253-254.

(II, 6) ; le dernier acte s'ouvre sur la représentation de L'*Oranzebe* (III, 1-4), que viennent interrompre les manifestations bruyantes du public et les réactions mouvementées des chanteurs et de leur entourage (III, scène finale). La distribution est précédée d'un exergue tiré de l'*Art poétique* d'Horace et d'un avis aux lecteurs, ce qui constitue, selon Daniela Goldin, une preuve ultérieure de la réception du *Teatro alla moda* de Marcello qui cite à son tour l'écrivain latin et dont l'avertissement se fait l'écho[1].

Nous retrouvons alors tous les personnages-types qui animent cette société composite qu'est le monde du théâtre. L'imprésario Fallito (baryton), le poète Delirio (basse), le maître de chapelle Sospiro (ténor), le *primo musico* Ritornello (ténor), la *prima donna* Stonatrilla (soprano), la *seconda donna* Smorfiosa (soprano), le *secondo uomo* Porporina (soprano), le chorégraphe Passagallo (baryton), les mères respectives de Porporina, de Smorfiosa et de Stonatrilla : Bragherona (basse bouffe), Befana (soprano), Caverna (soprano). Dans *L'Oranzebe*, Ritornello joue Nasercano, le grand général des armées mogoles, Smorfiosa est Saebe, reine indienne, Porporina incarne l'officier Rana, Stonatrilla est la princesse Rossanara, sœur du rôle-titre, empereur mogol qui n'a cependant pas le temps d'apparaître à la scène, pas plus que Rutileno, le capitaine de ses gardes, leurs interventions étant devancées par la déferlante de sifflets.

Les noms des chanteurs qui interprétèrent ces personnages ne nous sont pas plus connus que la date exacte de la création, même si Mathilde Catz avance quelques hypothèses suggestives permettant d'identifier Clementina Baglioni dans Stonatrilla et Antonia Bernasconi dans Smorfiosa[2]. Pour ce qui est du rôle de Porporina, *secondo uomo*, son étude a bien démontré qu'il ne s'agit pas d'un castrat, comme son personnage dans *L'Oranzebe* pourrait le laisser croire, étant donné qu'en 1769 les *Teatri privilegiati* de Vienne disposaient bien de deux *prime donne* – justement Baglioni et Bernasconi – et d'une *seconda donna* en Rosina Baglioni, la jeune sœur de Clementina. La scène de séduction avec Sospiro (I, 5) tendrait à confirmer cette situation, d'autant que Porporina est bien présentée comme *secondo uomo* mais dans l'*opera seria*, à savoir *L'Oranzebe*[3].

Si la distribution reste donc assez vague, le double sens des noms des personnages, lui, est bien explicite dans ses intentions parodiques :

1 D. Goldin, *La vera fenice*, *op. cit.*, p. 64.
2 M. Catz, *L'« opera comica »*, *op. cit.*, vol. 1, p. 270-272.
3 *Ibid.*, p. 155-156.

Faillite pour l'imprésario, Délire pour le poète, Soupir pour le maître de chapelle, Ritournelle pour le *primo musico*, Passacaille pour le chorégraphe. La satire se fait plus aiguë lorsqu'il s'agit des cantatrices : Stonatrilla, faux trille ou détonante[1], et Smorfiosa, mijaurée. Et que dire des mères : putrine (Bragherona), sorcière ou dragonne (Befana), caverne (Caverna[2]). Un mot à part pour Porporina dont l'allusion au compositeur Nicola Antonio Porpora, maître de musique du castrat Porporino – Anton Hubert, italianisé en Antonio Uberti – et de bien d'autres parmi les meilleurs interprètes du XVIIIe siècle, est à peine voilée[3]. Des types humains qui portent en soi l'exemplarité de tous les défauts de ce bas monde mais qui agissent avec le plus grand naturel : la faiblesse de l'imprésario, l'hypocrisie et la vanité du versificateur et du compositeur qui sont aussi les marques de caractère des chanteurs qu'accompagne l'inculture la plus crasse, sauf peut-être pour Porporina[4].

La critique calzabigienne a parfois voulu souligner le manque d'unité de *L'opera seria*, engendré par l'absence d'une action principale autour de laquelle viendraient se greffer les épisodes secondaires, l'œuvre se résumant en une suite de petits tableaux amusants. Et pour cause, serions-nous tenté de répliquer. Ce sont toutefois ces mêmes exégètes qui font le lien avec les intentions de l'auteur de réhabiliter l'*opera buffa* et plus en général avec son engagement dans la réforme du genre opératique aux côtés de Gluck[5]. Voie sur laquelle le suit Gassmann, également sensible aux idées prônées par son aîné[6]. Comme le suggère Daniela Goldin, ce n'est pas par l'illustration d'une histoire que le poète approche l'*opera buffa* mais par la représentation de la manière dont se construit un spectacle

1 C'est la traduction d'O. Rouvière, adoptée par le programme de salle du Théâtre des Champs-Élysées (*op. cit.*, p. 69) que nous utiliserons également dans les cas qui suivent et pour la traduction en note des citations du livret (*op. cit.*, p. 69-131). « Faux trille » pour « Stonatrilla » et « sorcière » pour « befana » sont les traductions proposées par C. Carlstedt, « Le *metamelodramma*, ou la parodie à l'italienne de l'opéra du XVIIIe siècle », art. cité, p. 55.

2 En ce qui concerne les mères, la distribution du Théâtre des Champs-Élysées affichait respectivement un ténor, un contre-ténor et une basse.

3 *Cf.* R. Ambrosoli, « La satira metateatrale di Calzabigi : *L'opera seria* », art. cité, p. 91, et M. Catz, *L'« opera comica »*, *op. cit.*, vol. 1, p. 250.

4 G. Lazzeri, *La vita e l'opera letteraria di Ranieri Calzabigi*, *op. cit.*, p. 86.

5 *Cf.* R. Ambrosoli, « La satira metateatrale di Calzabigi : *L'opera seria* », art. cité, p. 85, et G. Lazzeri, *La vita e l'opera letteraria di Ranieri Calzabigi*, *op. cit.*, p. 85-88.

6 C.-H. Malhing, « "C'était le meilleur des hommes". Un portrait du compositeur Florian Leopold Gassmann », art. cité, p. 21.

théâtral, sorte de démonstration des théories rigoureuses préconisées avec Gluck afin de réformer le *melodramma* : « Ainsi parodie et satire convergent-elles », note Mathilde Catz, « pour ridiculiser l'ancien *opera seria* et faire valoir *a contrario* la réforme de Calzabigi[1] ». Ce qui connaît son apogée dans les absurdités soulevées par *L'Oranzebe*. Une réforme qui met à contribution les multiples composantes du théâtre en musique, bien que, selon Isabelle Moindrot, ce ne soit pas la forme dramatique qui est remise en cause ici, mais « les us et les coutumes de la scène tragique italienne[2] ». Mathilde Catz précise encore :

> Le drame véhicule un contenu d'événements et de passions déterminé, c'est pourquoi toutes les formes artistiques doivent converger dans son expression. La poésie transmet à son tour un contenu de signification. Enfin la musique elle-même communique, en terme d'expression, un signifié[3].

C'est pourquoi les choix de versification jouent un rôle essentiel dans l'accomplissement de cette mission. À ce propos, il est intéressant de relever l'écart métrique entre les scènes comiques et les scènes satiriques, les premières adoptant plutôt des vers longs, les secondes des mesures plus courtes. Les airs parodiques de l'acte III affichent en effet une alternance d'*ottonari* et de *settenari* qui prolifèrent déjà dans le tableau des répétitions à l'acte II ; alors que l'acte I affiche à la fois des décasyllabes et des endécasyllabes, ce premier mètre réapparaissant soudain dans l'air de Passagallo (III, 4). Des vers brefs alternent cependant au cours de l'acte I et se maintiennent dans le bruyant finale III, dans ce que Daniela Goldin définit comme un jeu raffiné de variations métriques en cascade[4].

Après les représentations viennoises, *L'opera seria* de Gassmann n'a connu que quelques reprises épisodiques à Florence en 1771, tandis que le livret de Calzabigi sert aussi la nouvelle musique de Gennaro Astarita sous le titre de *Critica teatrale*, créé à Turin en 1771 et reproposé à Venise en 1775 et à Florence en 1779 comme *Le discordie teatrali*. Entre

---

1 M. Catz, *L'« opera comica »*, *op. cit.*, vol. 1, p. 249.

2 I. Moindrot, *L'opéra seria ou le règne des castrats*, Paris, Fayard, 1993, p. 22.

3 M. Catz, *L'« opera comica »*, *op. cit.*, vol. 1, p. 425.

4 D. Goldin, *La vera fenice*, *op. cit.*, p. 12 ; sur le rôle du décasyllabe et des alternances polymétriques, voir également M. Catz, *L'« opera comica »*, *op. cit.*, vol. 1, p. 257, 263, 633, 637-639 qui attribue aussi une fonction particulière aux vers parisyllabiques dans un but comique (p. 260-261).

temps Calzabigi l'avait inclus dans son édition des *Poesie* en 1774 en y apportant des modifications significatives[1].

En ce qui concerne le renouveau d'intérêt pour la partition de Gassmann, le tournant peut se situer en 1982 avec la publication de la reproduction du manuscrit de Vienne[2]. De nouvelles lectures scéniques ont suivi, d'abord en 1994, au festival de Schwetzingen, sous la direction de René Jacobs et dans la mise en scène de Jean-Louis Martinoty, une production qui revient à l'affiche aux Festwochen der Alten Musik d'Innsbruck et au Staatsoper de Berlin en 1997, ainsi qu'au Théâtre des Champs-Élysées de Paris au printemps 2003. En 2005, Laurence Dale monte *L'opera seria* au Nationale Reisopera avec le chef Jan Willem de Vriend, tandis que le New European Opera le donne au 27e Printemps des Arts de Nantes en juin 2010, dans une réalisation de Benoît Bénichou dirigée par Raphaël Pichon, reprise à l'abbaye de Fontevraud au mois de juillet suivant. Une nouvelle production, par Michiel Dijkema, vient s'ajouter en septembre 2012 dans la Galeriegebäude Herrenhausen où l'opéra a été joué en langue allemande par le Staatsoper de Hanovre, sous la baguette de Mark Rohde[3].

PARODIES DANS *L'OPERA SERIA*

Mais avant de nous pencher sur cette actualité, jetons un coup d'œil à la partition. Malgré le manque d'unité qui a été relevé et des intentions délibérées d'enfreindre les règles établies du genre, Gassmann introduit son œuvre par une ouverture, les différentes sections musicales pouvant par ailleurs être facilement isolées. Nous avons donc une trentaine de numéros en nombre décroissant au fur et à mesure que l'on

1 *Cf.* R. Candiani, « Nota al testo », dans Ranieri Calzabigi, *L'opera seria*, *op. cit.*, p. 21-23, et R. Ambrosoli, « La satira metateatrale di Calzabigi : *L'opera seria* », art. cité, p. 86-87.

2 *Cf.* F. L. Gassmann, *L'opera seria*, éd. E. Weimer, New York – Londres, Garland, 1982.

3 De nombreux extraits de ces exécutions ont été filmés, et ils sont disponibles sur différents serveurs internet. Aucun enregistrement commercial n'a été mis sur le marché, bien que France Musique ait diffusé l'une des représentations parisiennes le 14 juin 2003 et que ce support soit consultable à l'Inathèque auprès de la BnF. C'est dans ce contexte que Mathilde Catz a rédigé et soutenu sa thèse en 2002, venant nourrir une critique quelque peu dégarnie jusque-là, particulièrement en France.

avance dans l'action : treize à l'acte I (*sinfonia* comprise), onze à l'acte II et cinq à l'acte III. Les rôles principaux ont un nombre comparable d'interventions. Fallito a un air dans chacun des deux premiers actes où il chante un trio introductif avec Sospiro et Delirio et participe aux finales I et II, de même que tous les comédiens, sauf les trois mères qui n'apparaissent qu'au finale III d'où l'imprésario est d'ailleurs absent. En plus de ces prestations avec Fallito et les autres personnages, Delirio et Sospiro interprètent un air chacun aux actes I et II, plus un duo au premier. Ritornello a en revanche un air dans tous les actes et partage deux duos à l'acte II, respectivement avec Delirio et avec Stonatrilla à laquelle reviennent également quatre performances solistes, alors que Smorfiosa n'en a qu'une par acte. Porporina limite ses interventions personnelles aux deux premiers actes, réduisant ainsi son décompte, ce qui n'est pas pour étonner, étant donné sa place quelque peu secondaire. Elle partage ce sort avec Passagallo. Bien entendu, ce calcul inclut les scènes de répétition et la brève représentation de *L'Oranzebe*. Marque de l'originalité de Gassmann, cela implique de la part des chanteurs la maîtrise d'un double langage musical, entre les codes de l'opéra bouffe et ceux de la caricature de l'*opera seria*[1]. Deux niveaux de représentation, quoique les rôles de *L'Oranzebe* soient privés de continuité, d'une véritable existence en dehors de leur numéro isolé[2]. Mais c'est bien cela le propos de la satire du genre.

L'essentiel des parodies se situe évidemment aux actes II et III, à savoir dans les tableaux des répétitions et de la représentation interrompue. Cependant, dans le récitatif introduisant le trio Delirio-Sospiro-Fallito au début de l'acte II, l'impresario définit de manière explicite l'un des morceaux du *primo musico* en tant qu'*aria del torrente* (« air du torrent », II, 1), sans doute une *aria di paragone*, l'un de ces airs d'imitation qui jalonnent bien des livrets de l'époque ; et lorsqu'il s'inquiète que « la facture de l'air du torrent / ne plaît pas au Premier Chanteur, / et il me presse, m'adjure de le changer[3] », il fait indirectement allusion à une solution très répandue dans le monde de l'opéra, même à des époques plus récentes : l'*aria da baule*. En effet, dans le récitatif précédant la

1 R. Jacobs, « Le théâtre dans le théâtre. La satire de l'opéra chez Florian Leopold Gassmann », art. cité, p. 29.

2 M. Catz, *L'« opera comica »*, *op. cit.*, vol. 1, p. 260, 395.

3 *L'opera seria* (programme de salle), *op. cit.* : « L'andamento non piace, e per mutarla / M'impegna, e mi sollecita. »

répétition de l'air de Ritornello, Sospiro propose au chanteur de remplacer la pièce honnie par cet « air fameux / que vous avez chanté l'an dernier à Milan » (II, 4[1]). Ce qui engendre une sorte de parodie d'air en forme de récitatif, puisque le *primo musico* énonce fièrement les paroles de son aria, non plus un air du torrent mais du sommeil : « Avec ton tendre et doux oubli / descends, sommeil sur mes yeux las[2]. » Et le maître de chapelle de renchérir : « Il y a là-dedans / tout ce qui flatte le mieux votre voix. / Il y a ce trille caprin, / ces passages, ces triolets[3]... » L'air de tempête est néanmoins ébauché dans le duo Delirio-Ritornello, donnant aussi libre cours à toute l'inculture de l'interprète, et sera quand même répété par ce dernier à la fin de l'acte (II, 6[4]). L'*aria di paragone*, pour sa part, a bien lieu mais sa parodie est attribuée à la répétition de Porporina, l'un des moments les plus désopilants de l'opéra : le succès de l'officier Rana que la cantatrice est censée incarner dans *L'Oranzebe*, est comparé à l'action victorieuse d'un « dauphin, qui aux trompeuses lignes, / un banc de thons a ravi » (II, 6[5]).

Les répétitions proprement dites commencent par la prestation de Smorfiosa en Saebe (« Non, cruel, d'amour incapable / est le cœur que tu portes en ton sein », II, 6[6]), qui extériorise son dépit amoureux, sans doute à l'adresse du général Nasercano, en un air de vengeance dont la drôlerie est directement proportionnelle à la forme stéréotypée des vers qui le composent[7]. Par ailleurs, l'expression de la déconvenue sentimentale était déjà véhiculée par Sospiro faisant part à Porporina de ses griefs dans l'air *Barbara ! E non rammenti / che mi giurasti amor ?* (« Cruelle ! As-tu oublié / que tu as juré de m'aimer ? », II, 5). Il s'agit donc d'un épisode satirique de l'*opera buffa* qui exploite à son tour les ressorts de l'*opera seria*, à moins que l'on ne suppose que le maître de chapelle s'autoparodie en déclarant son penchant à son interlocutrice par la citation des vers de la

---

1 *Ibid.* : « aria famosa, / Che l'altr'anno in Milano / Ella cantò ».

2 *Ibid.* : « Col tuo dolce amico oblio / Vieni o sonno a' mesti lumi. »

3 *Ibid.* : « V'è dentro / Tutto quel, che và meglio alla sua voce, / V'è quel trillo caprino ; / Vi sono que' passaggi / A trè, a trè... »

4 À ce propos voir aussi G. Lazzeri, *La vita e l'opera letteraria di Ranieri Calzabigi*, *op. cit.*, p. 87 ; R. Jacobs, « Le théâtre dans le théâtre. La satire de l'opéra chez Florian Leopold Gassmann », art. cité, p. 33 ; M. Catz, *L'« opera comica »*, *op. cit.*, vol. 1, p. 253.

5 *L'opera seria* (programme de salle), *op. cit.* : « Delfin che al laccio infido / Trasse di tonni un stuolo. »

6 *Ibid.* : « Nò crudel d'amor capace / Non è il cor che porti in petto. »

7 *Cf.* M. Catz, *L'« opera comica »*, *op. cit.*, vol. 1, p. 253, 400-402.

pièce à l'affiche. C'est du moins ce que laisse entendre la traduction du livret proposée lors des représentations au Théâtre des Champs-Élysées qui affiche la didascalie « Aria de Grenu, officier de l'armée mogole », à savoir ce rôle de Rana qu'incarne Porporina elle-même.

Ritornello, quant à lui, manifeste son affection pour Smorfiosa dans l'aparté *Benchè da te lontano / Clori mio dolce amor* (« Bien qu'éloigné de toi / Cloris, ma tendre flamme », I, 7), sorte d'air pastoral qui recourt aussi aux ressources d'un genre plus grave dans un contexte comique[1]. Dans *L'Oranzebe*, la passion amoureuse s'exprime également dans le duo de la séparation entre Stonatrilla-Rossanara et Ritornello-Nasercano (II, 6). Suit la grande scène de la *prima donna*, *Pallid' ombra del misero amante* (« Ombre pâle d'un malheureux amant », II, 6), cet air du poison ou du spectre qui met en scène d'abord la parodie d'un somptueux récitatif accompagné, au cours duquel Rossanara, apprenant la nouvelle de la mort de son bien-aimé, décide de le rejoindre dans la tombe en avalant du poison[2].

La représentation de *L'Oranzebe* commence par la parodie du triomphe de Nasercano, *Se con voi dò in braccio al vento / gli stendardi, e le bandiere* (« Si avec vous, aux mains du vent / je livre étendards et bannières », III, 1), air guerrier qui implique, pour le public de 1769, un retour en arrière, puisque les répétitions de l'acte II ont déjà annoncé maints éléments du dénouement. Le général mogol se trouve alors aussitôt confronté aux remontrances de Saebe venue revendiquer ses droits dans un air du courage féminin (*Saprei costante, e ardita*, « Je saurai, constante et hardie [...] »), qui est aussi la manifestation de son inclination à l'égard du héros. La scène interrompue voit à peine s'achever l'air de gratitude de Rossanara envers Nesercano (*No ; se a te non toglie il fato / Quel bell'occhio lusinghiero*, « Non, si le sort ne t'a point ôté / ces beaux yeux ensorceleurs », III, 3), où la princesse s'exprime en des termes sans ambages qui ne sont pas sans révéler sa jalousie.

Nous avons vu que les épanchements amoureux sont l'occasion de parodier l'*opera seria* au sein de l'*opera buffa*. Or les scènes proprement comiques ont aussi recours à des expédients bien établis du genre, telle l'entrée de Stonatrilla dont l'*arioso* « *Camerieri, staffieri, lacchè !* »

1 *Ibid.*, p. 253, 260, 397-399.
2 *Cf.* R. Ambrosoli, « La satira metateatrale di Calzabigi : *L'opera seria* », art. cité, p. 90, et M. Catz, *L'« opera comica »*, *op. cit.*, vol. 1, p. 253, 403-407.

(« Valets, porteurs, laquais ! », I, 3), isolant le personnage, désacralise l'*aria di sortita*, généralement réservée à la *prima donna*, seule face au public. De même, la parodie de l'*aria di sentenza* de Porporina *Più non si trovano frà noi le mutrie* (« Parmi nous, l'on ne trouve plus l'air maussade », I, 7) qui, par l'usage du pluriel (« Nous, cantatrices dans le vent[1] »), prétend s'associer à cette catégorie, tout en raillant l'excessive sensiblerie de Smorfiosa[2]. Et dans l'air de Passagallo *I miei balli son tanti miracoli* (« Mes ballets sont de tels miracles », III, 4), satire du chorégraphe et de ses prétentions, nous pouvons voir un clin d'œil plus que probable aux événements de l'actualité de l'époque, opposant Noverre à D'Affisio. Ajoutons, pour l'ensemble des prestations des répétitions et de la représentation, la parodie de l'*aria da capo*, d'autant plus probante lorsque l'on sait que, dans son projet de réforme, Calzabigi préconisait d'abandonner cette réitération si elle n'était pas nécessaire à la progression dramatique[3]. Le finale de l'opéra, dans son tumulte de passions contrastées, met en scène une brève parodie dans la parodie, grâce à la réplique conjointe de Ritornello, Passagallo et Delirio : « L'air se couvre de nuages / rugit le vent, tonne l'orage / avant les éclairs et la grêle, / il conviendrait d'intervenir » (III, scène finale[4]). Le retour à l'*opera buffa* pour la dernière scène n'oublie pas le vocabulaire de l'air de tempête sacrifié.

Au-delà des nombreuses parodies de l'art du chant, *L'opera seria* revêt un caractère à la fois documentaire et social, dans la mesure où il joue un rôle de témoignage des conditions dans lesquelles évoluaient les gens de théâtre au XVIIIe siècle et nous met face à des personnages qui ne sont pas des masques, comme dans la tradition napolitaine, mais de véritables types humains. En outre, du fait des allusions à l'actualité viennoise de 1769, il dresse un tableau précis des problèmes et des intérêts économiques alors associés au phénomène culturel[5]. Outre le miroir que l'œuvre nous transmet des vicissitudes confrontant l'imprésario D'Affisio

1 *L'opera seria* (programme de salle), *op. cit.* : « Noi virtuose moderne e giovani. »

2 M. Catz, *L'« opera comica »*, *op. cit.*, vol. 1, p. 259-260.

3 *Cf.* R. Ambrosoli, « La satira metateatrale di Calzabigi : *L'opera seria* », art. cité, p. 96, et M. Catz, *L'« opera comica »*, *op. cit.*, vol. 1, p. 257, 405-406.

4 *L'opera seria* (programme de salle), *op. cit.* : « Sempre più l'aria s'annuvola ; / Mugge il vento, il tuono mormora : / Pria che grandini, che fulmini / Sarà bene rimediar. »

5 *Cf.* G. Lazzeri, *La vita e l'opera letteraria di Ranieri Calzabigi*, *op. cit.*, p. 88, D. Goldin, *La vera fenice*, *op. cit.*, p. 12 et 74, M. Catz, *L'« opera comica »*, *op. cit.*, vol. 1, p. 265-277.

aux cantatrices Baglioni et Bernasconi ou à Noverre, suffisamment cryptiques pour n'être plus reconnues de nos jours que par les historiens du théâtre, notre pièce avance également des allusions suffisamment explicites pour avoir été énoncées sans détour.

Dès la première scène entre Sospiro et Delirio, le maître de chapelle s'adresse au poète en le flattant par la comparaison (« Vous êtes un Zeno, un Stampiglia », I, 1[1]), là où il aurait sans doute voulu dire « Vous êtes un Métastase ». Les scènes de *L'Oranzebe* sont en effet, comme la critique l'a souligné, une satire prolongée du *melodramma* métastasien dont il souligne les paradoxes, les outrances stylistiques, les récitatifs interminables, les longueurs et les complications inutiles de la trame, la rhétorique des épisodes tragiques. Et même si le but est satirique, ce n'est pas à demi-mot que Porporina fait allusion à la réforme gluckiste : « Parmi nous, l'on ne trouve plus l'air maussade / dur, glacé, imperturbable / de ces Muses qu'on a réformées, / qui jadis ne pouvaient pâlir / qu'on ne pouvait faire rougir » (I, 7[2]). Cela implique que, s'opposant aux virtuoses de la génération précédente, la jeune cantatrice tient la mutation du goût pour révolue, ce qui la fait sans doute aller un peu vite en besogne si l'on considère qu'*Alceste* date de 1767 et *Paride ed Elena* de 1770. Ainsi son air a-t-il une portée parodique double dans la mesure où c'est un calque de l'air d'Argene *Più non si trovano / Fra mille amanti / Sol due bell'anime, / Che sian costanti* (« Parmi des milliers d'amants / Tu ne trouveras même plus / Deux bonnes âmes, / Qui soient fidèles », I, 7), dans *L'Olimpiade* (1733) de Métastase[3], et ce bien que Calzabigi n'hésite pas à se parodier lui-même comme dans l'air de Stonatrilla-Rossanara *Pallid' ombra del misero amante* (II, 6).

D'ailleurs, si chez Fallito il y a quelque chose de D'Affisio, ce personnage se fait aussi quelque peu le porte-parole de l'auteur car c'est « à travers lui », souligne Mathilde Catz, que « s'articulent les réalités matérielles et les idéaux esthétiques du théâtre[4] », dernier rempart de la raison dans un monde où règne l'aberration, notamment dans le

1 *L'opera seria* (programme de salle), *op. cit.* : « Siete un Zeno, uno Stampiglia. »

2 *Ibid.* : « Più non si trovano frà noi le mutrie / Dure imperterrite, invetriate / Di certe Musiche già riformate, / Che mai si viddero diventar pallide ; / Che fù impossibile fare arrossir. »

3 Dans la traduction de l'édition suivante : P. Metastasio, *L'Olimpiade*, Fribourg-en-Brisgau, Deutsche Harmonia Mundi, 2011.

4 M. Catz, *L'« opera comica »*, *op. cit.*, vol. 1, p. 424.

domaine des relations entre paroles et musique. C'est sans doute pour cela qu'il est absent du finale III, tous les personnages se retournant alors contre lui. L'ensemble de ces allusions ne semble pas avoir irrité qui que ce soit, notre titre ayant été repris à Florence deux ans plus tard où régnait Leopold, frère de l'empereur Joseph II[1].

L'OPERA SERIA AUJOURD'HUI

La redécouverte et la revalorisation de *L'opera seria* depuis bientôt une vingtaine d'années n'est probablement pas sans rapport avec cette facette sociale de l'œuvre. Quatre productions en l'espace d'une vingtaine d'années, ce n'est pas négligeable pour une pièce qui avait disparu du répertoire presque aussitôt après sa création. D'autant que ces mises en scène ont voyagé : celle de Jean-Louis Martinoty dans quatre salles différentes en dix ans ; celle de Laurence Dale à travers les Pays-Bas, comme le veut la vocation même du Nationale Reisopera ; celle de Benoît Bénichou dans des lieux assez proches. Il n'est pas nécessaire d'insister de nos jours sur la dimension cosmopolite de ces opérations, qui est maintenant le propre de la plupart des réalisations opératiques, même si c'était déjà le cas à l'époque de la création. Relevons en revanche une certaine évolution au fil des ans. Si la lecture de Martinoty reste assez traditionnelle dans le choix des décors et des costumes d'époque – ce qui ne surprend guère pour une œuvre qui était alors complètement inconnue du public –, Dale et Bénichou opèrent une dichotomie entre les répétitions et la représentation de *L'Oranzebe*. Le titre est désormais connu, il est entré au répertoire ; nous pouvons donc supposer qu'une troupe d'aujourd'hui se retrouve pour le reprendre. Les habits et les scènes de 2005 et 2010 sont ainsi contemporains au cours des deux premiers actes, cependant qu'à l'acte III on revient au déguisement correspondant au sujet. Au Reisopera, les costumes restent néanmoins assez stylisés et les décors sont résolument actuels, tandis qu'au Printemps des Arts réapparaissent les tenues d'époque et que l'on monte une scène

1 Sur ces allusions, *cf. ibid.*, p. 66, 403, 424-430.

orientalisante improvisée, comme cela aurait pu se faire dans un *teatro da prezzo* italien du XVIIIe siècle. Signalons également la continuité qui lit ces deux dernières approches : déjà ténor, Benoît Bénichou avait été le Ritornello de Laurence Dale ; Michiel Dijkema, pour sa part, joue la carte de la mise en espace, faisant défiler les chanteurs sur une passerelle, non sans recourir à des supports scéniques de taille.

Pourquoi cette réappropriation de *L'opera seria* au tournant du siècle ? À notre avis, la réhabilitation de cette œuvre dépasse les qualités propres que nous avons énoncées d'emblée, en nous appuyant sur l'enthousiasme de plusieurs exégètes. C'est que l'actualité de cet ouvrage va bien au-delà des chroniques de telle ou telle production et que notre titre assume une atemporalité qui lui confère une dimension universelle. Les caprices de telle diva ou les atermoiements de tel autre virtuose ne sont pas seulement ceux de cette seconde moitié du XVIIIe siècle où l'opéra de Gassmann a été créé. La vie des théâtres et plus particulièrement celle des salles lyriques est devenue bien plus confortable qu'il y a deux cent cinquante ans, mais on y retrouve certes des *topoi* qui pourraient, aujourd'hui encore, être la cible des parodies. Dans la superbe d'une Stonatrilla, ne saurions-nous pas reconnaître aussi l'arrogance de telle *prima donna* contemporaine estimant que tous les intervenants dans le monde du spectacle doivent satisfaire à ses volontés ? Dans l'aspiration de Porporina voulant se hisser au premier rang des chanteurs, n'est-il pas toujours possible de voir le reflet des déclarations de telle autre soprano, se comparant à ses plus illustres devancières afin de mettre en relief la modernité de son interprétation ? C'est l'histoire de la grenouille voulant se faire plus grosse que le bœuf, comme pour cet autre ténor se hâtant d'assurer la succession d'un mythe à peine disparu, comme si une légende pouvait se bâtir sur de simples déclarations. Et les compromissions qu'est prêt à accepter tel autre chanteur ayant perdu sa voix pour avoir voulu brûler les étapes, ne seraient-elles pas le prolongement des accommodements de Delirio et de Sospiro ? L'antagonisme entre Smorfiosa et Porporina ne survit-il pas dans la rivalité entre deux illustres cantatrices des années 1950, voire plus loin ? La présence des trois mères à la fin de la pièce ne s'est-elle pas pérennisée dans l'omniprésence d'une madame Tebaldi au cours des premières années de la carrière de sa jeune fille Renata, ou dans les ambitions de madame Kaloyeropoulou promenant la petite Mary aux concours pour enfants et adolescents des États-Unis, puis, de retour à Athènes, la projetant dans les classes de chant du conservatoire avant qu'elle n'ait atteint l'âge requis ?

Notre société dispose d'ailleurs de bien d'autres moyens que le XVIIIe siècle de Calzabigi pour entretenir certaines lubies. L'hypermédiatisation fait que le chant devient parfois secondaire et que telle mezzo-soprano ne se soucie guère de son jeu à la scène, étant davantage occupée par sa prochaine interview ou par sa future couverture de magazine en papier glacé. Et que ce ténor qui se voudrait un mythe s'empresse de se retirer d'une série de représentations dans l'un des plus grands théâtres de la planète pour se faire inviter le lendemain sur tous les plateaux de télévision et venir parler… de son livre à peine publié. C'est aussi que le public est demandeur de ces manifestations accessoires. Les spectateurs bruyants qui interrompent la représentation de *L'Oranzebe* sont les mêmes qui, par médias interposés, nourrissent la rivalité Callas-Tebaldi, ou montent en épingle les soi-disant annulations de la première à Édimbourg, à Rome, à Paris, alors que le plus souvent ce sont les organisateurs qui sont fautifs. Des attentes qui ne sont néanmoins pas que l'apanage du théâtre en musique, l'amplification de prétendues rivalités étant le propre de toute activité humaine médiatisée, comme dans le sport ou la chanson. Dans un contexte italien, la génération des Callas-Tebaldi n'avait-elle pas connu, dans le domaine du cyclisme, l'aventure Bartali-Coppi et, quelques années plus tard, n'allait-elle pas alimenter les antagonismes Mina-Milva lors d'un festival de San Remo devenu célèbre, ou opposer Mazzola à Rivera dans le football ?

Le mérite de l'opéra et plus particulièrement de *L'opera seria* de Gassmann et de Calzabigi est de savoir reconnaître ses faiblesses et de les tourner quelque peu en dérision avec élégance. Indépendamment des remontrances désabusées de Fallito et de Pappagallo au finale II, qui leur font dire que « dans la cervelle de quelque démon / pour le châtiment des hommes / l'idée de l'opéra a germé » (II, 6[1]), précédées au finale I des exclamations exaspérées de tous les acteurs (« Quel poison brûle en mon cœur ! / Théâtre, oh, maudit métier ! / Quel fiel il nous

1 *L'opera seria* (programme de salle), *op. cit.* : « Dal cervello di qualche demonio / L'invenzione dell'opera in musica / Per flagello degli uomini uscì. »

fait avaler ! », I, 11[1]) qui font alliance à la scène finale de l'acte III contre l'imprésario (« Chanteurs, danseurs, / Poètes, musiciens et compositeurs, / Peintres et régisseurs, / Décorateurs, loueurs de scène, tailleurs, / Pages, manœuvres, artificiers, / Figurants, machinistes, menuisiers, / Copistes et imprimeurs[2] »), c'est de l'air de Delirio à l'acte I, scène 10, que transparaît l'autodérision d'une foule qui, après tout, ne se prend au sérieux qu'au second degré. Les expédients dont il sait largement user afin de faire salle comble,

Si le décor est bel et bon,
Si le champ de bataille,
Si la scène du tombeau
(Belle idée de mon tonneau)
Si Madame,
Avec cette grâce,
Qui ensorcelle, qui séduit
Avale bien son poison

les poète les oppose alors aux ressorts de la musique qu'il juge de toute façon insuffisants :

Ne comptez pas
Sur la musique,
Constipée, phtisique :
Sur elle tombera
S'épuisera,
Toute la critique[3].

C'est donc un livret singulièrement audacieux que celui de *L'opera seria* de Calzabigi, œuvre polémique qui, comme le rappelle judicieusement René Jacobs, le chef d'orchestre qui l'a ressuscitée, « est d'une difficulté redoutable, principalement pour les quatre chanteurs qui

1 *Ibid.* : « Che veleno mi bolle nel petto ! / Oh Teatro ! Oh mestier maledetto ! / Quanto fiele inghiottire ci fa ! »

2 *Ibid.* : « Musici, ballerini, / E poeti, e maestri, e sonatori, / Ingegneri, e pittori, / Suggeritori, affittapalchi, e sarti, / Paggi, smoccolalumi, tirascene, / Comparse, legnajoli, macchinosti, / E magnani, e copisiti. »

3 *Ibid.* : « Se v'ajuta lo spettacolo, / Se quel campo di battaglia, / Se la scena di gramaglia / Nobil mio nuovo pensiero : / Se la signora / Con quella grazia, / Che rapisce, ed innamora / Beve ben que suo veleno » ; « Non ci sperate / Su quella musica / Tisica, stitica : / Lì caderà, / Lì sfogherà / Tutta la critica. »

doivent incarner leur propre caricature[1] ». « Miroir du théâtre lyrique de son époque, condense Mathilde Catz, il se singularise par la densité des significations articulant satire et drame[2] », et sert magistralement la remise en question de tous les corps de métier de ce petit monde du spectacle.

Camillo FAVERZANI
Université Paris 8

---

1 R. Jacobs, « Le théâtre dans le théâtre. La satire de l'opéra chez Florian Leopold Gassmann », art. cité, p. 34.

2 M. Catz, *L'« opera comica »...*, *op. cit.*, vol. 1, p. 650.

MÉTATHÉÂTRALITÉS DANS LA *FARSA GIOCOSA PER MUSICA* VÉNITIENNE DE 1798 À 1803

Une rencontre fructueuse entre un genre et un filon

Si, comme l'a bien montré Francesca Savoia, le spectacle lyrique qualifié *a posteriori* de métathéâtral connaît son âge d'or en Italie pendant la deuxième moitié du XVIIIe siècle[1], il est à noter qu'à partir de la dernière décennie, on assiste à un ralentissement de cette production, une tendance qui se poursuit au XIXe siècle. Bien sûr, vers la fin du XVIIIe, le métaopéra ne disparaît pas, comme le prouvent les reprises d'opéras entiers[2], les livrets réécrits ou nouvellement mis en musique, mais on observe un espacement plus grand entre les nouveaux titres métathéâtraux, symptôme d'une relative usure, dans le cadre du spectacle lyrique, de ce filon traditionnel. Cette baisse de régime s'explique sans doute par la disparition ou la cessation d'activité de grands librettistes tels que Métastase, Casti, Calzabigi ou encore Goldoni, auteurs de plusieurs chefs-d'œuvre du genre[3]. Leurs successeurs, les librettistes « fin de siècle » pour reprendre l'expression de Patrick Smith[4], semblent par ailleurs conscients que les lieux communs sur le monde de l'opéra peuvent lasser le public. Or l'ennui est le pire ennemi du théâtre, et les salles ne peuvent se permettre de perdre de l'argent, surtout celles de Venise, dont beaucoup sont en déficit vers la fin du siècle[5].

1 F. Savoia, *La cantante e l'impresario e altri melodrammi*, Savone, Costa & Nolan, 1988, p. 19-35.

2 Ainsi, le *dramma giocoso* semi-métathéâtral *Li tre Orfei*, du compositeur et librettiste Marcello Bernardini di Capua, donné pour la première fois à Rome en 1784, puis un peu partout en Italie, est reproposé en 1798 au Sant'Angelo, au moment précisément de la « flambée » métathéâtrale vénitienne.

3 Métastase meurt en 1782, Goldoni en 1793, Calzabigi en 1795 ; Casti n'écrit plus de livrets après 1796.

4 P. Smith, *La decima musa, storia del libretto d'opera*, Florence, Sansoni, 1970.

5 *I teatri del Veneto,* vol. 1. « Teatri effimeri e nobili imprenditori », dir. F. Mancini, M. T. Muraro et E. Povoledo, Venise, Corbo e Fiori, 1995.

Dès lors, on peut s'étonner de constater une concentration assez importante de *farse* métathéâtrales, créées dans plusieurs théâtres de la ville, entre 1798 et 1803[1]. Hormis Paolo Fabbri qui s'est intéressé d'un point de vue musicologique aux livrets métathéâtraux mis en musique par Mayr[2], la recherche ne s'est guère penchée sur ce corpus dans sa globalité. Que devient, dans la *farsa per musica* vénitienne, ce filon qui a désormais derrière lui une longue tradition en Italie, élaborée tout au long du XVIIIe siècle au fil d'*intermezzi*, de *drammi giocosi* et d'autres genres lyriques comiques ? Que privilégie la *farsa* métathéâtrale, et au prix de quels sacrifices à l'égard de cette tradition, avec quelles conséquences sur le statut de la musique et du chant, sur la portée idéologique du spectacle ? Il faut, pour le comprendre, répertorier l'ensemble de ces *farse* métathéâtrales, les mettre en perspective et replacer ce phénomène dans son contexte historico-culturel pour en saisir les traits dominants et novateurs.

MÉTATHÉÂTRALITÉ TRADITIONNELLE OU NOVATRICE

La *farsa per musica* est un type de spectacle assez nouveau et spécifique qui se développe rapidement, à Venise, à partir de 1790-1795 pour atteindre son apogée en 1800[3], au détriment du *dramma giocoso* en deux actes, alors en chute libre : ces années-là en effet, sur les scènes vénitiennes, la proportion est d'un *dramma giocoso* pour sept *farse*. La

1 Les *farse* examinées sont les suivantes : G. Rossi et S. Mayr, *Che originali ! ossia La musicomania*, San Benedetto, 18 octobre 1798 ; G. Bertati et M. Bernardini di Capua, *Le tre orfanelle ossia la scola di musica*, San Benedetto, 25 novembre 1798 ; G. Rossi et S. Mayr, *L'accademia di musica*, San Samuele, 24 novembre 1799 ; S. A. Sografi et A. Majer, *Le inconvenienze teatrali*, San Luca, 1800 ; G. Rossi et S. Mayr, *I virtuosi*, San Luca, 26 décembre 1801 ; G. M. Foppa et V. Fioravanti, *Le virtuose ridicole*, San Moisè, 28 décembre 1801 ; G. Artusi et F. Gnecco, *La prima prova dell'opera Gli Orazi e i Curiazi*, San Giovanni Grisostomo, été 1803.

2 P. Fabbri, « La farsa *Che originali* di Mayr e la tradizione metamelodrammatica », *Giovanni Simone Mayr. L'opera teatrale e la musica sacra*, dir. F. Bellotto, Bergame, Comune di Bergamo, 1997, p. 139-160.

3 En 1987, un colloque consacré à la *farsa per musica* s'est tenu à Venise ; les actes en ont été publiés, *I vicini di Mozart*, vol. 2. « La farsa musicale veneziana, 1750-1810 », dir. D. Bryant et M. T. Muraro, Florence, Olschki, 1989.

farsa décline ensuite lentement jusqu'en 1820. Environ deux cents *farse* sont produites à Venise en vingt-cinq ans, dont trente pour la seule année 1800[1] ; cent dix sont créées au San Moisè et cinquante environ au San Benedetto. Elles sont souvent reprises dans plusieurs théâtres de la ville ou de terre ferme, et quelques-unes des plus réussies passent les frontières de la République de Venise pour atteindre le Nord de l'Italie, certaines arrivant jusqu'en France, au Théâtre-Italien en particulier[2]. On songe aussi aux quatre *farse* rossiniennes créées à Venise dans les années 1810, dont le succès fut vite général et durable[3].

La *farsa per musica* est courte, d'une durée d'exécution d'une heure à une heure trente. On peut ainsi en donner deux par soirée lyrique, séparées par un ballet pantomime ou un *concerto.* Pour attirer le public et exciter sa curiosité, chaque semaine les théâtres s'efforcent de combiner une nouvelle *farsa* avec une reprise. La *farsa per musica* se caractérise par un comique burlesque, de situation et de caractère, fait notamment de *lazzi.* Le rire est recherché pour lui-même : la *farsa* n'a guère de portée polémique ou critique à l'égard de l'actualité politique, sociale ou intellectuelle, elle doit séduire, amuser, aller droit à l'essentiel. Ainsi, le monde qu'elle représente est souvent stylisé et familial : un père ou un tuteur autoritaire, une fille à marier, un ou plusieurs prétendants, un ami, une mère rarement présente, des domestiques, de nombreux travestissements. Pour le spectateur, l'intérêt du drame est surtout de savoir qui va épouser qui et comment vaincre l'obstacle au mariage heureux, qui est l'aboutissement de la quasi-totalité des *farse.*

Or le genre est économique, et comme cela a pu être démontré[4], c'est là une raison cruciale de son introduction sous l'impulsion d'imprésarios soucieux de redresser les comptes des théâtres. Vite écrites, faiblement

1 Le librettiste Foppa n'écrit pas moins de quatorze *farse* en 1800.

2 A. Fabiano, *Histoire de l'opéra italien en France (1752-1815). Héros et héroïnes d'un roman théâtral*, Paris, CNRS Éditions, 2006.

3 Il s'agit de *La cambiale di matrimonio* (1810), *L'inganno felice* (1812), *La scala di seta* (1812), *Il signor Bruschino* (1813) et *Adina* (1818).

4 *Cf. I vicini di Mozart*, *op. cit.*, en particulier D. Bryant, « La farsa musicale, coordinate per la storia di un genere non genere », p. 431-455 ; D. Bryant et M. G. Miggiani, « Organizzazione impresariale e struttura socio economica della farsa », p. 457-466 ; E. Surian, « La farsa nella carriera dell'operista », p. 467-476 ; R. Paissa, « La carriera di un cantante di farsa : Luigi Raffanelli », p. 567-596 ; R. Verti, « Indizi su repertorio, geografia e milieu delle farse per musica », p. 597-624 ; S. Castelvecchi, « Alcune considerazioni sulla struttura drammaturgico-musicale della farsa », p. 625-632.

rémunérées, les *farse* comportent en effet peu de changements de scène ou de décors, et plus de la moitié d'entre elles sont des réécritures à partir de textes théâtraux ou même narratifs en tous genres. Car la *farsa* est un genre souple et évolutif, et elle a pu s'apparenter, tour à tour, au genre sentimental, *semi-serio* ou à la pièce dite à sauvetage.

Il est possible de classer les sept *farse* dont il sera ici question en deux catégories. Celles, classiques, qui s'inscrivent dans la tradition métaopératique, en faisant une large place à la parodie de l'*opera seria* – avec des personnages issus directement du monde de l'opéra –, à la satire des travers des *virtuose*, mères de *virtuose*, danseuses, protecteurs, compositeurs, librettistes ; elles sont dépourvues d'intrigue matrimoniale. Trois de nos *farse* répondent à cette typologie. *Le inconvenienze teatrali* de Simeone Antonio Sografi et Andrea Majer (1800) dépeint les répétitions de l'opéra *Romolo e Ersilia* de Métastase, rendues difficiles par la rivalité entre les deux *prime donne*, attisée notamment par l'omniprésence de la mère de l'une d'entre elles. *I virtuosi* de Gaetano Rossi et Simone Mayr (1801) met en scène une chanteuse et une danseuse, dont l'égale vanité empoisonne les répétitions. Quand on réussit finalement à les faire répéter ensemble, la danseuse laisse tomber par malheur le portrait du marquis qui avait fait des promesses aux deux femmes… Un huissier de justice vient, à la fin, ordonner à chacun de se remettre au travail, sous peine de sanctions. Quant à *La prima prova dell'opera Gli Orazi e i Curiazi*, de Giulio Artusi et Francesco Gnecco (1803), elle est parcourue par les rivalités entre *prima* et *seconda donna* qui entravent le travail de tous. Retards, prétextes pour ne pas chanter, dérision de la langue de l'*opera seria* marquent cette *farsa*.

Les pièces en revanche plus innovantes mettent en scène des amateurs d'opéra, chanteurs autodidactes, compositeurs dilettantes ou imprésarios occasionnels, et prévoient un mariage final. Ces personnages, présomptueux ou flattés, croient posséder déjà les compétences de chanteurs ou de *maestri* confirmés, ou espèrent, sans formation sérieuse, être engagés rapidement.

Quatre *farse* sont de cet ordre. Dans *Che originali ! ossia La musicomania* de Rossi et Mayr (1798), Don Febeo, fanatique de musique et compositeur-amateur, harcèle tout le monde avec sa musique et tyrannise ses deux filles à marier, Aristea et Rosina, avec sa volonté d'en faire des virtuoses. Le prétendant d'Aristea réussit à se faire passer pour un célèbre maître de chapelle, plaît à Febeo et épouse Aristea. *Le tre orfanelle ossia La scola di musica*, *farsa* de Giovanni Bertati et Marcello Bernardini di Capua (1798) met en scène trois orphelines qui réussissent à échapper, par le truchement d'un domestique soudoyé, à l'autorité d'Orgasmo (leur tuteur musicien autodidacte, qui leur a appris le chant), en épousant deux imprésarios amateurs et un protecteur venu de Pologne. Toujours de Rossi et Mayr, *L'accademia di musica* (1799) s'attache au vieux Guglielmo, père de Valerio, qui aime entendre chanter, et a des vues sur Annetta, jeune femme avenante qui tient une *accademia* privée ; par un subterfuge d'Annetta, Guglielmo s'engage à ce que son fils ne puisse épouser qu'une femme qui lui agrée à lui. Comme Annetta plaît à Guglielmo, mais aussi à Valerio, le père, piégé, devra logiquement céder Annetta à son fils. Dans *Le virtuose ridicole*, enfin, de Giuseppe Maria Foppa et Valentino Fioravanti (1801), le maestro amateur Battisolfa et Don Carlone, imprésario à ses heures, veulent faire de la paysanne Giocondina et de l'aubergiste Fioretta deux *virtuose*. Lors d'une répétition, où Fioretta et Giocondina ne semblent pas avoir le niveau requis, fait irruption Pierino, le mari de Giocondina – en fuite depuis seize ans pour avoir commis un homicide – lequel récupère énergiquement son épouse. *La farsa* se termine par le retour des femmes au foyer.

LA *FARSA* NOVATRICE, FRUIT D'UN CONTEXTE HISTORIQUE, MUSICAL ET THÉÂTRAL PARTICULIER

La *farsa per musica* métathéâtrale se développe et se façonne dans un contexte marqué assurément par une pratique musicale croissante au sein de la population, qui n'est certes pas strictement vénitienne. Selon l'expression de Paolo Fabbri, l'amateurisme musical a pris l'ampleur vers la fin du siècle d'« un phénomène de mode[1] », auquel font écho au moins quatre *farse* sur sept, en offrant, comme nous l'avons vu, une large place à des personnages qui ne sont pas des professionnels mais des amateurs de musique. Dans ces *farse*, en outre, se tient souvent une

1 P. Fabbri, « La farsa *Che originali* di Mayr e la tradizione metamelodrammatica », art. cité, p. 143.

accademia di musica, une *accademietta*, petit concert amateur, privé ou public, de plus en plus en vogue à Venise chez les particuliers, ce qui ajoute ainsi à la pièce métathéâtrale, par cette scène de « concert dans le concert », une dimension plus strictement de l'ordre du théâtre dans le théâtre. Or en parcourant la *Gazzetta urbana veneta*, nous trouvons plusieurs mentions de concerts privés de ce type, soit passés (« Avant-hier, lundi, chez Monsieur Meo, près du pont des Dai, s'est produit un petit concert vocal et instrumental, où ont chanté [...], ouvert à tous les habitants par le professeur de hautbois Monsieur Giuf. Ferlendis »), soit à venir (« la troupe de l'*Accademia dei dilettanti*, sur la place Santa Maria, invite son cher public, à leurs représentations[1] »). Il ne fait aucun doute que les librettistes vénitiens de *farse* aient vu dans l'amateurisme musical une opportunité pour attirer un public, dont une large partie devait être directement concernée par ce phénomène. La *farsa per musica*, genre à la fois contraignant et souple, se montre ainsi capable d'accueillir l'actualité, de se faire l'écho d'une tendance culturelle dans la société. La *farsa* étant la plupart du temps stylisée et atemporelle, cette irruption du présent a pour autre avantage de créer la surprise face à l'insolite. Mais le contexte de dilettantisme musical ne peut expliquer, à lui seul, sa présence répétée dans ces *farse*.

En effet, l'accumulation de ces *farse* novatrices plutôt homogènes et rapprochées dans le temps s'explique également par un contexte théâtral vénitien caractérisé par une concurrence de plus en plus serrée entre les théâtres, perceptible depuis 1787 mais qui s'affirme surtout après 1792, ainsi que par une habitude croissante des promoteurs de spectacles de s'inspirer du succès d'une œuvre dans un théâtre pour en produire ailleurs une autre semblable. Le point de départ de l'une de ces séries est sans aucun doute l'opéra napolitain métathéâtral *Le cantatrici villane*[2]. Vite exporté, il renouvelle le point de vue métathéâtral en mettant en avant des figures non professionnelles de l'opéra, poussant

1 *Gazzetta urbana veneta*, n° 10, 3 février 1796, p. 80 et n° 66, 16 octobre 1798, p. 265 : « L'altr'jeri, lunedì, nella casa del Sg. Meo, al ponte dei Dai, esibita dal professore d'oboe Sg. Giuf. Ferlendis ad ogni civile persona, vi fu un'accademia vocale ed instrumentale nella quale hanno cantato... », « L'accademica compagnia dei Dilettanti in Campo Santa Maria, invita il Rispettabile pubblico alle loro (sic) rappresentazioni che... » – Sauf mention explicite, toutes les traductions sont de notre responsabilité.

2 G. Palomba et V. Fioravanti, *Le cantatrici villane, dramma giocoso*, Naples, Teatro dei Fiorentini, 1798.

ainsi sans doute trois librettistes vénitiens, Rossi, Bertati puis Foppa à emboîter aussitôt le pas à Palomba et Fioravanti, avec des livrets qui s'apparentent en plusieurs points aux *Cantatrici*. L'opéra *Che originali !*, son succès immédiat et durable dès sa création au San Benedetto, où il est repris vingt-quatre fois en six semaines, puis dans d'autres théâtres de la ville, déterminent très certainement la création, par les mêmes auteurs, de *L'accademia di musica* l'année suivante, pour le théâtre de San Samuele, grand rival du San Benedetto entre 1797 et 1799[1].

Forts du succès de leurs deux premières *farse*, Rossi et Mayr produisent enfin *I virtuosi* au San Luca en 1801. Quant à la *farsa* de Bertati, *Le tre orfanelle*, elle apparaît pour ainsi dire comme le miroir inversé des *Cantatrici* dont elle prend le contre-pied dramatique, dès lors que les trois protagonistes aux capacités vocales médiocres sont à la fin engagées, tandis que dans *Le cantatrici*, les trois paysannes chanteuses retournent chez elles. Comme on sait qu'un opéra (livret et musique) pouvait être prêt en un mois[2], il est possible que *Le tre orfanelle* ait été inspiré par *Che originali !*, produit six semaines auparavant et avec lequel il entretient des ressemblances frappantes, notamment le caractère des deux personnages de Don Febeo et Orgasmo. Quant au librettiste Foppa, généralement peu à l'aise avec l'approche métathéâtrale, il offre prudemment au San Moisè en 1801 *Le virtuose ridicole*, qui n'est autre qu'un remaniement évident des *Cantatrici villane*, opéra donné entretemps un peu partout. En 1803, chaque théâtre vénitien a désormais sa *farsa* métathéâtrale, comme si l'on avait cherché un équilibre, comme si les autres théâtres avaient cherché à compenser les succès dominants – si bien que la *farsa* métathéâtrale apparaît là comme un miroir capable de se démultiplier.

Enfin, un contexte d'urgence productive détermine en partie le contenu métathéâtral des *farse*. Étant donné les délais de composition très courts pour le librettiste et le compositeur, la *farsa* d'une manière générale privilégie la réécriture. La *farsa* métathéâtrale n'échappe pas à cette condition « dérivative ». De ce point de vue, on peut dire que le nouveau livret se caractérise par une certaine passivité pour ce qui est de la thématique et de la trame métathéâtrales qu'il accueille. Il est tributaire

1 *I teatri del Veneto*, vol. 1, dir. F. Mancini, M. T. Muraro et E. Povoledo, *op. cit.*, p. 404.

2 D'après l'épaisse biographie de Mayr parue en 1848, nous apprenons que le compositeur, las de travailler dans l'urgence, avait exigé dans un contrat avec la Scala un délai d'au moins trois mois entre la réception du livret *serio* et la première représentation, *cf.* G. Calvi, *Di Giovanni Simone Mayr*, éd. P. Pelucchi, Bergame, Fondazione Donizetti, 2000, p. 156.

du théâtre environnant, car au moins quatre *farse* métathéâtrales ont une source théâtrale, que l'on appellera « hypotexte », bien identifiable : soit une comédie parlée, en prose, soit un livret de *dramma giocoso*[1]. Même une *farsa* comme *La prima prova*, qui est originale, autrement dit qui n'est pas une réécriture, s'appuie et se structure sur l'un des livrets les plus connus à l'époque, c'est-à-dire l'*azione tragica* en trois actes *Gli Orazi e i Curiazi* de Sografi et Cimarosa, créée à la Fenice le 26 décembre 1796. La composante métathéâtrale semble donc bien convenir à la *farsa per musica* qui est déjà, si l'on peut dire, génétiquement « réfléchissante » en raison de sa propension à la réécriture. La *farsa* métathéâtrale fonctionne ainsi comme un miroir à double fond, en reflétant une œuvre récente qui reflète elle-même une réalité parathéâtrale ou périthéâtrale, celle de l'amateurisme opéristique. La *farsa* demeure cependant le dernier reflet d'une œuvre, car on ne réécrit plus à partir d'une *farsa*.

Cependant la passivité, signalée plus haut, de la *farsa* à l'égard du métathéâtre environnant – qui lui dicte, il est vrai, un sujet et une trame – doit être, à différents égards, relativisée. Car le choix de l'hypotexte n'est pas aléatoire. Le librettiste en choisit un généralement récent – environ deux ans, parfois moins, séparent la source de sa réécriture –, qui doit aussi être compatible avec les caractéristiques essentielles et irréductibles de la *farsa*. Les cinq hypotextes choisis par nos librettistes et dont sont issues les *farse* ont *in nuce* l'« ADN » de la *farsa* : un mariage, des serviteurs, des travestissements, un père ou tuteur, une ou plusieurs jeunes filles, une priorité de l'intrigue amoureuse et du mariage sur la composante métathéâtrale, ou plus exactement l'instrumentalisation des situations métathéâtrales à des fins amoureuses ou matrimoniales. On est loin du métaopéra classique – s'il existe – dont l'objet était la satire des travers des professionnels de l'opéra ou l'évocation de problématiques complexes touchant à la création ou à la représentation opératiques.

Or la *farsa métathéâtrale* ne reflète pas fidèlement l'hypotexte théâtral dont elle descend. Elle est, en raison de sa brièveté, un miroir miniature. Elle est aussi un miroir déformant le texte ascendant, dès lors que le librettiste s'autorise à altérer la source pour les besoins spécifiques du

---

1 Ci-après les sources des *farse* : S. A. Sografi, *Le convenienze e inconvenienze teatrali*, *commedia*, 1794 ; N. M. Audinot, P. Bordoni, *La musicomania*, *commedia*, 1796, S. A. Sografi, *Gli Orazi e i Curiazi*, *tragedia per musica*, 1796, Albergati, *L'accademia di musica*, *commedia*, 1797, G. Palomba, *Le cantatrici villane*, *commedia*, 1798.

spectacle *farsesco*. Dans son travail d'adaptation, le librettiste tire, en quelque sorte, l'hypotexte des deux côtés : d'une part, il accentue sa composante métathéâtrale ou plus exactement métamusicale (par exemple, dans *Che originali !*, on donne à voir une accumulation de clavecins, là où la source n'en proposait qu'un), d'autre part il rend l'hypotexte plus « farcesque » quand il est insuffisant de ce point de vue. Par exemple, il ajoute un domestique, ce qui permet d'introduire deux mariages au lieu d'un et un travestissement supplémentaire, scènes chères au public de la *farsa*. Ces altérations, ces hybridations ainsi que la généralisation des personnages ayant une double qualité (domestique pseudo-souffleur, jeune fille apprentie-chanteuse, futur mari pseudo-imprésario) confèrent un caractère semi-métathéâtral à ces petits opéras.

LA COMPOSANTE MÉTATHÉÂTRALE AU SERVICE DE THÉÂTRES EN DIFFICULTÉ

Comme nous l'avons dit plus haut, l'introduction de la *farsa* est, en partie, imputable à l'initiative, dans les années 1780, d'imprésarios soucieux d'attirer davantage de public dans les théâtres en difficulté[1]. Le San Benedetto, par exemple, est particulièrement déficitaire depuis la querelle entre *Samuelisti* et *Benedettisti*, dès 1787 et surtout après l'ouverture de la Fenice en 1792. C'est ainsi que, pour se relever, ce théâtre doit ouvrir son répertoire au comique[2]. Or il semble que la *farsa* en général permette au San Benedetto d'éviter la faillite (même s'il est vrai que ce théâtre propose aussi d'autres types de spectacles comiques), et à d'autres salles de la ville de se maintenir à flot[3]. Le San Benedetto

1 Giuseppe Carpani, *capo-censore* et *regio ispettore* des théâtres vénitiens, dans une lettre du 12 décembre 1804, déclare que « la volonté de certains imprésarios de faire souvent des soirées pleines avec des premières, et l'espoir de remplir ensuite les théâtres à moindre frais, les conduisit à introduire des *farse* » (« la mira di alcuni impresari di fare spesso delle serate piene con delle prime recite, e la speranza di riempire successivamente i teatri a minor spesa, li mosse ad introdur delle farse », G. Carpani, *Rossiniane ossia lettere musico-teatrali*, Padoue, Minerva, 1824, p. 78).

2 *I teatri del Veneto*, vol. 1, dir. F. Mancini, M. T. Muraro et E. Povoledo, *op. cit.*, p. 163.

3 Sur le lien étroit entre équilibre budgétaire du théâtre et spectacles programmés, *cf.* M. G. Miggiani, « Il teatro di San Moisé, 1793-1818 », *Bollettino del centro rossiniano di*

est justement le théâtre qui crée le plus de *farse* métathéâtrales, dont certaines sont, dans d'autres théâtres vénitiens, plus reprises que d'autres *farse* non métathéâtrales. Il est donc légitime de se demander dans quelle mesure, au San Benedetto, sans exclure d'autres théâtres comme le San Giovanni Grisostomo, tout aussi déficitaire, la *farsa* métathéâtrale – plus que la *farsa* non métathéâtrale – reflète cet enjeu important de conquête et de conviction du public ; un public connu par ailleurs pour sa mobilité plus grande entre les théâtres vers la fin du siècle, ainsi que pour son attention fluctuante. En quoi la composante métathéâtrale porte-t-elle la trace, les traces de ce double enjeu – séduire et captiver le public –, en quoi est-elle le reflet probable et indirect de stratégies visant l'adhésion de la salle au spectacle ? Surprendre, inspirer le ridicule, susciter et forcer l'attention, prévoir des mécanismes d'identification entre la salle et la scène sont autant d'impératifs auxquels la composante métathéâtrale répond tout particulièrement.

La *farsa* métathéâtrale, en effet, cherche à susciter le rire par le ridicule avant tout. Chanter mal, chanter faux, hors *tempo* ou avoir des trous de mémoire lors d'un air[1], ces défauts reviennent fréquemment dans ces œuvres pour servir un comique d'autant plus vraisemblable que la plupart des personnages ne sont pas des chanteurs ou des compositeurs professionnels. On trouve ainsi deux à trois moments de chant ridicule dans chaque *farsa*. Le vieux Guglielmo qui n'a jamais chanté s'y efforce, car c'est la seule condition pour espérer épouser la jeune Annetta qui tient « un petit concert privé pour contenter (son) frère[2] ». Les difficultés de Guglielmo prêtent à rire, la bienveillante Annetta accepte de l'entraîner à mieux chanter, ce qui est prétexte à une petite leçon de chant[3]. D'autres personnages se livrent à de risibles accompagnements

studi, 30, 1990, p. 78-82.

1 Dans *L'accademia di musica* de G. Rossi et S. Mayr (Venise, stamperia Valvasense, 1799, scène 10, p. 19), Momolo casse les oreilles de tout le monde, et Annetta, sa sœur, déclare : « il [mon frère] aime beaucoup chanter, mais le malheur est qu'il veut chanter tout le temps » (« Ghe piase assae cantar, ma el malan xè, che el vorrave cantar sempre ») ; dans *Le tre orfanelle* de G. Bertati et M. Bernardini di Capua (Venise, Modesto Fenzo, 1798, scène 2, p. 9), le serviteur Pasquale « chante n'importe comment et sans égard pour le *tempo* » (« canta allo sproposito e estemporameamente ») ; scène 4, p. 14, Rodolfo chante mal, s'interrompt, se reprend, le maître de chapelle tousse à chaque interruption de Rodolfo.

2 *Ibid.*, p. 20 : « una privata accademietta per contentar mio fradelo ».

3 *Ibid.*, scène 10, p. 20, Guglielmo « chante, se trompe, et Annetta l'instruit » (« canta e sbaglia e viene ammaestrato da Annetta »).

de fortune, comme dans le cas de Papagnanski, l'imprésario dilettante de *Le tre orfanelle*, qui en l'absence de fifre imite l'instrument en sifflotant ; tandis que dans *Le virtuose ridicole*, le maestro Battisolfa imite la contrebasse pour accompagner Giocondina[1]. La *farsa* métathéâtrale autorise ainsi le compositeur à une plus grande fantaisie musicale, capable de joindre au rire la surprise, l'originalité et l'imprévu musicaux, plus rares dans les *farse* non métathéâtrales.

La *farsa* vise à la fois à surprendre et à séduire. Le public peut être surpris *a contrario* et captivé par un chant réussi quand il provient d'un personnage qui n'est qu'un amateur, un apprenti-chanteur ou une paysanne ; l'auditeur est ainsi court-circuité dans ses attentes, en même temps que comblé. Les autres personnages sur la scène assistent à cette prestation, l'écoutent et applaudissent et la salle, qui se trouve être alors dans la même situation d'écoute, d'observation et d'évaluation que les personnages[2], est de ce fait davantage impliquée dans le drame : le spectateur peut comparer son ressenti musical avec celui des personnages qui s'autorisent très souvent des commentaires positifs ou négatifs sur ce qu'ils entendent[3]. Ceci n'est certes pas nouveau à l'opéra, mais s'avère particulièrement fréquent dans le corpus examiné, où l'on trouve aussi plusieurs leçons-répétitions de chant, qui, en plaçant le spectateur dans une situation d'imprévisibilité, d'incertitude sur l'issue de la prestation vocale, forcent, de ce fait, son attention. Bien sûr, le spectateur peut avoir lu le livret, son attention peut se porter alors sur la manière dont le personnage se tire de l'exercice vocal. Le compositeur peut profiter des scènes d'apprentissage ou de répétition pour donner aux vocalises un aspect musical étourdissant, voire hypnotique, à moins qu'il ne s'agisse là de moments où il laisse libre cours à l'imagination des chanteurs. Ce moment est alors le lieu de leur mise en valeur, autant, peut-être, que d'une critique (paradoxale

---

1 G. M. Foppa et V. Fioravanti, *Le virtuose ridicole*, Venise, Modesto Fenzo, 1801, scène 9, p. 15, Giocondina : « Fatemi voi maestro il controbasso [...] » et Battisolfa : « zi zi zi zu zu zu zo ». (« Vous, maestro, faites pour moi la contrebasse » ; « zi zi zi zu zu zu zo »).

2 G. Bertati et M. Bernardini di Capua, *Le tre orfanelle*, *op. cit.*, scène 11, p. 25, Metilde déclare : « mettez-moi à l'épreuve » (« alla prova mettetemi »), et le Baron répond : « Vous, de l'habileté de Mademoiselle, soyez donc les témoins » (« Voi, dell'abilità di madamina, siate pure spettatori »).

3 G. M. Foppa et V. Fioravanti, *Le virtuose ridicole*, *op. cit.*, p. 18 : « questo sì che è un bel terzetto / che diletto assai ci dà » (« en voilà un bien beau trio / qui nous procure un grand plaisir »), déclarent en chœur les personnages.

puisque la « leçon » devrait être un moment d'apprentissage) des effets d'ornementation parfois jugés excessifs qu'exhibent les interprètes pour démontrer leurs talents[1].

De fausses notes chantées ou jouées, un personnage qui se reprend plusieurs fois, tout ceci est donc de nature à heurter ou réveiller l'oreille du spectateur. Par ailleurs, les moments les plus intensément musicaux sont, la plupart du temps, habilement et étroitement liés à l'action dramatique axée sur la question du mariage qui intéresse le plus le spectateur. La qualité du chant détermine ainsi le plus souvent le cours du drame. Dans *Che originali !*, Don Carolino qui ne connaît rien au solfège bloque ou retarde la conclusion du mariage, dès lors que le père compositeur n'accepte de marier sa fille qu'à un prétendant sachant bien lire la musique. Une jeune orpheline parvient par son chant à convaincre l'imprésario à la fois de l'embaucher et de l'épouser, échappant ainsi à l'autorité de son tuteur qui voulait sa main. Une autre technique visant l'attention du public consiste à jouer sur son impatience : avant d'accepter de chanter, les personnages se font prier plusieurs fois. Ces *farse* sont aussi peuplées d'innombrables termes appartenant au domaine de la musique et du chant – instruments, techniques vocales, formes musicales – qui sont souvent aussitôt illustrées en pratique, comme si la *farsa* cherchait à susciter chez le public une didactique des mécanismes de reconnaissance, de rappel ou de découverte, suivant le degré d'instruction ou l'âge du spectateur[2]. La jeune Metilde annonce, par exemple, « sentite quest'Arietta semiseria[3] », clin d'œil à un genre alors à ses débuts. Ailleurs on voit, on entend Don Febeo, de *Che originali !*, chef d'orchestre et compositeur « du dimanche », faire répéter son orchestre en désignant systématiquement l'instrument et la manière dont on doit en jouer.

1 On pourra ainsi écouter l'interprétation du duo entre Don Febeo et Aristea « con pazienza sopportiam » (I, 9) de *Che originali* ! par Thomas Gropper et Stefanie Früh, Georgisches Kammerorchester, Franz Hauk, Guild Music LDT, 1999.

2 G. Rossi et S. Mayr, *L'accademia di musica*, *op. cit.*, dernière scène, p. 38, Annetta : « Ma mi voggio via de cantarghe, farghe ancha l'azion, e recitar la Scena in espression » (« je veux non seulement chanter mais encore faire l'action, et jouer avec expression »). – Il est intéressant de noter que Mayr, maître de Donizetti, auteur de la musique de trois *farse* sur sept, eut par la suite un rôle important en tant qu'instructeur, fondateur d'institution musicale pour les pauvres, et auteur de traités de pédagogique musicale et instrumentale.

3 G. Bertati et M. Bernardini di Capua, *Le tre orfanelle*, *op. cit.*, scène 12, p. 26 : « écoutez cet air *semi-serio* ».

On pourrait se demander si ces *farse*, que nous avons qualifiées de novatrices, ne sont pas *a contrario* conservatrices. En effet, elles ne remettent pas en cause l'opéra lui-même, mais le monde pseudo-opératique ; elles n'attaquent pas les professionnels de l'opéra, mais elles se gaussent de la prétention de certains à pénétrer ce monde fermé, comme si chacun devait rester à sa place. La *farsa* métathéâtrale se présente en définitive comme un miroir à plusieurs facettes. Souvent réécriture, réemploi, elle en appelle à la mémoire du spectateur pour lui reproposer, et pas seulement de manière parodique, un texte théâtral publié et lu, ou une pièce vue et applaudie, attisant le jeu de la comparaison. Elle se fait par ailleurs l'écho de réalités nouvelles, comme l'amateurisme musical. Elle offre enfin un regard sur les efforts des promoteurs des spectacles vénitiens pour capter et stimuler l'attention d'un public dont l'entreprise théâtrale est fort dépendante économiquement.

Si les *farse* que nous avons prises en considération sont explicitement métathéâtrales, bien d'autres comportent des « lueurs » de métathéâtre – des scènes relevant du théâtre dans le théâtre qui sont greffées sur l'ensemble pour lui donner plus de vigueur. C'est ce type de métathéâtralité, plus sporadique, mais non moins significatif, que le librettiste Foppa – qui fit longtemps répéter lui-même les chanteurs pour lesquels il écrivait – introduit lorsqu'il imagine un personnage en train d'enseigner l'art du jeu théâtral à un autre[1], lorsqu'il fait venir un concert de musiciens sur la scène[2]. Dans un autre livret, il prévoit même que Teresa Strinasacchi[3], dans le rôle de Faccendina, portera un toast à ses convives au milieu d'un banquet : puis, se tournant vers le public des spectateurs (peut-être occupé à manger et à boire), elle lèvera son verre et lui dédiera un air-hommage chanté, exceptionnellement, en vénitien.

Jérôme Chaty
Université Paris 8

1 G. M. Foppa, *Amore la vince*, Venise, Casali, 1793, II, 2, p. 39 ; *Ibid.*, *Il contravveleno*, Venise, Fenzo, 1799, scène 12, p. 23.

2 G. M. Foppa, *Il convitato di pietra*, Venise, Casali, 1801, scène 1, p. 6, « Zuccasecca ordina ai suonatori d'avvanzarsi, e tosto cominciano ad accordare il loro stromenti, e suonano poi, e Don Giovanni canta quanto segue ». (« Courgesèche ordonne aux musiciens de s'avancer, et aussitôt ils commencent à accorder leurs instruments, et se mettent à jouer, et Don Giovanni chante ce qui suit. »)

3 G. M. Foppa, *Il muto per astuzia*, Venise, Casali, 1799, scène 14, p. 20.

LE MÉTAOPÉRA ITALIEN COMME MOTEUR D'« ACCLIMATATION »

Esprit, gaieté, satire sur la scène parisienne du premier XIXe siècle

« Tribulations et misères de poètes et de musiciens, vanité d'acteurs, prétentions de jeunes premiers [...], c'est là une histoire commencée depuis qu'il y a un public pour applaudir ou pour siffler[1]. » À l'occasion de la reprise parisienne de *La prova d'un'opera seria* de Francesco Gnecco en 1831, *Le National* souligne ainsi que de tels sujets ne sont ni neufs, ni proprement italiens. Pourtant, l'histoire de l'institutionnalisation de l'Opéra-Italien de Paris est intimement liée aux *opere buffe* métathéâtrales qui s'y jouent tout au long du premier XIXe siècle. *La prova d'un'opera seria* de Gnecco, *L'impresario in angustie* de Cimarosa, *I virtuosi ambulanti* et *Le cantatrici villane* de Fioravanti – auxquelles s'ajoutent *La prova mancata* de Liverati et *El poeta calculista* de Manuel García – autant de pièces qui ont contribué, par leur succès, à asseoir la légitimité de l'opéra italien en France[2].

Ainsi, c'est aux *Cantatrici villane* que le théâtre des Italiens, accablé en 1806 par plusieurs *fiascos* et une « saison funeste aux beaux gosiers », doit pour un journaliste du temps de s'être « ranim[é] avec un nouvel éclat[3] ». Ailleurs, le compositeur Fioravanti fait figure de conciliateur entre le théâtre et ses partisans fâchés[4]. Sous une autre plume encore, « l'opéra italien commence à s'acclimater en France : l'année 1806 lui a été assez favorable » ; et le chroniqueur d'invoquer pour preuve le

1 *Le National*, 10 janvier 1831.

2 Sur les vicissitudes ayant conduit à l'institution d'un théâtre lyrique italien dans la capitale, *cf.* A. Fabiano, *Histoire de l'opéra italien en France, 1752-1815*, *op. cit.*, et A. Di Profio, *La Révolution des Bouffons. L'opéra italien au Théâtre de Monsieur 1789-1792*, Paris, CNRS Éditions, 2003.

3 *Affiches, annonces et avis divers ou Journal général de France*, 1er février 1806.

4 *Gazette nationale ou Le Moniteur universel*, 2 février 1806.

triomphe des *Cantatrici* et de *La prova d'un'opera seria*, avant de conclure que « la capitale a le plus grand intérêt à conserver ce théâtre[1] ».

Les représentations d'*opere buffe* à Paris, au XVIIIe siècle, avaient souligné de profondes différences poétiques et esthétiques entre les productions dramatiques françaises et italiennes. Elles avaient notamment suscité des jugements sévères à l'encontre du récitatif, de livrets qualifiés de décousus et d'un comique jugé intolérable. Comme l'a montré Alessandro Di Profio, au moment même où un changement de goût certain se produisait, la notion d'« intérêt » (un intérêt d'empathie, doublé d'un intérêt de curiosité pour les péripéties maintenant l'attention du public) restait un critère particulièrement important pour le public français, qui jugeait faibles, de ce point de vue, les pièces italiennes[2].

Comment les métaopéras joués sur la scène parisienne du premier XIXe siècle parviennent-ils donc à emporter les suffrages de leurs spectateurs ? Comment expliquer, par-delà la seule question du nombre de représentations ou de la longévité de ces *opere buffe*[3], leur ancrage dans une période précise de l'Opéra-Italien, et leur rôle dans un processus que les contemporains disent d'« acclimatation » ? Il ne s'agit pas ici de voir comment ces pièces à codes renvoient, de manière plus ou moins conventionnelle, au monde de l'opéra ou à des formes théâtrales et musicales qu'elles citent ou parodient. Il s'agit de comprendre, au fil des réactions parues dans la presse du temps, comment les métaopéras italiens reflètent mais aussi renouvellent les critères et pratiques de réception du public parisien.

---

1 *L'Opinion du parterre*, février 1807, p. 198.

2 A. Di Profio, *La Révolution des Bouffons*, *op. cit.*, p. 147-175, en particulier p. 164 et, sur la notion d'« intérêt », p. 170-174.

3 Si tous ces métaopéras comptent un nombre de représentations important au regard d'autres pièces de l'époque, à l'exception de *La prova mancata* de Liverati et du *Poeta calculista* de García, seuls *La prova d'un'opera seria* et *Le cantatrici villane* connaissent un succès durable. Pour les nombres et périodes de représentations au Théâtre-Italien, nous nous reportons à J. Mongrédien, *Le Théâtre-Italien de Paris, 1801-1831. Chronologie et documents*, 8 vol., Lyon, Symétrie ; Venise, Palazzetto Bru-Zane (coll. « Perpetuum mobile »), 2008, vol. 1 : *L'impresario in angustie* de D. Cimarosa et G. M. Diodati : 31 représentations de 1802 à 1811 ; *Le cantatrici villane* de V. Fioravanti et G. Palomba : 133 représentations de 1816 à 1845 ; *La prova d'un opera seria* de F. Gnecco (compositeur et librettiste) : 48 représentations de 1806 à 1838 ; *I virtuosi ambulanti* de V. Fioravanti et L. Balocchi : 25 représentations de 1807 à 1811 ; *La prova mancata ossia Il maestro di capella / musica disperato* de G. Liverati et G. Rossi : 3 représentations de 1808 à 1809 ; *El poeta calculista* de M. García (compositeur et librettiste) : 5 représentations en 1809.

« POUR RÉUSSIR À PARIS, IL FAUT AUSSI INTÉRESSER *L'ESPRIT* »

Il est un péché originel auquel les spectateurs français s'en prennent à l'envi dans les opéras italiens : « la mauvaise construction du poème », pour reprendre les mots de Grétry[1], un tort que le Napolitain Alexandre d'Azzia lui-même reconnaît et décline en plusieurs aspects, « l'irrégularité du plan, l'invraisemblance de l'intrigue, [...] la trivialité du style[2] ». Or les livrets des pièces métathéâtrales paraissent susceptibles de s'affranchir de tels défauts. Le texte de Palomba pour les *Cantatrici villane* va jusqu'à servir de contre-point positif à l'antimodèle italien : « même dans un *opera buffa*, des spectateurs français veulent quelques traces de sens commun et si *Le cantatrici* ont si constamment attiré la foule, c'est que le poème offrait quelque intérêt[3] ». Pour *Le Publiciste*, il a ainsi « le mérite d'être fort gai et d'offrir une intrigue si simple et si claire qu'on peut la suivre sans le secours de la pièce imprimée et presque sans savoir l'italien[4] ».

Dans le contexte parisien de l'époque, celui d'un public qui serait « le plus éclairé de toute l'Europe[5] », se plier aux usages de la scène française est une condition première du succès. En témoigne *I virtuosi ambulanti* de Fioravanti et Balocchi, où la presse voit d'emblée « une imitation des *Comédiens ambulants* de M. Picard[6] » (alors directeur du Théâtre-Italien). Transposer des pièces françaises sur la scène lyrique italienne, c'est là « une idée que les amateurs indiquent depuis longtemps comme la seule capable de naturaliser en France l'opéra-comique italien[7] », et dont *I virtuosi ambulanti* serait un exemple de réussite. La pièce de Picard s'y serait trouvée « traduite et disposée pour la scène par un homme d'esprit et de mérite qui sait apprécier le goût français et qui pense, comme nous, que, pour réussir à Paris, [...] il faut aussi intéresser *l'esprit*

1 *Cf.* par exemple A. Grétry, *Mémoires, ou Essais sur la musique*, Paris, Imprimerie de la République, 1796-1797, t. I, p. 115, cité par la *Gazette de France*, 19 décembre 1813.

2 A. d'Azzia, *Sur le rétablissement d'un théâtre bouffon italien à Paris*, Paris, Huet, 1801.

3 *Le Publiciste*, 6 juin 1806.

4 *Le Publiciste*, 19 février 1810.

5 *Gazette nationale*, 27 novembre 1809.

6 *Courrier de l'Europe et des spectacles*, 27 septembre 1807.

7 *Gazette nationale*, 28 septembre 1807 ; nos italiques.

et joindre aux avantages du chant celui d'une composition dramatique susceptible de quelque intérêt[1] ».

Au critère de l'intérêt, crucial pour la fabrique du livret, s'allie donc plus largement celui de l'esprit. Cette notion fournit régulièrement à la presse parisienne du premier XIXe siècle l'occasion d'opposer un modèle de création et de réception français à un contre-modèle italien. « Les oreilles italiennes ne ressemblent point du tout aux oreilles françaises ; l'influence de la musique est si puissante en Italie qu'on lui sacrifie volontiers toutes les autres jouissances », autrement dit le livret, les situations, l'intrigue, l'esprit – tandis qu'en France, « *l'esprit*, comme la partie la plus noble, veut être servi le premier ; l'oreille n'est qu'une suivante[2] ». L'esprit serait donc l'apanage des pièces françaises, à l'opposé des *opere buffe* qui ne s'adresseraient qu'aux sens : le lieu commun est tenace, mais semble précisément renversé par les métaopéras italiens.

La notion d'« esprit » n'a pas ici un contenu sémantique purement intellectuel, comme l'atteste le *Dictionnaire de l'Académie française* de 1798, mais elle désigne les « facultés de l'âme raisonnable », « la facilité de l'imagination et de la conception ». Le terme ne se dote d'une signification plus précisément liée à l'intellect que dans la sixième édition de 1835, lorsqu'il renvoit, en sixième sens, à « l'ensemble des facultés intellectuelles[3] ». La notion rejoint donc celle de « sens commun[4] », également récurrente, qui implique certes la cohérence, mais encore l'imagination, le fait d'avoir une idée d'action théâtrale, de « situation » à laquelle la musique puisse « marier ses sons[5] ». C'est là, sans doute, une conception essentiellement littéraire du livret, qui se trouve illustrée,

1 *Courrier de l'Europe et des spectacles*, 27 septembre 1807.

2 *Ibid. Cf.* aussi le *Journal des arts, des sciences, de littérature et de politique*, 6 octobre 1807, qui voit dans le texte des *Virtuosi ambulanti* « un mérite que l'on ne trouve pas ordinairement dans les productions comiques d'Italie : ce poème parle à *l'esprit* ».

3 *Dictionnaire de l'Académie française*, 2 vol., Paris, Smits, 1798 ; Firmin-Didot, 1835. En ligne : http://artfl-project.uchicago.edu/content/dictionnaires-dautrefois (consulté le 21 juillet 2015), ou sur abonnement dans les bases de données numériques des éditions Classiques Garnier.

4 *Cf.* notamment le *Journal du commerce, de politique et de littérature*, 16 novembre 1805 : « On ne paraît pas encore avoir eu l'idée en France d'assujettir les Italiens à mettre le sens commun dans leurs compositions dramatiques », ou le *Journal des débats et des décrets*, 9 septembre 1805 : « On sait que les Italiens n'ont pas la prétention au sens commun ; mais [...] ils sont persuadés que leur musique a par elle-même tant de charmes qu'elle n'a nul besoin pour plaire des secours de l'esprit ».

5 *Journal des débats et des décrets*, 9 septembre 1805. Voir aussi la *Gazette nationale*, 24 juin 1808.

dans les comptes rendus de métaopéras, par la référence fréquente au *Roman comique* de Scarron[1]. Cependant, l'approche de la presse parisienne n'est pas que littéraire, elle est surtout morale : un livret plein d'esprit, en effet, serait doté d'un « effet utile », d'un « but moral[2] ».

Par leur goût de la satire, les *opere buffe* métathéâtrales répondent à cette vision. Ce que le public est invité à y retrouver, c'est par exemple « la peinture naïve des tribulations dont un pauvre compositeur est la proie, surtout à son début dans la carrière[3] ». La figure n'est pas ici purement générique, elle désigne Francesco Gnecco en personne, qui aurait infusé sa composition de son vécu : « Le grand maître lui-même n'a pas toujours été exempté de ces misères et c'est, dit-on, pour en avoir éprouvé toute l'amertume, que Gnecco a composé *La prova d'un'opera seria*[4]. » Les chroniqueurs s'attachent ainsi à la dimension réaliste de la pièce, qui permet à la satire d'aller au-delà de l'anecdote biographique, la pièce apparaissant comme « un tableau des mœurs des acteurs chantants[5] ».

Le métaopéra tendrait-il donc un miroir à la nature ? C'est du moins ce que semblent croire des journalistes qui y recherchent, par-delà la tranche de vie théâtrale, des modèles moralement condamnables : « On trouverait plus d'un modèle des caprices et des exigences de la *prima donna*, de son despotisme sur ses camarades », note le *Journal des débats*, « et même de sa liaison sentimentale avec le premier ténor[6] ». De telles situations sont présentées comme universelles, non seulement parce qu'elles reprennent, depuis *Il teatro alla moda* de Marcello, tous les *topoi* structurels et stylistiques du genre, mais parce qu'elles sont considérées comme réalistes :

> Ces détails de coulisses [...] sont en Italie les mêmes qu'en France ; [...] à Milan, à Naples, à Florence, ce n'est rien d'avoir fait un opéra, [...] là, comme à Paris, la difficulté est de le faire jouer ; la *prima donna* se plaint toute l'année

1 *Cf.* la *Gazette nationale*, 28 septembre 1807 : « Il y a dix ans à peu près que Picard donna au théâtre Feydeau un opéra-comique intitulé *Les Comédiens ambulants* : c'était *Le Roman comique* en action et presque les personnages de Scarron mis en scène », ou encore le *Journal des débats*, 8 janvier 1831, où sont cités Scarron, Lesage, Pigault-Lebrun, Picard et ses *Comédiens ambulants* (pièce dont le compositeur, Devienne, n'est pas nommé).

2 *Gazette nationale*, 11 septembre 1805.

3 *Le Courrier français*, 8 janvier 1831.

4 *Journal des débats*, 8 janvier 1831.

5 *Ibid.*

6 *Ibid.*

> qu'elle est enrhumée ; elle ne veut chanter qu'après la seconde femme ; Zamore ne veut pas jouer s'il n'a pas un habit de soie ; celui-ci veut un air, l'autre un duo, l'autre la suppression d'un quatuor : Je suis, dit Corilla, *la prima donna assolutissima* ; *Ho capito*, répond le pauvre musicien ; la répétition commence, la dispute avec elle, et les comédiens la terminent par une partie de campagne. Voilà qui est probablement de tous les pays où il y a des auteurs, des théâtres et des comédiens[1].

Plus souvent encore cependant, la presse parisienne va dans le sens du trait national. Elle voit ainsi dans les deux pièces de Fioravanti le reflet des « caricatures » propres à la nation italienne[2], « des ridicules assez communs dans le pays et dont la représentation n'a pas laissé que de beaucoup faire rire à Paris[3] ». Quant à *L'impresario in angustie* de Cimarosa et Diodati, il renferme une scène jugée très comique par *Le Publiciste*, « la leçon donnée par le poète à la *prima donna* et dont tous les acteurs italiens qui viennent débuter à Paris feraient fort bien de profiter » :

> Dites-moi, lui demande-t-elle, qu'aime-t-on mieux dans ce pays-ci d'une actrice, la vivacité, la figure, le chant ou le jeu ? On y veut de tout cela, répond le seigneur Brontolone ; et il semble que sa réponse ait été dictée par le public parisien[4].

Le journaliste souligne ainsi une italianité toute négative, et la recension du métaopéra peut devenir prétexte à un métadiscours de nature anti-italienne. Dans cette vision, les situations métathéâtrales stéréotypées sont prises au premier degré et constitueraient « un tableau [...] très ressemblant et très naïf des petites intrigues de coulisse qui font en Italie le tourment des directeurs[5] ». Ici, le succès des métaopéras italiens n'est donc pas le fruit de l'ouverture du public français. S'il repose sur son goût pour des livrets perçus comme pleins d'esprit, et plus sophistiqués, il tient aussi à des préjugés anti-italiens qui trouvent dans la satire de quoi s'alimenter.

1 *Gazette nationale*, 25 mai 1810.
2 *Journal des débats et des décrets*, 7 septembre 1806.
3 *Le Publiciste*, 2 février 1806.
4 *Le Publiciste*, 24 septembre 1810.
5 *Le Publiciste*, 24 septembre 1810. *Cf.* encore *Le Corsaire*, 9 janvier 1831 : « il faut bien le dire, si jamais un maestro fut excusable de se livrer ainsi à son humeur vindicative, c'est surtout en Italie ».

MONTAGE, CITATION ET *ZIBALDONE* : DES PLAISIRS AMBIGUS POUR LE PUBLIC PARISIEN

Les mécanismes de la réception française des métaopéras italiens sont donc complexes. Le fait que ces *opere buffe* se présentent comme un « cadre musical où l'on peut jeter à volonté tout morceau propre à faire briller une cantatrice[1] » en témoigne. En effet, la presse est bien consciente que ces *opere buffe* recourent au montage, à la citation ou au collage, se faisant ainsi « chevaux de troie[2] » de l'*opera seria*, voire, dans le cas de l'intermède de García, de formes typiquement espagnoles. Or le public parisien n'est d'habitude pas friand du *pasticcio* ou du « *zibaldone*[3] », comme le souligne la *Gazette de France* : « Nos habitudes françaises ont peine à se plier à cette méthode qui est très commune en Italie, et dont les avantages ont été prouvés cependant par le succès[4]. » Le spectateur français serait-il en train d'éprouver des plaisirs inédits et néanmoins ambigus ?

En ce premier XIXe siècle, le genre sérieux italien n'a pas encore conquis les scènes françaises ; *Pirro* de Paisiello, créé en 1811 au théâtre de l'Impératrice, est le premier *opera seria* italien représenté en France[5], et le métaopéra italien permet d'en diffuser nombre d'arias. La *Gazette nationale* le souligne explicitement, « *La prova* [*d'un'opera seria*] a un mérite particulier : c'est qu'à côté d'une musique bouffonne très gaie, on voit se déployer les richesses du genre sérieux italien peu connu parmi nous et qui mérite si bien de l'être[6] ». Certes, la pratique pourrait être considérée comme dangereuse car concurrentielle vis-à-vis du registre sérieux français. Elle se trouve cependant justifiée par son potentiel comique : le *Journal des débats* voit ainsi dans *La prova d'un'opera seria* le « tableau fidèle de tous les accidents qui peuvent troubler la répétition

1 *Gazette nationale*, 14 juillet 1811. L'expression est ici employée à propos de *La prova d'un'opera seria*.

2 L'expression est d'A. Di Profio, *cf. La Révolution des Bouffons*, *op. cit.*, chap. V, « Le cheval de troie de l'*opera seria* : l'aria de substitution », p. 177-230.

3 *Journal de Paris*, 10 janvier 1831, à propos de *La prova* de Gnecco.

4 *Gazette de France*, 25 septembre 1810.

5 *Cf.* notamment J. Mongrédien, « Le Théâtre-Italien de Paris sous le Consulat et l'Empire », *Napoleonica. La Revue*, n° 7, 2010/1, p. 79-87.

6 *Gazette nationale*, 12 septembre 1806.

d'un opéra sérieux en Italie ; accidents qui ne sont rien moins que sérieux et qui offrent un fonds inépuisable de bouffonneries[1] ».

Les livrets bilingues parus à l'occasion des représentations et vendus à l'entrée du théâtre accompagnent parfois le spectateur dans son appréciation de ces pratiques de montage. Celui des *Cantatrici villane*, par exemple, comporte une note à la scène 7 de l'acte II : « N.B. Cette scène est une parodie d'une scène de l'*Ezio*, *dramma di Metastasio*[2]. » En pratique, le chanteur est libre d'interpréter le morceau de son choix, et le succès de la pièce tient précisément à la capacité de l'interprète de « choisir [...] ce qu'il y a de plus beau dans les meilleures partitions d'opéras sérieux » : jouer un bon métaopéra, c'est alors comme en « donner fréquemment, pour ainsi dire, la première représentation[3] ». Le chroniqueur du *Journal des débats* goûte ainsi au plaisir de la reconnaissance : dans *La prova d'un'opera seria*, « au second acte on répète sur le théâtre : Corilla fait entendre le morceau sur lequel elle fonde ses espérances de succès. Mme Méric-Lalande a placé là des variations écrites pour elle par M. Vaccai, et dont l'effet a généralement satisfait l'auditoire ; on applaudissait sur la scène comme dans la salle[4] ».

Empruntant au répertoire de l'*opera seria* pour le parodier tout autant que le diffuser, le métaopéra peut aussi puiser à d'autres formes musicales. Ainsi, dans son intermède *El Poeta calculista* pour un seul personnage, le chanteur et compositeur espagnol Manuel García met en scène le copiste d'un poète de théâtre qui lui a légué tous ses manuscrits. Voilà qu'il rêve de gloire et de richesse grâce à des pièces typiquement espagnoles. Rendant compte de la pièce, les journalistes parisiens les nomment dans la langue originale et les assortissant d'un apparat d'explications : *bolero*, *jaléo*, *tonadille* et autres *caballo* – tel le fameux *Yo que soy contrabandista* que les filles de García, Maria Malibran et Pauline Viardot, insèrent nombre d'années plus tard dans *Il barbiere di Siviglia*. À la fin de l'intermède, le copiste a tant rêvé qu'il n'a rien et se trouve contraint d'aller mendier au monastère la soupe des pauvres. Le métaopéra s'achève alors sur ces mots : « Poètes ! Approchez, voilà votre miroir. »

1 *Journal des débats et des décrets*, 7 septembre 1806.

2 *Le cantatrici villane, dramma giocoso per musica in due atti. Les Cantatrices villageoises, opéra-bouffon en 2 actes, représenté, pour la 1re fois, à Paris, sur le théâtre de l'Impératrice, le 30 Janvier 1806. Nouvelle édition*, Paris, Mme Masson, 1806, p. 35.

3 *Gazette nationale*, 22 mai 1810.

4 *Journal des débats*, 8 janvier 1831.

Si le sujet se prête « aux détails de mœurs et aux traits satiriques[1] », pour reprendre un chroniqueur, son mérite tient ici à ce qu'il a permis au compositeur de « varier sa musique » et de proposer un montage « de tous les morceaux de chant qui sont dans le goût de [la] nation[2] » espagnole : « la musique a cet avantage qu'elle nous fait connaître dans un même cadre les divers caractères de celle qu'aime de préférence un peuple essentiellement né musicien[3] ». Nul doute, en effet, que Manuel García ne se soit ici saisi de la forme-cadre du métaopéra parce qu'elle lui offrait l'opportunité de promouvoir une veine musicale toute espagnole. Nourrissant par certains traits les préjugés anti-italiens du public parisien, le métaopéra répond aussi à son goût pour l'exotisme musical, en même temps qu'il procède à une italianisation de ses pratiques réceptives.

De ce processus d'acclimatation réciproque *Le cantatrici villane* est exemplaire. La presse n'en accuse pas la « folie » ou la « bouffonnerie » comme pour d'autres pièces, elle les accepte en y percevant la convention même du genre : « Cela est bien gai, bien bouffon, bien fou ; beaucoup de fracas et de mouvement, une musique vive et brillante : c'est ce que le genre exige. Quand on renonce à la raison, il faut du moins s'amuser et s'étourdir[4]. » Et lorsque le compositeur Orlandi succède à Fioravanti sur la scène de l'Opéra-Italien, sa musique est jugée trop douce, trop gracieuse, privée de la vivacité des *Cantatrici villane* qui s'en trouvent alors d'autant plus regrettées[5].

Continuant de recourir abondamment au lexique de l'annexion, de l'intégration, la presse se montre consciente de la réciprocité de ces

1 *Le Publiciste*, 17 mars 1809.

2 *Ibid.*

3 *Gazette nationale*, 18 mars 1809. Le *Lycée français ou Mélanges de littérature*, 24 mars 1820, va dans le même sens quand, à l'occasion de la création française du *Fazzoletto* de García, il revient sur le *Poeta* et le définit comme « une bluette où le compositeur avait trouvé moyen d'introduire les différentes espèces d'airs qui se chantent en Espagne. On écouta avec curiosité des boléros, des seguédilles, exécutés par un Espagnol et l'originalité de cette musique nationale fut mise en ligne de compte au profit du compositeur ». Bien reçu, *El poeta calculista* quitte vite l'affiche : « À la cinquième représentation et au plus fort du succès, l'auteur comédien et chanteur fut obligé de renoncer à sa pièce à cause de la très grande fatigue qu'il en éprouvait » (Castil-Blaze, *L'Opéra-Italien de 1548 à 1856*, Paris, Castil-Blaze, 1856, p. 353).

4 *Journal des débats et des décrets*, 5 février 1806. *Cf.* aussi *Journal du commerce, de politique et de littérature*, 1er février 1806 : « C'est une folie, une bouffonnerie d'un bout à l'autre, mais elle est charmante et remplie de la plus aimable gaieté. »

5 *Journal des débats et des décrets*, 7 décembre 1806.

échanges. En 1808, la *Gazette nationale* annonce ainsi que la « naturalisation [de l'Opera-Buffa] dans sa nouvelle patrie n'était plus douteuse depuis quelques années » puisqu'il « rend à Paris un très grand service ; [...] [il] forme notre goût musical, exerce notre oreille[1] » – autrement dit, la rend plus italienne. Mais Paris, inversement, rend plus françaises les pratiques des acteurs venus de la péninsule. Et sur ce point c'est de jeu qu'il s'agit.

DE BARILLI À LABLACHE : DEUX ACTEURS FÉTICHES DU MÉTAOPÉRA ITALIEN

« On ne reconnaît plus sur le Théâtre-Italien un chanteur qui a passé six mois à Paris », peut-on lire en 1810 dans la *Gazette nationale*[2]. Si le *Mercure de France* proclame quant à lui la « naturalisation » de l'opéra italien en France, c'est précisément parce qu'un chanteur italien « apporte de son pays l'art du chant », et qu'« ici, il apprendra à marcher, à se tenir en scène, à jouer la comédie[3] ». Le lieu commun, là encore, est tenace : l'idée qu'il ne suffit pas à Paris de bien chanter, mais qu'« il faut encore parler aux yeux[4] ». Or la réception des métaopéras italiens permet de suivre plus précisément ce double mouvement entre, d'une part, volonté d'intégration, d'assimilation des acteurs italiens, et d'autre part, infléchissement vers une italianisation des perceptions du public.

Ainsi, parmi les grands favoris de l'Opéra-Italien du premier XIXe siècle, les *cantanti buffi* Luigi Barilli et Luigi Lablache brillent tout particulièrement dans des *opere buffe* métathéâtrales[5]. Le premier

1 *Gazette nationale*, 3 octobre 1808. *Cf.* également le *Mercure de France, littéraire et politique*, 8 juillet 1809 : « Ainsi l'Opera-Buffa se naturalise de jour en jour parmi nous. »

2 *Gazette nationale*, 11 décembre 1810.

3 *Mercure de France, littéraire et politique*, 16 septembre 1809.

4 *Journal de Paris*, 9 octobre 1812.

5 Luigi Barilli (Modène, 1767, ou Naples, 1764 – Paris, 1824) est un *cantante buffo* célèbre dans la péninsule (interprète, notamment, de *Griselda* que Paër compose pour lui), qui débute à Paris en 1805 dans *La locandiera* de Farinelli. Il intègre les compagnies italiennes successives de la capitale jusqu'en 1824, dans *Il matrimonio per raggiro*, *Così fan tutte*, *Le cantatrici villane*, *Il fanatico per la musica*, *I fuorusciti di Firenze*, *La pastorella nobile*, *La donna di genio volubile*, *Il matrimonio segreto*, *La capricciosa segreta*, *La gazza ladra*. Il occupe également les fonctions de régisseur de 1809 à 1820. Luigi (Louis) Lablache

incarne ainsi un art comique policé, annobli, francisé, le modèle de ces chanteurs venus de la péninsule auxquels, d'après la *Gazette nationale*, « nous avons appris à être expressifs et vrais à la fois, à bannir des charges trop grossières de leur jeu[1] ». Le lexique auquel les journalistes recourent pour décrire son jeu souligne sa dignité : « distingué[2] », « noble », Barilli est présenté comme « toujours profondément pénétré de l'esprit de son rôle[3] ». Et c'est à l'aune des bonnes manières que son art est jugé : « sérieux et mélancolique[4] », il « rit peu et fait toujours rire[5] ». Car la presse parisienne apprécie chez un acteur comique comme Barilli son éducation, une « verve [qui] vient de son âme et de son esprit », une intériorité jugée « seule véritable source du talent[6] ». Peu férus d'un comique uniquement physique, centré sur les mouvements du corps et les grimaces du visage, les contemporains apprécient que même dans ses *lazzi*, Barilli « ne se permet[te] que les charges indispensables à ses rôles[7] ».

Cherchant dans les mots plus que dans les grimaces le ressort de son jeu comique, Barilli mêle des mots français au récitatif italien que son public juge alors souvent indigeste. Pour les Parisiens accoutumés au bilinguisme voire au trilinguisme des pièces d'un Goldoni, c'est une nouveauté globalement appréciée[8]. Dans *La prova d'un'opera seria*, Barilli

---

(Naples, 1794 – Naples, 1858), formé au conservatoire de la Pietà dei Turchini, débute à Naples comme *buffo napoletano* en 1812, passe *basso cantante* l'année suivante et chante avec grand succès à la Scala de 1821 à 1828, se produisant aussi ailleurs, en Italie et à Vienne. Il fait un début triomphal aux Italiens dans le rôle de Geronimo du *Matrimonio segreto* le 2 novembre 1830. Il ne quitte plus ce théâtre jusqu'en 1851, se produisant aussi bien dans *Il barbiere di Siviglia* ou *La gazza ladra* que dans l'*Otello* ou *L'ultimo giorno di Pompei* ; il y crée le rôle de Walton dans *I puritani* (1835) et le rôle-titre de *Marino Faliero* la même année. À Paris, il publie une méthode de chant, et continue de chanter à Londres en parallèle, avant de séjourner à Saint-Pétersbourg de 1852 à 1854, *cf.* C. Frigau Manning, *Chanteurs en scène. L'œil du spectateur au Théâtre-Italien (1815-1848)*, Paris, Honoré Champion, 2014, p. 634 et 661.

1 *Gazette nationale*, 3 octobre 1808.

2 *L'Opinion du parterre*, février 1806.

3 *L'Opinion du parterre*, février 1807.

4 *Journal des débats et des décrets*, 7 décembre 1806.

5 *Le Publiciste*, 1er octobre 1808.

6 *Le Courrier des spectacles*, 21 décembre 1805.

7 *Le Publiciste*, 9 octobre 1805.

8 À quelque exception près, *cf. Courrier de l'Europe et des spectacles*, 11 mai 1810 : « C'est trop caricature ; ce mélange perpétuel de français et d'italien est de mauvais goût et finit par n'appartenir à aucun genre, si ce n'est celui du ridicule ; c'est un véritable *pasticcio* du langage et de la musique. »

est jugé particulièrement « bien placé dans les rôles de compositeur, où il faut qu'il jase avec les musiciens, les chanteurs, les choristes et un peu avec le parterre ; il est là dans son élément et tout à fait à son aise ; il parle tantôt français, tantôt italien et occupe la scène de ses *lazzi*, qui sont presque toujours gais et naturels[1] ». Le procédé est généralement apprécié en ce qu'il facilite la compréhension, comme le note *Le Courrier des spectacles* :

> Fidèle à sa manie d'entremêler des mots français à tous ses rôles, Barilli, en costume de *Maestro di cappella*, apostrophe en ces termes son ridicule orchestre de village : « Surtout, Messieurs, abstinence de brioches ! » [...] Je ne blâme pas ce nouveau genre, mis à la mode par cet acteur ; quelques phrases françaises saisies à la volée par les spectateurs qui n'entendent pas l'italien leur servent de point de ralliement et leur facilitent quelquefois l'intelligence d'un *imbroglio* qu'ils risquaient de ne pas comprendre[2].

Il arrive cependant à l'acteur de commettre des impairs, et de verser dans un bas comique aux antipodes de l'« esprit » que recherche le public parisien :

> Avouons que le goût de la farce l'entraîne trop loin et je n'en veux pour preuve que l'affectation qu'il met à dérouler ce grand cornet de papier qui renferme... quoi ? Une *laitue romaine* qu'il offre à sa prétendue. Que Barilli se rappelle que nous n'avons à Paris qu'un théâtre italien et qu'il abandonne des pantalonnades dignes tout au plus de Brighella et de Pulcinella au théâtre de la Fenice à Naples [sic][3].

Barilli n'en reste pas moins, à ces exceptions près, l'un des premiers acteurs du Théâtre-Italien, qui donne ses lettres de noblesse au *buffo cantante*.

Un Garelli, en revanche, n'échappe pas au risque de la grossièreté. Dans *La prova mancata* de Liverati, ce *buffo* chante des airs en voix de fausset, au grand dam des spectateurs parisiens. Car c'est là « un excès de bouffonnerie qui avilit l'art et rapproche l'artiste des misérables charlatans faits pour amuser la populace par des caricatures[4] ». La bouffonnerie est opposée, dans la pièce comme dans son interprétation, à la gaieté : car ce qui n'est que « jeu facile », « caricature », n'a « rien

1 *Gazette nationale*, 25 mai 1810.
2 *Courrier des spectacles de Paris*, 6 mai 1821, article signé Z.
3 *Ibid.*
4 *Journal des débats et des décrets*, 9 août 1808.

de cette gaîté piquante qui annonce le goût de l'acteur[1] ». Et l'excès, là encore, est l'ennemi du bien :

> On peut tolérer un ou deux passages de ce genre ; on peut même s'en amuser ; mais un duo tout entier où le même acteur prend tour à tour une voix de basse bien pleine et un fausset bien discordant nous a paru n'être qu'une farce ridicule, digne des lunettes et de la perruque des chanteurs de carrefour[2].

Lablache est le seul *buffo cantante* à réaliser, après Barilli, cette alliance équilibrée de gaieté et d'esprit chère au public français. Et pour lui comme pour Barilli, c'est le métaopéra qui le lui permet, celui de Francesco Gnecco en particulier : « D'un bout à l'autre [de *La prova d'un'opera seria*] il a fait rire aux éclats jusqu'aux *dilettanti* les plus gourmés. Il est impossible d'être plus comique, sans aucune charge triviale[3]. » Lablache, dans le rôle du maestro, y parvient par un procédé qui n'en est pas moins le plus immédiat, celui de l'apparence physique. L'acteur est du reste connu pour ses formes imposantes, dont il est toujours prêt à jouer, en vertu d'une aptitude à l'autodérision toute métathéâtrale : « dès qu'il s'est présenté revêtu d'un habit de taffetas gorge-de-pigeon à galons d'or, armé d'une petite épée horizontale et la tête couverte d'une volumineuse perruque poudrée à frimas, Don Campanone (Grosse-Cloche) a déridé les figures les plus sérieuses[4] ». Mais l'acteur unit ici la simplicité du comique physique à la sophistication de l'habit de scène, et la pesanteur de l'embonpoint, qui pourrait servir un comique trivial, fait ici jouer à plein le principe raffiné de la reconnaissance : car « ce costume est, dit-on, celui que Cimarosa portait habituellement[5] » – compositeur auquel l'on doit du reste un autre métaopéra joué aux Italiens, *L'impresario in angustie*.

De *La Prova* interprétée par Lablache, c'est surtout la répétition de l'ouverture, à l'acte II, que les spectateurs parisiens retiennent : « C'est une scène tout entière entre Lablache et l'orchestre. Il est impossible d'être plus gai, plus bouffon, de trouver des *lazzi* d'un meilleur goût et de les exécuter avec plus de grâce que cet excellent chanteur[6]. » Ici gaieté

1 *Courrier de l'Europe et des spectacles*, 8 août 1808.
2 *Le Publiciste*, 6 août 1808.
3 *Le Courrier français*, 8 janvier 1831.
4 *Ibid.*
5 *Ibid.*
6 *La Quotidienne*, 8 janvier 1831.

rime donc avec bouffonnerie, et les *lazzi* se conjuguent avec la grâce et le goût. Et le public français affiche son goût de la satire, puisque dans cette scène Lablache représente une « excellente *critique* qu'il fait de l'abus des instruments de percussion[1] ». Distribuant aux musiciens leurs partitions, l'acteur n'en donne pas moins de sept à la grosse caisse :

> Chaque fois qu'il portait un cahier à ce fatal instrument, les éclats de rire redoublaient, et enfin la gaieté a été à son comble, lorsqu'ayant doublé à chacun sa partie et ayant un reste considérable de cahiers entre les mains, il s'est transporté encore du côté où il s'était dirigé si souvent, et y a jeté son paquet, en disant : *Tout pour la grosse caisse*[2].

Ce jeu avec la grosse caisse est particulièrement propice à mettre en joie le public de la capitale, où l'on reproche alors fréquemment aux compositeurs italiens, Rossini le premier, d'abuser de cet instrument – Berlioz, notamment, se dit tout à fait exaspéré par « la brutale grosse caisse de Rossini[3] ». Lablache se plaît ainsi, interprétant le rôle du maestro d'une *opera buffa* métathéâtrale, à jouer de plusieurs niveaux de métathéâtralité, pour le plus grand plaisir de son public.

L'impresario in angustie, *I virtuosi ambulanti*, *Le cantatrici villane* ou encore *La prova d'un opera seria* constituent les actes séparés d'une saison métathéâtrale à laquelle seules ces deux dernières pièces survivent. Pourtant, si *Le cantatrici villane* se joue jusque dans les années 1840, c'est semble-t-il « devant dix-sept ou dix-huit Anglais qui ne sont pas encore au courant[4] ». Malgré tout le talent d'acteurs tels que Barilli et Lablache, le métaopéra n'échappe donc pas à la lassitude. Certes, la *Gazette de France* y voit dès 1808 « un vieux thème cent fois réchauffé et rendu plus misérable par de mauvais rébus et quelques *lazzi* que l'on retrouve dans une foule d'opéras italiens[5] ». Mais le journaliste dénonce là le même collage de situations, de séquences musicales et gestuelles propre à en assurer le succès à un moment précis de l'histoire de l'institutionnalisation de l'opéra italien en France.

---

1 *Le Globe*, 12 janvier 1831.
2 *Ibid.*
3 H. Berlioz, *Mémoires*, Paris, Michel Lévy frères, 1870, éd. P. Citron, Paris, Flammarion, 1991, p. 92.
4 *L'Étoile*, 13 mai 1821.
5 *Gazette de France*, 8 août 1808.

Car si le public français apprécie alors ces pièces, ce n'est pas pour des raisons purement musicales, bien qu'il s'y prenne à goûter des airs importés d'*opere serie* ou d'Espagne. C'est surtout pour l'« esprit » qu'il y perçoit dans la satire mise en œuvre par les livrets métathéâtraux et par un jeu s'exerçant lui-même à plusieurs niveaux. La « gaieté » que les contemporains y reconnaissent rend acceptable la bouffonnerie, jusque-là jugée trop triviale, de pratiques venues de la péninsule. Garantissant un comique plus sophistiqué ou du moins conscient de lui-même, le métaopéra fut ainsi l'un des vecteurs de l'acclimatation de l'opéra italien en France.

Céline FRIGAU MANNING
Université Paris 8 –
Institut universitaire de France

TROISIÈME PARTIE

MIROIRS À DOUBLES FONDS

MÉTATHÉÂTRE ET INTERTEXTUALITÉ

LA POTIONE ET *LA FIORINA*

Quand Messer Andrea fait du théâtre avec Machiavel et Ruzante

Un des choix d'Andrea Calmo (*ca.* 1510-1571), auteur-acteur vénitien, consista à faire du théâtre avec du théâtre : il partit de textes théâtraux connus et, sans les réécrire vraiment, les réinterpréta en s'en inspirant mais sans les suivre à la lettre. *La potione*, publiée en 1552, reprend la trame de *La mandragola* de Machiavel, et *La Fiorina*, parue en 1553, trouve son point de départ dans la comédie homonyme de Ruzante, publiée l'année précédente à Venise par Stefano di Alessi. Ce choix métathéâtral n'est pas propre à Calmo. On peut sans doute dire qu'il s'agit d'une des lois de développement du genre comique au XVIe siècle. En effet, d'une part la renaissance du théâtre s'est appuyée sur la connaissance et l'imitation de la comédie antique et, d'autre part, après ce nouvel essor du genre comique, un phénomène semblable s'est développé, à partir du deuxième tiers du siècle, avec l'imitation de textes fondateurs de la comédie italienne. Ainsi, pour ne parler que des deux auteurs dont Calmo s'est inspiré, *La mandragola* a été également refaite par Lasca dans *Il frate*, joué à Florence en 1540, le jour de l'Épiphanie ; *Il roffiano* de Lodovico Dolce (1551) est une adaptation, bien proche de la pure et simple traduction en toscan, de *La piovana* de Ruzante. La comédie italienne, *Monna Commedia*[1], tend à devenir un champ autonome qui fonctionne sur lui-même, un organisme où les pièces sont reliées entre elles par un entrelacement d'emprunts, de citations, d'imitations. Ce qui compte donc avant tout, c'est de comprendre comment ce phénomène proprement métathéâtral peut (ou non) produire des œuvres originales à partir d'autres œuvres originales.

1 L'espression est utilisée par l'Arétin dans le prologue de la première version de *La Cortigiana*, 1525.

UN AUTEUR-ACTEUR VÉNITIEN

Avant d'analyser précisément quelles sont les caractéristiques de ces pièces inspirées par d'autres, de ces œuvres qui jouent avec d'autres œuvres et avec leurs auteurs, il faut sans doute donner quelques informations générales sur cet auteur vénitien encore peu connu, bien que des travaux importants dans ces dernières décennies aient permis de mieux le cerner. Grâce aux recherches dans les archives effectuées par Piermario Vescovo, on connaît mieux désormais la biographie de Calmo[1]. Auparavant, les seuls éléments certains provenaient de son testament (1568) et de celui de son épouse Giulia (1566) : ils avaient deux enfants auxquels ils laissèrent une somme en argent, une quinzaine de champs et une maison dans la région de Trévise. Calmo mourut le 23 février 1571 « à l'âge de 61 ans, de la fièvre[2] », ce qui donne une date de naissance probable en 1510. Les recherches de Vescovo ont permis de vérifier et de préciser les hypothèses que Zorzi et Padoan avaient déjà émises. Calmo ne provenait pas d'une famille de pêcheurs ou de mariniers comme le laissait entendre une tradition critique qui avait sa source dans la « biographie » d'Alessandro Zilioli (+ 1650), dans ses *Vite dei poeti italiani*, sur la foi d'un passage de ses lettres pris pour autobiographique (« le peu fructueux Calmo, élevé dans les barques et formé dans les lagunes et nourri dans les paniers et éduqué à prendre du poisson, descendant des bons et antiques habitants de Torcello, justes, valeureux et défenseurs de leurs juridictions[3] »). Les archives de la Scuola Grande di San Marco montrent qu'il faisait partie (comme d'ailleurs sa famille et certains dédicataires de ses lettres) du groupe des administrateurs de la Scuola ; sa profession – « Andrea Callmo teinturier[4] » – y est également indiquée (c'était déjà le métier de son

1 P. Vescovo, *Da Ruzante a Calmo : tra "Signore comedie" e "Onorandissime stampe"*, Padoue, Antenore, 1996, p. 211-228.

2 *Ibid.*, p. 212 : « de anni 61, da febre ». – Sauf indication contraire, toutes les traductions sont de notre responsabilité.

3 *Le lettere di Messer Andrea Calmo*, éd. V. Rossi, Turin, Loescher, 1888, III, 24, p. 211 : « El poco frutuoso Calmo, alevào in le pescaresse e cressùo inte le lagune e nudrigào inte i canestri e amaistrào a piar del pesce, descendente d'i boni antighi Torcellani, iusti, valorosi e conservaori de le so iurisdition. »

4 P. Vescovo, *Da Ruzante a Calmo*, *op. cit.*, p. 217 : « Andrea Callmo tenttor. »

père, Tadio) ; Vescovo a également trouvé les traces de son élection à diverses charges de la Scuola.

On peut parler d'expérimentation littéraire, théâtrale et langagière à propos de la production de Calmo, qui se déroule à Venise de 1540 (année de la première représentation de sa comédie *La rodiana*) jusqu'à la moitié des années 1550[1]. Pendant cette période, il écrit les quatre livres de ses *Lettere* « composées dans l'antique langue vulgaire vénitienne[2] », et qui « comprennent divers caprices et fantastiques fantaisies philosophiques sur diverses matières[3] » ; elles sont publiées en 1547, 1548, 1552, 1556 et régulièrement republiées, des dizaines de fois, jusqu'au début du XVIIe siècle. Il écrit également des *Egloghe pastorali* (1553), des *Rime piscatorie* (1553) et six comédies « écrites en diverses langues[4] » publiées entre 1549 et 1556.

Dans une de ses *Lettere*, adressée *Alla gloriosa Fama*, Calmo déclare que l'« immortelle déesse » sera surprise que « moi, qui ne suis qu'un vermiceau, je me sois mis à vouloir déranger le son de vos retentissantes trompettes sous le prétexte d'inventions si frustes, basses et sans façon », mais c'est pour ajouter aussitôt :

> Mais pourtant si vous considérez le sens, la moralité et le dessein de mes écrits, je suis tout à fait certain que vous ne dédaignerez pas de me favoriser et d'apporter un soutien précieux et éternel à mes œuvres, en honorant toujours les Dante, les Virgile, les Pétrarque, les Ovide, les Boccace, les Dominichi, les Danieli, les Plaute, les Arioste, les Térence, les Machiavel, les Zanotti, les Molci, les Tibaldei, les Speroni, les Fortunî, les Corsi, les Venier, et celui Dala Casa, avec l'harmonie des Paraboschi et des Plaisants Intronati, avec les Doni et cetera *quem virtutis*[5].

1 J.-C. Zancarini, « Andrea Calmo, auteur-acteur vénitien », *Cahiers de la Renaissance italienne*, n° 2, dir. A. C. Fiorato, 1989, p. 43-66.

2 C'est le sous-titre du quatrième et dernier volume des *Lettere*, « nella vulgar antiqua lengua Veneta composte ».

3 C'est une partie du sous-titre du premier volume des *Lettere* : « contengono vari cherebizzi e fantastiche fantasie philosofiche in varie materie ».

4 « In diverse lingue ridotte. »

5 *Le lettere di Messer Andrea Calmo*, *op. cit.*, III, *chiusa*, p. 249 : « Immortalissima dea, e' so che ve maravegieré che un picolo vermeto, co' son mi, me habbia metuo a voler afadigar el son dele vostre ribombante squile, sotto pretesto de cusì rozze, basse e alla bonissima inventionma pur se vu consideré el senso, la moralitae con el fin del mio scriver, e' son cautissimo che no ve desdegneré de favorirme e dar un precioso eterno fomento alle mie opere, honorando sempremai i Danti, i Verzilî, i Petrarchi, i Ovidî, i Boccazzi, i Dominichi, i Danieli, i Plauti, i Ariosti, i Terentii, i Machiaveli, i Zanotti, i Molci, i Tibaldei, i

Calmo demande donc pour la langue vénitienne une place dans la littérature, même s'il s'agit de la littérature plaisante et comique. Un auteur comme Anton Francesco Doni, présent dans la liste des lettrés de la lettre *Alla gloriosa Fama* et par ailleurs dédicataire de la lettre III, 24, comprendra fort bien cette requête et écrira précisément dans ses *Marmi* : « Je tiens cet Andrea Calmo pour un bon esprit, car lui du moins a écrit admirablement dans sa langue, et il s'est fait honneur, il a fait honneur à sa patrie[1]. »

Les *Lettere* sont écrites dans le sillage de celles de l'Arétin (dont la publication se déroule à Venise, dans les mêmes années, de 1538 à 1557, et dont le succès est important et durable)[2]. Calmo fait le choix du comique et du plaisant afin de conserver au vénitien une dignité littéraire. L'écriture des *Egloghe pastorali* et des *Rime piscatorie* va dans le même sens.

L'expérience théâtrale de Calmo se déroule sur les scènes, où à chaque carnaval il joue des comédies avec un grand succès dont témoigne une lettre qui lui est adressée par Girolamo Parabosco :

> Que faites-vous maintenant, mon très doux Messer Andrea ? Tous ceux qui ont bon goût ne vous courent-ils pas après, en ce temps de carnaval ? N'avez-vous pas en cours, selon votre habitude, quelque gracieuse, plaisante et morale comédie ? En cet instant, ne donnez-vous pas à Venise tout entière, par votre jeu, ce plaisir joyeux et sublime qu'elle désire par-dessus tout ? Il me semble vous voir sur scène faire de ceux qui vous écoutent et vous voient vos esclaves. J'entends jusqu'ici la rumeur des applaudissements des gens qui, escaladant les murs du lieu où vous êtes, enfonçant les portes, franchissant les canaux et dégringolant de haut, affrontent mille morts pour pouvoir jouir, ne fût-ce qu'une heure seulement, de la douceur de vos paroles. Et moi, malheureux, j'en suis si loin[3].

Spironi, i Fortunî, i Corsi, i Venieri, e quel Dala Casa, con l'armonia de' Paraboschi e d'i Piaseveli Intronatti, con i Doni e cetera *quem virtutis.* »

1 A. F. Doni, *I Marmi*, Venise, F. Marcolini, 1552, p. 96 : « Io ho quell'Andrea Calmo per un bravo intelletto, ché almanco egli ha scritto mirabilmente nella sua lingua e ha fatto onore a sé e alla patria. »

2 *Le « Carte messaggiere ». Retorica e modello di comunicazione epistolare : per un indice dei libri di lettere del Cinquecento*, éd. A. Quondam, Rome, Bulzoni, 1981, p. 319-326.

3 *Le lettere di Messer Andrea Calmo*, *op. cit.*, p. XXXIV, 13 février 1548 : « Che fate voi hora, il mio dolcissimo messer Andrea ? Non vi fate voi adesso, che è il carnevale, correre dietro tutti coloro c'hanno gusto del buono ? Non avete in opera, sì come è l'uso vostro, qualche leggiadra, grata e morale comedia ? Non date voi hora con il recitar vostro quel giocondissimo e mirabilissimo piacere a tutta Vinegia, ch'ella maggiormente desidera ?

Et dans la lettre *Alle signore comedie*, Calmo explicite le plaisir physique de jouer qu'il ressent pendant les quinze jours par an pendant lesquels il est en scène :

> Chères filles, douces, bonnes, galantes, honorées, plaisantes, joyeuses, enjouées et vertueuses, je vous suis bien grandement large débiteur car, malgré toutes les peines, tourments, aventures, accidents, ennuis, malaises, peurs, privations, incendies et nécessités que je supporte pendant onze mois et demi de l'année, en un soir, grâce à vous, mon sang se remet à couler dans mes veines, mes esprits renaissent, je reprends goût à la vie, mes orifices s'ouvrent, mon cœur tient bon, ma vie prend forme ; et ne serait-ce que de voir tant de bouches qui rient, tant d'oreilles tendues, tant d'yeux écarquillés, tant de dents découvertes, tant de cous tordus et plus de mille têtes hautes ou basses, des signes de mains, frottements de pieds, frissons de personnes, agitations de ventres, redressements de dos et des rires différents l'un de l'autre, de quoi faire crever de plaisir un constipé, un mélancolique, un félon, un avare, un serpent, un assassin et un diable, sans compter celui qui vous joue, je veux parler de celui qui reste en scène longuement, et parfois, par les saints des quatre [?], j'ai senti mes caleçons se mouiller, à tel point que j'ai été à deux doigts de faire un ragoût à la bergamasque[1].

Si on ne peut pas dire que le théâtre fut son métier[2], on peut insister à bon droit sur l'expérience de la scène et la recherche du plaisir réciproque de celui qui joue et de ceux qui écoutent et regardent. Le théâtre de Calmo se revendique comme scénique, physique, spectaculaire. C'est

---

E' mi par di vedervi sopra la scena, farvi schiavi quanti vi veggono et odono. Io sento fin qui il rumore dello applauso che vi danno le genti ; le quali, montando le mura del loco dove sete, rompendo porte e passando canali et d'alto smontando, si pongono a periglio di mille morti per poter solamente godere una sol hora la dolcezza delle vostre parole. E io misero ne son così lontano. »

1 *Ibid.*, II, *chiusa*, p. 154 : « Care fie dolce, da ben, galante, honorae, piasevole, alliegre, ioconde e vertuose, e' ve son pur grandissimamente grosso debitor, che da tutti i spasemi, travaggi, fortune, stracoli, fastidii, scalmane, paure, desasii, incendii e necessitae che patisso i undese mesi e mezo de l'anno, int'una sera me fe' tornar el sangue vivo in le vene, recrear i spiriti, consolar la nattura, averzar i meati, sustentar el cuor e ingrassarme la vita ; e si no fosse per altro, si no per vardar tante boche che ride, tante recchie tese, tanti occhi tirai, tanti denti descavalcai, tanti colli storti, e pì de mille teste alte e basse, cignari de mani, bisegari de pie, grizzolari de persona, sgionfari de panze, drezzari de schene e ridacchiari dissimili un da l'altro, da far creppar da contento un stitico, un malenconico, un maran, un avaro, un serpente, un sassin e un diavolo, no ca quei che ne rapresenta, parlando de chi sta in scena longamente, che talvolta e' me ho sentio, per li santi de quatro, a inhumidirme sì fattamente le muande, che ha mancao puoco che no n'habbia fatto soffrito ai bergamaschi. »

2 P. Vescovo, *Da Ruzante a Calmo*, *op. cit.*, p. 113-114.

consciemment, et de façon revendiquée, un théâtre d'acteur, et dans sa pratique théâtrale existe une dimension proprement scénique et gestuelle, voire acrobatique[1], une éloquence corporelle[2] à côté d'une dimension langagière qui permet d'écouter la variété des langues que l'on entend à Venise (vénitien, *pavan*, bergamasque, *greghesco*, *schiavonesco* et toscan) et parfois, mais plus rarement, au-delà (espagnol, français, turc, allemand)[3].

Il faut enfin ajouter à ce rapide tableau que la pratique théâtrale est liée à l'existence d'un groupe d'amis, qui se définit comme « l'école des Liquides, bons compagnons[4] », compose des textes et des comédies et foule les scènes du carnaval en compagnie de Messer Andrea[5]. Parmi les *Liquidi*, on peut citer Gigio Arthemio Giancarli (dont nous restent deux comédies, *La capraria*, 1544, et *La zingana*, 1545) et Antonio da Molin, dit Burchiella, qui publia chez Gabriele Giolito de' Ferrari en 1561 un texte qui fut célèbre, *I fatti e le prodezze di Manoli Blessi Strathioto*, écrit en *greghesco* (la langue qu'est censé parler un grec vivant à Venise, c'est-à-dire un vénitien farci de mots et expressions en grec et déformé par les habitudes phonétiques du grec) ; Burchiella, en scène, interprétait le personnage qui parlait cette langue.

LA POTIONE : UNE PIÈCE QUI RÉDUIT *LA MANDRAGOLA* À SON INTRIGUE

La potione, comedia facetissima et dilettevole in diverse lingue ridotta (quatre actes, sans division en scène), publiée en 1552 à Venise (puis de nouveau en 1561, 1600 et 1625) commence par une citation de la première réplique

1 J.-C. Zancarini, « Andrea Calmo : dal testo alla scena », *Viaggi teatrali dall'Italia a Parigi fra Cinque e Seicento : atti del convegno internazionale, Torino, 6-8 aprile 1987*, Gênes, Costa & Nolan, 1989, p. 234-252.

2 L'expression « corporale eloquenza » est utilisée par Leone de' Sommi dans ses *Quattro dialoghi in materia di rappresentazioni sceniche*, éd. F. Marotti, Milan, Il Polifilo, 1968, III, p. 41.

3 J.-C. Zancarini, « *Étranges étrangers* : l'Autre comique dans la comédie polyglotte vénitienne du XVIe siècle », dans *L'Image de l'Autre européen : XVIe-XVIIe siècles*, dir. J. Dufournet, A. C. Fiorato, A. Redondo, Paris, Presses de la Sorbonne nouvelle, 1992, p. 121-132.

4 « La scuola d'i Liquidi, boni compagni » ; *scuola* est à prendre ici au sens, fréquent à Venise, de confrérie.

5 P. Vescovo, *Da Ruzante a Calmo*, *op. cit.*, p. 113-134.

de Callimaco (« Siro, non ti partire, i' ti voglio un poco » [Siro, ne pars pas, je veux te voir un instant]) par Randolfo, son homologue de *La potione* (« Rospo non ti partire, ch'io ti voglio un poco » [Rospo, ne pars pas, je veux te voir un instant]). Il n'y aura que peu d'autres citations textuelles dans la suite de la pièce, mais le simple fait de commencer une comédie par une citation, même très brève, est en quelque sorte un clin d'œil au public que l'on convie à un moment de divertissement fondé sur le comique référentiel. Ce clin d'œil est d'autant plus net qu'il existe une tradition de présence théâtrale[1] et éditoriale de *La mandragola* à Venise. Elle fut jouée durant le carnaval de 1522 – Marin Sanudo en rend compte – puis pendant celui de 1526, comme nous l'apprend une lettre de Giovanni Manetti à Machiavel[2]. Marin Sanudo parle de la première représentation en ces termes :

> Ce soir-là [13 février 1522], aux Crosichieri, fut jouée une autre comédie en prose, *Cherea de Lucques et ses compagnons*, sur un certain vieux docteur florentin qui avait une femme, ne pouvait pas faire d'enfants etc. Il y avait énormément de gens, avec des intermèdes de Zan Polo et d'autres bouffons et la scène était si pleine de gens qu'on ne fit pas le cinquième acte, parce qu'on ne put le faire tant il y avait de monde[3].

Quant aux éditions vénitiennes de la pièce, il y en eut deux que Calmo put connaître, en 1531 (*Mandragola*, Venise, Nicolo d'Aristotile detto Zoppino) et en 1537 (*Mandragola, comedia facetissima di Lucretia e Callimaco*, Venise, Francesco Bindoni & Mapheo Pasini[4]). Il y a donc une présence réelle de la pièce du « *certain vieux docteur florentin qui avait une femme, ne pouvait pas faire d'enfants etc.* » dont Sanudo fait mention. Il y a d'ailleurs un lien évident entre la façon dont ce dernier « résume » l'intrigue et celle dont elle est présentée dans le prologue *alla greca* de *La potione* qui se contente, en quelque sorte, de développer l'*etc.* de Sanudo :

---

1 G. Padoan, *Momenti del Rinascimento veneto*, Padoue, Antenore, 1978, p. 34-67.

2 N. Machiavelli, *Opere*, éd. C. Vivanti, Turin, Einaudi, 1999, vol. 2, p. 417-418, 28 février 1526.

3 M. Sanudo, *Diarii*, XXXII, col. 458 : « In questa sera a li Crosichieri fo recitata una altra comedia improsa per Cherea luchese e compagni, di *uno certo vechio dotor fiorentino che havea una moglie, non poteva far fioli etc.* Vi fu assaissima zente, con intermedii di Zan Pollo e altri buffoni, e la scena era sì piena di zente che non fu fato il quinto atto perché non si poté farlo, tanto era il numero di le persone » ; je souligne.

4 F. D. Colimore, « Edizioni e traduzioni della *Mandragola* », *Italica*, vol. 18, nº 2, juin 1941, p. 55-59.

> [...] *tora*, maintenant ça me revient, oui, oui, un vieux ne peut pas faire d'enfants, l'autre, le jeune, est amoureux de sa femme, et il a mis dans le coup un Bergamasque glouton qui pour de l'argent, la *stamena*, les ducats, maquereaute le pauvre vieux hernieux, et tous autant qu'ils sont veulent tromper Madonna Culindonia, parce qu'elle aussi ils finiront par lui fourrer dans le corps un merdicament, qui fabrique des mâles, et Missier Despundao, son époux, ne se rend pas compte du croche-patte qu'ils lui font[1].

Cette proximité est l'indice que ce qui intéresse Calmo, c'est bien et uniquement la trame de *La mandragola*. Il va en effet mettre de côté tous les éléments qui ne sont pas directement en rapport avec le déroulement de l'intrigue. Ainsi le titre même perd la spécificité symbolique qu'il avait chez Machiavel pour se banaliser, devenir une sorte d'abstraction : *La potione* est purement et simplement un expédient théâtral, alors que derrière le choix de Machiavel on pouvait deviner la complexité d'une profonde croyance populaire, liée à une symbolique d'origine biblique[2].

On sent bien d'emblée que cette réduction à l'intrigue, à la *beffa* aux dépens du *ponvero vecchio chilonso* et de *Madonna Culindonia* est une perte par rapport à l'original. Pas de « frère de mauvaise vie[3] », aucune apparition sur scène de Madonna Calidonia et donc pas de transformation finale comparable à celle de Lucrezia qui, après sa nuit avec Callimaco, paraît être « un coq ! » et est devenue « très hardie[4] ». Pas non plus d'historicisation du personnage de Randolfo, alors que l'histoire de Callimaco en France est riche, sous la plume de Machiavel, d'une lecture historique implicite et de la critique de la politique française. Les critiques qui ont étudié *La potione* ont souvent souligné la faiblesse de l'œuvre du Vénitien, confrontée à celle du Secrétaire florentin ; et si l'on compare les deux œuvres d'un point de vue esthétique, force est de constater que ces appréciations sont largement fondées. Mais ce qui nous importe dans ce premier temps d'analyse n'est précisément pas de comparer les deux textes ou d'émettre un jugement. C'est de comprendre ce que pouvait signifier

---

1 *La potione, prologue* : « [...] tora, andesso me salda recurdanza ! Sì, sì ! *Una vechio no pustu fari fioli ;* l'aldro, zuvegni, sé namurao cul so' muieri e mentuo del menzo una berdalasco gulainzzo chié per danari la stàmena, la ducanti, fa rufianenzo del ponvero vecchio chilonso e tundi candi voli truffari madonna Culindonia perchié anchi ella ghel pentero in corpo una merdesina chie faranstu masculi e nu se corze del gambarula chie fando missieri Despundao so cusorte ».

2 G. Aquilecchia, *Schede di italianistica*, Turin, Einaudi, 1976, p. 97-126.

3 *Mandragola, prologue* : « frate mal vissuto ».

4 *Mandragola*, V, 5 : « la pare un gallo ! », « molto ardita ».

ce type de recherche, d'expérimentation théâtrale qui est unique dans la production de Calmo, y compris si l'on prend en compte *La Fiorina*. En effet, dans cette dernière pièce, comme nous le verrons plus en détail, si Calmo s'inspire de certains éléments de Ruzante, il s'en dissocie très vite : il cite un thème (et un grand prédécesseur), mais abandonne son point de départ au profit de choix plus personnels, plus liés à Venise et à sa propre expérience théâtrale. En revanche, avec *La potione*, il s'agit bien d'autre chose. La comédie suit assez fidèlement l'intrigue en la réduisant à son squelette, en éliminant ce qui n'est pas en rapport direct avec l'agencement de l'action qui permet d'aboutir à la *beffa* dont est victime Despontao (d'où la morale de l'histoire énoncée par Rospo en guise de congé aux spectateurs : « [...] vous pouvez considérer de quelle façon ces vieux couillons se laissent berner [...] et vous autres, du coup, vous aurez compris de quelle façon il faut s'occuper de ses brebis[1] »).

C'est l'intérêt primordial porté à l'agencement de l'intrigue qui intéresse Calmo dans *La potione*, au point que toute une série d'éléments qui jouent habituellement un grand rôle dans ses comédies tendent à être éliminés ou passent au second plan. La virtuosité linguistique n'est guère présente que dans le prologue en *greghesco*. Ainsi, le vieux Despontao, à la différence de ses homologues des autres comédies, ne se lance qu'avec parcimonie dans les monologues en vénitien qui, dans les autres comédies, tendent à apparenter la langue des vieillards à la langue inventive, riche et imagée des *Lettere* de Calmo ; la structure même du vénitien qu'emploie Despontao est simplifiée (moins d'accumulations, moins de dérivations). Quant à l'action scénique, elle est également réduite au minimum, au passage où Randolfo, déguisé en aveugle, arrive en chantant et est enlevé par Despontao, Garganio et Rospo, puis est libéré par les mêmes. Ces passages sont d'ailleurs repris directement de *La mandragola* et l'on y trouve un autre des rares rappels textuels, la réplique de Despontao (« Faites-lui faire trois ou quatre tours, pour qu'il ne se souvienne pas d'où il est venu » faisant écho à celle de Ligurio ; « Faisons-le tourner deux fois, qu'il ne sache pas d'où il est venu[2] »). Notons ici la différence entre Callimaco et Randolfo. Ce dernier est

1 *La potione*, IV, dernière réplique (il n'y a pas de division en scènes) : « a' podì considerare a que partìo sti vechi cogombari se laga chiapare ; [...] e vu tuti a scazzaffasso gavì imparò a che partìo se dè goernare le so' piegore ».

2 *Ibid.*, IV : « Dèghe tre o quatro ziravolte, azò ch'el no s'arecorda de donde l'è vegnuo » ; *La mandragola*, V, 2 : « Diangli dua volte, che non sappi donde e' si sia venuto. »

aveugle (*un garzonet orbo che no-g ve' miga*), ce qui va également dans le sens de l'intérêt pour l'agencement de l'intrigue : le choix, comme victime, d'un « aveugle qui n'y voit pas », est logique et cohérent en ce qu'il permet, à coup sûr, la réussite de la *beffa*, il ne pourra reconnaître ni les lieux, ni ses agresseurs, ni la « belle créature » qu'il va se charger de « consoler, conforter et satisfaire[1] ». Garganio a donc toutes les raisons de dire en le voyant : « il ne pouvait venir plus à propos[2] ».

En parallèle à cette recherche d'une œuvre théâtrale réduite à son intrigue, il y a dans *La potione* la volonté de faire de la parodie un référent essentiel du ressort comique. Le comique référentiel est permanent dans les comédies de Calmo (jeu avec les *topoi* de la comédie érudite, insertions de modèles scéniques venant de la pratique des bouffons, citations de textes théâtraux). Ici, Calmo va plus loin. À dépouiller de sa chair la comédie de Machiavel, en supprimant des personnages, des scènes, des développements psychologiques, sociaux et politiques, Calmo en arrive à un point où il semble dire : « *La mandragola*, ce n'est que ça », il ne s'agit que d'une *beffa* au détriment d'un pauvre vieux dont l'impuissance se marque dans le nom même, Despontao, « l'épointé ». Cette dégradation parodique apparaît avec netteté et donne son ton à la comédie : le spectateur assiste à une *beffa*, dont les victimes sont à la fois le « babouin semplet » Despontao et la comédie du Secrétaire florentin. On peut estimer que *La potione* gagne en vivacité et en métier ce qu'elle perd en réflexion profonde[3] ou au contraire estimer, comme Vittorio Rossi, l'éditeur des *Lettere*, que « *La potione* est peut-être la plus désastreuse des œuvres dramatiques de Calmo[4] ». Si l'on s'en tient à l'analyse, on constate qu'il s'agit d'explorer les limites d'une forme comique parodique et référentielle, centrée sur le montage des actions et sur l'agencement interne de l'intrigue.

1 *La potione*, IV : la « belle créature » est Madonna Calidonia que son « babouin simplet » (*semplicet babuì*) de mari se croit en devoir d'aller réconforter, alors qu'elle a été « consolée, confortée et satisfaite » par Randolfo. C'est du moins ce que disent Rospo et Garganio.

2 *Ibid.* : « a' no 'l podiva vegnì' al plu proposit ».

3 G. Padoan, *La commedia rinascimentale veneta*, Vicence, Neri Pozza, 1982, p. 172.

4 V. Rossi, « Introduzione », dans *Le Lettere di Messer Andrea Calmo*, *op. cit.*, p. LXI.

LA FIORINA : QUAND LE VIEILLARD VÉNITIEN JOUE LE TROISIÈME LARRON

La Fiorina, comedia facetissima, giocosa, et piena di piacevole allegrezza paraît pour la première fois en 1553, à Venise, chez Iovambattista Bertacagno ; elle est republiée par la suite en 1557, 1561 et 1600. C'est également de comique référentiel qu'il faut parler à propos de cette comédie. Mais en ce cas, faire du théâtre avec du théâtre n'a pas pour conséquence le processus de dégradation parodique que nous avons vu à l'œuvre dans *La potione*, sur la base d'un respect global de l'intrigue. Après avoir cité très précisément *La Fiorina* de Ruzante dans le premier acte, *La Fiorina* de Calmo s'en écarte pour devenir une œuvre entièrement originale. Que les points de départ des deux comédies soient semblables, tous les chercheurs qui s'en sont occupés l'ont remarqué. Padoan a même publié en regard la scène I, 2 de *La Fiorina* de Calmo et celle de Ruzante, et sa conclusion est indubitable : « les similitudes sont vraiment écrasantes [...] et telles qu'elles ne requièrent aucun commentaire supplémentaire[1] ». La seule différence entre les deux actes initiaux – différence qui n'est cependant pas négligeable car la question des langues utilisées est importante, comme toujours chez Calmo – réside dans le fait que, si Bonelo et Fiore s'expriment en *pavan* (comme le faisaient Ruzante et Fiore), le rival de Bonelo, Sandrin, parle en bergamasque, ce qui remet d'emblée en question l'homogénéité de la communauté paysanne.

À partir du deuxième acte, les deux *Fiorine* se séparent radicalement et prennent deux voies bien différentes. Chez Ruzante, les événements s'enchaînent de façon linéaire. Les deux rivaux, Ruzante et Marchioro, se battent ; Ruzante qui a eu le dessous au cours de la bagarre revient avec des amis et enlève Fiore (mais aussi, en attendant la dot éventuelle, les deux seaux avec lesquels elle allait chercher de l'eau) ; les pères de Ruzante et de Fiore entérinent les faits et trouvent une solution qui permettra de mettre fin aux tensions. Ruzante épousera Fiore (puisque, de toute façon, « c'est fait, maintenant[2] ») et Marchioro, en compensation,

1 G. Padoan, « Fiorina nel mondo degli uomini : dal Ruzante al Calmo », *Publications du CIRRI*, n° 12, *Réécritures 2*, 1984, p. 128.

2 Ruzante, *La Fiorina*, V, 1 : « La sè mo fata. »

obtiendra la sœur de Ruzante (mais aussi « la belle jupe de sa mère, ornée d'un liseré argenté[1] ») et un morceau particulièrement succulent d'échine de porc salé. La caractéristique principale de la *Fiorina* d'Angelo Beolco dit Ruzante est cet enracinement dans une réalité paysanne fortement codifiée, où il s'agit d'exorciser la violence qui peut surgir à tout moment. Les règles sont suffisamment bien établies et reconnues de tous pour empêcher les débordements d'aller trop loin, fût-ce au prix des intérêts et des aspirations personnelles.

La démarche de Calmo est bien différente. Sa *Fiorina* est une illustration de la fable du troisième larron, et ce troisième larron est un des vieux Vénitiens toujours présents dans ses comédies (et qu'il interprète lui-même). Fiore, cause de la zizanie et d'une bagarre entre Bonelo et Sandrin, est exclue de la communauté des hommes qui vont aller manger un morceau ensemble (« laissons tomber cette discussion. Puisque c'est arrangé, voulez-vous venir manger chez moi[2]… ») afin de reconstituer l'unité masculine. Marchioro donne le sens de cette exclusion lorsqu'il accepte de renoncer à Fiore : « Cette décision est trop dure, mais je ne veux pas vous faire honte, car j'apprécie plus un homme que mille femmes[3]. » Du coup, le vieux Vénitien Cocolin, qui faisait également – sans grand succès et dans un vénitien farci de *latinus grossus* – la cour à la jeune paysanne, épouse la délaissée. La comédie se transforme paradoxalement en un *mariazo* entre Fiore et un citadin. On a droit, de la part d'un autre vieux Vénitien, l'aveugle Alegreto, à un vrai discours nuptial (dans le même vénitien mêlé de latin que son ami Cocolin) sur le thème « croissez et multipliez », là où la *Fiorina* de Ruzante se terminait – sous la direction de Barba Pasquale, le père de Fiore – par un accord économique entre Marchioro et son futur beau-père, et par une série d'allusions grivoises sur les mérites de bonne travailleuse de sa future épouse.

Calmo et son public vénitien n'ont pas d'intérêt particulier vis-à-vis du monde paysan. La présence du Bergamasque Sandrin (assimilable au personnage du portefaix bergamasque, comme le laisse entendre l'insulte que lui lance Bonelo : « faquin, voleur[4] ») rendait

1 *Ibid.*, V, 2 : « la gonela de so mare, alistè de quel biselo inarzentò ».

2 A. Calmo, *Fiorina*, III, 4 : « Lagon anar ste parole, za che l'è conza, voliu venire a magnare… »

3 *Ibid.*, III, 4 : « L'è trop dura sta partida, pur a nof voi fa vergogna, che apresii plu un hom, cha milli fomni. »

4 *Ibid.*, III, 3 : « fachin laro ». Le portefaix bergamasque est un personnage fréquent des comédies vénitiennes.

déjà problématique la cohérence de ce milieu campagnard. Dans la *Fiorina* vénitienne, il suffit de faire du monde rustique un élément comique par quelques allusions plaisantes, par certaines expressions de Ruzante (qui à Venise, avec son compagnon Menato, avait joué à plusieurs reprises des comédies « *a la vilanesca* » et était en quelque sorte le représentant emblématique de la vie campagnarde), par des expédients comiques souvent triviaux qui engendrent le rire de supériorité du citadin. C'est sans doute ainsi qu'on peut interpréter la proximité du premier acte de chacune des pièces (manière en quelque sorte de dire aux spectateurs « ça commence comme du Ruzante, mais attendez de voir ce qui va suivre ! »), la citation dans la comédie d'une expression qui lui est attribuée (« vous serez amis dans le cul, comme disait Ruzante[1] »), l'accumulation des doubles sens obscènes, fréquents chez Calmo mais particulièrement présents dans cette pièce et, enfin – alors même que le personnage du vieux Vénitien n'arrive à ses fins dans aucune autre comédie de Calmo – la victoire finale de Cocolin dans la course au mariage avec Fiore.

La parodie ne touche donc pas vraiment, contrairement à ce qui se passait dans *La potione*, le texte de départ, car c'est un point de vue différent de celui de Ruzante qu'adopte Calmo, en abandonnant le point de vue interne au monde paysan et en faisant intervenir d'autres personnages qui viennent d'un tout autre horizon. Le vénitien comique dans lequel s'expriment Cocolin et Alegreto est un pur produit littéraire, farci de latin approximatif, dont on a des exemples nombreux dans les *Lettere*. L'aveugle Alegreto, de surcroît, s'apparente à certains des vieux bergers des *Egloghe pastorali* de Calmo (1553), et on est, à n'en pas douter, dans une parodie de la pastorale avec ce personnage, devenu aveugle non d'avoir trop pleuré ou d'avoir contemplé trop longtemps la beauté resplendissante de l'aimée, mais d'avoir été arrosé par sa belle avec l'eau trop chaude de son bain de pieds, tandis qu'il chantait sous son balcon. Quant au jeu scénique et au spectacle, peu présents dans *La potione*, il est de retour dans *La Fiorina*, et en cela Calmo reste fidèle à sa façon de faire habituelle mais aussi à l'esprit de Ruzante. Le monologue de Bonelo dans la première scène de la pièce s'accompagne du *lazzo* « il ne peut pas manger » (*no pol magnare*), indiqué dans une didascalie. La bagarre entre Sandrin et Bonelo réutilise un matériel présent dans une farce, la *Farsa*

1 *Ibid.*, III, 4 : « A sari amisi in lo culo, con disea Ruzante. »

de Ranco, Tuognio e Beltrame[1]. Et les chansons sont fréquentes[2], au point que Fiore le fait remarquer : « Mais qu'est-ce que j'entends par ici. Que de la musique et des chansons[3]... » Bref, ça bouge, ça joue, ça chante !

Che vustu mo dir per questo[4] ? Calmo a donc tenté la voie du théâtre à partir du théâtre. Il s'était livré à d'autres expérimentations théâtrales, qui toutes avaient un lien avec l'idée que le théâtre se fait avec du théâtre : il avait en particulier contaminé la structure de la comédie érudite par des formes spectaculaires héritées des bouffons, dans la *Rodiana*, *Il Travaglia* et, à un moindre degré, dans *Il Saltuzza* ; il avait opté résolument pour le choix de la tradition vénitienne du spectacle et de la bouffonerie avec *Las Spagnolas*, sans doute la plus forte et la plus personnelle de ses comédies. La tentative de faire du théâtre « avec » Ruzante et Machiavel est une des voies métathéâtrales empruntées par Calmo, la plus nettement liée à une volonté de se confronter à des textes et des auteurs connus du public auquel lui-même s'adresse. Il le fait en maintenant ses choix fondamentaux dans le domaine des langues que les personnages emploient et de l'importance à accorder au jeu scénique et aux formes spectaculaires, mais les résultats sont loin d'être les mêmes.

La tentative de jouer avec Machiavel est, il faut bien le dire, un échec, la réduction au squelette de l'intrigue donnant une pièce étriquée. On peut comprendre la démarche visant à ramener *La mandragola* à son intrigue en la privant de la complexité qui en fait la richesse. Déjà Francesco Guicciardini, dans une lettre à Machiavel du 26 décembre 1525 où il le tenait au courant des préparatifs d'une représentation de *La mandragola*, prévue à Faenza pour le carnaval de 1526 et qui finalement n'eut pas lieu, avait prévenu son ami, à propos de la difficulté qu'avaient les acteurs avec son prologue dont il pensait que les auditeurs

1 G. Padoan, *La commedia rinascimentale veneta*, *op. cit.*, p. 179-180.

2 A. Calmo, *La Fiorina*, I, 1 : Bonelo, « dasche son a pe de cha soa, a ghe vuoi far un puo de verso » ; Fio., « Giandussa, mo che cantarin è questù, mare biata, mo l'ha na vose ch'intra da per tutto » ; I, 3 : Sandrin, « a ghe voi fa ina matinada » [didascalie : « canta »] ; I, 4 : Sandrin, « falaliloi, falalilela, falilò, chi not guarda è u grà minchio » ; Fio., « ...moa, ané drio a cantando... » ; II, 3 : Cocolin et Alegreto, en duo, [didascalie : « cantano »], « dura passion che per Amor soporto » ; Fio., « Mo che consa aldo de quence. Lo ma sonare, e cantare... »

3 *Ibid.*, II, 3 : « Mo che consa aldo de quence. Lo ma sonare, e cantare... ».

4 *Ibid.* : « Que veux-tu dire par là ? » C'est la question que se posait à lui-même le « curé de la paroisse » (*prete de la pieve*) qui faisait le prologue de *La Fiorina* et que je me pose à mon tour !

ne le comprendraient pas. Il lui suggérait donc d'en écrire « un autre plus conforme au peu d'entendement des spectateurs et dans lequel ils soient décrits eux, plutôt que vous[1] ». On peut donc admettre que Calmo, désireux de faire rire les *auditori* et pas forcément de les faire réfléchir, se soit contenté de la *beffa* et de *La potione* comme moteur de cette dernière. On comprend mal en revanche qu'il n'en ait pas fait une pièce « calmienne » avec les inventions verbales, scéniques et spectaculaires dont ses autres pièces ne sont pas avares et qui auraient donné à sa *Potione* un peu de la consistance dont elle aurait eu bien besoin.

En revanche, le jeu avec Ruzante est au fond réussi. Il y avait peut-être une vague idée de la part de Calmo de « rendre la monnaie de sa pièce » au « très fameux Ruzante » auquel avait été attribuée par les éditeurs sa pièce *La rodiana*. Quoi qu'il en soit, la proximité théâtrale des deux acteurs-auteurs, tous deux persuadés de l'importance de l'« éloquence corporelle » et de celle de la langue (ou des langues) à utiliser sur scène, permet à Calmo de trouver un point de départ dans *La Fiorina* de Ruzante, tout en traçant son propre parcours et en créant une pièce originale qui reflète ses ambitions théâtrales : écrire et jouer des comédies spectaculaires, capables de plaire, de répondre aux attentes d'un vaste public et qui, en même temps, maintiennent une dignité littéraire, assurée par l'invention, et la maîtrise, d'une langue écrite et pensée pour la scène.

Jean-Claude ZANCARINI
École normale supérieure de Lyon

1 N. Machiavelli, *Opere*, *op. cit.*, II, p. 413 : « uno altro conforme al poco ingegno delli auditori, et nel quale siano più presto dipinti loro che voi ».

L'ENFER MÉTATHÉÂTRAL

Le miroir du monde dans *La Tartarea* de Giovanni Briccio

Autodidacte des lettres, peintre sur toile et peintre d'enseignes d'échoppes, musicien et compositeur, acteur et comédiographe : Giovanni Briccio (Rome, 1579-1645) s'inscrit dès la lecture des notices biographiques à son sujet[1] dans la tradition de l'homme de lettres polyvalent du XVIIe siècle, et l'étude de ses textes théâtraux confirme cette démultiplication des goûts littéraires et artistiques. Dans la longue liste de ses comédies (des *Diffetosi* en 1604 à *La Tartaruca* publiée posthume en 1677), *La Tartarea, commedia infernale* apparaît, par son sous-titre, comme une expérimentation d'une nouvelle catégorie de comédie. Publiée en 1614 et ayant connu bien dix rééditions jusqu'en 1677, *La Tartarea* narre les mésaventures de Domitio, Albina, Pantalone, Zanni, Pasquarello aux portes de l'Enfer.

Domitio était promis à Albina, mais son rival Massentio lui tend un piège et, malgré une lutte acharnée où il blesse son ennemi, Domitio perd sa bien-aimée qui est emportée dans une grotte. Suivi de ses deux fidèles serviteurs, Domitio explore la grotte pendant plusieurs jours[2], croisant dans les méandres un Mage, Pantalone, qui lui donne de précieuses indications sur le chemin à suivre, pour arriver, au moment où la comédie commence, face à un choix.

> À main droite se trouve la porte de l'Enfer, où entrent les Damnés, et qui porte une pancarte : « Perdez toute espérance vous qui entrez. » Elle est

1 Voir en particulier la notice d'O. Michel et L. Rossi dans le *Dizionario biografico degli italiani*, vol. 14, Rome, Treccani, 1972, en ligne : www.treccani.it/enciclopedia/giovanni-bricci_(Dizionario-Biografico)/ (consulté le 23 octobre 2015).

2 La carte de l'Enfer décrite par Domitio dans les premières scènes n'est pas sans rappeler une version infernale de la carte de Tendre et des parcours amoureux labyrinthiques plus généralement. Plusieurs pages sont en effet dédiées à la description des chemins menant aux portes infernales, chacun d'entre eux passant par des lieux symboliques et allégoriques (le chemin de l'Envie, la route du Sommeil, le croisement de la Célébrité, etc.)

> d'ordre rustique, et ses battants sont en fer. L'autre porte, en face, d'ordre dorique, avec ses battants en or, mène à l'Île des Bienheureux, c'est-à-dire les Champs-Élysées, portant la phrase « La haute justice s'étend jusqu'ici-bas » ; par cette porte, les Anciens prétendaient qu'entraient les âmes de ceux qui, dans le monde, ont vécu selon le bien et la morale[1].

Albina est derrière l'une de ces deux portes, et Domitio doit faire le bon choix : voilà le thème du double qui apparaît dans cette hésitation, de même que la pièce se met sous la double protection de la tradition dantesque d'une part, et antique de l'autre. Si nous avons de telles indications scéniques, c'est que Briccio, en praticien du théâtre, fait précéder son texte d'un prologue, non pas récité, mais destiné à la lecture, et portant des précisions concernant la scénographie, schéma à l'appui. Ce prologue est riche en directives techniques. Entre les deux portes, un visage muré par lequel un acteur doit parler, masque/miroir du spectateur : « Cette tête représente Battos, comme on le comprendra de cette œuvre, et pour la faire parler on doit l'installer de sorte qu'un homme, derrière la scène, puisse mettre sa tête dans cette cavité, et parler au travers[2]. » Tout le décor doit être fumant et flamboyant : « Tout le reste de la scène doit être fait en forme de pierres vives, et de lave pétrifiée, d'où, à travers des fissures, s'échappent de temps à autre des flammes de feu artificiel, fait d'eau-de-vie, afin qu'elles ne produisent aucune puanteur[3]. » La structure du décor est donc familière au public des comédies (deux portes de part et d'autre de la scène, avec une rue au centre où se déroulera l'action et une toile au fond portant des illustrations), mais le sujet représenté est bien loin de la comédie littéraire ou *dell'Arte* traditionnelle, et doit créer l'étonnement et la stupeur du

1 G. Briccio, *La Tartarea, commedia infernale*, Bologne, Antonio Pisarri, 1674, p. 6 : « Alla mano destra vi è la Porta la quale è quella dell'Inferno, dove entrano li Dannati, con un Cartello sopra, che dice *Perdete ogni speranza voi ch'entrate*, la quale è d'ordine rustico, con le porte di Ferro. L'altra Porta incontro, di ordine Dorico, con i sportelli di oro, e è quella che conduce all'Isola de' Felici, overo a i Campi Elisi, con un motto sopra, che dice *L'alta giustitia fin quà giù si estende*, e per questa Porta, fingevano gli Antichi, entrare le Anime di quelli, che nel mondo erano vissuti bene, e moralmente. » – Toutes les traductions sont les nôtres.

2 *Ibid.* : « Laquale [testa] rappresenta Batto, come nell'Opera s'intenderà, che per farla parlare si deve accomodare di modo, che uno dietro la Scena mettendo la testa dentro la concavità, possi parlare per quella. »

3 *Ibid.*, p. 6-7 : « Tutto il resto della Scena finge di vivi sassi, e tufi, dove per qualche fessura esali alle volte alcune fiamme di fuoco artificiale, fatto di Acqua di vita, acciò non rendi fetore. »

public face à ces effets techniques réservés à d'autres genres théâtraux comme les intermèdes ou les tragédies à apparitions surnaturelles.

Briccio veut proposer à travers ce texte une nouvelle catégorie de comédie :

> Tout comme certaines comédies sont dites *pastorales* à cause des pasteurs qui les représentent, et *sylvestres* à cause de leur lieu c'est-à-dire les bois, et *maritimes*, et *marines*, à cause de la mer et des marins, ainsi cette comédie est appelée *tartaréenne* et *infernale*, car elle se passe tout entière dans les entrailles infernales de la terre, dans ce lieu où les poètes prétendent que se trouvent les portes du Tartare[1].

L'attrait de la nouveauté de cette catégorie permet de servir le but de son auteur : l'enseignement moral. En effet, dès le fronstispice, on lit sous le titre : « Comédie infernale, où, selon une composition nouvelle et agréable, l'on montre que la vertu ne s'acquiert qu'au prix de grandes difficultés et d'un grand labeur[2]. » Or quelle plus grande difficulté (*disaggio*) que d'envoyer son héros en Enfer pour prouver sa vertu ? La comédie est donc bien écrite en clés allégoriques comme en témoigne l'adresse au lecteur : « Albina représente la vertu et Domitio, amoureux d'Albina, l'homme qui tente de l'acquérir en domptant le vice[3]. » Briccio choisit le genre de la comédie car le plaisir est le meilleur moyen d'éduquer son public, s'inscrivant dans le *topos* de l'utile et de l'agréable : « Elle a été composée principalement pour que, tout en étant agréable à la surface, en profondeur ensuite sa substance soit utile[4]. » On le voit, Briccio se place dans la tradition de la comédie morale et cette double caractéristique (utilité et plaisir) reflète la nature double de cette comédie : comédie d'une part, récit d'un voyage en Enfer de l'autre. La double tradition littéraire présente la comédie comme un

---

1 *Ibid.*, p. 5 : « Così come alcune comedie sono chiamate Pastorali per i Pastori, che le rappresentano, e Boscareccie per il luogo, cioè Bosco, e Maritime, e Pescatorie, per il Mare, e Pescatori ; Così la presente Comedia è nominata Tartarea Infernale, per succeder ella tutta nelle infernali viscere della terra, nel luogo dove fingono i Poeti, essere situate le Tartaree Porte. »

2 *Ibid.*, p. 1 : « Comedia infernale [...] dove con nuova e dilettevole compositione si mostra la virtù acquistarsi solo per opra di gran disaggio, e fatica. »

3 *Ibid.*, p. 3 : « Albina significa virtù ; Domitio innamorato di Albina, l'huomo, che domando il vitio, cerca d'acquistarla. »

4 *Ibid.* : « a questo fine principalmente è stata composta, acciò dilettando con la superficie giovi poi con la profondità della sua sostanza ».

lieu de réutilisation intertextuelle et métathéatrale des *topoi* littéraires de l'époque : de la présence de Batto aux scènes du procès, on le verra, le regard du public est dédoublé sur scène, et le monde y est jugé, en veine comique, à travers le miroir déformant du théâtre de l'au-delà.

SYNCRÉTISMES INTERTEXTUELS

Les mythes de voyages aux Enfers sont nombreux et Briccio parsème son texte de références et d'allusions plus ou moins voilées à ces récits. Orphée, bien entendu, est au fondement du genre qu'il cite à plusieurs reprises, à la fois pour donner une légitimité littéraire à son texte mais aussi pour se moquer de ses protagonistes. En effet, Batto, ce visage muré au fond de scène, s'étonne de la présence de Domitio : « De toutes ces centaines d'années où j'ai été lié si fort à cette roche, je ne me souviens de personne qui soit descendu ici avec son corps, sauf Orphée, quand il vint pour sa belle Eurydice. Après lui Pintos et plus récemment Énée[1]. » Plus loin, lorsque Domitio envoie ses serviteurs passer la porte de l'Enfer, sa lâcheté lui est reprochée, « Et ainsi tu t'en es remis aux bons soins de deux serviteurs, lâches et ignares : est-ce ainsi que fit Orphée pour sa belle Eurydice[2] ? »

Le comique naît de cette juxtaposition des deux genres littéraires, présente dès la distribution des personnages : Domitio, *giovine*, et Albina *giovane*, voilà les deux jeunes premiers de la comédie. Puis viennent Zanni (bergamasque) et Pasquarello (napolitain), les serviteurs, et enfin Pantalone. Si Briccio utilise ces personnages *dell'Arte*, c'est qu'ils lui sont familiers. On lui connaît certains *scenari* de *Commedia dell'Arte* et surtout, dans ses pièces écrites, les types sont réutilisés à plusieurs reprises : en particulier la figure de Pantalone qu'on retrouvera comme protagoniste du *Pantalone imbertonao* (1617), mais aussi dans *La Tartaruca* (1677) ou encore *La Zingara sdegnosa* (1620). Si l'emploi des jeunes premiers et

1 *Ibid.*, p. 13 : « Tra tante centinaia d'anni, che son legato sì fortemente a questo sasso, non mi ricordo di niuno, che sia disceso quà con il corpo, salva Orfeo, quando vi venne per la sua bella Euridice. Doppo lui Pintoo e ultimamente Enea. »

2 *Ibid.*, p. 67-68 : « E così gran cura hai rimessa in duoi vili, e ignoranti servitori : fece così Orfeo per la sua belle Euridice ? »

des serviteurs est traditionnel, celui de Pantalone l'est bien moins. Il n'est plus le vieillard s'opposant au mariage, mais au contraire, il aide, par ses conseils, le jeune premier à retrouver Albina. Et surtout, c'est un magicien. Au cœur de l'Enfer comique de Briccio, un syncrétisme mélange mythes antiques, superstitions surnaturelles et châtiments chrétiens. La liste bigarrée des personnages s'enrichit en effet de Mercure, *consegnator dell'Anime*, Caronte et Radamento, *Demoni*, mais aussi une Fée, Fata, *detta Felicia*, Echo, *voce* et même Saffo, *poetessa*. Dans le contexte de la Contre-Réforme, il n'est pas difficile de comprendre pourquoi, si la représentation des diables est acceptable sur scène, celle des anges et du divin ne l'est pas, dans le registre de la comédie. C'est pourquoi ce n'est pas un ange ou un saint qui ouvre la porte des Bienheureux, mais une Fée, et les pouvoirs surnaturels de Pantalone ne peuvent qu'être de magie noire.

La tradition littéraire est elle-même démultipliée dans la comédie. Outre les références orphéennes ou dantesques, la présence de Sappho met la comédie sous le signe de la poésie lyrique amoureuse. Sappho apparaît dès le premier acte, lorsque les deux serviteurs, affamés, frappe à la porte dorée croyant qu'il s'agit de l'*osteria* de la grotte. C'est la poétesse qui ouvre ; elle s'exprime en endécasyllabes, et elle est bien étonnée de ne trouver que deux serviteurs dialectaux face à elle :

SAPPHO

Qui est celui qui a tenté ainsi le sort de venir frapper à nos portes ?

ZANNI

C'est un gentilhomme venu de la vallée, premier inventeur des gnocchi à l'aïoli. [...]

PASQUARELLO

Je suis le grand Pasquarello, qui fait retentir les champs de bataille et le tonnerre[1].

Quand la poésie amoureuse rencontre la comédie, c'est un jeu de quiproquos qui débute, menant à la colère de Sappho et au rire de Batto, spectateur involontaire de la scène. Les rencontres entre genres littéraires

1 *Ibid.*, p. 27 : « SAFFO : Chi è quel, che favorito hà sì la sorte / Che venghi à batter queste nostre porte ? [...] ZANNI : E un zentil'hom vegnù da la vallada, / Primo inventor de i gnocchi con l'aiada. [...] PASCARIELLO. : Io chillo granne Pascariello sono, / Che spatencare faccio campo, e tuono. »

se poursuivent avec l'arrivée du genre épique. En effet, dès l'exposition, Domitio raconte à Batto son combat avec Massentio pour Albina à grand renfort d'hyperboles pseudo-épiques (« Empoignant mon épée, en moins de quarante coups j'en tuai trois et j'en vis quatre prendre la fuite[1] », et plus loin, « Je coupai les jambes de son cheval[2] », ou encore, « La fureur et le dédain crûrent tant en moi que Massentio, ne pouvant éviter mes coups, [...] tomba[3] »). La version comique de l'épopée est introduite par Pasquarello, le serviteur belliqueux, qui imagine le temple que l'on érigera en son nom au dieu de la guerre, dont l'épitaphe est rédigée en latin macaronico-napolitain :

> *Ob victoriam contra Diavolorum ottenutam, qui trucidati fuerunt alla porta dell'Infierno ubi una magna parso morti fuerunt, Alij verò feruti multus malamente, Pascariellus Sagitta Partenapolitanesensis bravorum*[4].

La pastorale n'est pas oubliée non plus de la scène infernale, à travers le personnage de Batto (il s'agit en réalité de Battos, le berger des *Métamorphoses* d'Ovide changé en pierre pour avoir menti à Apollon), mais également à travers la présence d'Écho[5]. Scène topique de la pastorale, le dialogue avec l'écho où le héros trouve un sens involontaire à la répétition de la dernière syllabe de ses questions (on pense bien entendu à la célèbre scène d'écho du *Pastor fido* de Guarini, IV, 8) est ici converti à la comédie. Zanni et Pasquarello s'adressent au vide infernal derrière la porte de fer pour y trouver à manger, et l'écho y est bien moins bon conseiller que pour les nymphes et les bergers. Dans cette longue scène plurilingue, le comique naît de l'incompréhension puis de la colère face aux réponses incohérentes, le tout souligné par les remarques sarcastiques de Batto, qui, comme le public, a compris la nature du procédé. Une nouvelle fois le quiproquo dégénère quand les serviteurs sont terrorisés par les bruits, bien réels cette fois, des habitants des Enfers.

Enfin, genre moins canonique, mais en vogue au XVIIe siècle, la *Zingarata* fait également son apparition au Tartare. Briccio en écrit

1 *Ibid.*, p. 17 : « impugnando la spada [...] in meno di quaranta colpi ne uccise tre, e viddi il quarto andar in fuga ».

2 *Ibid.*, p. 18 : « tagliai le gambe al cavallo di Massentio ».

3 *Ibid.* : « crebbe in me tanto la furia e 'l sdegno, che non potendo Massentio schivare una punta [...] cadè ».

4 *Ibid.*, p. 35.

5 *Ibid.*, p. 31-33.

plusieurs et il se sert de leurs ressorts, en particulier la magie noire et blanche et les références à la nécromancie. Ce sont les pouvoirs de sa *Zingara ladra* (en 1610, et plus tard il écrit la *Zingara sdegnosa* en 1620 et *La bella negromantessa* en 1621) qu'il convoque ici à travers les sorts de la Fée et de Pantalone. Lui aussi a eu en effet une importance dans la disparition d'Albina, en tant qu'allié de Massentio : « Massentio, qui aimait sans être aimé, voulut faire naître l'amour, avec l'aide de la nécromancie, comme me l'a raconté ce même Magicien qui le servait [...], appelé Pantalon[1]. »

La comédie infernale multiplie donc les influences littéraires tant dans les citations que dans la construction des scènes et les ressorts narratifs, opérant un véritable éclatement du miroir littéraire. L'Enfer semble concentrer les genres littéraires comme il rassemble les âmes, et, on le voit, la nouvelle comédie crée un véritable *théâtre du théâtre*, présentant tour à tour les différents genres dans un récit métatextuel.

LE THÉÂTRE DU MONDE MIS AU PROCÈS

Une telle multiplicité s'appuie sur le motif de la spécularité, reflet du monde terrestre. L'abondance des références crée en effet un portrait, déformé bien entendu, de la société des vivants. Dans le goût du baroque, c'est un théâtre du monde que propose le surnaturel infernal à travers, en particulier, la scène centrale du procès des âmes. Après les *maschere* et les habitants de l'Enfer, une troisième catégorie de personnages est en effet présente, à travers la liste des défunts : « Massentio, gentilhomme [Domitio le croyait blessé mais le voici sur la barque de Charon] ; Aurelio, avare ; Licona, parasite ; Passercula, prostituée ; un homme de main ; un espion ; un marchand, un nécromant, un brave[2]. » Le procès donne nom et profession de certains d'entre eux avec une précision d'état civil, et c'est toute la hiérarchie sociale (à l'exception du clergé, bien entendu, car Briccio est romain et la censure religieuse n'est jamais loin)

1 *Ibid.*, p. 16 : « [Massentio] ch'amando non era amato procurava operare con Negromantia l'amor suo, come mi ha riferito l'istesso Mago, che lo favoriva [...] chiamato Pantalone. »

2 *Ibid.*, p. 8 : « Massentio, gentil'huomo, Aurelio avaro, Licona parasito, Passercula meretrice, un Sbirro, un Spione, un Mercante, un Negromante, un Bravo. »

qui est représentée par les âmes jugées : du noble Massentio au brave, du bourgeois enrichi Aurelio Lesinanti, à Passercula, la prostituée, du marchand au soldat, la société des âmes est le symétrique de celle des vivants. D'ailleurs, de leur retour du voyage sur les fleuves infernaux, les serviteurs affirment qu'il n'y a pas plus de femmes que d'hommes, pas plus de jeunes gens que de vieillards parmi les punis ; seule différence, il y a un peu plus de riches que de pauvres[1].

Cette longue scène de procès est également le lieu de la mise en abyme théâtrale : le procès, par nature événement théâtral, est renforcé ici par le regard de Batto, toujours en scène. En réalité, le rôle de la figure de Batto est complexe. Il est ce masque au fond de scène qui fait face aux spectateurs – et la gravure du prologue représentant un schéma de la scène ne fait pas de doute sur sa forme : c'est bien un masque que voient, sur la toile du fond, les spectateurs. Mais c'est un masque aux yeux clos. Selon la tradition antique, et Briccio la respecte, Batto est en effet aveugle. Il entend tout ce qu'il se passe sur scène, il en est le spectateur mais il ne voit pas directement les personnages. On le voit : non seulement il est la figure de témoin et de commentateur, et en ce sens il relaie le regard du spectateur, mais il est également un miroir déformé, hautement symbolique de l'aveuglement des hommes face aux affaires de l'outre-tombe. Enfin, sa dernière caractéristique est d'être contraint à tout moment de dire la vérité, telle *la bocca della verità* romaine, autre masque muré. Faut-il y voir également, chez un Briccio par ailleurs poète de la vie quotidienne de Rome, une référence à la tradition des « statues parlantes », ces six statues disséminées dans la ville, dont la plus célèbre est Pasquino, et sur lesquelles le peuple inscrit des pamphlets censés exprimer la vérité face à la propagande papale ou étatique ? Quelle que soit son origine, Batto par sa présence immuable renforce la spécularité de la comédie et ses remarques mordantes lors de la longue scène du procès explicitent les réactions attendues du public.

Véritable représentation d'un tribunal au sein de la scène théâtrale, le procès en a la structure avec les scènes de jugements intercalées de commentaires/intermèdes de la part des diables présents. Le portrait spéculaire est renforcé par les récits eux-mêmes, bien ancrés dans la réalité terrestre. Ainsi l'on apprend les malheurs de la prostituée qui n'ayant plus de clients, meurt seule sous l'étal d'un boucher (« Elle est

1 *Ibid.*, p. 83.

morte galeuse, recouverte de teignes et de poux, sous l'étal d'un boucher[1] ») ; et quand elle se présente en victime (« De grâce, ayez pitié de la pauvresse que je suis : c'est ma mère qui m'a conduite à cette vie[2] »), le tableau frôle l'élégie réaliste. Le quotidien terrestre y trouve sa place à travers le *topos* de la gourmandise des serviteurs et de Pantalone qui sont très précis dans la liste des mets, des caractères et des nations de la terre. En effet dans la scène finale, épilogue grotesque à la comédie, Zanni, Pasquarello et Pantalone invoquent les démons en ces termes :

> ZANNI
>
> Je t'en conjure, Pluton : je pourrais manger un plat de macaronis grand comme une gamelle. [...]
>
> PASQUARELLO
>
> Je vous en conjure, ô Diables, envoyez-moi un jardin entier de choux, même sans friandises : du chou plat, du chou frisé, des brocolis, avec du lard fondant[3].

Et surtout Pantalone :

> Je vous en conjure, ô mes diablesses, par la demi-mesure des feuillettes, par les fausses promesses des seigneurs, par les mensonges des marchands et des tailleurs, par les recettes des charlatans, par les doigts agiles des Napolitains, par la conscience des voleurs, par les cérémonies des Espagnols, par le lard des Abruzzais, par les braies des Français, par les larmes des putains, par les faces des Siciliens, par les baratins des notaires, par les bourses des avares, par les sbires imbéciles et les gains des espions, par le nombre des ruffians, par les juifs et ces chiens les marranes, par la force des bottes, par les cocus raisonnables, par les mensonges des Florentins, par les baratins des Pérugins, par les humeurs des Siennois, et par la tourte des Génois, apportez-nous à manger[4].

1 *Ibid.*, p. 52-53 : « è morta piena di rogna, gomme, e scabbia, sotto di banco di un macellaro ».

2 *Ibid.*, p. 52 : « deh habbiate compassione a mè meschina, che mia madre fu quella, chi mi ci condusse ».

3 *Ibid.*, p. 97-98 : « ZANNI : Mi te sconzur Plutù / Ch'a un piatt de maccarù / Grand com'una tinozza [...] / Mi ne pozza manzar. [....] PASCARIELLO. : Io ve scongiuro Deavoli, / Che un horto de cavoli / Senza sì bericoccole, / De foglia, torze, e broccole, / Con lardo liquefatto, / famene no pegnatto. »

4 *Ibid.*, p. 99 : « Io ve scongiuro tutte diavolette, / per la mesura scarsa de fogliette, / per le fauze promesse de Signori, / per bugie de mercanti, e de sartori, / per le ricette de ciarlatani, / per l'ongie leste de Napoletani, / per la conscientia de marioli, / per le ceremonie de Spagnoli, / per lo lardo degli Abbrusciesi, / per le braghe de Franzesi, / per le lacrime de puttane, / per le faccie Siciliane, / per le cetere de notari, / per la borsa de gli avari, / per i sbirri babioni, / e il guadagno de spioni, / per il numer de ruffiani, / per gli hebrei, e can marani, / per forza de stivali / per li becchi rationali, / per le ciarle Fiorentine, / per le cetere Perugine, / per gli humori de Senesi, / e per la gattafura de zenesi, / che da manciare ce portate. »

Le comique de l'accumulation et le choix des caractéristiques de chaque nation font à travers cette longue litanie d'invocations entrer le monde européen tout entier en Enfer, et Pantalone fait écho ici à la description qu'ont faite les serviteurs, quelques scènes auparavant, des cercles et des châtiments.

En effet, par intercession de Mercure, les serviteurs ont pu être accompagnés dans les cercles, non pas par Virgile mais par un diable, et ils y ont parcouru tous les fleuves. Bien entendu, le récit est fait en veine comique puisqu'ils sont incapables d'en répéter le nom (*Cagalonto* pour Acheronte, et puis *Striglia*, *Coccio rito*, ou encore *Fregalonto*[1]) et, surtout, les châtiments qu'ils y trouvent sont différents de la version dantesque (les avares par exemple doivent avaler or et argent fondus qui leur sont remis dans la bouche dès qu'ils les ont déféqués, ou bien encore les orgueilleux sont écrasés par une pierre « grande comme la montagne de Haut-Bergame[2] »). La punition, parfois scatologique ou licencieuse (les luxurieux doivent s'adonner à leur vice avec une statue de bronze enflammée), fait également apparaître les vices du siècle et achève d'ancrer l'Enfer dans la réalité du XVIIe siècle. Parmi les pécheurs se trouvent en effet les coquettes, les *zerbinotte*, que décrit ainsi Pasquarello : « Quel plaisir de voir le châtiment des coquettes : elles avaient une collerette faite entièrement de pointes d'acier qui leur entraient dans la chair, et leur col était mêlé d'œufs pourris et embaumé des déjections du chien Cerbère[3]. » Briccio prend ainsi ses distances par rapport à la tradition en adaptant les châtiments à la réalité quotidienne contemporaine.

Ce goût de l'exhaustivité et de la précision du portrait social chez Briccio est présent dès ses comédies terrestres, cette fois, en particulier en matière linguistique : chaque représentant d'une ville ou d'une nation parle dans son dialecte ou dans une version italianisée de sa langue. C'est le cas par exemple du français dans la *Zingara sdegnosa* qui insulte la bohémienne en insérant des rimes françaises – « tu hai poche crianse / Con me, che son Fransoi / te sgiure per maffoi / che mi t'ammasce » (« si tu te comportes mal avec moi, qui suis *françois*, je jure par ma foi, que

1 *Ibid.*, p. 79-80.

2 *Ibid.*, p. 81 : « grand come la montagna de Bergam de sora ».

3 *Ibid.*, p. 82 : « Lo gusto era bedere la pena delle zerbinotte, issi haviano no colletto tutto de punte de acciaro ca le trasivan nella carne, lo quale era mescoliato de ove fracide, co no colaro imposemato de sterco del cane Cerbero. »

je vais te tuer[1] ») – ou celui du *Pantalone imbertonao* qui use du même accent : « Se ve sciura scertament, che ho tante dolore de quette sciose, che non se pole al monde immascinar le masciore » (« Je vous jure certainement, que j'ai tant de douleur à ces choses, qu'on ne peut au monde en imaginer de plus grandes[2] »). Bien entendu les serviteurs parlent leur dialecte mais, plus que cela, un sonnet de Pasquarello imite et se moque du superlatif méridional qui redouble les adjectifs ; par la paronomase il s'adresse à Albina dans un sonnet qui « sonne » tout à fait napolitain :

Albina, che del cor fai furto forte,
Mieriti la dorata balla bella,
Resplenni chiù che in una stalle stella,
E donghi à i cori chiù de Marte morte.

« Albina, qui dérobes le cœur,
tu mérites un beau discours,
tu brilles plus fort qu'une étoile de l'étable,
et tu inspires dans les cœurs la mort mieux que Mars[3]. »

On le voit, le jeu du dédoublement et de la mise en abyme théâtrale est incessant dans la comédie, et s'il culmine dans la scène du procès, c'est toute la comédie qui s'inscrit sous le signe de la spécularité du monde terrestre : à la fois dans les portraits par touches, naissant d'une observation du monde de la part de Briccio, et d'une connaissance des ressorts théâtraux par la retranscription dialectale en veine comique.

LA COMÉDIE MÉTAPHYSIQUE

Ce comique, enfin, s'appuie aussi sur une autre forme de *méta*-discours, cette fois-ci non pas le *méta*théâtre mais la *méta*physique. En effet, certaines questions philosophico-théologiques sont soulevées par

1 G. Briccio, *La Zingara sdegnosa*, Venise, Angelo Salvadori, 1634, p. 8. On notera la retranscription phonétique imparfaite du français au cœur du procédé comique.

2 G. Briccio, *Il Pantalone imbertonao*, Trévise, [s.e.], 1673, p. 17. Ici c'est l'accent français qui est imité, les sons |ʧ| et |ʤ| devenant |ʃ|.

3 G. Briccio, *La Tartarea*, *op. cit.*, p. 91. Les métaphores et comparaison inattendues sont justifiées par le jeu verbal de la paronomase en fin de vers.

les serviteurs dans le rapport à l'âme humaine. Bien entendu la rencontre entre la philosophie et le pragmatisme des serviteurs fait naître des paradoxes comiques. Tout d'abord ils sont persuadés d'être morts, malgré la faim qui les tiraille et l'humidité du lieu qui leur donne des rhumatismes. Un sophisme les en a convaincus : le Tartare est pour les morts, nous sommes au Tartare, nous sommes donc morts. Et ils s'en prennent à leur maître de les avoir fait mourir sans qu'ils ne s'en soient même rendu compte. Mais surtout, Pasquarello se lance dans une démonstration sur l'immatérialité des démons et donc la supériorité de l'homme sur eux, celle du corps sur l'âme :

> BATTO
> Quel rapport y a-t-il entre la force des hommes et celle des diables ?
>
> PASQUARELLO
> Comme tu es imbécile, pour ne pas dire bête comme un âne : si d'un coup d'épée je peux trancher et couper en deux un homme fait de chair, de nerfs, et d'os aussi durs que le travertin, je pourrais réduire en poussière bien plus facilement un diable qui n'a ni os ni chair[1].

Ce pragmatisme théologique pose cependant quelques problèmes quand il se heurte à une aporie. Pasquarello veut tuer des diables, mais Zanni lui demande : « Si tu tuais alors un diable, où irait donc son âme[2] ? » Pasquarello reste sans voix et change de sujet face à l'existence d'un enfer pour les démons de l'enfer (« Ne t'inquiète pas de cela, tu penses qu'il n'y a pas d'enfer pour les diables quand ils meurent[3] ? »), nouvelle mise en abyme comique. Ces réflexions, véritable « philosophie diablesque[4] », selon le serviteur lui-même, culminent dans la négation du symbole même de la comédie, en particulier *dell'Arte*, la bastonnade : « Une autre chose que je veux te dire, souffle Pasquarello, il n'est pas vrai que nous avons reçu des coups de bâton, ce n'est qu'une illusion parce que les démons ont la faculté de tromper l'imagination et de faire

1 *Ibid.*, p. 29 : « BATTO : Ch'a ha fare la potenza de gl'huomini con quella de' Diavoli ? / PASCARIELLO. : O commo si chiaffeo, pe non te dicere aseno ; se io co no solo colpo de spara smeuzo, e spacco pe miezzo no hommo c'have carne, nierve, e chillo che chiù ne porta ossa toste, commo travertino, chiù facelmente no manderaggio in povere no Deavolo, ched è senz'ossa, e carne perzì. »

2 *Ibid.*, p. 59 : « Se ti amazzas mo un deavol, dov'andaras la so anema ? »

3 *Ibid.* : « Lassa lo pensiero ad isso, pienzi tù che no nce sia l'infernu delli deavoli quanno moreno ? »

4 *Ibid.*, p. 60 : « filosofia diavolesca ».

passer une chose pour une autre[1]. » Le couple théologie ultramondaine/pragmatisme terrestre ne fait pas bon ménage aux yeux de Zanni, à qui on ôte même la possibilité topique de se plaindre des coups de bâton reçus !

Ainsi *La Tartarea* s'inscrit non seulement dans le théâtre du monde cher à Briccio, qui par ailleurs écrit de nombreux poèmes satiriques sur la vie quotidienne romaine, mais également dans toute la tradition baroque du goût pour la bizarrerie et la mise en abyme à travers un jeu référentiel dense et un comique qui se revendique comme nouveau, naissant de la juxtaposition des genres, des lieux et même des notions philosophiques, pour créer une pièce non seulement *métathéâtrale* mais comiquement *métaphysique*.

Qu'advient-il alors de nos orphées comiques ? Domitio, l'Homme, selon les clés allégoriques initiales, ayant fait ses preuves et ayant promis d'être prudent, retrouve Albina, la Vertu, dans un duo d'amour que ne viennent gâter que la faim et la fatigue des serviteurs, une dernière fois bastonnés par Charon pour un plat de macaronis. Pantalone le Mage, symbolisant l'orgueil, se réconcilie avec la Fée, miséricorde divine, et tous remontent sur terre pour revoir les étoiles.

Stéphane MIGLIERINA
Université Paris-Sorbonne

1 *Ibid.*, p. 60-61 : « N'autra cosa te boglio dicere, che non è vertà, che nui haviamo hauto mazzeata, me nce pare così, perchè lo demonio have facurtà d'engannare la fantasia, e fare parere na cosa pe n'autra. »

MÉTATHÉÂTRE ET INTERTEXTE DANS L'ŒUVRE THÉÂTRALE DE PIER PAOLO PASOLINI

Le métathéâtre apparaît souvent comme un mode de réflexion de l'auteur sur son œuvre[1]. Pour Lionel Abel, il est aussi la forme dramatique qui remplace le tragique ancien dans le drame contemporain[2]. Manfred Schmeling, quant à lui, précise que tous les procédés métathéâtraux, « complets » aussi bien que « périphériques », aboutissent à une participation plus active du spectateur, à une réflexivité accrue lors du processus de réception[3]. Ces procédés sont du reste autant de marques de théâtralité : « Le métathéâtre est une manière réflexive et autoréflexive de poser un regard sur l'œuvre d'art, affirme Patrice Pavis, une manière indispensable d'interpréter des caractères distinctifs de la théâtralité contemporaine[4]. »

Dans l'œuvre théâtrale de Pier Paolo Pasolini, le métathéâtre déclenche aussi des dynamiques d'autoanalyse. Le dramaturge joue en effet sur des mises en abyme qui sollicitent l'intervention du public au sein de la représentation et l'informent de la réflexion de l'auteur sur son théâtre

1 Nous distinguerons ici le théâtre sur le théâtre, la réflexion en tant que telle au sens strict, et le théâtre dans le théâtre, c'est-à-dire les phénomènes de mise en abyme qui permettent également une réflexion métathéâtrale.

2 Lionel Abel qualifie *La vida es sueño* de Pedro Calderón de la Barca comme un jeu de mises en abyme entre rêve et réalité. Il affirme que la pièce n'a pas de fin tragique. Il y a eu une prophétie selon laquelle le roi allait être tué par son fils Sigismond mais Basilio ne sera pas tué : « La tragédie échoue. Le drame de Basilio vient après. Le métathéâtre a remplacé la tragédie » (L. Abel, *Metatheatre. A New View of Dramatic Form*, *op. cit.*, p. 72, notre traduction).

3 Manfred Schmeling relate que, lorsque les stratégies d'illusion sont laissées de côté, le spectateur ou le lecteur est contraint de réfléchir à son propre statut ontologique dans un monde où la réalité est instable et relative. Il est incité à entretenir avec l'univers social représenté une relation distante et critique, c'est-à-dire à se laisser guider par la réflexion didactique, à renoncer au plaisir passif de l'illusion produite par le jeu et à nourrir la réception instantanée de l'œuvre de ses propres acquis culturels (*cf.* M. Schmeling, *Métathéâtre et intertexte*, *op. cit.*, p. 8).

4 P. Pavis, *Vers une théorie de la pratique théâtrale*, Paris, Presses universitaires du Septentrion, 2000, p. 336.

en train de se faire, tout en le convoquant lui-même en tant que spectateur de son propre travail. Par quels procédés et pour quels effets ? L'approche de pièces comme *Affabulazione*, *Pilade*, *Orgia* ou encore *Porcile* permettra de mieux le comprendre.

PROLOGUES ET INTERMÈDES : L'ESPACE TEXTUEL DE L'AUTEUR DRAMATIQUE

Le théâtre de Pasolini s'inspire principalement de la morphologie des tragédies antiques et partiellement des pièces espagnoles du XVIIe siècle, telle *La vida es sueño* de Pedro Calderón de la Barca, dont les textes théâtraux comportent presque tous des prologues, des intermèdes et, plus rarement, des épilogues. Chez Pasolini, il s'agit d'une pratique assez singulière dans le panorama du théâtre italien contemporain, puisque la plupart des dramaturges des années 1960, à l'exception d'Elsa Morante[1], n'utilisent pas ces formes anciennes.

Mais contrairement à ceux de Morante, les prologues de Pasolini, excepté dans *Pilade* et dans *Nel '46*, n'exposent pas les faits antérieurs, l'*antefatto* – les événements tragiques qui doivent se développer par la suite. Ils sont plutôt traités comme des espaces textuels métathéâtraux ayant pour fonction d'éclairer les choix esthétiques du dramaturge et de lancer au lecteur-spectateur des défis intellectuels de façon souvent provocatrice. Ce faisant, Pasolini, bien qu'il refuse en 1968, dans son *Manifesto per un nuovo teatro*, toute référence aux œuvres du passé, rétablit une ancienne stratégie dramatique que l'on trouvait déjà dans le théâtre de la Renaissance. Dans « l'ancien théâtre », écrit-il dans sa pièce *Calderón*, l'adjectif *vecchio* est utilisé dans « un sens incertain » et ce sens est celui qui est contemporain de l'auteur et du spectateur. Pasolini se réfère aux formes du théâtre « ancien » et au théâtre de la « parole » (le texte dramatique) pour en faire quelque chose de « nouveau ». Le caractère novateur de son théâtre repose sur sa signification psychologique,

1 Dans *La serata a Colono*, Elsa Morante se sert de l'*antefatto* pour résumer, comme dans la tragédie grecque, les faits qui précèdent les événements tragiques (E. Morante, *La serata a Colono*, dans *Il mondo salvato dai ragazzini*, Milan, Mondadori, 1990, p. 37).

politique et culturelle au sein de la société des années 1970, alors que la langue en vers demeure soutenue, à l'instar du théâtre classique, sans vouloir que l'auteur soit considéré comme une « bête de style ».

Dans l'introduction de sa dernière pièce, *Bestia da stile*, Pasolini s'exprime à la première personne car il s'agit d'un texte volontairement autobiographique. Il déclare l'avoir constamment remanié :

> J'ai écrit cette pièce entre 1965 et 1974, procédant à de continuels remaniements et, ce qui est le plus important, à de continuelles mises à jour : il s'agit, en fait, d'une autobiographie. Donc, au fur et à mesure que le temps passait, et que je gardais l'œuvre inédite à cause de ces continuels remaniements, passait aussi ma vie, ce qui rendait nécessaires de continuelles mises à jour. Pendant l'été 1974, j'ai décidé d'en finir avec ces mises à jour mais de poursuivre mes remaniements (c'est pourquoi l'œuvre est encore restée inédite pendant plus d'un an : ainsi s'acheva la décennie 1965-1975)[1].

Ce faisant, Pasolini avoue la nature autobiographique et, par conséquent, inachevée selon lui, de cette tragédie bourgeoise étroitement liée à certains événements de sa vie, tant privée que publique.

Dans d'autres prologues et intermèdes, en revanche, l'auteur se dédouble en un *alter ego* auquel il assigne explicitement un rôle de porte-parole. Les mots de ce double scénique et idéologique de l'auteur peuvent ainsi acquérir une certaine légèreté qui s'adapte bien à la forme théâtrale[2], car au théâtre, tout n'est que transformation et transposition. Grâce au métathéâtre et à l'ironie Pasolini prend du recul par rapport à la tragédie bourgeoise qui constitue l'intrigue engagée de ses pièces, tout en mettant en évidence, parallèlement, les procédés d'un théâtre

1 P. P. Pasolini, *Bête de style*, trad. A. Spinette, dans *Théâtre*, Paris, Actes Sud, 1995, p. 465 (trad. légèrement modifiée ; texte original : *Bestia da stile*, dans *Teatro*, Milan, Mondadori, 2001, p. 761).

2 Rappelons que Michel Corvin soutient qu'il faudrait étudier en particulier l'idée de dédoublement, « l'altérité [étant] à la base de la théâtralité ». La théâtralité naît dès qu'il y a adresse d'un émetteur à un récepteur. Les monologues sont adressés : à soi comme à un autre, au monde, à Dieu. Le dédoublement découle tout naturellement de l'altérité : « c'est un autre qui parle, et qui parle comme un autre, c'est-à-dire qui se métamorphose. La théâtralité suppose fiction, fabrication mentale d'une identité, d'une fable, d'un costume, d'une gestuelle qui creusent, par toutes leurs marques d'altérité, la distance qui sépare l'un (le récepteur) de l'autre (l'émetteur). Cette métamorphose peut aller jusqu'à la dépossession de soi et à la possession par des forces magiques » (M. Corvin, *Dictionnaire encyclopédique du théâtre*, Paris, Bordas, 1995, p. 884). On pense ici à l'expérience de la transe dans le théâtre masqué balinais qu'Antonin Artaud évoque dans *Le Théâtre et son double* (Paris, Gallimard, 1964).

en train de se faire. Un éloignement impliqué ou une tragi-comédie : voilà un oxymore approprié.

Selon Platon, duquel Pasolini s'inspire en 1966 lorsqu'il écrit ses tragédies bourgeoises, on assiste à un redoublement du monde qui est inscrit dans l'ordre du rapport au divin. Antonin Artaud, témoin éloquent de ce rapport, précise, à propos du théâtre et de l'alchimie : « Là où l'alchimie, par ses symboles, est comme le Double spirituel d'une opération qui n'a d'efficacité que sur le plan de la matière réelle, le théâtre aussi doit être considéré comme le Double non pas de cette réalité quotidienne et directe dont il s'est peu à peu réduit à n'être que l'inerte copie, aussi vaine qu'édulcorée, mais d'une autre réalité dangereuse et typique, où les principes, comme les dauphins, quand ils ont montré leur tête s'empressent de rentrer dans l'obscurité des eaux. Or, cette réalité n'est pas humaine mais inhumaine[1]. » En d'autres termes, ce dédoublement, cette métamorphose peut aller jusqu'à la dépossession de soi, comme dans la transe rituelle ; il est question ici du rituel au fondement du théâtre d'Artaud et de Pasolini.

D'un texte dramatique à l'autre, Pasolini expérimente ainsi diverses figures de « double », soit anonymes ou génériques (le Speaker, une didascalie personnifiée dans *Calderón*, et les *parodos* dans *Pilade*), soit tirés de l'histoire littéraire, philosophique ou artistique (Sophocle, Spinoza, Vélasquez, Socrate). Ces personnages spéculaires sont destinés à établir pragmatiquement un contact avec les spectateurs, suivant la relation, fondamentale au théâtre, entre un émetteur/acteur et un récepteur/spectateur. Ils sont supposés abattre le « quatrième mur », nier la traditionnelle séparation scène-salle, en même temps qu'ils indiquent les références intertextuelles de l'auteur. Insérées sous diverses formes dans l'écriture des prologues, ces figures semblent constamment se regarder dans la glace avant de sortir.

Quelques répliques du Speaker peuvent ici illustrer ce procédé de dédoublement. Lorsque Pasolini écrit ses intermèdes (*stasimi*) dans *Calderón*, il désigne, trois fois explicitement, ce personnage amusant comme son porte-parole : « L'auteur m'envoie pour vous rappeler [...] » ; « Je me présente ici pour donner des explications de la part de l'auteur ; donner des explications et présenter des excuses » ; « Le porte-parole de l'auteur se présente à vous, timidement[2] ».

---

1 A. Artaud, *Le Théâtre et son double*, *op. cit.*, p. 74-75.

2 P. P. Pasolini, *Calderón*, trad. M. Fabien, dans *Théâtre*, *op. cit.*, p. 9, 25 et 110.

L'INSCRIPTION DU SPECTATEUR DANS LE TEXTE

Le théâtre de Pasolini présente d'autres formes métathéâtrales que Schmeling qualifierait de « périphériques[1] » : des apartés qui soulignent, au fil du dialogue, la relation acteur-spectateur que le dramaturge place au cœur de son théâtre, permettant au public de dépasser son statut de simple récepteur[2]. Ainsi, à la fin du prologue et du dernier épisode d'*Orgia*, le dramaturge insère deux apartés significatifs adressés aux spectateurs.

Dans le premier, il affirme les considérer comme des ennemis, obligés de se défendre contre lui. La représentation s'annonce ici comme « une lutte littéraire ou politique », conformément à ce que Pasolini avait d'ailleurs souligné dans son *Manifesto.* Il s'agit d'un combat intellectuel et critique entre le poète dramatique et son public, combat livré après l'établissement de certaines règles, en toute franchise. L'auteur demande également à son public de regarder le spectacle en adoptant un regard naïf, sans préjugé ni *a priori.* Il est indispensable qu'il n'ait pas d'attentes préconçues et qu'il soit capable de supporter un choc intellectuel. Enfin, le spectateur est invité à se réjouir de la représentation, alors qu'il s'agit d'une tragédie. On lui montre des scènes sadomasochistes et un suicide rituel, et on l'incite à l'allégresse ; on l'invite à s'amuser, et on le confronte à l'évocation des camps de concentration, ainsi qu'à un spectacle de mort. L'ironie fait ainsi naître un paradoxe, et suscite des sentiments contradictoires : « Je vous en prie, soyez comme ces soldats, / les plus jeunes d'entre ces soldats, / qui sont entrés les premiers / par-delà les barbelés d'un camp… / Leurs yeux alors… Ah, je vous en prie, / soyez jeunes comme eux. C'est tout. / Et, maintenant, amusez-vous[3] ! » On

1 M. Schmeling, *Métathéâtre et intertexte*, *op. cit.*, p. 12.

2 On peut ici se souvenir d'*Edipo. Una tragedia dei sensi per uno spettatore*, représenté en 1996 par le Teatro del Lemming de Rovigo où, dans un renversement total de perspective, le spectateur devenait acteur-protagoniste de la tragédie classique en traversant et en incarnant à la fois l'expérience mythique (*cf.* Massimo Munaro, *Edipo. Tragedia dei sensi per uno spettatore*, Pise, Titivillus, 2010).

3 P. P. Pasolini, *Orgie*, trad. D. Sallenave, dans *Théâtre*, *op. cit.*, p. 394 (*Orgia*, dans *Teatro*, *op. cit.*, p. 248 : « Vi prego, siate come quei soldati, / che sono entrati per primi / oltre i reticolati di un lager…/ […] / E, ora, divertitevi »).

est loin du fameux vers de Palazzeschi, écrit en 1910 : « Laissez-moi me divertir[1]. »

Orgia s'achève sur une citation déjà présente dans le prologue : l'Homme attribue une signification à son suicide. Cette mort « théâtralisée » fait l'objet d'une mise en scène particulière. À ce titre, elle acquiert une valeur paradigmatique, dont le spectateur doit être conscient[2] :

HOMME

Joie !
Dans l'une des nombreuses maisons de ce quartier
– par deuil, névrose, ou ennui d'un après-midi férié –
Il y a finalement un homme
qui a fait un bon usage de la mort[3].

Le contraste entre le regard du spectateur et ce qu'il regarde (l'objet de son regard ?) produit un effet de *straniamento*, de distanciation qui l'oblige à adopter une attitude critique. Ces effets ne sont certes pas exempts de réminiscences brechtiennes[4], en dépit des dénégations de Pasolini dans son *Manifesto*. La preuve en est dans *Porcile*, lorsque le personnage du Père évoque la ville de Berlin où son fils voudrait aller à la rencontre de « ces étudiants communistes » et affirme : « Les temps de Grosz et de Brecht sont loin d'être passés[5]. »

L'expression « citation brechtienne » est du reste le titre du troisième tableau du ballet chanté, *Italie magique* (1964-1965), que Pasolini écrit pour Laura Betti : ce titre est montré aux spectateurs sur un panneau qui

1 A. Palazzeschi, *Lasciatemi divertire (Canzonetta)*, dans *L'incendiario*, puis dans *Poesie*, [1925], Milan, Mondadori, 1974 : « E lasciatemi divertire » (notre traduction).

2 Pasolini se réfère ici à *Éros et Thanatos* de Marcuse, où la mort est interprétée comme la conséquence d'une habitude à la répression quotidienne et répétitive, donc engendrant l'ennui et la névrose. Pour le personnage de la Femme, Pasolini pense plutôt à l'essai de 1897 d'Émile Durkheim, *Le Suicide* (Paris, PUF, 2007). Plus précisément, il pense au suicide anomique, résultat d'un manque de loi (P. P. Pasolini, *Teatro*, *op. cit.*, p. 319).

3 P. P. Pasolini, *Orgie*, *op. cit.*, p. 461 (*Orgia*, *op. cit.*, p. 312, « Uomo : Allegri ! / Dentro una delle tante case di questo quartiere / – o per lutto, o nevrosi, o noia del pomeriggio festivo – / c'è stato finalmente un uomo / che ha fatto buon uso della morte »).

4 Le théâtre italien des années soixante se caractérise principalement par l'hégémonie du metteur en scène, l'affirmation du théâtre politique sous la « dictature » de Brecht et par l'attention accordée aux auteurs classiques de la part à la fois des auteurs et des metteurs en scène (*cf.* G. Antonucci, *Storia del teatro italiano del Novecento*, Rome, Studium, 1986, p. 209).

5 P. P. Pasolini, *Porcherie*, trad. A. Spinette, dans *Théâtre*, *op. cit.*, p. 329 ; *Porcile*, dans *Teatro*, *op. cit.*, p. 589 : « I tempi di Grosz e di Brecht non sono affatto passati. »

sort de la coulisse, et la scène où Laura Betti agresse et tue un soldat sur fond de musique carnavalesque témoigne de l'engagement de l'auteur par rapport à la société. Elle atteste ainsi un théâtre porteur d'un « mandat[1] », pour reprendre l'expression de Franco Fortini, et d'une distanciation, ici produite par la musique, qui sert à la prise de conscience du spectateur[2].

Pasolini entretient ainsi intentionnellement un rapport conflictuel avec le spectateur, à l'instar d'Alberto Savinio dans ses écrits dramatiques des années 1920[3]. Il s'agit là d'une attitude post avant-gardiste : le dramaturge provoque le public qui souhaite être scandalisé. Il théorise également la nécessité de provoquer un choc, de susciter un regard critique chez le spectateur lorsqu'il se trouve, pour la première fois, face à l'œuvre d'art.

LE STATUT DU PERSONNAGE

Par ces procédés métathéâtraux, les personnages pasoliniens s'interrogent également sur leur statut spécifique, à l'instar de certains personnages saviniens ou pirandellien[4]. Par exemple, dans *Affabulazione*, le Père et le Spectre de Sophocle examinent sur scène leurs rôles respectifs. Dès le début de la pièce, en parlant à sa femme du rêve qui a changé sa vie, le Père s'exprime ainsi :

PÈRE

Comment une vieille situation si bien établie
peut-elle changer comme ça tout à coup, je me demande ? Elle subsiste un temps,
c'est normal, dans la nouvelle situation, et les rend non crédibles l'une et l'autre.

---

1 *Cf.* F. Fortini, *Mandato degli scrittori e fine dell'antifascismo*, dans *Verifica dei poteri*, Milan, Il Saggiatore, 1965, puis dans F. Fortini, *Verifica dei poteri. Scritti di critica e di istituzioni letterarie*, Turin, Einaudi, 1989.

2 P. P. Pasolini, *Italie magique*, dans *Teatro*, *op. cit.*, p. 157. Pasolini produit un même effet de distanciation par le biais de l'ironie présente dans les répliques des personnages dans le court-métrage *Che cosa sono le nuvole ?* (1967) inspiré de l'*Othello* de Shakespeare.

3 Voir en particulier la pièce d'A. Savinio, *Capitano Ulisse*, Milan, Adelphi, 1989.

4 On pense ici à la trilogie du métathéâtre de L. Pirandello et à *Alcesti di Samuele* d'A. Savinio. Cependant, la pièce de Savinio n'est pas tout entière consacrée à ce questionnement (A. Savinio, *Alcesti di Samuele e atti unici*, Milan, Adelphi, 1991).

> Et ainsi, celui qui vit ce personnage (moi !)
> reste un temps encore, comme détaché et contemplatif[1].

Sa condition de personnage qui se vit en tant que tel lui permet de faire preuve de détachement à l'égard de la réalité, attitude qui lui est nécessaire pour une prise de conscience de son identité. Son existence bourgeoise peut être remise en cause dès lors que cette distance s'instaure et que le personnage prend du recul par rapport à son attitude habituelle. Il regarde alors son existence du dehors comme s'il était « un autre ». Cette réflexion métathéâtrale sert ici à souligner la volonté d'auto-aliénation du Père[2].

Le Spectre de Sophocle, double et porte-parole de l'auteur, intervient non seulement pour souligner le statut du personnage du Père, mais aussi pour apporter des informations sur un autre personnage, le Fils. Dans la fiction scénique, l'auteur tragique est en effet censé dialoguer seulement avec ses personnages comme dans *Sei personaggi in cerca di autore* de Pirandello. Les personnages théâtraux ont ici une valeur et un statut autonomes. Lorsque le Spectre de Sophocle s'adresse au Père, elle le distingue de son personnage social. Cet éloignement de son rôle de père bourgeois lui permet de percevoir en profondeur, jusqu'au bout, sa crise existentielle. Un même mécanisme opère dans des pièces pirandelliennes comme *Il gioco delle parti* ou *Enrico IV*. Nous retrouvons chez Pasolini l'opposition pirandellienne entre réalité et apparence, mais la perspective est renversée : le théâtre autorise une vérité que la réalité sociale a tendance à masquer.

Le dramaturge dévoile la technique qu'il emploie par la « décomposition » du jeu et de tous les mécanismes de représentation consignés dans ses écrits dramatiques. Le jeu métathéâtral permet de mettre à jour les différentes composantes et les procédés qui déterminent l'écriture théâtrale.

> SPECTRE DE SOPHOCLE
> J'ai écrit des tragédies,
> comme tu sais – pour les avoir lues à l'école.

1 P. P. Pasolini, *Affabulazione. Régicide*, trad. M. Fabien et T. Maselli, dans *Théâtre*, *op. cit.*, p. 127 (*Affabulazione*, dans *Teatro*, *op. cit.*, p. 474-475 : « PADRE : Come può cambiare, così tutt'a un tratto, mi chiedo, / una vecchia condizione tanto stabile ? Resta, per un po', / è naturale, nella nuova condizione, / rendendo incredibile se stessa e l'altra. / E così, chi vive questo personaggio (io !) / Resta, per qualche tempo, come staccato e contemplativo »).

2 On revient ici à la nécessité d'une forme de distanciation brechtienne dans le jeu, dont le traitement du personnage du Spectre de Sophocle dans le travail de mise en scène d'Arnaud Meunier, en 2001, est un exemple significatif.

> En tant qu'homme de théâtre, donc, ce n'est pas à toi que je parle,
> mais à ton personnage :
> cet homme fiévreux
> qui se plaint avec acharnement.
> Je viens, en réalité, t'apporter des nouvelles
> d'un autre personnage…
> Et ce personnage
> est un garçon… un garçon[1]…

UN JEU DE MISES EN ABYME

Calderón est par excellence la pièce maniériste de Pasolini, puisqu'elle repose sur une réécriture de *La vida es sueño* de Calderón, chef-d'œuvre de la littérature théâtrale espagnole du Siècle d'or. Comme son titre l'atteste, dès le commencement, le spectateur s'attend à trouver dans la pièce un jeu de miroirs et un système de mises en abyme[2]. En effet, Pasolini souligne à plusieurs reprises dans les dialogues de *Calderón* le problème du rapport entre la réalité et l'illusion, comme un questionnement autour du théâtre dans le théâtre, caractéristique du théâtre baroque. Cependant, il n'existe pas dans *Calderón* de véritable structure-cadre qui mette en évidence un enchâssement, en d'autres termes aucune pièce enchâssée n'apparaît dans la pièce, c'est pourquoi il convient de parler plutôt de mise en abyme.

Comme l'était Pilade dans la pièce homonyme de Pasolini, le personnage principal, Rosaura, secondaire dans *La vida es sueño*, devient principal dans *Calderón*, pour se dédoubler trois fois dans les trois épisodes principaux de la pièce. Cette figure peut être considérée comme métathéâtrale selon deux perspectives différentes : ou bien il s'agit de la représentation de Rosaura, qui a l'impression de vivre dans un monde

1 P. P. Pasolini, *Affabulazione. Régicide*, *op. cit.*, p. 169-170 (*Affabulazione*, *op. cit.*, p. 513-514 : « OMBRA DI SOFOCLE : Io ho scritto tragedie, / come tu sai bene – per averle lette da studente. / In quanto uomo di teatro, dunque, non è a te che parlo, / ma al tuo personaggio : / quest'uomo infebbrato / che accanitamente si lamenta. / Vengo, in realtà, a portarti notizie / di un altro personaggio… / E questo personaggio / è un ragazzo… un ragazzo… »).

2 De nombreuses mises en scène de *Calderón* en Italie et surtout en France, par exemple celle de Jean-Louis Martinelli à Avignon (1992), ont mis en évidence la nécessité d'étudier l'intertextualité dans la pièce.

qui lui est étranger, ou bien inversement, ce monde met en scène un spectacle pour la convaincre de se soumettre à l'aliénation du système. Dans les deux cas, on observe un décalage entre ces deux derniers et le spectateur perçoit les actions de Rosaura comme la mise en scène de sa folie, ou plus précisément, de son altérité. Elle construit une réalité parallèle qui pourrait la sauver d'un monde par lequel elle est constamment blessée et qui la rend esclave, tandis qu'elle semble prendre plaisir à sa propre représentation dans ce monde qu'elle voudrait fuir.

Dans *Affabulazione*, le personnage du Père souffre d'une manie autoreprésentative, en quelque sorte, lorsqu'il sanctionne son choix révolutionnaire en se déshabillant sur scène. Chez lui, ce besoin d'exhiber son corps correspond à un désir du même ordre à l'égard de son fils dont, à plusieurs reprises, il voudrait contempler le sexe. Tout au long de la pièce il aime exposer, voire mettre en scène, à la fois sa révolte antibourgeoise et cet incontrôlable désir pour son fils qu'il se plaît à espionner par le trou d'une serrure.

Ida et Julian, les jeunes protagonistes de *Porcile*, préparent également une représentation au début de la pièce, afin de se sentir éloignés de la réalité. Dans cette mise en scène ils s'imaginent différents, « autres », pris dans une sorte de jeu d'inversion des rôles.

IDA

Et puis, nous nous transformons.
Moi, au lieu d'avoir dix-sept ans… j'en ai dix-huit !
Et toi, au lieu de vingt-cinq ans… vingt-trois.
Nous ne sommes pas en Rhénanie… mais… mais… en Italie !
En Sicile, par exemple. Tu n'es pas blond comme un épi
arrosé d'eau bénite allemande
fatal pour qui te touche.
Épi béni, mince et doré (mon amour).
Au contraire, tu es trapu et tendre, avec des cheveux noirs[1].

Dans ce jeu de doubles qui caractérise le théâtre de Pasolini, ces personnages s'approprient leur statut de personnages, comme s'ils voulaient échapper à l'auteur.

---

1 P. P. Pasolini, *Porcherie*, *op. cit.*, p. 319-320 (*Porcile*, *op. cit.*, p. 579-580, « IDA : Così ci straniamo. / Io, invece di avere diciassette anni… ne avrò diciotto ! / Tu, invece di venticinque… ventitré. / Non siamo in Renania… Ma… ma… in Italia ! / Per esempio, in Sicilia. Tu non sei biondo come una scopa, / inumidita di sacra acqua tedesca / che uccide chi ti tocca. / Scopa angelica, per oro e magrezza (amor mio). / Ma sei invece quadrato e tenero, coi capelli neri »).

On assiste encore à un dédoublement des personnages dans *Affabulazione*, quand le Père et la Mère imaginent introduire un rôle fictif leur permettant de bâtir un triangle bourgeois et de se tromper réciproquement. La prise de conscience de ce double statut par les personnages est aussi une marque de leur distanciation : « Je ne me sentirais pas à ma place, j'aurais un regard… étranger », dit Julian à la jeune Ida dans *Porcile*[1]. Ils sont censés poser un regard détaché sur eux-mêmes, et l'on peut dire la même chose de l'aveu fait au public de l'univers fictionnel : le personnage d'Ida anticipe sur de possibles réactions du spectateur.

C'est dans le sillage de cette attitude autoreprésentative des personnages pasoliniens que s'inscrit le rituel du travestissement de l'Homme dans *Orgia*. Quand l'Homme et la Femme, le masculin et le féminin, se réunissent à l'occasion du rite de travestissement et de pendaison à la fin de la pièce, ils mettent en scène une représentation dans la représentation. Or la pièce tout entière s'enchâsse dans le prologue prononcé par le personnage principal, l'Homme qui parle après sa mort. Par un procédé que l'on peut rapprocher d'un montage cinématographique, la mort opère un montage simultané des événements les plus significatifs de la vie. Ce flash-back paradigmatique est d'ailleurs évoqué par Pasolini dans ses écrits théoriques sur la langue et le cinéma, *Empirismo eretico*[2]. Le déroulement des faits qui suivent le prologue est ainsi le résultat du montage rendu possible par la mort du personnage principal. Cette mort devient, par conséquent, une représentation artistique qui constitue une synthèse de sa vie antécédente. Dans le prologue, l'homme présente donc la performance qu'il va interpréter : il va chercher à élucider, pour lui-même autant que pour le public, la prise de conscience de sa propre différence. Cependant, ce personnage irréel (mort et cependant agissant sur la scène) met également en cause la notion même de « spectacle » car, selon lui, il ne devrait pas exister de spectateurs étrangers à ce qui se passe sur la scène. Le spectacle des morts vivants demeure à « huis clos » (on pense à Jean-Paul Sartre) et

---

1 P. P. Pasolini, *Porcherie*, *op. cit.*, p. 326 (*Porcile*, *op. cit.*, p. 586 : « Mi sentirei fuori posto, avrei uno sguardo… »).

2 P. P. Pasolini, *Empirismo eretico*, Milan, Garzanti, 1991 (1972), puis P. P. Pasolini, *Saggi sulla letteratura e sull'arte*, vol. 1, Milan, Mondadori, 1999, p. 1241-1683. Ces écrits sont publiés en français sous le titre *L'Expérience hérétique : langue et cinéma*, trad. A. Rocchi Pullberg, préf. M.-A. Macciocchi, Paris, Payot, 1976.

le personnage souhaite être à la fois acteur et spectateur de ce qui se joue : « Il est vrai que le spectacle que nous donnons / est à huis clos, dit l'Homme, mais en tant que spectateurs / de nous-mêmes, nous nous condamnons[1]. »

L'Homme, spectateur de sa propre tragédie, se sent coupable dès lors qu'il commence à prendre conscience de sa différence et de son penchant sadomasochiste. Alors qu'il met en scène sa vie passée, l'Homme découvre ainsi ses propres contradictions et son besoin d'autoflagellation. La projection est vite faite, la conscience du spectateur est le réceptacle de tous les sentiments de l'Homme. Bien qu'il soit spectateur de sa propre tragédie, il ne peut pas voir toutes les contradictions à l'origine de son histoire. Mais le spectateur aura également du mal à suivre ce questionnement sur la différence, car il ne détient pas encore, à ce moment-là, tous les éléments lui permettant de le comprendre ; seule la suite de la représentation l'éclairera. Le spectacle des morts n'est ouvert que partiellement aux vivants.

HOMME

Je répète donc que si ma vie
avait été un spectacle,
je ne me serais pas trouvé
devant un drame, dû par tradition à un contraste.
Le flash-back des derniers actes de ma tragédie n'aurait pu être drame ou dilemme
que pour la conscience d'un spectateur éventuel[2].

Ici encore le dramaturge anticipe, par la réflexion d'un de ses personnages, qu'un spectateur puisse siffler la représentation : il sait que la différence de l'Homme peut susciter un refus de la part du public, le scandale fait précisément l'objet de la représentation et la réaction est souhaitée par le dramaturge.

Maintenant que je suis mort, voici que m'apparaissent les termes

1 P. P. Pasolini, *Orgie*, *op. cit.*, p. 424 (*Orgia*, *op. cit.*, p. 277 : « È vero che lo spettacolo che diamo / è a porte chiuse. / Ma, in quanto spettatori / di noi stessi, ci condanniamo »).

2 P. P. Pasolini, *Orgie*, *op. cit.*, p. 393 (*Orgia*, *op. cit.*, p. 247, « Uomo : Ripeto dunque che se la mia vita / fosse stata uno spettacolo, / non sarei stato io a trovarmi / davanti al dramma, dovuto, per tradizione, a un contrasto. / Il flash-back delle ultime vicende della mia tragedia / non potrebbero essere state dramma o dilemma, ripeto, / che per la coscienza di un eventuale spettatore »).

de ce dilemme (que nul spectateur ne
voudrait accepter et dont il se défendrait
en protestant, en sifflant, ou en téléphonant
je pourrais même en jurer, à la police)[1].

Or si dans le prologue l'Homme réfléchit sur la nature ambiguë du spectacle de la vie – « la réalité ne peut pas être dite mais seulement représentée » –, face à sa femme il avoue :

La vie est un spectacle donc, toujours.
Je représente – en te frappant avec les mains,
avec ma ceinture, en te crachant dessus, [...]
en faisant tout cela, je représente ma volonté de mourir.
Et toi, en subissant tout cela par mon intermédiaire,
toi aussi tu te donnes en spectacle
toi-même, dans la plus expressive des langues[2].

La Femme lui répond en consentant : « Oui, nous sommes en train de donner un spectacle[3]. » Leurs actions sadomasochistes témoignent en fait d'une seule envie : que la vie soit représentée au théâtre. Ils sont les acteurs et les spectateurs de leurs vies élevées au rang du grand théâtre du monde.

Dans cette perspective, la réalité n'est alors rien d'autre que ce que ces figures métathéâtrales, personnages, acteurs et spectateurs à la fois, représentent au moyen de leur corps sur scène : « Notre réalité – maintenant nous le savons – c'est nous-mêmes : / et c'est à travers nous que nous l'exprimons[4]. » Comme dans *Affabulazione* où la tragédie, imaginaire autant que réaliste, est à la fois vécue et vue par le Père,

1 P. P. Pasolini, *Orgie*, *op. cit.*, p. 393 (*Orgia*, *op. cit.*, p. 247 : « Ed ecco ora quali mi appaiono, da morto, i termini / di questo dilemma (che mai spettatore / vorrebbe accettare, e se ne difenderebbe / disapprovando e fischiando, o telefonando, / potrei giurarlo, addirittura alla Questura) »).

2 P. P. Pasolini, *Orgie*, *op. cit.*, p. 422 (*Orgia*, *op. cit.*, p. 275 : « La vita è uno spettacolo, dunque, sempre. / Io rappresento – colpendoti con le mani, / con la cinta dei calzoni, sputandoti addosso / [...] – facendo tutto questo, io rappresento / la mia voglia di morire. / E tu, subendo per mezzo mio tutto questo, / anche tu ti rappresenti / attraverso la più espressiva delle lingue ! »).

3 P. P. Pasolini, *Orgie*, *op. cit.*, p. 422 (*Orgia*, *op. cit.*, p. 275 : « Sì, noi stiamo dando uno spettacolo »).

4 P. P. Pasolini, *Orgie*, *op. cit.*, p. 424 (*Orgia*, *op. cit.*, p. 276 : « La nostra realtà – ormai lo sappiamo – siamo noi stessi : / ed è attraverso noi stessi che l'esprimiamo »).

ce spectacle privé (« des spectateurs, il n'y en a pas[1] ») vise à mettre en scène *i segni viventi* (« les signes vivants ») des corps.

L'Homme et la Femme d'*Orgia* sont donc conscients qu'ils sont en train de monter un spectacle. Le dialogue de l'auteur dramatique avec le public atteint ici un paradoxe car les spectateurs, à un moment donné, sont exclus de la représentation. Le spectateur se révèle être à la fois un « voyeur » des corps et des mœurs bourgeois ainsi qu'un témoin engagé de l'Histoire contemporaine.

Pasolini cherche à séduire le public et, en même temps, à le provoquer. Il est conscient de la nécessité métathéâtrale d'inscrire et d'exclure alternativement le spectateur du jeu dramatique par des procédés métathéâtraux en majeure partie tirés de la tradition du métathéâtre, mais réinterprétés de façon originale, novatrice et tout à fait théâtrale dans le panorama du théâtre contemporain italien.

Irina POSSAMAI
Université Paris 8

1 P. P. Pasolini, *Affabulazione. Régicide*, *op. cit.*, p. 432 (*Affabulazione*, *op. cit.*, p. 283 : « spettatori non ce n'è »).

MÉTATHÉÂTRE ET TRAVESTISSEMENT DANS LA POÉTIQUE ET LA DRAMATURGIE DE EDOARDO SANGUINETI

Ce que l'activité de Sanguineti a pu représenter pour le théâtre[1] est sans doute chose moins connue que ne l'est sa figure de poète (qui reste à mon avis la plus étudiée, surtout en France), ou de romancier, d'essayiste et plus généralement d'intellectuel.

Or c'est sous le signe du théâtre – d'abord du théâtre musical, puis du théâtre tout court – que Sanguineti a travaillé des années 1960 à nos jours, autrement dit dans une période marquée, y compris dans la vie théâtrale, par de continuelles vagues d'expérimentation et de recherche. Dans ce contexte, Sanguineti s'est positionné de manière théorique et critique dans un champ expérimental : il s'est en effet engagé, dans son approche de la scène, des codes de la représentation et du langage dramaturgique, dans « la quête d'un territoire plus avancé », comme il le définit lors d'un entretien avec Luigi Pestalozza en 1981, développant

1 Si Sanguineti est présent dans les panoramas de la dramaturgie du XXe siècle que proposent notamment F. Taviani (*Uomini di scena, uomini di libro*, Bologne, Il Mulino, 1995, p. 195-196) ou M. Ariani et G. Taffon (*Scritture per la scena. La letteratura drammatica nel Novecento italiano*, Rome, Carocci, 2001, p. 274-277), on se reportera surtout aux contributions plus détaillées qui approfondissent certains textes précis ou des aspects particuliers de la dramaturgie de Sanguineti : U. Artioli, « Il fantasma del corpo crocefisso. Visionarietà e parola nella drammaturgia di Edoardo Sanguineti », dans *Edoardo Sanguineti, Opere e introduzione critica*, éd. G. Guglielmino, Vérone, Anterem, 1993, p. 81-92 ; R. Mele, « Drammaturgia sanguinetiana », dans *Sanguineti. Ideologia e linguaggio*, dir. L. Giordano, Salerne, Metafora edizioni, 1991, p. 61-68 ; M. A. Grignani, « Sanguineti-Gozzi : un travestimento (anamorfosi) da canovaccio », *Il verri*, n° 29, octobre 2005, p. 50-63. La première tentative visant à approcher à la fois l'idéologie et la pratique théâtrale de Sanguineti est venue de D. Pesce, *Edoardo Sanguineti e il teatro. La poesia del travestimento*, Alexandrie, Edizioni dell'Orso, 2003. Je renvoie enfin à mon ouvrage *Il chierico e la scena. Cinque capitoli su Sanguineti e il teatro*, Gênes, Il Melangolo, 2009. Par ailleurs, les « lectures » de textes dont N. Lorenzini promeut actuellement la réédition occupent une place importante : Carocci a fait paraître *Faust* (2003) et *La commedia dell'Inferno* (2005), Manni les *Storie naturali* (2005).

pour ce faire « des occasions empiriques de rencontre personnelle, ainsi qu'un intérêt ou une volonté profonde de sortir de l'expérience pure et simple de la page écrite[1] ». Une attitude en lien avec l'idée même d'expérimentation telle que l'entend Sanguineti, et qui découle à mon sens d'une conception de l'avant-garde comme condition pérenne, déjà présente aux temps de la *Polemica in prosa* avec Pier Paolo Pasolini[2].

Le métathéâtre se définit donc clairement selon des coordonnées qui, avant d'être personnelles, relèvent plus généralement de caractéristiques propres au XXe siècle. En bien des aspects, rien de neuf : nous savons que tout le théâtre du XXe siècle (le théâtre postnaturaliste) est traversé par l'idée qu'il n'y a pas de théâtre sans métathéâtralité, que l'idée de métathéâtralité est intrinsèquement liée à celle de théâtre. Le discours général gagne cependant en spécificité quand on le rapporte à un thème central dans la poétique de Sanguineti, celui du travestissement. C'est ainsi qu'il définira, à partir de *Faust*, ses textes qui ne sont pas intentionnellement des traductions ; c'est encore ainsi qu'il renommera son *Orlando furioso.*

APPROCHES DU MÉTATHÉÂTRE.
SANGUINETI, BRECHT ET MEYERHOLD

Si tout le théâtre est métathéâtral (et Sanguineti en est tout à fait conscient, au point de déclarer, de façon toute pirandellienne, que la chose ne doit pas être soulignée davantage : nous y reviendrons à propos de *Sei personaggi.com*), comment l'écrivain se situe-t-il à l'égard de l'une des réflexions métathéâtrales les plus fondamentales du XXe siècle, celle de Brecht sur le théâtre épique ? Sanguineti se montre particulièrement clair sur ce point. Pour lui, la distanciation ne saisit pas l'essence du discours théâtral, qui tient, en vertu de son contrat fondateur, au travestissement :

1 L. Pestalozza, « Critica spettacolare della spettacolarità. Conversazione con Edoardo Sanguineti », *Musica/Realtà*, n° 4, p. 21-37, désormais dans E. Sanguineti, *Per musica*, éd. L. Pestalozza, Milan-Modène, Ricordi-Mucchi, 1993, p. 11-12.

2 E. Sanguineti, « Una polemica in prosa », *Officina*, n° 7, novembre 1956, puis dans *K e altre cose*, Milan, Scheiwiller, 1962, p. 35-44, désormais dans *Segnalibro. Poesie 1951-1982*, rééd. de la première édition de 1982, Milan, Feltrinelli, 2010, p. 349-256.

> La socialité du théâtre, c'est que le travestissement veut l'œil de l'autre. Cet autre, ce peut même être quelqu'un qui se regarde dans le miroir, exactement comme le fait l'acteur quand il se maquille et veut avant tout contrôler, de ses propres yeux, son image. Mais à ce moment-là, l'œil dont il se regarde, c'est déjà l'œil du spectateur. Autrement dit, il est lui-même cette microsociété et se dédouble pour être regardé-regardant. Or le travestissement, c'est cette proposition mise en code, si l'on entend par code le résultat comme un pacte social, « mettons-nous donc d'accord : en ce moment, je ne suis plus je[1] ».

Dans l'*Atlante del Novecento*[2] que Sanguineti élabore à travers les portraits photographiques de Giovanni Giovannetti, un homme de théâtre occupe une place toute particulière : Sergio Tòfano. L'image est curieuse. C'est la seule de tout l'ouvrage où le sujet n'apparaît pas au premier plan. L'acteur est montré dans sa loge, de dos, tandis qu'il se maquille ; son visage est visible parce que reflété dans le miroir. Au-dessus de ce miroir, une autre image du même acteur – une photographie de lui, en costume de scène. Le thème de la photographie, ce n'est pas Tòfano, l'acteur, le sujet ; c'est le geste de se maquiller, autrement dit, l'acte du travestissement. Peut-être, pour Sanguineti, l'acteur ne s'en tient-il pas au niveau le plus évident du travestissement ; peut-être aborde-t-il la question, toute rimbaldienne, d'être à la fois « je » et « un autre ».

Si le thème du miroir est au cœur des questionnements de ce volume et du rapport, ici, entre Sanguineti et Pirandello, c'est pour souligner non pas que le métathéâtre est une simple formule, un procédé, mais que l'essence du théâtre même est fondamentalement métathéâtrale. Or c'est là l'un des aspects qui rapprochent Sanguineti non pas tant de Brecht que de Meyerhold.

En effet, l'idée du miroir est essentielle dans la pédagogie de l'acteur biomécanique :

> Vous devez tout le temps vous regarder mentalement dans un miroir. Vous vous rencontrez dans ce miroir, puis vous vous en éloignez : vous êtes déjà différent. Mais vous avez gardé en mémoire cette image de vous dans le miroir. La démarche de scène, spéciale, tient au fait que vous vous tenez

1 *La scena, il corpo, il travestimento. Conversazione con Edoardo Sanguineti* (1988), désormais dans F. Vazzoler, *Il chierico e la scena*, *op. cit.*, p. 208-209. Sauf mention explicite, toutes les traductions sont de la responsabilité de la traductrice de l'article.

2 E. Sanguineti, *Atlante del Novecento italiano*, éd. E. Risso, avec des photographies de G. Giovannetti, Lecce, Manni, 2001.

> toujours comme si vous veniez de vous regarder dans un miroir. C'est en cela que réside tout notre système de compréhension « à la Gozzi » du jeu. Non pas le jeu d'avant le miroir, mais cette sorte de jeu qui vient quand on s'y est vu et qu'on s'en éloigne[1].

Et lorsque Sanguineti, dans l'entretien qu'il réalise bien des années auparavant avec Meyerhold, évoque la façon dont les enfants se déguisent par jeu, en quoi il voit une « expérience absolument essentielle dans la formation de l'individu » – faisant ici encore écho, sans doute inconsciemment, à l'ouverture des leçons de 1919 du metteur en scène russe[2] – ce n'est certes pas pour répéter un lieu commun, mais parce que

> le mot « jeu » est une autre catégorie fondamentale, qu'il faut prendre très au sérieux ; parce qu'il y a beaucoup de vrai lorsqu'on parle de jeux linguistiques, pourvu qu'on n'oublie pas que ce qui dicte tous les mécanismes, et dont dépendent précisément tous les jeux linguistiques, c'est le jeu social constitutif. Et qu'il s'agit indubitablement d'un jeu tragique, parce que c'est le jeu de la lutte des classes tout court[3].

De cette idée de « jeu », qui rattache Sanguineti à la matrice anti-naturaliste des avant-gardes, naît l'idée du « travestissement » comme résolution des ambiguïtés du théâtre épique brechtien. Cette idée s'éclaire et se développe peu à peu du point de vue théorique – impliquant les concepts de traduction, de citation et de métalittérature – parallèlement à la pratique dramaturgique des « travestissements » : pratique dont la dimension métathéâtrale a toujours été l'aspect constitutif.

1 V. Meyerhold, « L'atelier de l'acteur » (1921), dans *Écrits sur le théâtre*, trad., préf. et notes de B. Picon-Vallin, 2 tomes, Lausanne-Paris, L'Âge d'homme, 2001-2009, t. II, p. 109. Les spécialistes de Goldoni et de Gozzi identifieront ici aisément une étape cruciale dans l'utilisation « symbolique » que les avant-gardes russes faisaient des deux auteurs.

2 V. Meyerhold, *Écrits sur le théâtre*, *op. cit.*, t. II, p. 51 : « Si nous considérons l'origine du jeu de l'acteur, nous pouvons dire avec assurance qu'il est conçu dès la chambre d'enfant ; dès notre plus tendre enfance, nous ne faisions que nous déguiser, faire des mimes, créer des combinaisons variées où se trouve un élément d'art théâtral. »

3 E. Sanguineti, *La scena, il corpo, il travestimento*, *op. cit.*, p. 211.

PARCOURS MÉTATHÉÂTRAL CHEZ SANGUINETI. DE *ORLANDO FURIOSO* A *SEI PERSONAGGI.COM*

On peut en effet tenter de reconstruire un parcours métathéâtral à travers toute l'œuvre de Sanguineti, à commencer par l'abolition de l'illusion théâtrale telle qu'elle advient dans *K.* (1961) et, surtout, par le personnage-femme de *Passaggio* (1962).

Dans cette « mise en scène » du début des années 1960 (caractérisée par le recours à la salle comme espace scénique renvoyant à la hiérarchie sociale, le chœur parmi les spectateurs, les machinistes et le personnel de service sur scène), Berio et Sanguineti font de l'opéra et de ses conventions, de façon toute métathéâtrale, l'objet et la substance du spectacle. Ils prennent à parti leurs acteurs et leurs spectateurs (comme il en sera le cas, bien que de manière différente, dans l'*Orlando furioso* de Sanguineti et de Ronconi), mais aussi eux-mêmes avant tout : car ce qui est en jeu, c'est bien la situation de la composition et de la représentation, qui permet de « reconnaître derrière la “mise en scène” les termes de notre réalité[1] ».

Peu après, dans les quatre monologues entremêlés de *Traumdeutung* (1964) et dans les six de *Protocolli* (1968), la « citation » d'une forme « autre » que le théâtre (celle du quatuor ou du sextuor musical) transforme le texte en équivalent de la partition musicale. Et le concert des voix, riche de consonances et de dissonances sémantiques et sonores, détermine une performativité différente (celle de la voix-geste-corps) en une « scène autre » (celle du concert : les acteurs se tiennent face à des pupitres, comme s'ils étaient musiciens). Cette scène prend une signification métathéâtrale jusque dans la perception intellectuelle du spectateur, car le récit onirique (qui est le contenu du texte) implique un espace scénique différent. Le texte même est le lieu de la mise en scène, le théâtre du rêve, où se réalise – pour reprendre les mots de Sanguineti – la « théâtralité profonde qui est implicite dans le discours freudien[2] ».

1 G. Gronda, note introductive à E. Sanguineti, *Passaggio*, dans *Libretti d'opera italiani dal Seicento al Novecento*, éd. P. Fabbri et G. Gronda, Milan, Mondadori, coll. « I Meridiani », 1997, p. 1770.

2 E. Sanguineti, *La scena, il corpo, il travestimento*, *op. cit.*, p. 210.

Et dans l'*Orlando furioso*, la « machine » théâtrale, dans sa double réalité de texte rendu épique et de jeu scénique anti-illusionniste (les chariots qui transportent les acteurs, les chevaux de bois, l'hippogriffe volant, le labyrinthe de la fin), est non seulement exhibée et ostentatoire, mais doit sans cesse compter avec la présence des spectateurs : ceux-ci sont en effet appelés, suivant les six histoires que Sanguineti tire du récit de l'Arioste, à construire chacun leur propre spectacle et à organiser leur propre récit, jusqu'à en faire eux-mêmes partie (ce n'est pas un hasard si le spectacle s'achève dans le labyrinthe du palais d'Atlante).

Lorsqu'en 2001, à la sollicitation d'Andrea Liberovici, Sanguineti aborde la question du travestissement dans *Sei personaggi.com*, il exprime clairement sa position vis-à-vis de toute la dimension métathéâtrale du texte pirandellien, qu'il juge insupportable et désormais inutilisable, puisque le problème posé par la pièce n'est pas la création théâtrale, mais l'inceste ; le faux problème servant même, d'après lui, à neutraliser le vrai[1].

Sanguineti se situe ici non pas seulement vis-à-vis du métathéâtre en général, mais vis-à-vis de Pirandello, à travers Freud, Artaud, Brecht et Groddek. Or sa position sur l'auteur sicilien peut jusqu'ici, à l'exception d'un jugement sur son rôle au XXe siècle, largement inspiré de Gramsci, se résumer en ces termes : Pirandello « aurait raison » quant à la « dimension quasi pathologique et traumatique » propre au jeu de l'acteur.

> Il y a souvent une dimension presque pathologique et traumatique dans le jeu de l'acteur, parce qu'un dédoublement s'opère : à un certain moment, l'acteur s'identifie tellement à son rôle qu'il risque de dérailler. Ici Pirandello aurait raison : chacun de nous joue toujours, entre autres, son propre rôle. Il

1 *Cf. Il grande teatro è solo hard. Dialoghetto sulla drammaturgia tra Edoardo Sanguineti e Eugenio Buonaccorsi*, dans E. Sanguineti, *Sei personaggi.com*, Gênes, Il Melangolo, 2001, p. 9-10 : « Pour ma part je n'ai jamais aimé ce qui est surévalué dans *Sei personaggi* : le mécanisme du théâtre dans le théâtre, qui a fait le succès du texte. Le spectateur est ainsi porté à s'intéresser moins à ce qui se passe, tout occupé qu'il est à déchiffrer la dialectique entre personnages, acteurs et spectateurs. [...] C'est autre chose qui m'intéressait. Je suis convaincu qu'une large part du jeu du théâtre dans le théâtre et du dispositif pirandellien relève d'une timidité et d'une crainte. Le thème pirandellien des *Sei personaggi* est l'inceste. Pirandello prend toutes ses précautions pour que ce thème apparaisse neutralisé, éludé, frustré. [...] Mon idée, au contraire, était de prendre le taureau par les cornes. Mais nous ne renonçons pas à cette sorte d'écran, distant comme un mythe, ce qui fait que le spectateur idéal devrait avoir une connaissance suffisante des *Sei personaggi*. Il reste peu du vieux schéma, une sorte de mythe, de structure qui sert de fond. »

> l'oublie en cours de route, mais il joue évidemment des rôles. En ce moment par exemple, je joue le rôle de celui qui a réalisé des choses et qui explique comment il les a réalisées ; vous, vous êtes dans le rôle de celui qui fait un mémoire de fin d'études. Dans la vie, vous jouez cent mille rôle : *un, personne et cent mille.* Chacun de nous est intérieurement, à un certain moment, habillé : habillé par un « je » qui recouvre cent mille possibilités de rôles[1].

L'idée d'un « travestissement » pirandellien se retrouve particulièrement dans un texte poétique de Sanguineti : le n° 35 (septembre 1995) de *Corollario*, qui se joue tout entier entre la possibilité d'une deuxième vie à la Mattia Pascal (« Se ti rivivi, cosa ti correggi ? », « Si tu revis, qu'est-ce que tu corriges ? ») et l'« effet domino » du miroir de Vitangelo Moscarda :

> eh bien, je ne changerais pas la moindre virgule, pas le moindre point : (je serais terrifié par l'effet domino) : (tu modifies un geste, un mot : tu refais, histoire de, ton nœud de cravate) : mais que dis-je ? Tu t'enlèves, de la narine, un jour, à peine un poil de trop, rien d'autre[2].

La possibilité du tragique, une sorte de tragique quotidien, est précisément prise en compte dans la référence finale au destin, « (et tu joues

1 C. Bregoli, « Il travestimento teatrale. Intervista a Edoardo Sanguineti », *Comunicare letteratura lingue*, 5/2005, p. 76, « J'ai assisté à des choses incroyables : je me souviens d'une fois en France, un frère et une sœur se trouvent poussés, dans un groupe, non pas à des fins psychanalytiques ou thérapeutiques, mais par jeu, à improviser une scène dialoguée de rencontre entre un homme et une femme. Quelque chose de glaçant en a émergé : une scène de pulsion incestueuse entre frère et sœur. Ils n'auraient jamais osé dire ces choses-là s'ils n'avaient pas été protégés par le jeu, même si, assez vite, ils avaient perdu la tête, parce que le jeu les avait libérés. Un peu comme cela arrive à l'acteur ». Si l'on remonte dans le temps, il est assez curieux de voir comment, dans une intervention sur la traduction de 1987, Sanguineti recourt de manière quasi littérale à une célèbre formule de Pirandello (sans pour autant le citer) sur le rapport acteur-traducteur : « Derrière le masque de l'acteur, il y a, si vous me permettez, précisément l'acteur, et non le personnage. C'est merveilleux que sur scène on puisse traiter comme une chose tangible cette vanité cérébrale et gestuelle qui se coagule dans un rôle, et nous conduit vers un autre, vers un ailleurs spatial et temporel. C'est merveilleux, mais on n'a jamais rien eu d'autre sur scène que des acteurs. Nous n'avons que des interprètes, pour le coup. Autrement dit, des traducteurs » (E. Sanguineti, « Il traduttore, nostro contemporaneo », dans *La missione del critico*, Gênes, Marietti, 1987, p. 185).

2 Désormais dans E. Sanguineti, *Mikrokosmos*, éd. E. Risso, Milan, Feltrinelli, 2004, p. 188, « ebbene, non ritoccherei una virgola sola, un punto solo : (avrei terrore / dell'effetto domino) : (ti modifichi un gesto, una parola : ti rifai, tanto per fare, il nodo / alla cravatta) : ma che dico ? Ti tagli via, da una narice, un giorno, un pelo appena in più, / non altro ».

un destin – le destin : et tout se tient[1]) ». Par peur de l'« effet domino », ou plutôt par terreur, le défi du destin est donc éludé, refusé.

Le destin nous ramène au théâtre : le thème du *fatum* contient la tragédie, et son refus advient à l'ombre de Pirandello. Or Sanguineti aborde précisément la « dimension tragique si fortement présente chez Pirandello », les « aspects grotesques » qui eux aussi « sont toujours présents chez Pirandello », liés à l'impossibilité du tragique dans le monde bourgeois : « Pirandello est un grand bourgeois. Il a sans doute une certaine nostalgie de la tragédie, mais il n'arrive pas, il ne peut pas arriver à la réaliser[2]. » La tragédie sociale de l'inceste se cache donc derrière la tragédie, fictive, des Personnages.

Le texte de *Sei personaggi.com* présente alors un « degré zéro » d'usage « travesti » du texte pirandellien, d'après lequel les nouveaux personnages de Sanguineti respectent les rapports, les équilibres et la dynamique dramaturgique du texte de Pirandello. Ainsi, le couple conflictuel que forment le Père et la Belle-Fille demeure central, avec la reprise de situations comme l'attente devant l'école, et même de fragments de répliques[3], tandis que la petite fille et le petit garçon, deux présences muettes dans le drame pirandellien, sont ici évoqués par des voix (le second, par le son – ou le bruit – du coup de feu). Et pourtant, alors même que Sanguineti déclare vouloir prendre ses distances d'avec le métathéâtre, ce sont précisément les répliques métathéâtrales qu'il reprend contre toute attente dans le drame pirandellien, de façon emphatique et ironique – répliques toutes concentrées dans le finale : « rideau ! rideau ! rideau ! », « lumière ! lumière ! lumière ! », « fiction ! réalité ! », « eh, électro, éteins tout ! »,

1 *Ibid.*, p. 188 : « (e ti giuochi un destino – il destino : *et tout se tient*) ».

2 *Il grande teatro è solo hard*, *op. cit.*, p. 10-11.

3 Le Père : « non è più quella ragazzetta con le treccine sulle spalle » (L. Pirandello, *Sei personaggi in cerca di un autore*, dans *Maschere Nude*, éd. A. D'Amico, *op. cit.*, vol. 2, p. 697) ; trad. M. Arnaud, *Six personnages en quête d'auteur*, dans *Théâtre complet*, vol. 1, *op. cit.*, p. 1034 : « elle n'est plus cette fillette avec des nattes dans le dos » ; « ci aveva le sue treccine, sulle spalle, la ragazzina » (E. Sanguineti, *Sei personaggi.com*, *op. cit.*, p. 28 : « elle avait des tresses, sur les épaules, la gamine »). Ailleurs est opéré un léger glissement dans l'attribution au personnage, comme dans le récit du Père, « Andavo a vedere quella bambina all'uscita della scuola ! » (*Sei personaggi…*, *op. cit.*, p. 697 ; *Six personnages…*, *op. cit.*, p. 1034 : « J'allais voir cette fillette à la sortie de son école ! ») qui devient, à la bouche de la Belle-Fille, « veniva a scuola a prendere me, all'uscita, a guardare me a guardarmi » (*Ibid.*, p. 27 : « il venait à l'école me chercher, moi, à la sortie, me regarder, moi, me regarder »).

et tout ce qui suit, jusqu'au mot conclusif prononcé par tous, « La toile[1] ! ». Sanguineti ressaisit par ailleurs des moments métathéâtraux de *Questa sera si recita a soggetto*. Au début, les voix de la Mère, du Fils et de la Fille récitent des fragments du prologue de Hinkfuss ; puis la Mère (présentée avec les mots de la préface de l'édition de 1925[2]) devient Madame Ignazia (mère elle aussi), en récitant son monologue et en citant, presque *in extenso*, le finale, sur fond d'aria d'Azucena dans *Il trovatore*. Les deux drames se trouvent alors fusionnés dans le dénouement que crée Sanguineti.

Cela pourrait paraître paradoxal, mais le paradoxe n'est qu'apparent, puisque de cette façon la métathéâtralité de Pirandello (celle de ses deux textes qui vont le plus loin de ce point de vue) est bien présente « par citation », cette présence permettant d'en opérer le renversement parodique. La contamination des deux drames métathéâtraux de Pirandello a du reste une importance cruciale, si l'on pense au nouveau personnage que Sanguineti introduit dans son texte, celui de l'Auteur, qui en vient dès lors à s'identifier à Hinkfuss : l'absent du premier drame pirandellien se conjugue avec le protagoniste de l'autre drame métathéâtral.

Sanguineti propose ainsi une dialectique nouvelle entre l'Auteur et le Père, par laquelle il nous fait assister à la réalisation de l'œuvre sur le plateau, certes présente chez Pirandello, mais qui prend désormais une valeur autre, relevant explicitement d'une matrice freudienne. Autrement dit, il la représente sur la scène – une scène qui semble conçue, pour reprendre l'expression d'une poésie « théâtrale » de Sanguineti « entre la scène folle et le golfe en rien mystique » (« tra il pazzo palcoscenico e il golfo niente mistico[3] ») – à travers la transformation continuelle de

---

1 *Ibid.*, p. 51 : « sipario ! sipario ! sipario ! », « luce ! luce ! luce ! », « finzione ! realtà ! », « ehi elettricista spegni tutto ! », « la tela ! ».

2 *Ibid.*, p. 45. Il s'agit de l'extrait qui commence ainsi : « C'è un personaggio, quello della Madre, a cui invece non importa affatto aver vita, considerato » et finit sur « non sa d'avere una "parte" » (L. Pirandello, *Maschere Nude*, vol. 2, *op. cit.*, p. 161). Une autre réplique est également tirée de la *Prefazione* de 1925 : celle sur l'imagination « servante » (« ha il gusto di vestir nero : si diverte a portarmi in casa uomini, donne, ragazzi, personaggi », *cf. Sei personaggi.com*, *op. cit.*, p. 27, « elle se pique de s'habiller en noir : elle s'amuse à me ramener à la maison hommes, femmes, enfants, personnages »), déjà utilisée par Pirandello dans la nouvelle *Personaggi*.

3 E. Sanguineti, *Cose*, n° 33, dans *Mikrokosmos*, *op. cit.*, p. 209. L'occasion dont il s'agit ici est un concert au Caio Melisso de Spoleto.

l'Auteur en Père, de l'Auteur/Père[1] en une alternance permanente des actes de travestir / dévoiler / démasquer[2].

On voit bien ici, par-delà le refus déclaré du théâtre dans le théâtre comme formule, toute la complexité que prend le théâtre (et qui a sans doute quelque chose d'œdipien) lorsqu'à travers le théâtre du rêve, il remplit, suivant les termes d'un poème dédié à Besson, une fonction de « strip-tease de l'idéologie » sur une scène érigée en « théâtre anatomique[3] ».

Aussi n'est-ce sans doute pas un hasard si Sanguineti, après son travestissement pirandellien, se laisse tenter par la traduction d'un « classique » du métathéâtre, où le thème du rapport entre illusion et réalité est abordé par le mécanisme du théâtre dans le théâtre : *L'Illusion comique* de Corneille[4].

C'est cette œuvre que je voudrais évoquer pour conclure, car au-delà de l'imitation stylistique (la traduction de Sanguineti est un « calque », y compris métrique, puisqu'elle est en alexandrins), le texte italien qu'il propose investit précisément les moments où le mécanisme métathéâtral est le plus explicite.

Le choix de supprimer les indications des rôles joués dans la pièce enchâssée de l'acte V est de ce point de vue significatif, de même que la suppression totale des didascalies dans le texte. Cette décision s'appuie sur une pratique auctoriale bien enracinée, justifiée dans la note introductive, intitulée « L'illusion de traduire », par une invitation à prendre « toute licence d'interprétation[5] » . Même l'une des plus célèbres didascalies n'y échappe pas : « il donne un coup de baguette, et on tire *un* rideau, derrière

1 Dans le texte, certaines répliques distinguent les deux entités, mais dans la majorité des cas, elles les confond l'une avec l'autre. Les indications scéniques ne sont pas toujours respectées par la mise en scène.

2 Comme l'a noté Luigi Weber, « l'acte de travestir comporte en même temps celui de démasquer. Autrement dit, si la fiction est explicite, partagée par celui qui la produit et celui qui la reçoit, le fait qu'elle s'expose produit automatiquement l'effet contraire » (*cf.* L. Weber, *Usando gli utensili di utopia. Traduzione, parodia e riscritture in Edoardo Sanguineti*, Bologne, Gedit, 2004, p. 165).

3 Je fais ici référence à l'un des plus importants poèmes théâtraux de Sanguineti, *La Philosophie dans le théâtre* (1982), dédié à Benno Besson (dans *Mikrokosmos*, *op. cit.*, p. 295).

4 P. Corneille, *L'illusione comica*, trad. E. Sanguineti, Gênes, Il Melangolo-Teatro di Genova, 2005. Je me suis ici servi du texte paru dans P. Corneille, *Théâtre complet*, éd. G. Couton, Paris, Classiques Garnier, 1971, t. I, p. 627-694. J'ajoute les italiques dans les citations de Corneille et de Sanguineti.

5 E. Sanguineti, « L'illusione del tradurre », dans *L'illusione comica*, *op. cit.*, p. 52.

lequel sont en parade les plus beaux habits des comédiens » (I, 2, v. 132), au moment où Alcandre vient d'encourager Pridamant et de lui promettre qu'il lui montrera la « fortune éclatante » de Clindor. Après lui avoir rappelé que « les novices de l'art » font trop de cérémonies, il lui assure qu'il en sera capable, d'un simple coup de baguette magique (« ma baguette à la main »). Il invite alors Pridamat à juger de la « grandeur » de son fils au vu de la « splendeur » princière de cette garde-robe.

Si comme Pridamant le public a vu la baguette, pas plus que lui il n'a lu la didascalie (qui du reste mentionne *un* rideau et non pas *le* rideau du théâtre) ; il n'est donc pas en mesure de comprendre que cet « équipage » est en fait une garde-robe théâtrale. Et il n'a pas la clé pour saisir les allusions ambiguës du discours d'Alcandre qui suit. Autrement dit, il ne peut en percer le caractère métathéâtral.

Chez Sanguineti en revanche, l'ordre que donne Alcandre en italien est très explicite : « A me la mia bacchetta, *si levi quel sipario* » (« À moi ma baguette, *qu'on lève ce rideau* »). Par la simple modification de l'article (« un » devient « ce »), il réintègre ainsi, dans la réplique, la didascalie supprimée.

Nous savons qu'une large part des interprétations scéniques de *L'Illusion comique* se sont précisément jouées sur le dénouement, ou du moins sur l'ambiguïté de la notion de « vérité », qui naît chez Corneille de l'usage de termes théâtraux qui pourraient être compris différemment.

Mais chez Sanguineti, quelle que soit la solution proposée par le metteur en scène, le rideau dont parle Alcandre ne peut être que celui du théâtre. On veut donc nous dire, sans équivoque, que nous sommes au théâtre. Pour le spectateur averti, point de magie, point d'illusion. Souligner la dimension métathéâtrale, c'est donc ici, me semble-t-il, remplacer l'incertitude, l'ambiguïté par la clarté de la fiction : une fois de plus, pour revenir au binôme sanguinetien par excellence, le langage est aussi idéologie.

Franco VAZZOLER
Université de Gênes

Traduction de Céline FRIGAU MANNING

SHAKESPEARE A PALERMO

La caméra, kaléidoscope métathéâtral de Francesca Comencini

Dans le Teatro Garibaldi à Palerme, construit vers 1850 mais désormais réduit à l'état de « dépouille de théâtre » dans la Kalsa, quartier arabe en plein cœur de la ville, Carlo Cecchi met en scène en 1999 *Le Songe d'une nuit d'été* de Shakespeare dans la traduction de la poétesse Patrizia Cavalli[1]. Le projet est encouragé par le maire de Palerme de l'époque, Leoluca Orlando, que l'on peut considérer comme un « champion » de la lutte antimafia[2]. Par

---

1 Carlo Cecchi, né en 1939, est une figure centrale du théâtre en Italie. Prix Gassman du meilleur acteur italien en 2007, connu notamment pour son interprétation mémorable de *Fin de partie* de Samuel Beckett (citée par Francesca Comencini), il a souvent mis en scène Shakespeare, et repris *Le Songe d'une nuit d'été* récemment encore avec de jeunes acteurs au cours d'une tournée en Italie lancée en janvier 2011 (production du Teatro Stabile delle Marche en partenariat avec l'Accademia nazionale d'Arte drammatica Silvio D'Amico). Carlo Cecchi lui-même y tient le rôle du dramaturge de la troupe d'artisans. Pour la traduction utilisée, *cf.* W. Shakespeare, *A Midsummer Night's Dream. Sogno di una notte d'estate*, éd. P. Bertinetti, trad. P. Cavalli, notes R. Rizzoli, Turin, Einaudi, 2002 ; voir notamment aux p. 251-255 la « Nota del traduttore » et, en ligne, le blog de la poétesse : http://patriziacavalli.blogspot.fr/ (consulté le 9 août 2016). Cette traduction n'est en rien anodine aux yeux de Francesca Comencini, comme on le verra. De la complicité entre la réalisatrice et la poétesse témoigne notamment la photographie prise par Francesca Comencini de Patrizia Cavalli récitant ses textes, accompagnée par Diana Tejera à la guitare, *cf.* P. Cavalli, D. Tejera, *Al cuore fa bene far le scale. Uno staordinario incontro tra la musica pop e la poesia contemporanea*, livre et CD, Rome, Voland, 2012, p. 60. D'autres poètes italiens ont traduit Shakespeare et parfois fait des choix analogues à ceux de Patrizia Cavalli, notamment pour ce qui concerne les rimes, les vers, les comptines, la ponctuation, etc. Parmi eux E. Montale, *Quaderno di traduzioni*, Milan, Mondadori, 1975, et en particulier « Shakespeare, *Midsummer-Night's Dream, (frammenti di una riduzione)* », p. 23-41, qui comprend ces éléments que l'on retrouve dans la captation des répétitions du spectacle d'Emilio Cecchi par Francesca Comencini : « *Fata*, p. 25, *Oberon e Puck*, p. 27, *Oberon sveglia Titania*, p. 31, *Re delle Fate*, p. 33, *Piramo e Tisbe*, p. 35, *Coro (Puck)*, p. 41 ».

2 Pour plus d'informations sur le projet « Comitato Teatro Garibaldi Aperto », voir en ligne : www.globalproject.info/it/produzioni/palermo-teatro-garibaldi-aperto/11297 (consulté le 9 août 2016) ainsi que l'article d'A. Dreyfus, « Une trilogie du classique anglais revisitée par Carlo Cecchi », Libération.fr, 30 octobre 1999, en ligne :

ailleurs, Carlo Cecchi autorise Francesca Comencini à filmer les répétitions et même à vivre avec la troupe pendant un certain temps, pourvu qu'elle soit seule. De là naît *Shakespeare a Palermo*, documentaire d'une durée de 90 minutes (produit en 1998 par GA&A en partenariat avec *Les films d'ici*, *La Sept Arte*, *RAI 2* et la ville de Palerme), où la réalisatrice filme, avec Paolo Carnera pour l'image et Gianluca Costamagna pour le son, les répétitions de ce qui est d'abord une gageure culturelle, existentielle.

Si l'on veut saisir la portée politique et esthétique qu'il peut y avoir à mettre en scène ou à filmer des pièces de Shakespeare dans l'Italie de Carlo Cecchi et Francesca Comencini, on peut se reporter aux déclarations d'un autre très grand metteur en scène italien de Shakespeare, à l'autre « bout » de la péninsule. Giorgio Strehler synthétise, pour lui-même mais de façon générale pour la culture théâtrale et politique, les enjeux et l'« actualité » des pièces du dramaturge anglais dans l'Italie de la deuxième moitié du XXe siècle :

> D'après moi, l'œuvre de Shakespeare [...] constitue essentiellement l'exemple d'un théâtre qui n'est pas contraint par les schémas rigides et étouffants auxquels le XVIe siècle néoclassique et le XVIIe siècle étroitement bourgeois l'avaient avili ; un théâtre plus libre dans sa forme, plus objectif, plus ouvert à l'imagination ; avec des caractéristiques formelles qui représentent cependant sur le plan de la forme une attitude déterminante à l'égard de la réalité environnante, de la manière de se poser de la part du dramaturge face aux hommes, aux vicissitudes, aux problèmes de son temps, qui sont un exemple et une stimulation pour une manière analogue d'être metteur en scène, acteur et ainsi de suite[1].

Le titre *Shakespeare a Palermo* fait référence au fait que le même metteur en scène a monté d'autres pièces du dramaturge anglais en ce lieu, notamment *Hamlet*. Cependant, il est remarquable que Francesca Comencini décide de focaliser son documentaire sur la pièce la plus dense, de toutes celles que Cecchi a mises en scène à Palerme, en termes de mises en abyme, thèmes et variations sur le double[2]. Elle

---

[www.liberation.fr/culture/1999/10/30/theatre-une-trilogie-du-classique-anglais-revisitee-par-carlo-cecchi-shakespeare-al-dente-amleto-mis_287622 (consulté le 9 août 2016).

1 G. Strehler, « Shakespeare e Brecht (dall'archivio storico del Piccolo Teatro di Milano) » dans *Strehler e oltre : il "Galileo" di Brecht e "La tempesta" di Shakespeare*, dir. G. Restivo, R.S. Crivelli, A. Anzi, Bologne, CLUEB, 2010, p. 131. Sauf mention explicite, toutes les traductions sont les nôtres.

2 Sur cette question, voir par exemple C. Rosset, *Le Réel et son double. Essai sur l'illusion* [1976], nouvelle édition revue et augmentée, Paris, Gallimard, 1984.

y saisit l'occasion d'un développement cohérent avec son témoignage propre, qui ne se limite pas à un simple propos documentaire, mais relève d'une problématique politique et esthétique, voire d'une thèse militante, à l'aune d'une forme d'optique en partie autobiographique. Au demeurant, ce titre global *Shakespeare a Palermo* annonce, dans sa conjonction d'explicite et d'implicite, les divers titres internes exhibés, translatés en guise de commentaire, passés sous silence ou affichés, qui tiennent lieu d'éléments structurels du documentaire à l'instar des échafaudages réels de restauration provisoire du Teatro Garibaldi. Ces titres internes polysémiques et plurifonctionnels changent ainsi de statut et de degré pour passer de sous-titre (en creux, implicite, puis énoncé explicitement) à celui de métaphore existentielle et artistique au début du documentaire ; le plus emblématique est sans doute *Fin de partie* de Samuel Beckett.

Les jeux multiples et dispositifs divers de construction du film « documentaire » de Francesca Comencini posent dès lors la question de l'appartenance à un genre. *Shakespeare a Palermo* relève-t-il davantage du documentaire, du commentaire, ou de l'autobiographie et de la biographie mêlées et filmées ? S'agit-il d'un simple hommage à une forme de théâtre paradoxale, en condensé dans un lieu délabré, voire d'un théâtre par compensation, d'une manière de faire du théâtre en faisant du cinéma, d'une simple entrée dans les coulisses ou dans l'avant-spectacle ? Sans doute, bien entendu, *Shakespeare a Palermo* est tout cela à la fois et alternativement[1]. Rappelons ces mots de conclusion de Clément Rosset à la fin de son ouvrage *Propos sur le cinéma* :

> On remarquera enfin – et c'est aussi ce en quoi l'option « réaliste » n'engage pas le cinéma dans une voie sans issue – que de toute façon il ne saurait être question pour le cinéma de représenter le réel : mais seulement d'en suggérer de loin en loin un aperçu fugitif, de réussir à l'approcher d'un peu plus près lors de brefs et de rares instants cinématographiques dont la réussite est à l'impondérable merci du talent du réalisateur, de la manière parfois hasardeuse dont il a décidé de l'ordonnance des prises de vue, de la nature des plans, du découpage des séquences. Du réel, et dans le meilleur des cas, le cinéma ne donnera jamais plus à voir que « deux ou trois choses », pour reprendre le titre

1 À titre d'information, mentionnons l'entreprise, très différente de celle de F. Comencini, réalisée et produite par M. Hoffman tout juste un an après, en 1999, *A Midsummer Night's Dream* avec notamment M. Pfeiffer, K. Kline, C. Flockhart, S. Tucci et R. Everett.

> du film de Godard qui dit à la fois les limites et les ambitions raisonnables du cinéma par rapport à la réalité[1].

Trois éléments semblent particulièrement significatifs de la conception du théâtre qui se dégage du film éminemment structuré qu'est *Shakespeare a Palermo* : d'emblée, le regard autobiographique et métathéâtral de la cinéaste-dramaturge, tout au long du film ; la structure enchâssée, polysémique ; et *in fine*, l'ancrage politique, militant de ce regard, ici posé comme un cadre pratique qui devient une structure d'appréhension et de compréhension de la réalité.

SUPERPOSITIONS

La première scène du documentaire est en fait constituée par la citation en noir et blanc, neutre, comme les sous-titrages, le générique de début dont elle se situe dans le prolongement immédiat ou encore le générique de fin. Comme une « photographie » objective, incontestable, une quasi-photo d'identité de la scène théâtrale où Carlo Cecchi lui-même joue en 1996 *Fin de partie* de Samuel Beckett : « Ouvre la fenêtre / pour quoi faire ? / je veux entendre le bruit de la mer / tu ne l'entendrais pas / même en ouvrant la fenêtre ? / Non / donc c'est inutile de l'ouvrir ? / Oui / Alors ouvre-la ! ouvre-la[2] ! » Aussitôt après, comme dans un reportage télévisé, on voit apparaître en couleurs, en plein cœur de Palerme, un quartier en ruines avec son théâtre en réfection, tandis qu'en voix *off* on entend le récit autobiographique de Francesca Comencini. En voici l'*incipit* :

> Je suis née à Rome, en 1961. L'Italie de mon enfance est celle d'Elsa Morante, de Primo Levi, d'Italo Calvino, celle où une poignée d'écrivains ont cousu les points de suture sur les grandes blessures de mon pays et inventé un engagement politique fait de grâce et d'ironie. Cette Italie a disparu.

1 C. Rosset, *Propos sur le cinéma*, Paris, PUF, 2011, p. 136-137.

2 *Fin de partie* de S. Beckett, mise en scène de M. Martone, pour la RAI, en 1996, avec C. Cecchi comme interprète, voir en ligne, http://holmes.iulm.it/videoteca/teatro.asp?iddoc=122 (consulté le 9 août 2016) : « Apri la finestra / per fare che ? / voglio sentire il rumore del mare / non lo sentiresti / anche aprendo la finestra ? / No / dunque è intuile aprirla ? / Sì / E allora aprila ! aprila ! »

> L'Italie dans laquelle j'ai grandi est celle de Moro assassiné, de Pasolini trucidé sur une plage d'Ostie, du silence du cinéma, l'Italie de la télévision commerciale, du rejet forcené de la culture. Dans cette Italie, certains, très rares, ont résisté. L'acteur et metteur en scène Carlo Cecchi est l'un d'eux. La première fois que je l'ai vu jouer, c'était dans *Fin de partie* de Beckett. J'ai compris qu'à travers ce texte, Carlo parlait aussi de l'Italie.
>
> Pour moi qui suis née dans une fin de partie, ce spectacle a eu la force d'un commencement. C'est là que j'ai décidé de le suivre à Palerme[1].

Ce détour autobiographique inaugural qui a une valeur initiatique et emblématique amorce d'emblée une série de superpositions et d'alternances. Ces superpositions cumulatives et ces détours métathéâtraux associent des notions extrêmes antinomiques et pourtant complémentaires, telles que la vulnérabilité et la force par exemple, sans exclure d'autres oppositions telles celles du superflu et de l'essentiel. Grammaticalement, syntaxiquement, cet *incipit* de la réalisatrice est fortement marqué par une scansion autobiographique martelée comme si la situation, la conjoncture, le contexte de Francesca Comencini étaient emblématiques de ceux de toute une génération. Au demeurant, la réalisatrice est catégorique sur le fait que l'époque de sa jeunesse est révolue à jamais. Certaines caractéristiques de ce prisme « personnel » de réalisation sont notamment énoncées par Clément Rosset :

> Il arrive aussi, et je dirais non pas souvent mais toujours et nécessairement, qu'un commentateur, fût-il des plus pénétrants, voire plus génial lui-même que celui dont il commente l'œuvre, trahisse toujours ce dernier, dès lors qu'il en est épris, par cet excès d'amour – qui est d'ailleurs moins un effet fâcheux de l'amour qu'une définition générale de celui-ci – qui le fait s'identifier à l'autre et lui prêter des dispositions qui n'ont jamais appartenu qu'à lui-même. « Molière par X », « Marivaux par Y » sont ainsi nécessairement des indicateurs, non de Molière ou de Marivaux, mais bien de X ou de Y (tout comme moi-même qui, au moment où j'écris ces lignes, renseigne certainement davantage sur moi que sur celui dont je parle[2]).

1 Précisons qu'en 1997, un an avant de réaliser *Shakespeare a Palermo*, Comencini réalise un film « documentaire » de 45 minutes consacré à Elsa Morante, pour la collection « Un siècle d'écrivains » (une production *Les films d'ici* en partenariat avec France 3 et la RAI). À ses côtés déjà, Paolo Carnera pour l'image. Comencini déclare avoir voulu réaliser ce portrait avec « l'intention d'exprimer, à travers les œuvres de l'écrivain, la recherche des vérités cachées entre les pages de sa vie, en s'efforçant de saisir la réalité d'une personne » (« Parolario, Elsa Morante. Omaggio d'autore a Como », *La Provincia*, 30 août 2012, en ligne : www.laprovinciadicomo.it/stories/Cronaca/310505_parolario_elsa_morante_omaggio_dautore_a_como/ (consulté le 14 septembre 2016).

2 C. Rosset, *En ce temps-là. Notes sur Louis Althusser*, Paris, Minuit, 1992, p. 15-16.

En juillet, à Palerme, a lieu la fête de Santa Rosalia. Tout à la fois sacrée et empreinte d'éléments païens, cette fête évoque l'histoire de la peste qui envahit la ville. La caméra en donne à voir aux spectateurs un large aperçu, comme une sorte de petit documentaire ethnosociologique « emboîté » dans le documentaire *Shakespeare a Palermo*, aussitôt après le récit autobiographique de Francesca Comencini. Celle-ci y souligne les contrastes de lumière de la nuit et du jour, et les divers voiles, voilages, tissus récurrents du bateau, de la Sainte, de l'actrice qui interprète la Sainte. Francesca Comencini commente, toujours en voix *off*, que l'on est confrontés là au « masque fondamental de ce pays », à la « plus vieille fabrique de songes ». Carlo Cecchi est alors interviewé sur la signification que peut avoir *Hamlet* pour les habitants du quartier de la Kalsa à Palerme. Ensuite seulement commencent les répétitions du *Songe d'une nuit d'été* de Shakespeare. En guise d'entrée en matière différée, la caméra procède donc d'emblée par superpositions de registres et de genres, métaphores et renversements.

SCANSIONS

Le documentaire montre un metteur en scène d'une extrême exigence avec ses acteurs, professionnels confirmés ou tout juste sortis d'une école d'art dramatique de Palerme. Carlo Cecchi n'hésite pas à les « pousser à bout » physiquement alors qu'il leur fait répéter maintes fois répliques et scènes. Sa dramaturgie relève d'un *hic et nunc* qui abolit le clivage entre la répétition et la représentation : le degré d'exigence attendu est le même, qu'il s'agisse de répétition, de représentation ou d'exercices physiques, corporels, vocaux préparatoires. Il n'y a, pas plus pour Carlo Cecchi que pour Francesca Comencini, « d'avant » ou « d'après ». La réalisatrice remarque néanmoins en voix *off* : « Carlo n'impose aucune clé aux acteurs ; chacun doit trouver la sienne. » Seul compte pourtant le présent physique du théâtre filmé, du film théâtral alors que les acteurs donnent vie aux personnages.

Or, Francesca Comencini enregistre les répétitions des acteurs en alternance avec des scènes palermitaines, et son documentaire se termine juste à la veille de la première représentation publique du *Songe d'une nuit d'été* dans un décor quasiment arraché au temps. Il calque ainsi dans sa temporalité et dans son rythme la cohérence temporelle et dramaturgique des choix de Carlo Cecchi, sur une scène littéralement en ruines et à peine réhabilitée *a minima* pour l'occasion. La scène réinvestie, la répétition-représentation sont donc à la fois absolument présentes, et complètement en dehors du temps, paradoxalement dans une sorte d'hypothétique et pourtant bien réel « ailleurs – ici », éphémère, exceptionnel. Carlo Cecchi adopte une position « maximaliste » : il attend tout de ses acteurs, reste persuadé et convaincu que le théâtre est indispensable pour les habitants de la Kalsa dans ce lieu dévasté car c'est là que le théâtre est le plus improbable, le plus paradoxal. Le metteur en scène remarque du reste : « Palerme saisit mieux la nécessité du théâtre. » L'optique de Cecchi, relayée par celle de Comencini, semble ainsi cohérente et semblable à celle de Giorgio Strehler, lorsqu'il rapproche Shakespeare de Brecht :

> Je trouve la preuve la plus significative et la plus éclatante de l'actualité de Shakespeare – et de ce fait de sa manière d'être auteur – dans le fait que l'équivalent contemporain de cette manière d'être est représenté par l'œuvre et par la figure du plus grand auteur de notre temps : Bertolt Brecht. Objectivité démystifiante, adhésion rigoureuse à la réalité historique et scientifique, sens ouvert et ample de la poésie : ce sont les traits communs à ces deux auteurs qui soulignent une continuité idéale qui n'est certes pas le fruit du hasard, mais bien la preuve évidente de la justesse de choix autonomes mais convergents[1].

Les répétitions des acteurs orchestrées par Carlo Cecchi se déroulent à vrai dire dans deux lieux : un hangar d'abord, le temps que le Teatro Garibaldi soit un minimum aménagé, puis dans le théâtre lui-même alors que le travail des acteurs et du metteur en scène est déjà bien avancé. Cependant, d'un lieu à l'autre, et entre les diverses séquences, les rues du centre de Palerme sont filmées comme dans une mise en abyme d'un théâtre du quotidien, avec des enfants qui jouent en plein air, des grand-mères qui patientent et sont attentives aux enfants, aux passants, des vieillards assis sur des chaises comme autant de spectateurs, etc. Ainsi, Carlo Cecchi explique que le jeu de l'acteur obéit à des règles que l'on ne peut pas changer au cours d'une partie ; à l'adresse de ses acteurs, il

1 G. Strehler, *Shakespeare e Brecht*, *op. cit.*, p. 132.

prend l'exemple d'une partie de tennis, et aussitôt après les spectateurs du documentaire voient les enfants jouer dans la rue avec des cailloux.

La cinéaste ne manque pas de préciser, toujours en voix *off*, la cohérence des jeux de reflets du théâtre au cinéma, l'articulation des emboîtements de la pièce au film, des échos palermitains voire des réverbérations qu'elle s'efforce de saisir et d'offrir aux spectateurs : « *Le Songe d'une nuit d'été* est un kaléidoscope où les images se déforment les unes les autres, et tournent toutes autour de la passion amoureuse et du désir. » Les lignes de force et l'orientation de ce documentaire ne sont donc en rien anodines ou laissées au hasard de l'improvisation ou de l'inspiration. La recherche consiste notamment en une forme d'adhésion, d'adéquation de la matière filmée au contexte réel et représenté. Aussi Francesca Comencini souligne-t-elle à juste titre, encore une fois en voix *off*, et en commentaire simultané du développement de son documentaire : « Dans le *Songe*, d'autres comédiens se retrouvent dans le bois ; ce sont des artisans comédiens amateurs qui répètent une pièce comique sur l'amour. Cette pièce dans la pièce apparaît plus proche de nous maintenant que nous sommes *dans* le théâtre Garibaldi. »

Or, la série de doubles omniprésente dans la pièce de Shakespeare[1] est scandée, on l'a dit, par la caméra qui déploie la multiplication des regards dans une structure enchâssée, polysémique. Ces figures et ces thèmes disposés en binômes sont tantôt de l'ordre de la simple duplication, tantôt plus complexes quand ils disposent des renversements ou des variations dans lesquels s'inscrit le regard métathéâtral de la cinéaste. La multiplication des médiations, qui s'enchâssent les unes les autres,

1 Alain Viala commence précisément le premier chapitre intitulé « Du spectacle » de son livre sur le théâtre par l'exemple-prisme du *Songe*, « Commençons avec une pièce très célèbre : *Le Songe d'une nuit d'été* de Shakespeare (entre 1595 et 1600). Elle relate qu'à la veille du mariage du duc d'Athènes, deux couples de jeunes gens connaissent les affres de l'amour parce que leurs désirs sont mal assortis ou contrariés par la volonté paternelle ; deux d'entre eux décident de fuir et se donnent rendez-vous dans un bois près de la ville. Dans ce bois, une déesse et un dieu (la reine et le roi des fées), qui se sont aimés et se sont fâchés, se rencontrent et s'affrontent ; le dieu décide de jouer un mauvais tour à la déesse. Pendant ce temps, les artisans de la ville répètent une pièce pour la fête qui célèbrera les épousailles de leur duc. Durant la nuit, les quatre jeunes gens s'égarent dans le bois, le lutin commandité par le dieu se trompe de cible, les rend amoureux tout de travers et colle, par fantaisie, une tête d'âne sur le corps du plus gros et bête des artisans, mais, bref, les jeunes gens finissent par trouver chacun amour à sa volonté, et les artisans jouent leur pièce, la tragédie de Pyrame et Thisbé, d'une façon ridicule à souhait ; on s'embrasse » (A. Viala et D. Mesguich, *Le Théâtre*, Paris, PUF, coll. « Que sais-je ? », 2011, p. 11-12).

laisse toute latitude au spectateur-lecteur de passer d'un texte à l'autre et d'une scène à l'autre.

Au nombre de ces médiations, il convient de mentionner la traduction en italien utilisée ici de la pièce de Shakespeare, sa translation sur la scène par Carlo Cecchi et son renvoi en écho par le prisme de la caméra. Le pivot constitué par le théâtre dans le théâtre est centré sur la répétition des acteurs au centre du *Songe*; Francesca Comencini y renvoie explicitement, car c'est d'abord le travail du metteur en scène qu'elle filme en le commentant. Or, la poétesse Patrizia Cavalli, qui avait auparavant traduit pour Carlo Cecchi *La Tempête* de Shakespeare et *Amphitryon* de Molière, déclare au sujet de sa traduction du *Songe d'une nuit d'été* :

> Je n'accepterais jamais de faire un travail de ce genre si c'était un éditeur qui me le demandait. Et, ce, non seulement en raison de la disproportion mélancolique qu'il y a dans ce cas entre le travail fourni et le gain, mais parce que je ne réussirais pas à traduire une œuvre théâtrale si ne je la savais pas destinée au théâtre, à la scène. Je dois m'imaginer les *voix* des acteurs et leurs visages, je dois savoir qu'il y a quelqu'un qui attend. Et en effet, au théâtre, il y a ce climat d'urgence qui oblige, y compris les natures indolentes dont je suis, à se dépêcher. [...] En abordant le *Songe*, j'avais fait sans y penser le choix le plus difficile : traduire en vers en respectant les rimes. Ce qui suppose d'élaborer une cage linguistique dans laquelle ne serait-ce que l'ajout ou l'élimination d'un mot en déboîte la structure, induisant de ce fait une restauration laborieuse. Ce qui me plaît le plus dans *Le Songe d'une nuit d'été* (je refuse de dire du « milieu de l'été » car cela ne signifie rien, à la limite je devrais dire du « plein été »), c'est son mécanisme rhétorique laborieux et inexorable, en tout point semblable au délire amoureux, dont il est justement le compte rendu scientifique en forme de comédie. Ce mécanisme est intimement soutenu par une sonorité dans laquelle la présence de la rime a en elle-même une fonction dramaturgique, en ceci qu'elle sert à indiquer le passage à un degré extrême non seulement dans le ton, mais aussi dans la signification du discours[1].

Patrizia Cavalli entend et imagine les voix, les visages des acteurs avant de livrer la version finale de la traduction pour la scène. Francesca Comencini, qui ne manque pas de faire remarquer dans son documentaire que la poétesse traduit majoritairement en vers, avec des rimes et une scansion fortement marquée, donne à voir et à entendre Carlo Cecchi,

---

1 P. Cavalli, « Nota del traduttore », dans W. Shakespeare, *A Midsummer Night's Dream. Sogno di una notte d'estate*, trad. P. Cavalli, *op. cit.*, p. 251-252.

son engagement, son esthétique, avant de déployer son travail avec les acteurs. Chez l'une comme chez l'autre, l'identification et la caractérisation de l'interlocuteur interprète sont préalables à la représentation, à la figuration, à l'échange dont elles semblent être une condition *sine qua non*. Carlo Cecchi, quant à lui, prévoit qu'il va jouer pour et avec les habitants de la Kalsa. Une stratégie théâtrale de l'attente et du renvoi est déployée pour dire et montrer un *Songe* dont le moteur essentiel est le désir. Le dispositif des vers et des rimes de Patrizia Cavalli, le cercle que Carlo Cecchi fait dessiner à ses acteurs sur le sol de la scène sont autant de jalons préfigurés de l'attente, du désir[1]. Francesca Comencini élabore le montage du film de manière à ménager maints chassés-croisés entre le cinéma et le théâtre, entre Palerme et la scène, entre le travail des répétitions et les thématiques que Carlo Cecchi déploie. Ainsi, parmi tant d'autres échos en renvoi, le thème de l'aveuglement est présent dans *Fin de partie* au début du documentaire ou encore dans la présence des acteurs qui ont les yeux bandés dans le bois.

La cinéaste n'hésite pas à multiplier les détours, par le biais de la voix *off* du commentaire en particulier. Elle juxtapose les variantes d'un même élément, telle la reprise d'une même scène travaillée avec des acteurs différents ou jouée dans un décor légèrement modifié. Ces déviations apparentes du propos principal peuvent être l'occasion de citations qui produisent l'effet d'une polyphonie. Antonin Artaud est ainsi lu, cité, mentionné plus d'une fois. Francesca Comencini « utilise » la référence à Artaud, comme en biais, pour établir une sorte d'écho-commentaire de la fête de sainte Rosalie, de la peste, de la modalité théâtrale, de l'expression métathéâtrale. La cinéaste-dramaturge dont le regard politique est aussi ancré « métathéâtralement » remarque à ce propos :

> Artaud dit que le théâtre est comme la peste ; l'état du pestiféré qui meurt avec en lui les stigmates d'un mal presque abstrait ressemble à celui de l'acteur que ses sentiments sondent intégralement et bouleversent et pourtant il ne s'est rien passé. Le théâtre, dit-il, c'est-à-dire la gratuité immédiate qui pousse à des actes inutiles, sans profit pour l'actualité ; mais comme la peste, le théâtre prend des images qui dorment et les pousse tout à coup jusqu'aux gestes les plus extrêmes. Il est un mal parce qu'il est l'équilibre suprême qui ne s'acquiert pas sans destruction. Il invite l'esprit à un délire qui exalte

1 Voir à ce sujet notamment les analyses de R. Barthes dans *Fragments d'un discours amoureux*, Paris, Seuil, 1977.

> ses énergies ; il pousse les hommes à se voir tels qu'ils sont ; il fait tomber le masque ; il découvre le mensonge ; et révélant aux hommes leur force cachée, il les invite à prendre en face du destin une attitude héroïque.

Vers la fin du documentaire, la pluie tombe à verse sur le théâtre Garibaldi, alors qu'il fait déjà nuit. L'électricité est coupée, les dernières répétitions continuent néanmoins à la lueur des chandelles et des lampes électriques dans la quasi-obscurité. Elles sont scandées, rythmées par le bruit de la pluie. « Le théâtre est inondé, explique Francesca Comencini, il n'y a plus d'électricité et malgré tout dans le seul coin à l'abri de la pluie, Carlo [Cecchi] continue la répétition en reprenant la pièce du début. » La cinéaste semble donc bien donner raison par avance à Daniel Mesguich lorsqu'il affirme, quant à lui :

> Le théâtre, toujours, commence *avant lui*. Comme si... comme si ce n'était pas le « théâtre », ce qu'on appelle généralement le théâtre, qui était l'« objet » principal, mais... la *route* qui le rend possible, la terre infinie sur laquelle il pousse, l'inaccessible matrice de l'acte, sur la scène, de signifier ; une signification tous azimuts, qui a toujours déjà commencé, ne s'arrête jamais et, folle, irradie partout. La route qui rend le théâtre possible, c'est elle, le théâtre[1].

Le projet militant de Francesca Comencini relève de la volonté tenace d'indiquer cette route. Le défi consisterait alors pour la réalisatrice, comme pour Carlo Cecchi, à répondre là où on l'attend le moins à une question qui n'a pas été posée. La fin du documentaire est, à cet égard, significative. Elle précède immédiatement la répétition générale, ou première représentation qui sera ouverte le lendemain aux habitants palermitains de la Kalsa, après une sorte de « déluge ». Alors que la caméra montrait le dramaturge artisan distribuant les rôles à ses acteurs, la cinéaste avait auparavant précisé : « Les craintes, les incertitudes de ces acteurs font écho aux nôtres maintenant que la date du spectacle approche. » La fin de *Shakespeare a Palermo* conjugue donc ce qui est « dans » le théâtre avec ce qui est « hors » du film. Après avoir énoncé que l'Italie perdue, évoquée au début du documentaire, est repérable en écho dans le théâtre, dans la dramaturgie innovante et essentielle de Carlo Cecchi, Francesca Comencini reprend la parole : elle ménage encore une citation de Joyce – « Le pays que je cherchais, le pays qui

1 A. Viala et D. Mesguich, *Le Théâtre*, *op. cit.*, note 16, p. 29.

a disparu est en moi, en chacun de nous » – et cède la parole, *in fine*, à Carlo Cecchi que l'on ne voit pas, que l'on ne voit plus, mais qui devient son propre écho initial : « Maintenant, silence, Puck, ôte cette tête et ce tutu Titania… »

Pérette-Cécile BUFFARIA
Université de Lorraine, Nancy

QUATRIÈME PARTIE

AU MIROIR DE LA *COMMEDIA DELL'ARTE*

GESTES, *TOPOI* ET CITATIONS

UN MIROIR AUX REFLETS TROMPEURS

La citation de gestes et postures des *Comici dell'Arte* au XXe siècle

Une célèbre gravure du XVIIe siècle représente Molière essayant de reproduire, à l'aide d'un miroir, la gestuelle de Tiberio Fiorilli, Scaramouche[1]. C'est une image qu'Angelo Costantini semble évoquer lorsque, dans sa *Vie de Scaramouche*, il écrit :

> La nature l'avait doué d'un talent merveilleux, qui était de figurer, par les postures de son corps et par les grimaces de son visage, tout ce qu'il voulait, et cela d'une manière si originale, que le célèbre Molière, après l'avoir étudié longtemps, avoua ingénument qu'il lui devait toute la beauté de son action[2].

Nous sommes ici confrontés au mythe de la gestuelle des *comici italiani* jouant à l'impromptu et imités par les comédiens les plus grands, notamment français, dans la recherche d'un jeu naturel, loin de la déclamation typique des français[3]. Mais la possibilité de répéter, reproduire, itérer le geste connoté en tant que théâtral, et notamment en l'absence du créateur du geste itéré, suggère une autre question : le geste, en tant

1 La gravure *Scaramouche enseignant, Élomire estudiant* de Laurent Weyen paraît dans la première édition de Le Boulanger de Chalussay, *Élomire Hypocondre, ou Les médecins vengez, comédie en cinq actes en vers*, Paris, C. de Sercy, 1670 (privilège 1669). Un exemplaire de la gravure (qui n'apparaît plus dans les éditions suivantes, de la même année) est conservé à la BnF dans le recueil de documents iconographiques autour de Molière côté Arts du spectacle, 4- ICO PER- 18549 (1-4). La Bibliothèque dramatique de Soleinne (*Catalogue rédigé par P.-L. Jacob, bibliophile*, Paris, Alliance des arts, 1843-1845, 6 vol.) évoque cette gravure et, à partir de cette date, les nouvelles éditions de la pièce de Le Boulanger de Chalussay la réintègrent (*cf. Élomire Hypocondre, ou Les médecins vengez, comédie par M. Le Boulanger de Chalussay, avec une notice de M. P. Lacroix*, Genève, chez J. Gay et fils éditeurs, 1867).

2 A. Costantini, *La Vie de Scaramouche* [1695], Paris, Typographies expressives, 2009, p. 74.

3 Pour un recensement des ouvrages sur la déclamation et la gestuelle des acteurs, et notamment sur la comparaison du jeu des comédiens italiens et du jeu des comédiens français, *cf.* C. Mazouer, *Le Théâtre d'Arlequin : comédies et comédiens italiens en France au XVIIe siècle*, préf. de G. Dotoli, Fasano, Schena ; Paris, PUPS, 2002, p. 103-121.

que composante de la performance du comédien, qui est éphémère par excellence, peut-il entrer dans la mémoire du théâtre et devenir une partie significative de la tradition théâtrale, pouvant ainsi être ramenée à la vie (répétée, itérée) même à distance de décennies ou de siècles, et citée dans un processus métathéâtral ?

La répétition des gestes n'est pas en soi métathéâtrale. On pourrait même dire que la répétition sur scène d'une gestuelle destinée à exprimer des sentiments de l'âme est le propre du jeu théâtral (du moins dans un théâtre réaliste et illusionniste). Il suffit pour le comprendre de parcourir la production théorique sur le geste au théâtre, qui va de Johann Jakob Engel (*Idées sur le geste et l'action théâtrale*, 1785-1786) à l'italien Antonio Morrocchesi (*Pose sceniche* dans les *Lezioni di declamazione e d'arte teatrale*, 1832) ou encore au moins connu Andrea De Jorio (*La mimica degli antichi investigata nel gestire napoletano*, 1832[1]), selon laquelle la répétition d'un geste implique la répétition de l'expression du sentiment que le geste répété était censé exprimer, le geste étant un signifiant qui renvoie à une signification sur un plan psychologique.

Différent est le cas de la répétition (et, dans ce cas, il faudrait dire plus précisément « citation ») de la gestuelle des *Comici dell'Arte*, comme la célèbre gravure représentant Molière en Scaramouche que nous avons évoquée *in limine* le suggère déjà : ici, itérer un geste signifie reproduire une modalité d'action théâtrale. C'est dans le travail des metteurs en scène du XXe siècle que la répétition-citation de la gestuelle des *Comici dell'Arte* se fait éminemment métathéâtrale. Car il s'agit d'un expédient pour citer une pratique théâtrale (souvent dans une intention polémique ou du moins par une prise de position esthétique) : le geste n'est pas repris en tant que signifiant renvoyant à une « même » signification codée sur un plan expressif (répétition), mais il est cité en tant que signifiant et signification à la fois, il affiche sa théâtralité et ne renvoie qu'à son origine théâtrale (citation).

Il nous semble opportun de définir cette différence entre répétition et citation, car si l'itérabilité du geste est la condition même de la citation,

---

1 J. J. Engel, *Ideen zu einer Mimik*, Berlin, Mylius, 1785-1786, trad. H. Jansen, *Idées sur le geste et l'action théâtrale*, Paris, Jansen, 1795, fac-similé : avec présentation de M. de Rougemont, Genève, Slatkine, 1979 ; A. Morrocchesi, *Lezioni di declamazione e d'arte teatrale di Antonio Morrocchesi, professore nell'I. e R. Accademia delle belle arti di Firenze*, Florence, Tipografia all'insegna di Dante, 1832, fac-similé : Rome, Gremese, 1991 ; A. De Jorio, *La mimica degli antichi investigata nel gestire napoletano*, Naples, Dalla stamperia e carteria del Fibreno, 1832.

la répétition d'un geste n'est une citation que lorsqu'elle renvoie à une pratique théâtrale reconnaissable par le spectateur et qu'elle affiche sa théâtralité en mettant entre parenthèses la référence à la réalité hors scène. Aussi n'est-il pas étrange de constater qu'au XXe siècle, la question de la répétition, donc de la reprise consciente et de la citation des gestes a été débattue et définie au niveau théorique précisément dans le sillage du théâtre épique, un théâtre anti-illusionniste et antimimétique par excellence qui utilise les ressources de la théâtralité afin de susciter chez le spectateur un étonnement qui éveille son esprit critique.

RÉPÉTITION, CITATION ET ITÉRABILITÉ DU GESTE : UN PARCOURS THÉORIQUE

Définissant un théâtre de la « distanciation », Bertolt Brecht explique ainsi, dans son essai « Nouvelle technique d'art dramatique 1 » (1935 env.-1941) :

> Pour distancier le gestus, le comédien dispose d'une méthode simple qui consiste à séparer le gestus des jeux de physionomie. Il lui suffit de mettre un masque et d'observer son jeu dans un miroir. De cette manière, il lui sera aisé de faire un choix de gestes [...]. Précisément, le fait que les gestes soient choisis produit l'effet de distanciation[1].

Le jeu de l'acteur sur scène consistera alors dans la citation des gestes ainsi choisis, et nous pouvons remarquer ici, une fois de plus, le lien entre miroir et théâtralité. D'autres passages des *Écrits sur le théâtre* de Brecht s'arrêtent sur le jeu du comédien comme étant l'action de « montrer deux fois[2] ». Dans « Nouvelle technique d'art dramatique 2 » (1949-1955), Brecht définit les différentes catégories de gestes : des gestes isolés jusqu'aux *gestus* de chaque scène et de l'ensemble de la pièce de théâtre[3].

1 B. Brecht, « Nouvelle technique d'art dramatique 1 », dans *Écrits sur le théâtre. 1*, trad. J. Tailleur, G. Delfel, B. Perregaux et J. Jourdheuil, Paris, L'Arche, 1972, p. 359 (*Distanciation de la gestuelle*).

2 *Ibid.*, p. 377-419 (*Sur le métier du comédien*) et, sur le théâtre chinois, *ibid.*, p. 412.

3 B. Brecht, « Nouvelle technique d'art dramatique 2 », dans *Écrits sur le théâtre. 2*, trad. J. Tailleur et É. Winkler, Paris, L'Arche, 1979, p. 95 : « *La gestuelle.* [...] nous traitons de la gestuelle qui se manifeste dans la vie quotidienne et trouve au théâtre sa forme

Ces idées sont développées par Walter Benjamin. Dans l'étude qu'il consacre au théâtre épique en 1938[1], celui-ci définit l'interruption et le geste comme les deux caractéristiques essentielles de ce théâtre. Et c'est précisément l'interruption qui assure la citabilité des gestes en les détachant de leur contexte. Les gestes détachés et espacés au moyen de l'interruption du *continuum* de l'action ont alors un début et une fin. Plus l'action est interrompue, plus il y aura de gestes rendus ainsi citables. Citer un geste consiste alors à procéder à la fois à une mise en mouvement et à une suspension, car le geste est un mouvement (du corps) qui vient interrompre et suspendre le mouvement « narratif » du spectacle[2] (l'action, l'intrigue).

Les théoriciens et les critiques du théâtre épique, se penchant sur la question de la citabilité du geste, s'accordent donc à affirmer qu'un geste au théâtre peut être cité s'il est possible de l'isoler, c'est-à-dire de le séparer à la fois du flux de l'action représentée (le rendant indépendant de sa signification à l'intérieur d'une intrigue) et du *continuum* des mouvements. On peut citer un geste au théâtre, si on peut le reproduire et le répéter en tant que fragment, ce qui rend finalement équivalentes la définition de la citation gestuelle au théâtre et la définition de la citation textuelle telle que nous la retrouvons, par exemple, chez Gérard Genette et Antoine Compagnon, pour ne faire référence qu'aux travaux les plus connus dans ce domaine[3]. Une citation est donc toujours isolée et identifiable.

---

accomplie. Il y a aussi des gestes isolés. Ceux que l'on fait à la place d'énoncés [...] comme [...] l'inclination affirmative de la tête. Des gestes illustratifs, comme ceux qui décrivent la grosseur d'un concombre [...]. Puis la multitude des gestes qui manifestent des attitudes psychologiques, le mépris, la nervosité, la perplexité, etc. Nous parlons également de *gestus*. Par là nous entendons tout un complexe de gestes isolés les plus divers joint à des propos, qui est à la base d'un processus interhumain isolable et qui concerne l'attitude d'ensemble de tous ceux qui prennent part à ce processus (condamnation d'un homme par d'autres hommes, une délibération, un combat, etc.) ; ou bien un complexe de gestes et de propos qui, lorsqu'il se présente chez un individu isolé, déclenche certains processus (l'attitude indécise d'Hamlet, la profession de foi de Galilée, etc.) ; ou encore simplement une attitude fondamentale d'un homme (comme la satisfaction ou l'attente). »

1 W. Benjamin, « Was ist das epische Theater ? » [1939], trad. R. Rochlitz, « Qu'est-ce que le théâtre épique ? », dans *Œuvres*, t. III, Paris, Gallimard, coll. « Folio Essais », 2000, p. 317-328.

2 *Cf.* A. Sacchi, « Su un'abilità di Walter Benjamin : la citabilità del gesto », *Culture Teatrali*, n° 18, printemps 2008, p. 161.

3 Nous faisons référence à G. Genette, *Palimpsestes : la littérature au second degré*, Paris, Seuil, 1982 ; A. Compagnon, *La Seconde Main ou le travail de la citation*, Paris, Seuil, 1979.

D'autres théoriciens ayant étudié les mécanismes de la répétition nous éclairent sur la répétition métathéâtrale de gestes – procédé que nous avons appelé « citation de gestes au théâtre ». Sans vouloir parcourir tous les travaux des linguistes et des philosophes sur ce sujet[1], nous nous arrêterons sur la définition de l'itérabilité telle que nous la retrouvons dans une étude de Jacques Derrida publiée en 1972, « Signature, événement, contexte[2] ». Derrida y étudie le phénomène par lequel l'écriture continue d'assurer un processus de communication en l'absence même de son destinataire et de son auteur d'origine, un phénomène dû, selon lui, à une qualité de l'écriture : l'itérabilité[3]. Et l'itérabilité est liée, pour Derrida, précisément à la possibilité d'isoler le signe écrit :

> 1) Un signe écrit [...] c'est donc une marque qui reste [...] et qui peut donner lieu à une itération en l'absence [...] du sujet [...] qui l'a [...] émise ou produite. [...]
> 2) [...] un signe écrit comporte une force de rupture avec son contexte [...] en raison de son itérabilité essentielle, on peut toujours prélever un syntagme précis hors de l'enchaînement dans lequel il est pris ou donné, sans lui faire perdre toute possibilité de fonctionnement, sinon toute possibilité de « communication ». [...]

---

1 Rappelons au moins : J. L. Austin, *Quand dire, c'est faire* [1960], introduction, trad. et commentaire par G. Lane, Paris, Seuil, 1970 ; J. R. Searle, *Les Actes de langage* [1970], trad. H. Pauchard, Paris, Hermann, 1972 ; J. R. Searle, *Pour réitérer les différences : réponse à Derrida* [1987], trad. J. Proust, Combas, Éditions de l'Éclat, 1991.

2 J. Derrida, « Signature, événement, contexte », dans *Marges de la philosophie*, Paris, Minuit, [1972] 1985 (accessible en ligne à la BnF, collections numérisées : *Gallica Intramuros*), p. 365-393.

3 *Ibid.*, p. 375-376 : « Il faut [...] que ma communication écrite reste lisible malgré la disparition absolue de tout destinataire déterminé en général pour qu'elle ait sa fonction d'écriture, c'est-à-dire sa lisibilité. Il faut qu'elle soit répétable – itérable – en l'absence absolue du destinataire ou de l'ensemble empiriquement déterminable des destinataires. Cette *itérabilité* (*iter*, "derechef", viendrait de *itara*, "autre" en sanskrit), et tout ce qui suit peut être lu comme l'exploitation de cette logique qui lie la répétition à l'altérité, structure la marque d'écriture elle-même quel que soit d'ailleurs le type d'écriture [...]. Une écriture qui ne serait pas structurellement lisible – itérable – par-delà la mort du destinataire ne serait pas une écriture. [...] Ce qui vaut du destinataire vaut aussi [...] de l'émetteur ou du producteur. [...] Pour qu'un écrit soit un écrit, il faut qu'il continue à "agir" et être lisible même si ce qu'on appelle l'auteur de l'écrit ne répond plus de ce qu'il a écrit, de ce qu'il semble avoir signé, qu'il soit provisoirement absent, qu'il soit mort ou qu'en général il n'ait pas soutenu de son intention ou attention absolument actuelle et présente, de la plénitude de son vouloir dire, cela même qui semble s'être écrit "en son nom". [...] Cette dérive essentielle tenant à l'écriture comme structure itérative, coupée de toute responsabilité absolue, de la conscience comme autorité de dernière instance. »

3) Cette force de rupture tient à l'espacement qui constitue le signe écrit : espacement qui le sépare des autres éléments de la chaîne contextuelle interne[1].

Grâce à l'espacement qui le sépare des autres éléments et l'isole, le signe écrit peut ainsi donner lieu à une itération. Mais cette qualité, définie à partir des trois postulats énoncés, peut être aisément reconnue au geste théâtral, s'il est possible de l'isoler dans son contexte de jeu.

Si l'espacement du geste dans le contexte de l'action et du jeu au théâtre est le propre de l'esthétique brechtienne, la particularité de la transmission de la mémoire du théâtre a pu créer cette condition primordiale de l'itérabilité des gestes jusque dans d'autres contextes esthétiques. Et c'est le cas, nous semble-t-il, de la reprise de la *Commedia dell'Arte* au XXe siècle[2], qui a recours à la citation des gestes des *Comici dell'Arte* au travers des images fixes, présentant donc des gestes isolés, extraits du *continuum* de l'action théâtrale. Or la diffusion de l'iconographie de la *Commedia dell'Arte* est la condition préalable à la fondation du mythe de la *Commedia dell'Arte* au XXe siècle. La simplification que cette iconographie a opérée dans la représentation du jeu des *comici*, en insistant sur la reproduction de quelques traits typiques, a assuré l'itérabilité théâtrale à ces gestes et à ces postures rendus célèbres.

L'itérabilité, nous explique Derrida, est la possibilité de citer un élément et de l'insérer dans un nouveau contexte, à l'infini, mais elle implique une transformation de cet élément répété, transformation induite par ce nouveau contexte. Dans la reprise de la *Commedia dell'Arte* au XXe siècle, l'altération du sens provoquée par le nouveau contexte tient au sens métathéâtral que prend le geste cité.

1 *Ibid.*, p. 377.

2 *Cf. La Commedia dell'Arte : alle origini del teatro moderno : atti del convegno di studi di Pontedera*, dir. L. Mariti, Rome, Bulzoni, 1980, en particulier M. I. Aliverti, « La Commedia dell'Arte e i limiti di una modernità », p. 44-61.

L'ISOLEMENT ET L'IDENTIFICATION DES SCÈNES JOUÉES À L'ITALIENNE

L'itérabilité du geste de la tradition de la *Commedia dell'Arte* n'est pas une découverte du XXe siècle (nous l'avons vu dans l'estampe anonyme de Scaramouche et Molière). En effet, la connotation gestuelle d'une scène « à l'italienne » est un phénomène qui s'affirme à partir de la diffusion européenne de la *Commedia dell'Arte.* Pour que la communication soit efficace et directe dans un contexte géographique et linguistique différent, les spectacles des comédiens italiens exagéraient sans doute leur connotation gestuelle[1] ponctuant gestes et postures, créant par là l'espacement qui les rendrait citables. Ainsi, dans le *Recueil* d'Évariste Gherardi, l'éditeur isole, à l'intérieur des comédies qu'il publie, des scènes qu'il définit comme « italienne(s) toute(s) de jeu » en soulignant, en quelque sorte, leur itérabilité. L'iconographie, quant à elle, s'apprêtait à isoler et à identifier des gestes et des postures connotatifs à l'intérieur du jeu à l'italienne.

Il ne s'agira pas ici d'entrer dans une discussion générale des problématiques liées à l'iconographie de la *Commedia dell'Arte*[2], mais de nous concentrer plutôt sur des productions, ou plus précisément des séries d'estampes, qui ont eu une influence effective sur le travail des artistes du XXe siècle : Jacques Callot (et notamment les *Balli di Sfessania*), Claude Gillot ; puis, le *Recueil Fossard*[3].

Les *Balli di Sfessania* de Jacques Callot sont les gravures qui ont connu la diffusion la plus large, inspirant même la production de figurines en porcelaine (que l'on songe à la manufacture de Meissen en Bavière) ou la marqueterie, et ceci notamment dans les pays de l'Est de l'Europe et

1 Il est intéressant de remarquer que la production iconographique la plus importante sur les attitudes et les postures des comédiens italiens a paru à l'étranger.

2 On pourra se référer à : M. A. Katritzky, *The Art of Commedia : A Study in the Commedia dell'Arte, 1560-1620, With Special Reference to the Visual Records*, Amsterdam, Rodopi, 2006 ; T. F. Heck, *Commedia dell'Arte : A Guide to the Primary and Secondary Literature*, New York – Londres, Garland, 1988 ; M. I. Aliverti, « Per una iconografia della Commedia dell'Arte : a proposito di alcuni recenti studi », *Teatro e storia*, n°4, 1989, p. 71-88.

3 Sur les *Compositions de rhétorique*, le *Recueil Fossard* et les *Balli di Sfessania*, *cf.* S. Mamone, « Arte e spettacolo : la partita senza fine », dans *Iconographie et arts du spectacle*, dir. J. de La Gorce, Paris, Klincksieck, 1996, p. 59-112.

jusqu'à la fin du XVIIIe siècle. Ces gravures représentent les différents masques de la *Commedia dell'Arte* en action sur un fond théâtral (une scène de ville ou un contexte de carnaval). Leurs actions sont fixées dans des gestes-types : faire des acrobaties, danser, chanter, jouer d'un instrument de musique, faire des galanteries, donner ou recevoir des coups de bâton, etc. Comme l'a souligné Franco Carmelo Greco dans une étude sur Pulcinella, les *Balli di Sfessania* constituent une sorte d'anthologie de situations scéniques renvoyant à une esthétique théâtrale définie[1] : l'intérêt de ces scènes réside précisément dans l'isolement et l'identification d'actions considérées comme typiques du théâtre des *Comici dell'Arte*, actions qui sont codées dans des gestes et des postures qui, pour être connotatifs, sont présentés comme exagérés. C'est cette connotation des gestes et des mimiques devant résumer l'essence d'un type qui les rend itérables en les isolant et en les fixant[2].

D'autre part, les postures acrobatiques d'Arlequin fascinent les hommes de théâtre du début du XXe siècle : que l'on songe aux images de l'Arlequin des *Compositions de rhétorique* de Tristano Martinelli[3], et surtout, à celles de Claude Gillot, dont il y eut, comme nous le verrons, une effective circulation parmi les artistes du théâtre du début du XXe siècle. Plus tard, dans les années 1930, Agne Beijer et Pierre-Louis Duchartre publient ce qu'ils appellent des « fragments » des premières comédies italiennes sous le règne d'Henri III, c'est-à-dire le

1 F. C. Greco, « Le metamorfosi di Pulcinella. Immaginazione e rappresentazione di una maschera », dans *Pulcinella, maschera del mondo : Pulcinella e le arti dal Cinquecento al Novecento*, dir. F. C. Greco, Naples, Electa, 1990, p. 13-48.

2 Comme l'a remarqué Daniel Ternois, dans les *Balli di Sfessania* : « Callot parvient à suggérer les bonds, les pas de danse, les *lazzi*, les dialogues sarcastiques, avec une merveilleuse intelligence de l'esprit et du rythme de la *Commedia dell'Arte* [...]. Dans cette forme de théâtre si complexe qu'est la *Commedia dell'Arte*, où interviennent des éléments littéraires, musicaux et plastiques, la danse et l'acrobatie, la pantomime, un caractère constant fait l'unité, c'est une stylisation à outrance. [...] Stylisation enfin dans les danses, dans les figures des ballets burlesques et acrobatiques, que les acteurs exécutent deux à deux, avec un sens étonnant du rythme. Les procédés de la *Commedia dell'Arte* sont ceux-là même dont use Callot, qui dessine les bras et les jambes sur des schémas géométriques de lignes parallèles ou croisées, qui oppose les danseurs l'un à l'autre, qui connaît lui aussi les effets de la répétition, de la symétrie ou du contraste », *cf.* D. Ternois, *L'Art de Jacques Callot*, Paris, F. De Nobele, 1962, p. 191-192.

3 T. Martinelli, *Compositions de rhétorique de M. Don Arlequin, comicorum de civitatis Novalensis, corrigidor de la bonna langua francese et latina, condutier de comediens, connestable de messieurs les badaux de Paris, et capital ennemi de tut les laquais inventeurs desrobber chapiaux*, [Lyon], [s.e.], [1600].

Recueil Fossard[1]. L'ouvrage vient confirmer les données typologiques qui se sont imposées depuis la diffusion des *Balli di Sfessania.* Il s'agit de productions antérieures, d'une technique moins raffinée mais qui, tout comme l'œuvre de Callot, tendent à fixer l'exagération des mimiques et la complexité des acrobaties gestuelles connotant la modalité du jeu des comédiens ; l'Arlequin représenté est Tristano Martinelli. Cette importante acquisition documentaire venait donc conforter les traits légendaires que la *Commedia dell'Arte*, depuis les années 1920, avait pris sur les scènes européennes.

Ce que le théâtre du début du siècle dernier recherche, c'est précisément le geste théâtral, libéré d'un référentiel psychologique. D'où l'intérêt pour la technique de ces comédiens dont les témoignages figuratifs exaltent une gestuelle fixée en une mimique exagérée et des postures acrobatiques isolées à l'intérieur d'un *continuum* dont la reconstitution est laissée à l'imagination (ou aux résultats de recherches érudites). À juste titre, Maria Ines Aliverti a attiré l'attention sur une série d'articles qu'Alfred Jarry publie en 1902 dans la *Revue Blanche* sous le titre collectif de « Gestes[2] ». Par ailleurs, Meyerhold insiste dès ses premiers écrits théoriques sur le geste théâtral en tant que geste conventionnel et artificiel, inspiré du geste des *Comici dell'Arte.* Dans *Le Théâtre de foire* (1912), il fait référence au « geste inventé qui ne convient qu'au théâtre, le mouvement conventionnel qui n'est pensable qu'au théâtre[3] » :

> C'est par l'art des gestes et des mouvements que l'acteur amène le spectateur à entrer dans un royaume féérique [...] Arlequin est équilibriste, presque funambule. Ses sauts révèlent une habileté extraordinaire. [...] Tantôt il est élastique et souple, tantôt maladroit et lourd. [...] L'acteur sait jouer de son corps pour tracer sur les planches des figures géométriques, et d'autres fois sauter crânement et gaiement, comme s'il volait dans les airs[4].

Sur le jeu « historique » de la *Commedia dell'Arte*, Meyerhold s'exprime plus loin en ces termes : « le public de cette époque n'entendait pas tant

1 *Recueil de plusieurs fragments des premières comédies italiennes qui ont été représentées en France sous le règne de Henry III. Recueil, dit de Fossard, conservé au Musée National de Stockholm*, présenté par A. Beijer, suivi de *Compositions rhétoriques de M. Don Arlequin*, présenté par P. L. Duchartre, Paris, Duchartre et Van Buggenhoudt, 1928 ; *cf. Le Recueil Fossard : la Commedia dell'Arte au* XVI*e siècle*, présenté par A. Beijer, Paris, Librairie théâtrale, 1981.

2 M. I. Aliverti, « La Commedia dell'Arte e i limiti di una modernità », art. cité, p. 58.

3 V. E. Meyerhold, *Écrits sur le théâtre. 1, 1891-1917*, éd. B. Picon-Vallin, *op. cit.*, p. 191.

4 *Ibid.*, p. 192-193.

les mots qu'il ne voyait une foisonnante richesse de mouvements, des bastonnades aux acrobaties adroites en passant par toutes les plaisanteries propres au théâtre[1] ».

Ainsi, dans le *Programme d'étude du studio de Meyerhold pour l'année 1914*, Meyerhold insiste sur la « parenté entre les mouvements de l'acteur nouveau et ceux de l'acteur de la *Commedia dell'Arte*[2] ». L'ensemble d'exercices proposés aux acteurs débutants au studio Meyerhold renvoient précisément à des *lazzi* typiques : la gifle, le saut sur le dos, la jonglerie[3]. Que Meyerhold connaissait les gravures du « divin Callot » et notamment des *Balli di Sfessania*, dont l'Ermitage possède une collection de dessins préparatoires[4], c'est ce que prouvent plusieurs déclarations de l'artiste, notamment dans *La Baraque de foire* (1914)[5]. Les esquisses du peintre Nikolaï Sapounov, qui collabore avec Meyerhold pour le décor et les costumes de certains de ses spectacles, et notamment pour *La Baraque de foire* de Blok, puis pour *L'Écharpe de Colombine* d'après Schnitzler (1910)[6], « font penser [...] à Callot, à ses *Balli di Sfessania.* [...] Ainsi, le masque [...] s'accompagne surtout, dans ces esquisses, d'un comportement physique, d'un corps rendu hyper-expressif[7] ».

En 1917, travaillant à la partition scénique du *Bal masqué* de Lermontov, Meyerhold procède à une fragmentation et à une scission des mouvements

1 *Ibid.*, p. 196.

2 *Ibid.*, p. 244-245.

3 *Cf. Ibid.*, p. 245, note 61 (rédigée par B. Picon-Vallin).

4 *Cf. Ibid.*, note 25 (rédigée par B. Picon-Vallin) à la même page.

5 *Ibid.*, p. 247-248 : « L'acteur nouveau [...] aspire à se plonger dans l'étude des fabuleuses techniques des époques où le théâtre était théâtral. [...] cette tristesse que pouvaient seuls susciter les dessins du divin Callot, quand l'acteur nouveau les a tout à coup ressuscités dans sa mémoire. Au premier plan la haute silhouette de Pantalone et, au fond, à peine visibles, grosses comme des têtes d'épingles, des armées qui, au lieu de lances, sont munies de fines aiguilles. C'est donc ainsi que Callot a pu dessiner les personnages de ses rêves ? Il l'a pu parce qu'il n'a pas voulu cacher ses acteurs derrière les coulisses et, en les disposant tantôt au fond, tantôt sur les côtés de la scène, tout costumés, il les a laissés sous le regard du spectateur. Quant à ses personnages principaux, il les a, en quelque sorte, placés sur le proscenium. En s'efforçant de reproduire toutes les sinuosités des personnages inoubliables de ce merveilleux dessinateur, l'acteur se promène au bord de la scène, tantôt sous le masque de Celi, tantôt sous celui de Truffaldino et il lui semble que, dans son dos, par quelque miracle, ces nains-fantômes de Callot se sont déjà mis en rangs : le Docteur, son clystère sous le bras, Smeraldina, son tambourin à la main et Odoardo qui brandit son épée. »

6 B. Picon-Vallin, « Les années dix à Pétersbourg. Meyerhold, la Commedia dell'Arte et le bal masqué », dans *Le Masque. Du rite au théâtre*, dir. O. Aslan et D. Bablet, Paris, CNRS Éditions, 1999, p. 147-157.

7 *Ibid.*, p. 150.

qu'il retranscrit sous la forme de points[1] : la technique de la *Commedia dell'Arte* l'amène vers la biomécanique, où « chaque mouvement sera alors décortiqué, fragmenté, rythmé de façon mécanisée[2] ». Fragmenter, créer une pause et un espacement entre les mouvements pour que l'acteur prenne conscience de son corps : une technique de jeu qui « cite » le jeu fragmenté, fixé en images isolées représentant les gestes et les postures itérables des *comici italiani*[3].

C'est précisément sur le geste théâtral en tant que geste conventionnel, artistique et non psychologique, qu'Edward Gordon Craig construit sa vision de l'acteur, notamment dans le célèbre chapitre de son *Art du théâtre* consacré à « L'acteur et la surmarionnette[4] ». Et qu'une telle gestuelle libérée du psychologisme renvoie – métathéâtralement – aux gestes des *Comici dell'Arte*, par l'intermédiaire de la fascination de l'iconographie de la *Commedia dell'Arte*[5], se comprend bien à la lecture des études sur la *Commedia dell'Arte* parues dans la revue *The Mask* que Craig édite à Florence de 1908 à 1929, et à la vue des gravures reproduites dans les différentes tomaisons, particulièrement dans les n° 7-9 (janvier 1911) et 10-12 (avril 1911) du volume 3, consacrés « aux acteurs et au peuple paysan[6] ». Il s'agit, dans l'ordre de parution, de : l'Arlequin Giacinto

1 *Ibid.*, p. 157.

2 *Ibid.*

3 Comme l'affirme B. Picon-Vallin (V. E. Meyerhold, *Écrits sur le théâtre. 1, 1891-1917*, *op. cit.*, p. 233-234 : « L'art de la pause [est] caractéristique de l'acteur meyerholdien. [...] Meyerhold a toujours souligné le rôle de la pause dans le discours plastique de l'acteur. Elle est d'abord musicale [...]. Elle est aussi technique, c'est-à-dire non psychologique et destinée à faire prendre conscience à l'acteur du dessin de son corps [...]. Le jeu de cet acteur participe d'une esthétique du hiatus, de la dissonance, de la rupture. »

4 E. G. Craig, *De l'art du théâtre*, trad. G. Séligmann-Lui, introduction de J. Rouché, Paris, La Nouvelle Revue française, 1920.

5 *Cf.* J. Fischer, « *Commedia* Iconography in the Theatrical Art of Edward Gordon Craig », dans *The Commedia dell'Arte : from the Renaissance to Dario Fo*, dir. C. Cairns, Lewiston (N. Y.), Mellen, 1989, p. 245-276.

6 On le lit en ouverture du vol. 3, n° 7, 9 janvier 1911 : « this and the two following numbers of *The Mask* are dedicated to the actors and to the peasant folk ». Ce volume comprend différents articles sur la *Commedia dell'Arte* : [J. S.], « The *Commedia dell'Arte* or professional comedy », pages non numérotées (mais p. 99-100); P. Monnier, « The Venetian theatre and italian comedy in the eighteenth century », p. 101-107 ; M. Scherillo, « The *Commedia dell'Arte* », p. 108-127 ; J. Baretti, « Carlo Gozzi and his plays : an extract from the *Manners and customes of Italy* » (1768), p. 128-129. Le vol. 3 (n° 10, 12 avril 1911) comprend : [J. S.], « The *Commedia dell'Arte* or professional comedy », p. 147 ; E. G. Craig, « A Letter to the editor from Gordon Craig », p. 147-148 ; M. Scherillo, « Capitan Fracassa », p. 149-163 ; D. Nevile Lees, « The Introduction to *Le Théâtre Italien* of Evaristo Gherardi », p. 164-168 ; C. Gozzi, « On actors

Cattoli, quatre gravures de Claude Gillot représentant Arlequin (la révérence d'Arlequin, Arlequin soupirant, Arlequin pleurant), quatre gravures des *Balli di Sfessania*, deux autres gravures des *Balli di Sfessania*, un Pantalon de Callot, un Pantalon (costume ancien), une gravure représentant Marc'Antonio Romagnesi, puis de nouveau des gravures des *Balli di Sfessania*, Scaramuccia Fricasso (toujours des *Balli di Sfessania*), *Le Tombeau de Maître André* de Claude Gillot, une estampe des *Compositions de rhétorique* de Tristano Martinelli, encore une gravure de Claude Gillot et une de Johann Georg Schübler de 1729.

Jacques Copeau, qui n'est pas sans connaître le travail de Meyerhold[1], se tourne « naturellement » vers les formes codifiées de la *Commedia dell'Arte* dans le même but de « dépsychologiser » le jeu des acteurs au théâtre. Et, travaillant à des mises en scène de Molière à partir de 1913[2], il songe précisément à « rapprocher Molière des Italiens » car « Molière doit principalement aux Italiens le mouvement de son théâtre. Je me fais une grande idée de ce mouvement, de ces *cascate* [sic][3] ». Et que cette « grande idée de ce mouvement » se forme à travers le miroir trompeur de l'iconographie de la *Commedia dell'Arte*, Copeau le déclare lui-même, qui écrit : « Acrobatie, saut, jonglerie. [...] Danse. [...] Le mouvement intérieur aux comédiens italiens et français des XVIe et XVIIe siècles. Estampes du temps[4]. » L'école du Vieux-Colombier est précisément le point de départ de l'activité d'Étienne Decroux et de la « naissance du mime corporel[5] », liée à la rethéâtralisation du théâtre du début du siècle dernier, qui s'est réalisée à travers la reprise et la citation métathéâtrale de la technique des *Comici dell'Arte*.

---

and actresses », p. 173-174 ; « Riccoboni's advice to actors », p. 175-180. Dans le vol. 4 n°4 d'avril 1912, la peinture *Portrait of an Actor* de Domenico Biancolelli accompagne une note biographique de ce comédien tirée du volume *I comici italiani* de Luigi Rasi (p. 340-341). Dans ce même numéro est publié le canevas *The Three Princes of Salerno* (p. 335-339).

1 En 1916, un important volume sur la scène russe contemporaine avait paru à Londres : A. Bakshy, *The Path of the Modern Russian Stage and Other Essays*, Londres, Cecil Palmer and Hayward, 1916 (*cf.* M. I. Aliverti, *Jacques Copeau*, Rome-Bari, Laterza, 1997, p. 11).

2 1913-1914 : *L'Amour médecin, La Jalousie du barbouillé* ; 1917-1918 : *Les Fourberies de Scapin* ; 1918-1919 : *Le Médecin malgré lui* ; 1913-1914 : *L'Avare* ; 1918-1919 : *Le Misanthrope.*

3 J. Copeau, *Registres. 2 : Molière*, textes rassemblés et présentés par A. Cabanis, Paris, Gallimard, 1976, p. 66-67.

4 *Ibid.*, p. 68.

5 M. De Marinis, « Copeau, Decroux et la naissance du mime corporel », dans *Étienne Decroux, mime corporel : textes, études et témoignages*, dir. P. Pezin, Saint-Jean-de-Védas, L'Entretemps, 2003, p. 269-284.

Sur la citation de l'Arlequin selon l'iconographie connue et diffusée au XXe siècle parmi les hommes de théâtre, nous pourrions nous arrêter également sur l'Arlequin de Giorgio Strehler (Marcello Moretti et, ensuite, Ferruccio Soleri). Mais la discussion sur la métathéâtralité de l'*Arlequin serviteur de deux maîtres* dans ses différentes éditions est bien plus complexe et ne concerne pas que la seule citation gestuelle du jeu des *Comici dell'Arte*. Quant à Dario Fo, si, dans ses spectacles-leçons sur la *Commedia dell'Arte*[1], il reprend la citation de la gestuelle des *Comici dell'Arte* avec une visée esthétique analogue à celle qui fut de Meyerhold, Craig et Copeau, son intention déclarée est plutôt de ramener un tel procédé citationnel du domaine de la métathéâtralité à celui de l'histoire, même si son point d'arrivée n'est guère la philologie ni l'histoire, mais précisément une image mythique de la *Commedia dell'Arte*, véritable puzzle aux reflets trompeurs...

CONCLUSION. L'ART DES *COMICI DELL'ARTE*, RUPTURE OU CONTINUITÉ ?

L'allusion au travail de Dario Fo autour de la *Commedia dell'Arte* nous permet d'avancer une première conclusion. Le sens éminemment métathéâtral du travail de reprise et de citation de l'art des *comici italiani* par Meyerhold, Craig, Copeau et Strehler met en évidence une rupture d'avec une tradition scénique. Dario Fo et ses épigones visent à souligner, en revanche, une prétendue continuité, presque souterraine, avec cette tradition théâtrale tout italienne. C'est d'ailleurs cette même attitude qu'a l'anthropologie théâtrale vis-à-vis de l'art et de la technique de jeu des *Comici dell'Arte*, comme on le voit dans les séminaires de l'Odin Teatret, puis de l'ISTA d'Eugenio Barba[2].

1 *Cf.* par exemple : D. Fo, *Hellequin – Harlequin – Arlekin – Arlecchino* (1985), éd. F. Rame, dans *Tutto il teatro di Dario Fo e Franca Rame*, Milan, Fabbri, 2006.

2 L'Odin Teatret organise des séminaires qui portent essentiellement sur le théâtre d'acteur : le quatrième séminaire nordique de 1968 est consacré au « Mythe de la Commedia dell'Arte » (avec Dario Fo, Giovanni Poli, Edoardo Fadini), puis le onzième séminaire nordique de 1971 à « *La Commedia dell'Arte* et l'expression corporelle dans le théâtre contemporain et la pédagogie théâtrale en Italie » (avec Angelo Corti, acteur formé à l'école du Piccolo

Ainsi, si nous parcourons les méthodes destinées à la formation des acteurs, nous y retrouverons cette idée de l'universalité et de la continuité de la *Commedia dell'Arte.* Que l'on songe, par exemple à Antonio Fava[1]. Son volume *La maschera comica nella Commedia dell'Arte : disciplina d'attore, universalità e continuità dell'improvvisa, poetica della sopravvivenza* donne une place d'importance à la description de la gestuelle typique attribuée à chaque masque, rappelant, une fois encore, que « cette gestualité vient en partie de traditions, en partie de l'étude de l'iconographie historique [...][2] » ; mais que cette gestuelle a perdu sa valeur de convention « pure » et donc sa signification métathéâtrale est assez démontré par l'un des chapitres suivants, intitulé « La geografia delle passioni », où gestes et postures sont liés à la passion qu'ils sont censés exprimer. La citation métathéâtrale des gestes, qui avait comme finalité première celle de dépsychologiser le théâtre, devient alors « répétition », renouant avec le psychologisme.

Paola RANZINI
Université d'Avignon

Teatro de Milan et spécialiste du rôle d'Arlequin, Marise Flatch, actrice formée à l'école de mime d'Étienne Decroux et Giovanni Perelda, collaborateur de Giovanni Poli, directeur du Teatro della Commedia dell'Arte à l'Avogaria de Venise).

1 Antonio Fava se forme auprès de Dario Fo et de Jacques Lecoq, fonde et dirige la Scuola Internazionale dell'Attore Comico de Reggio Emilia.

2 A. Fava, *La maschera comica nella Commedia dell'Arte : disciplina d'attore, universalità e continuità dell'improvvisa, poetica della sopravvivenza*, préf. F. Zimei, Colledara, Andromeda, 1999, p. 154-155.

DARIO FO : UN COMIQUE EN RÉVOLTE DANS LE MIROIR DE LA *COMMEDIA DELL'ARTE*

Que le théâtre de Dario Fo se nourrit de plusieurs formes et genres théâtraux – mystères, farces, vaudevilles, *avanspettacolo*, distanciation brechtienne, théâtre épique – et que ce théâtre est lui-même à l'origine de nouvelles formes de spectacle scénique comme le théâtre-récit, de nombreuses études l'ont déjà très bien démontré[1]. Cependant, le rapport que le prix Nobel de littérature entretient avec la *Commedia dell'Arte* demeure sans doute l'un de ses « terrains de jeu » préférés, un élément fondateur de son théâtre, l'un des piliers de sa manière de faire du théâtre.

L'auteur-acteur, pour reprendre le qualificatif de Claudio Meldolesi, fait partie d'une génération d'hommes de théâtre qui aux côtés, entre autres, des metteurs en scène Giorgio Strelher et Giovanni Poli[2], du comédien Marcello Moretti[3] ou du mime Jacques Lecoq, a contribué à

1 S. Soriani, « Dario Fo, il teatro di narrazione, la nuova "performance" epica. Una genealogia di un quasi-genere », *Forum Italicum*, vol. 39, n° 2, automne 2005, p. 620-648 ; F. Marotti, « Elogio a Dario Fo. Dario Fo : drammaturgia d'autore/attore », *Ariel*, n° 1, 2006, p. 27-33 ; M. Tanant, « L'héritage italien », *Les Nouveaux Cahiers de la Comédie-Française. Dario Fo*, n° 6, mars 2010, p. 22-26.

2 Le metteur en scène Giovanni Poli (Marostica, 1917 – Venise, 1979) est considéré avec Giorgio Strehler et Dario Fo comme l'un des partisans de la renaissance de la *Commedia dell'Arte* dans les années 1940-1950. La *Commedia degli Zanni* (1958), résultat de ses travaux de recherche sur les textes de la *Commedia all'improvviso* du XVIe siècle, est l'un des témoignages marquants de cette activité de Poli. En 1969, il crée à Venise l'école-théâtre Teatro a l'Avogaria. Voir à ce propos, dans le présent volume, l'article de G. Filacanapa, « La méta-*Commedia dell'Arte* dans les anthologies scéniques de Giovanni Poli : *Gli ultimi carnevali veneziani* », p. 263-275.

3 Le comédien Marcello Moretti (Venise, 1910 – Rome, 1961) fut le créateur du rôle d'Arlequin dans la célèbre mise en scène d'*Arlecchino servitore di due padroni* de Giorgio Strehler en 1947 au Piccolo Teatro de Milan. Cette collaboration fut pour Moretti l'occasion de mener un véritable travail de reconstruction des techniques de jeu des *Comici dell'Arte* ainsi que sur la fonction expressive du masque, *cf.* A. Bentoglio, « Marcello Moretti », *Dizionario biografico degli italiani*, vol. 76, Rome, Treccani, 2012, www.treccani.it/enciclopedia/

régénérer la *Commedia dell'Arte* en la délivrant de l'image stéréotypée dans laquelle elle était enfermée depuis le XIXe siècle. Le travail de ces hommes de théâtre, avec qui Dario Fo a collaboré pendant ses années de formation, a permis de récupérer les véritables techniques actoriales des *Comici all'improvviso* et de retrouver son élan originel, plus proche de la tradition paysanne, de la salle que de la scène, de l'histoire des hommes. Le mime Jacques Lecoq relate cette approche de la *Commedia dell'Arte* pendant son séjour en Italie au début des années 1950. Il visitait alors les marchés et la périphérie de Padoue en compagnie du sculpteur Amleto Sartori, célèbre pour ses études sur les masques de la *Commedia dell'Arte*, en quête de visages et de gestes de personnages d'une comédie à l'impromptu moins livresque, plus « enracinée dans la vie paysanne » et « dans l'urgence de vivre[1] ».

La collaboration entre Dario Fo, Jacques Lecoq, Franco Parenti et Giustino Durano en 1953-1955 pour la réalisation de *Il dito nell'occhio* puis de *I sani da legare*, a sans doute contribué à renforcer cet intérêt pour la *Commedia dell'Arte*. Enfin, la découverte du répertoire de canevas de la famille Rame – les *Comiche finali* – lui a permis de consolider l'importance du jeu à l'impromptu et d'un texte théâtral fonctionnel au spectacle et flexible aux exigences de la scène.

À ce savoir théâtral acquis à travers la pratique actoriale et dramaturgique, il faut ajouter une connaissance des travaux des chercheurs qui depuis les années 1950 ont analysé et contextualisé l'héritage des *Comici dell'Arte*. Des références que Dario Fo rappelle très souvent aux lecteurs de *Manuale minimo dell'attore* et d'*Hellequin, Harlekin, Arlekin, Arlecchino*[2].

Dans Manuale minimo dell'attore, il présente ainsi le fonctionnement du mécanisme du jeu à l'impromptu comme le trait caractéristique de

marcello-moretti_%28Dizionario-Biografico%29/ (consulté le 25 août 2016) ; G. Strehler, « In margine al diario », *Quaderni del Piccolo Teatro*, n° 4, 1962, p. 60.

1 *Cf.* J. Lecoq, *Le Corps poétique. Un enseignement de la création théâtrale*, Arles, Actes Sud-Papiers, 1997, p. 19 : « À Padoue j'allais aux marchés aux bestiaux voir les paysans vendre leurs bœufs, puis [Amleto] Sartori m'emmenait dans la périphérie de la ville manger du cheval fumé dans les tripots, au milieu de ceux qu'il appelait "les voleurs de chevaux". J'ai senti dans ces quartiers ce que pouvait être une authentique *Commedia dell'Arte*, celle où les personnages sont en permanence dans l'urgence de vivre. Ce n'était pas une *Commedia dell'Arte* livresque, mais celle de Ruzzante, enracinée dans la vie paysanne, proche des origines. »

2 D. Fo, *Arlecchino : Hellequin, Harlekin, Arlekin*, Turin, Einaudi, 2011, p. 9-10.

la *Commedia dell'Arte*. Il ajoute que tout le bagage de connaissances de cette première école de l'acteur du théâtre moderne européen a été largement utilisé par le théâtre des XVIe et XVIIe siècles pour lui parvenir ensuite grâce aux Rame, la famille de son épouse Franca.

> Ils étaient tous acteurs, dans sa famille, et se produisaient dans le Nord de la Lombardie (les Rame existent depuis au moins trois siècles). Leur répertoire était si riche en comédies, drames et farces que la compagnie pouvait jouer des mois entiers au même endroit, en changeant de programme tous les soirs. Franca raconte qu'on n'avait même pas à réviser sa partie. Le poète de la troupe, l'oncle Tommaso, réunissait les acteurs et distribuait les rôles. Il rappelait la trame en la racontant par actes et tableaux, puis il épinglait en coulisse une sorte de "calendrier" où étaient inscrits le sujet de chaque scène et les entrées successives[1].

Pour l'auteur-acteur, le jeu à l'impromptu est un procédé qui consiste à donner à chaque fois l'impression de dire des choses nouvelles et pensées dans l'instant. Il s'agit d'un genre de théâtre qui centre sur l'acteur l'ensemble du jeu théâtral. En effet, nous dit Dario Fo, l'acteur est à la fois auteur, producteur, affabulateur, metteur en scène. Il passe sans cesse du premier au second rôle à l'impromptu, surprenant le public mais également ses compagnons de scène.

Ne sommes-nous pas là au cœur du théâtre de Dario Fo ? Un théâtre qui est une véritable pièce à miroirs dans lesquels les formes théâtrales non institutionnalisées renvoient au théâtre épique, qui à son tour se réfléchit dans l'histoire et la réalité contemporaine pour finalement engendrer un théâtre nouveau, lui aussi multiple dans ses formes et ses contenus.

Quelles sont les formes que prend la *Commedia dell'Arte* dans la production dramaturgique de Dario Fo ? Comment ces formes deviennent-elles miroir d'une métathéâtralité ? Une métathéâtralité que nous prendrons en son sens étymologique de discours *sur* le théâtre, en entendant par là la capacité du théâtre à l'auto-réflexion, pour reprendre une définition de Françoise Decroisette[2]. Une capacité à réfléchir sur soi-même, sur ses codes, sur la continuité d'une pratique scénique inscrite dans le temps pour en faire quelque chose d'autre, en relation directe avec la vie dont

---

1 D. Fo, *Le Gai Savoir de l'acteur*, trad. V. Tasca, Paris, L'Arche, 1990, p. 23 (texte original dans D. Fo, *Manuale minimo dell'attore*, éd. F. Rame, Turin, Einaudi, 1997, p. 10-11).

2 F. Decroisette, « Avant-propos », dans *Le Théâtre réfléchi*, *op. cit.*, p. 7-11.

le théâtre est miroir – selon la désormais célèbre métaphore baroque que l'on peut faire remonter à Livius Andronicus et à Cicéron[1].

Nous tâcherons de répondre à ces deux questions sans pour autant avoir prétention à l'exhaustivité, car il ne s'agit pas ici d'établir un catalogue des pièces où apparaissent des traces de comédie à l'impromptu. Afin d'indiquer quelques pistes qui pourront être approfondies par la suite, notre travail de réflexion sur le rapport que le théâtre de Dario Fo entretient avec la *Commedia dell'Arte* s'articulera autour de trois aspects qui nous semblent cruciaux dans le cadre de cette réflexion sur la métathéâtralité : la notion de texte mobile, l'emploi des *lazzi* et du *grammelot* dans *Mistero buffo* et la charge destructrice d'Arlequin.

DU CANEVAS AU TEXTE « MOBILE »

La pratique scénique que Dario Fo a acquise au contact de la *Commedia dell'Arte* a sans aucun doute joué un rôle fondamental dans le statut qu'il attribue au texte théâtral et dans la construction de sa poétique théâtrale. Rappelons que le texte théâtral est pour Dario Fo un texte mobile constamment ouvert à une réélaboration liée aux conditions et au contexte historique et social dans lesquels a lieu la représentation, comme le montrent les nombreuses éditions existantes de chaque pièce. La texture très large de l'écriture dramaturgique de Dario Fo laisse toujours la place à l'improvisation et à l'interaction avec les spectateurs. Cette architecture dramaturgique rappelle de très près celle des canevas des *Comici all'improvviso*, organisés autour de situations dramatiques au sein desquelles se trouvent des clés, à savoir des gags ou des *lazzi* qui les font évoluer[2].

1 Sur la question complexe et multiforme de la notion de métathéâtralité, nous ajouterons aux ouvrages déjà cités dans le présent volume : P. Pavis, « Métathéâtre », dans *Dictionnaire du théâtre*, Paris, Armand Colin, 2002, p. 203-204, et, plus spécifiquement sur Dario Fo, B. Urbani, « Formes et fonctions du "théâtre dans le théâtre" dans l'œuvre dramatique de Dario Fo et Franca Rame », dans *Le Théâtre de Dario Fo et Franca Rame*, dir. P.-C. Buffaria et P. Grossi, Paris, Cahiers de l'Hôtel de Gallifet, 2011, p. 11-47.

2 A. Barsotti, *Eduardo, Fo e l'attore-autore del Novecento*, Rome, Bulzoni, 2007, p. 82-83 ; D. Fo, *Arlecchino : Hellequin, Harlekin, Arlekin*, *op. cit.*, p. 10-11.

La construction de cette poétique du texte mobile, soumis aux exigences de la scène et à l'échange avec le public, commence en 1958 avec la création pour le Teatro Stabile de Turin de *Comica finale*, un spectacle constitué de quatre farces inspirées des canevas du répertoire de la famille Rame. Les *Comiche finali* étaient de courtes farces d'une vingtaine de minutes que les compagnies itinérantes improvisaient à partir d'un canevas, jouées à l'issue d'une comédie ou d'une tragédie pour que le public parte de bonne humeur. Pour Dario Fo, il s'agit d'un véritable apprentissage de l'écriture théâtrale, comme il le déclare lui-même :

> Les farces avaient été pour moi un exercice très important pour comprendre comment écrire un texte théâtral. J'avais appris à démonter et à remonter les mécanismes comiques, à écrire directement pour la scène sans aucun passage littéraire. Et j'avais aussi compris combien de choses vieilles et inutiles il y avait dans de nombreux textes théâtraux, dans le théâtre de parole[1].

Nous pouvons relever dans cette déclaration les éléments prégnants qui caractériseront l'écriture dramaturgique de Dario Fo, à savoir une attention particulière aux mécanismes comiques, une écriture pour la scène où le corps du comédien occupe une importance fondamentale et une réduction de l'intertextualité littéraire où Dario Fo voit un alourdissement, un ralentissement du texte.

Cependant, malgré le dispositif scénique présenté – un décor dessiné à la manière des Comédiens à l'impromptu et l'ensemble des comédiens qui arrivent tous ensemble sur la scène en chantant la célèbre « Ma che aspettate a batterci le mani ? » (« Mais qu'attendez-vous pour nous applaudir ? ») –, *Comica finale* demeure un spectacle visant à produire le rire chez les spectateurs. Il n'est pas encore le miroir de la satire politique des pièces des années 1960. Il s'agit plutôt d'*uno sfottò* (une moquerie populiste) envers les riches et les puissants, pour reprendre la définition du metteur en scène Gianfranco De Bosio[2].

Cette mobilité du texte théâtral est évidente dans plusieurs pièces de Dario Fo et notamment dans *Non si paga, non si paga !*, à ce jour l'une des pièces du répertoire de Dario Fo les plus jouées dans le monde. La première version écrite et mise en scène en 1974 raconte l'histoire de

1 Cité par C. Valentini, *La storia di Dario Fo*, Milan, Feltrinelli, 1977, p. 58. – Sauf indication contraire, toutes les traductions sont de notre responsabilité.

2 *Ibid.*, p. 59.

deux femmes au foyer, Antonia et Margherita, impliquées dans le pillage d'un supermarché par des prolétaires, ainsi que les difficultés qu'elles ont à cacher leur acte à Giovanni, le mari d'Antonia, membre orthodoxe du Parti communiste italien. Cette première version de la pièce est fortement ancrée dans la réalité politique et sociale des années 1970 à laquelle fait allusion tout un système de renvois[1]. En 2008, considérant la pièce porteuse d'un dispositif comique très efficace et d'un thème plus que jamais d'actualité – celui de la dégradation des conditions de vie des classes sociales vivant avec un bas salaire –, Dario Fo l'adapte au contexte politique et social du début du XXIe siècle, caractérisé par la précarisation du travail, les questions environnementales et la mondialisation économique[2].

De poétique théâtrale implicite liée au pragmatisme d'une écriture théâtrale constamment connectée à la réalité sociale et politique immédiate, la mobilité du texte devient un véritable manifeste de poétique théâtrale que Dario Fo adresse aux comédiens et aux metteurs en scène qui voudront représenter ses œuvres, comme le montre, entres autres, l'introduction au treizième volume de l'édition Einaudi de son théâtre[3]. Chaque texte théâtral de Dario Fo est imprimé après plusieurs passages sur scène, des passages qui très souvent correspondent au temps d'une tournée. Chaque représentation modifie le texte de départ au point qu'à la fin d'une tournée, le texte d'arrivée en ressort complètement transformé. Il s'agit de modifications de langage, de situations dramaturgiques ainsi que de messages adressés aux spectateurs, devenus plus clairs et plus percutants au fil des échanges avec ces derniers.

Ces variantes, selon Fo, naissent du besoin d'adapter l'action dramatique à l'actualité sociale et politique avec laquelle la mise en scène se trouve nécessairement à interagir à chaque représentation. Ainsi, le texte théâtral est pour Dario Fo une représentation théâtrale en puissance qui ne peut être activée qu'en fonction de trois paramètres

---

1 *Cf.* par exemple D. Fo, *Non si paga, non si paga !*, dans *Teatro*, éd. F. Rame, Turin, Einaudi, 2000, acte I, p. 621-622.

2 D. Fo, *Sotto paga ! Non si paga* !, éd. F. Rame, Turin, Einaudi, 2008 ; *cf.* S. Soriani, « Dario Fo, tra la pagina e la scena », communication présentée à l'occasion de la journée d'études consacrée à Ludovico Ariosto et Dario Fo organisée par P. Gasparini et R. Monteil, université Nancy II, 15 décembre 2011, en ligne : www.siesasso.org/pdf/autres/Simone Soriani-Fo tra la pagina e la scena.pdf (consulté le 21 août 2016), p. 11-13.

3 D. Fo et F. Rame, *Le commedie*, Turin, Einaudi, 1998, vol. 13, p. V-VI.

essentiels : les besoins de la scène, les capacités des comédiens et surtout l'interconnexion avec la réalité de l'époque et du lieu où le texte est représenté. Dario Fo insiste particulièrement sur la subordination de ses textes à l'épreuve de la scène et aux échanges avec le public. Ses textes ne sont que des propositions théâtrales, nous dit-il, soumises à des transformations obligatoires et déterminantes pour l'éclosion d'une véritable représentation théâtrale. Cette poétique auctoriale nous renvoie encore une fois à la *Commedia dell'Arte* et justifie pleinement la définition de « partition ouverte » que Simone Soriani a attribué aux textes de Dario Fo[1]. La notion de « partition ouverte » résume une « écriture dramaturgique de scène » où le texte imprimé est une étape temporaire, à laquelle on arrive après un rodage sur scène où le public intervient comme co-auteur de la représentation. Certes, cette fonction du public est sans doute un propos qui tient davantage de la poétique théâtrale de l'acteur-auteur lombard que de la réalité de la représentation. Aux yeux de la critique, le rapport scène-salle apparaît moins équilibré, plus orienté vers une relation maître-élève où le spectateur est plus réactif qu'actif[2]. Quoi qu'il en soit, il s'agit d'un échange complexe qui peut être analysé à travers plusieurs plans. Nous l'interprétons ici comme un dispositif de construction dramaturgique qui contribue à la création et à la re-création du texte théâtral, qui n'est jamais achevé puisque son existence ne se réalise pleinement que dans la réalité de la scène.

LES *LAZZI* EN GRAMMELOT

La clé de voûte des textes théâtraux de Dario Fo est le rapport entre la situation dramatique et les clés comiques qui produisent une évolution de la situation[3]. Nous avons déjà souligné que les *lazzi* jouent

1 S. Soriani, « Dario Fo, tra la pagina e la scena », art. cité, p. 7-8.

2 L. Dumont-Lewi, « Le spectateur apprivoisé. Les paradoxes de Dario Fo, entre animal politique et bête de scène », *Théâtre/Public*, n° 208, *Penser le spectateur*, avril-juin 2013, p. 38-42.

3 B. Urbani, « Interculturalismo del teatro di Dario Fo », dans *Italia e Europa. Dalla cultura nazionale all'interculturalismo : atti del XVI Congresso dell'AIPI, Cracovia, 26-29 agosto 2004*, dir. B. Van den Bossche *et al.*, Florence, Franco Cesati, 2006, vol. 2, p. 359-368.

souvent ce rôle de clé comique. Toutefois, les cinq *lazzi* présentés dans la construction modulaire de *Mistero buffo* jouissent d'une totale autonomie scénique puisqu'ils ne sont pas intégrés à une situation dramaturgique particulière[1]. Ils sont une partie de *Mistero buffo* et ont une fonction didactique d'*exempla* de l'évolution du jeu actorial produit par la *Commedia dell'Arte* au XVIe siècle. Dans le prologue qui précède ces cinq actions scéniques, Dario Fo attribue aux *Comici all'improvviso* l'invention du *grammelot* (grommelot en français), à savoir la création d'un langage composé de sons évocateurs d'une *koïnè* ou d'un état psychologique particulier, mais dépourvus d'une signification précise ; un langage formé d'onomatopées et d'une gestuelle qui contribuent à donner du sens à l'ensemble de l'action scénique représentée en grammelot[2]. Selon Dario Fo, le grammelot serait né de la nécessité qu'avaient les comédiens italiens de se faire comprendre par un public étranger.

> Il est vrai que les Comédiens à l'impromptu étaient doués d'une gestuelle extraordinaire et qu'ils étaient de véritables maîtres dans l'art de la pantomime. Mais ils ont dû créer un moyen qui leur permettait d'exprimer d'une manière plus approfondie le discours satyrique et tragique qu'ils proposaient. Ils ont commencé à utiliser un langage que l'on pourrait qualifier de pseudo-macaronique, c'est-à-dire composé de palabres apparemment dépourvues de sens, bourrées de termes dialectaux prononcés avec des sonorités et des timbres italiens. Au fur et à mesure, ils se sont perfectionnés jusqu'à employer des sons onomatopéiques qui rendaient concrète l'image des actions ou des états d'âme auxquels ils voulaient faire allusion[3].

En réalité, il n'y a aucun témoignage que le grammelot ait été inventé et utilisé par les *Comici all'improvviso.* Le terme « grommelot » viendrait de l'utilisation du verbe « grommeler » et aurait une origine plus récente. En effet, il est attribué au critique et metteur en scène Jacques Copeau. Il indiquait un exercice d'improvisation visant à imiter les sons, la cadence et la phraséologie de conversations spécifiques. Le terme de « grommelot » serait arrivé jusqu'à Dario Fo à travers Jacques Lecoq, qui travailla

1 Précisons que cette séparation des *lazzi* est récente. Elle apparaît notamment dans l'édition Einaudi sous la direction de Franca Rame. Dans les éditions plus anciennes, ils étaient intégrés dans les mystères, *cf.* D. Fo, *Teatro*, éd. F. Rame, Turin, Einaudi, 2000.

2 A. Barsotti, *Eduardo, Fo e l'attore-autore del Novecento*, *op. cit.*, p. 100-101 ; L. Dumont-Lewi, « Dis-moi gros gras grand grommelot », *Chroniques italiennes*, 1/2012, http://chroniquesitaliennes.univ-paris3.fr/PDF/Web22/Dumont-Lewi.pdf (consulté le 25 août 2016).

3 D. Fo, « Grammelot : la fame dello Zanni », *Teatro*, éd. F. Rame, *op. cit.*, p. 481-482.

en qualité de chorégraphe et de comédien pour le gendre de Copeau, Jean Dasté, dans la seconde moitié des années 1940. Néanmoins, nous savons très précisément que le répertoire actorial des *Comici* prévoyait l'utilisation du plurilinguisme, de l'imitation *maccheronica* de certaines langues, des onomatopées. Les *Comici* devaient également savoir reproduire les cris des animaux et les sons des instruments de musique ainsi qu'une gestuelle appuyée qui permettait de se faire comprendre sans parler[1]. Ainsi, bien que le grammelot n'existe pas en tant que tel dans le répertoire des *Comici all'improvviso*, une pratique actoriale très proche est donc connue et bien répertoriée. De plus, le fait de mélanger grammelot, *lazzi*, et masques de la *Commedia dell'Arte*, comme Dario Fo le fait avec les cinq *lazzi* de *Mistero buffo*, veut dire se reconnaître dans cette tradition théâtrale de la « dramaturgie de l'acteur » qui trouve son origine dans la *Commedia dell'Arte* et qui constitue l'un des aspects les plus importants du théâtre italien[2].

Le premier *lazzo*, sans doute le plus célèbre, représente un Zanni affamé qui s'endort et rêve qu'il est dans une cuisine remplie de nourriture en train de cuire. Poussé par sa terrible faim, le pauvre Zanni commence à ingurgiter tous les aliments qu'il trouve à portée de sa main pour finalement découvrir qu'il s'agit d'un rêve. Désespéré et toujours affamé, le Zanni se lance sur une mouche qu'il dévore comme un savoureux poulet. *Le Grommelot de Scapin* met en scène une leçon de comportement dans le monde des affaires que le valet Scapin donne à son jeune et riche maître. Dans *Le Grommelot de l'avocat anglais*, ce dernier assure la défense d'un jeune aristocrate accusé d'avoir violé une jeune femme de famille noble et qui pour cela ne peut bénéficier de la loi prévoyant l'acquittement pour les violeurs de femmes du peuple. *Le lazzo de Razzullo* représente une scène de jalousie entre Razzullo, un Zanni napolitain[3], et son épouse qui l'a vu sortir avec une autre femme. Le dernier *lazzo* titré *La caduta di potere* raconte la mort douloureuse d'un homme puissant et riche en présence des membres de sa famille, de ses amis et de ses médecins. Ce *lazzo* rappelle de très près le jeu de scène que Dario Fo a inauguré avec *Mistero buffo* et que Simone Soriani

---

1 S. Soriani, *Dario Fo. Dalla commedia al monologo (1959-1969)*, avec un témoignage de D. Fo, postface de C. D'Angelli, Corazzano, Titivillus, 2007, p. 392-400.

2 S. Soriani, « Dario Fo, tra la pagina e la scena », art. cité, p. 20.

3 Homme du peuple constamment affamé, Razzullo est l'un des personnages de la *Cantata dei pastori* (1698) de A. Perrucci (1651-1706), mise en scène par R. De Simone en 1977.

a qualifié de « monologue polyphonique[1] ». Comme dans les *giullarate* (jongleries), Dario Fo interprète ici plusieurs personnages successivement, dans un jeu de scène où variations gestuelles et vocales sont les seuls indicateurs de l'alternance des personnages[2].

À première vue, ces cinq *lazzi* peuvent être interprétés comme une rupture chronologique par rapport au contexte médiéval qui constitue l'ossature de *Mistero buffo.* Ils sont un bond en avant dans le temps grâce auquel Dario Fo reprend la tradition de la *Commedia dell'Arte* pour expliquer le grammelot. En réalité, la *Commedia dell'Arte* est pour Dario Fo une évolution naturelle du métier du jongleur, comme il le déclare dans un entretien à l'occasion de la présentation du spectacle *Arlecchino, Hellequin, Harlekin* à la Biennale de Venise en 1985 :

> La *Commedia dell'Arte* m'a toujours intéressé, c'est mon territoire. Beaucoup me diront sans doute que ce spectacle ressemble à *Mystère bouffe*, qu'il semble en être le prolongement : du point de vue historique c'est vrai, il y a un lien direct. En effet, les compagnies de *Commedia dell'Arte* n'étaient rien d'autre que des jongleurs organisés[3].

Malgré le schématisme du propos, sa vérité historique est confirmée par de nombreuses études sur l'organisation des compagnies de *Comici all'improvviso* au XVIe siècle[4]. Comme pour les moralités et les mystères apocryphes qui composent l'œuvre, ces cinq *lazzi* s'inscrivent parfaitement dans le dispositif monologuant de *Mistero buffo*, avec la même dimension métathéâtrale qui sert de miroir pour ouvrir un dialogue avec les spectateurs sur la réalité contemporaine.

Or, dans les *lazzi* de *Mistero buffo*, la réflexion métathéâtrale a une double signification. Elle renvoie, d'une part, au questionnement sur le métier de l'acteur, sur son évolution dans le temps et sur ses difficultés d'entrer en relation avec un public qui ne possède pas les mêmes codes.

---

1 S. Soriani, *Dario Fo. Dalla commedia al monologo (1959-1969), op. cit.*, p. 376-378.

2 D. Fo, « Grammelot caduta di potere », dans *Teatro*, éd. Franca Rame, Turin, Einaudi, 2000, p. 504-505.

3 S. Parini, « Intervista a Dario Fo », *Cacao Alcatraz News*, nº 2, novembre 1985, dans *Archivio Dario Fo Franca Rame*, en ligne : www.archivio.francarame.it (consulté le 21 août 2014).

4 R. Tessari, *Commedia dell'Arte : la Maschera e l'Ombra*, Milan, Mursia, 1981 ; C. Molinari, *La Commedia dell'Arte*, Milan, Mondadori, 1985 ; *Commedie dell'Arte*, 2 vol., éd. S. Ferrone, Milan, Mursia, 1985-1986 ; L. Zorzi, « Intorno alla Commedia dell'Arte », dans *L'attore, La commedia, il drammaturgo*, Turin, Einaudi, 1990, p. 141-182 ; S. Ferrone, *Attori mercanti corsari*, Turin, Einaudi, 1993.

Face à ce public, le comédien doit s'adapter, créer de nouvelles formes de transmission du message (tel le grammelot) qui font évoluer son jeu. Ce premier niveau de métathéâtralité se fait aussi leçon d'histoire du théâtre, replaçant l'activité des *Comici all'improvviso* dans le contexte de l'époque, et définit les zones d'influence notamment dans le prologue au *Grammelot di Scapino* qui présente un Molière formé à l'école de *Comici dell'Arte*[1].

D'autre part, cette même dimension métathéâtrale réfléchit le regard des spectateurs de la scène à la salle. Le discours sur le théâtre de Dario Fo dans ces cinq *lazzi* déclenche en effet un jeu de miroirs qui renvoie les spectateurs à la réalité du monde. Dans *La fame dello Zanni*, ce dernier, désigné comme le plus ancien des masques de la *Commedia all'improvviso*, est présenté comme le résultat historique de la violence économique de son époque. Il s'agit d'un paysan victime d'une des premières formes de capitalisme moderne, qui perd ses terres et se trouve obligé d'émigrer à Venise où il exerce les métiers les plus humbles pour survivre. Signalons au passage que la similitude avec la *conta* de *La nascita del giullare* est évidente : comme le Zanni, le jongleur est un ancien paysan qui a perdu son lopin de terre à cause de la violence d'un noble[2]. Le jongleur aussi bien que le Zanni se font donc acteurs parce qu'ils sont victimes de l'histoire.

Dans le *Grammelot di Scapino*, la rupture métathéâtrale ouvre de manière ironique sur le monde des intellectuels français devant lesquels Dario Fo a joué ce même spectacle quelques années auparavant. La réaction des spectateurs que Dario Fo qualifie d'érudits, d'excellents intellectuels et de génies de la scène est paradoxale. Ils réagissent comme quelqu'un qui ne comprend pas ce qui se passe et croit que le grammelot est une forme d'ancien français du XVIe siècle. Un troisième et dernier exemple de ce miroir sur le monde que l'auteur-acteur place sous les yeux de son public est l'interruption qui intervient dans le prologue du *Grammelot di Scapino*. Pendant le résumé du *lazzo* qu'il s'apprête à jouer, la description de la cape des nobles et des riches banquiers parisiens sous l'action du vent qui risque de les emporter lui permet de faire explicitement allusion à certains banquiers italiens, disparus à l'étranger sans être jamais revenus – le renvoi au scandale du Banco Ambrosiano et à la disparition de son directeur Roberto Calvi en 1982 est ici évident.

1 D. Fo, *Grammelot di Scapino*, dans *Teatro*, *op. cit.*, p. 489.

2 D. Fo, *La nascita del giullare*, *ibid.*, p. 300-317.

LA CHARGE DESTRUCTRICE D'ARLEQUIN

Si le Zanni dans le théâtre de Dario Fo est le représentant de cette catégorie de *poveri cristi* victimes du pouvoir dans ses formes multiples, mais qui trouvent la possibilité de renverser la situation de domination en la dénonçant sur la scène théâtrale, le personnage d'Arlequin est porteur d'une métathéâtralité qui ouvre sur le chaos. Il est en quelque sorte l'acteur absolu qui passe sans cesse du premier au second rôle à l'impromptu, surprenant le public mais également ses compagnons de scène et empêchant toute continuité des conventions théâtrales. Dans le *Manuale minimo dell'attore*, Dario Fo insiste particulièrement sur Arlequin, d'abord à travers les acteurs qui ont créé le personnage aux XVIe et XVIIe siècles, comme Tristano Martinelli[1], ou plus récemment ceux qui, comme les strelheriens Marcello Moretti et Ferruccio Soleri, ont réévalué sa position essentielle dans le jeu actorial de la *Commedia dell'Arte*. Toujours dans l'entretien de 1985, à l'occasion de la présentation de son spectacle *Hellequin, Harlekin, Arlekin, Arlecchino*, Dario Fo déclare que son intérêt pour Arlequin existe depuis toujours, mais surtout que ce qu'il l'intéresse, c'est la charge destructrice de toute convention théâtrale propre à l'Arlequin du XVIIe siècle. Un Arlequin sauvage, imprévisible, absurde, porteur d'une distanciation brechtienne qui empêche l'installation du pathos et tient ainsi en éveil l'attention du spectateur.

> Q. [S. Parini] Ton Arlequin n'est donc pas celui qu'a affiné le théâtre goldonien, mais c'est l'Arlequin un peu démoniaque des origines. Qu'est-ce qui t'a attiré dans ce personnage ?
>
> R. [D. Fo] Le fait qu'il a pour caractéristique d'être le destructeur de toutes les conventions. Ses interventions sont souvent totalement gratuites et sa morale trouve toujours son origine dans le paradoxe : Arlequin se transforme même en chaise si cet expédient peut lui permettre de faire en sorte que sa femme s'asseye sur ses jambes. Et puis le fait que ce soit un déraciné, et qu'il a en même temps la capacité de devenir tout type de personnage. Arlequin n'est pas comme le Zanni, qui a sa place dans

1 *Cf.* S. Ferrone, *Arlecchino. Vita e avventure di Tristano Martinelli attore*, Rome-Bari, Laterza, 2006, éd. fr. : *Arlequin : vie et aventure de Tristano Martinelli, acteur*, trad. F. Siguret, Montpellier, L'Entretemps, 2008.

> la société en tant que paysan devenu serf. Arlequin vient de nulle part, et il se transforme en mille et une choses : en valet sot ou rusé, en juge, en femme, en âne, en chat. Même son langage est inventé : il mélange des mots français et espagnols en toute liberté avec une base lombardo-vénitienne. Son langage, c'est celui des transplantés, de ceux qui ont dû s'inventer une langue[1].

Trois ans avant le spectacle de la Biennale, Dario Fo avait déjà fait d'Arlequin le protagoniste de *Arlecchino fallotropo*, l'un des trois monologues de *Fabulazzo osceno* (1982), qui laisse la voie libre à toute son énergie comique dévastatrice. Dans *Arlecchino fallotropo*, Arlequin est le valet du Magnifique qui négocie pour son maître une nuit d'amour avec une courtisane. Mais voilà que par erreur il boit toute la potion aphrodisiaque destinée à son maître, ce qui le transforme en une sorte de Priape. Le jeu de l'acteur – sa gestualité, ses jeux de mots, son emploi du dialecte lombard – produit une série de gags visant d'abord à cacher le sexe hypertrophié en le déguisant en chat, puis en nourrisson – un nourrisson qui s'appelle Arlequin. À la fin, le sexe d'Arlequin éclatera comme un ballon.

Ce monologue inspiré par la *Commedia dell'Arte* permet à Dario Fo d'axer le discours sur la sexualité[2]. À travers l'obscénité grotesque du propos et le sexe hypertrophié d'Arlequin, l'auteur-acteur entame un dialogue avec le public sur un sujet tabou et permet de le libérer, tout en en jouant, du sentiment d'embarras voire de péché qui pourrait recouvrir tout discours trop direct sur la sexualité. Fo met ici le spectateur dans une situation de nervosité propice au rire : le sentiment de gêne, de péché n'est pas ainsi annulé mais utilisé en vue du rire. Le jeu de l'acteur qui s'inscrit dans la tradition de la *Commedia dell'Arte* évoque sans montrer : dans la logique du monologue polyphonique que Dario Fo avait créé pour *Mistero buffo*, le comédien est sur une scène nue, en tenue neutre, et il évoque de manière comique et grotesque la situation obscène uniquement à travers le geste et la voix.

Comme pour *Mistero buffo*, l'emploi des *lazzi* procède comme un renvoi systématique à la *Commedia dell'Arte*, mais pas seulement au

1 S. Parini, « Intervista a Dario Fo », art. cité.

2 D. Fo, « Arlecchino fallotropo », dans *Fabulazzo osceno*, enregistrement du spectacle donné au Teatro lirico de Milan en 1991, Milan, L'Espresso, 2010.

titre de simple territoire de jeu ou de moment purement comique qui suspend le récit et où l'acteur met à l'épreuve ses capacités de jeu. Pour Dario Fo, cet exercice de répertoire est utilisé dans le mouvement dialectique entre passé et présent qui est propre à son théâtre. Comme pour toutes les autres formes théâtrales constitutives de son théâtre, le mécanisme comique de la *Commedia dell'Arte* réinventé par Dario Fo ou mêlé à d'autres formes est dans la majeure partie des cas fonctionnel à la mise en évidence d'une déviance du système social, ou vise à dénoncer la violence des classes dominantes[1].

Ce personnage d'Arlequin obscène et démoniaque inspirera une dizaine d'années plus tard l'élaboration des personnages de Francipante et Barlocco dans la pièce en deux actes *Il diavolo con le zinne* (1997). Maître Francipante et son aide Barlocco sont deux diables chargés de ruiner la réputation du juge Alfonso Ferdinando De Tristano qui enquête sur l'incendie de la cathédrale. Pour ce faire, l'un des deux diables tente de prendre le contrôle du corps du juge, mais il se trompe et entre dans le corps de Pizzocca, la servante du juge, ce qui explique le titre de la pièce. La pièce est une allusion très ouverte au juge Antonio Di Pietro et aux difficultés que ce dernier rencontrait dans ses enquêtes en 1997. La référence à Arlequin apparaît évidente grâce aux costumes très colorés et au masque noir des deux personnages. Mais surtout, leur arrivée à la scène 5 du premier acte constitue une véritable rupture métathéâtrale digne de la charge destructrice d'Arlequin. Les deux diables s'adressent à Pizzocca, qui est chargée de dire le prologue et qui les a oubliés lors de la présentation des personnages de la scène précédente. Maître Francipante, le plus expert des deux diables, explique à Barlocco que Pizzocca n'est pas au courant de leur présence dans la pièce, et s'excuse auprès du public du manque d'expérience théâtrale de son jeune collaborateur. L'action principale est interrompue par l'arrivée d'un troisième diable qui leur parle en grammelot. Elle reprend par la suite, lorsque maître Francipante explique à Barlocco que le spectacle qu'ils s'apprêtent à jouer est une comédie à l'impromptu, puisque que tout ce qui a lieu sur la scène se produit par hasard et notamment pour les personnages qui, comme eux, ne sont pas prévus par le canevas[2].

1 A. Barsotti, *Eduardo, Fo e l'attore-autore del Novecento*, *op. cit.*, p. 85-86.
2 D. Fo, *Il diavolo con le zinne*, Turin, Einaudi, 1998, I, 5.

Comme pour les *lazzi* de *Mistero buffo*, cette scène de *Il diavolo con le zinne* contient différents niveaux de rupture métathéâtrale. D'abord l'irruption sur scène des personnages non présentés dans le prologue est l'amorce de l'interruption de la représentation, à son tour interrompue par l'arrivée du diable qui s'exprime en grammelot. Mais le point central demeure l'explication que le diable Francipante donne à son assistant de la notion d'improvisation. Elle est portée à son paroxysme avec les personnages hors canevas, c'est-à-dire en dehors du texte théâtral. Cependant, cette explication est révélatrice de la réalité de la création théâtrale de Dario Fo qui se produit sur scène et indépendamment du texte. Un nouveau niveau de métathéâtralité est par ailleurs atteint lorsque les diables descendent parmi les spectateurs, et lors des échanges entre les diables et leurs doublures. L'ensemble de la scène se déroule dans un dévoilement complet des conventions théâtrales, un chaos ordonné dont le but est une distanciation comique capable de tenir en éveil l'intelligence des spectateurs.

Cette brève exploration des rapports de Dario Fo avec la *Commedia dell'Arte* confirme que sa carrière, dès ses débuts, a été l'un des terrains de formation d'une écriture dramaturgique à laquelle il est parvenu par la pratique de la scène. Cette rencontre a été possible grâce à un milieu théâtral fertile qui, au sortir de la Seconde Guerre mondiale, avait déjà entrepris une opération de réévaluation de la *Commedia dell'Arte.* Ensuite, le travail sur les canevas de la famille Rame a participé à la construction d'un texte théâtral dont la texture dramaturgique très large laissait la voie ouverte à la métathéâtralité. C'est par elle que le théâtre de Dario Fo ouvre le dialogue avec la salle et renvoie les spectateurs à leur propre réalité, à l'histoire des hommes, non pas aux hommes qui la décident mais à ceux qui la subissent.

L'analyse des *lazzi* de *Mistero buffo* souligne également la complexité d'une métathéâtralité à tiroirs qui, en montrant les ficelles de l'illusion comique, empêche toute adhésion mimétique. La charge sauvage, incontrôlable et destructrice d'Arlequin est peut-être à l'origine même de cette dimension métathéâtrale. L'Arlequin du XVIIe siècle est celui qui par son action obscène et grotesque interdit toute cristallisation du pathos. À travers le procédé inventif de l'écriture dramaturgique de Dario Fo, Arlequin devient l'une des incarnations du comédien multiforme, qui passe sans cesse du premier au second rôle à l'impromptu, surprenant aussi bien le public que ses compagnons de scène. C'est dans ce chaos ordonné qu'émerge la rupture métathéâtrale toujours chargée d'une forte dimension politique.

Francesco D'ANTONIO
Université de Strasbourg

LA MÉTA-*COMMEDIA DELL'ARTE*

dans les anthologies scéniques de Giovanni Poli : *Gli ultimi carnevali di Venezia*

> Venise est un artifice. Ici, à Venise, où toutes les choses sont plus claires et lumineuses, plus légères et libres, elles servent un obscur, puissant, irréversible élan vers l'apparence, la façade – ici l'apparence n'a épargné que l'image d'une scène sans âme, de la beauté trompeuse du masque[1].

Le spectacle commence, le rideau se lève, la Venise du XVIIIe siècle s'offre à nous dans ses couleurs fascinantes et dans toutes ses contradictions. Dans ce décor théâtral, un autre théâtre : une troupe de comédiens *dell'Arte* s'installe sur la scène d'une place de la *Serenissima*. Ainsi commence *Gli ultimi carnavali di Venezia* de Giovanni Poli[2].

La *Commedia dell'Arte* fait son retour sur les scènes du XXe siècle, influencée par l'avant-garde, enrichie de significations nouvelles. La référence immédiate est celle de la version strehlerienne de l'*Arlecchino servitore di due padroni*, le spectacle italien le plus représenté au monde et qui a sans doute largement contribué à la création et à la diffusion d'une imagerie moderne de la *Commedia all'improvviso.* La production de 1963

---

1 G. Simmel, *Venedig* [1907], dans *Zur Philosophie der Kunst*, Potsdam, Kiepenheuer, 1922, p. 67-73 ; trad. it. M. Cacciari, *Metropolis. Saggi sulla grande città di Sombart, Endell, Scheffler, e Simmel*, Rome, Officina, 1973, p. 194-197. – Sauf mention contraire, toutes les traductions sont de notre responsabilité.

2 La pensée et la pratique théâtrale de Giovanni Poli ont été mon objet d'étude pendant mes années de doctorat que j'ai eu l'honneur de réaliser sous la direction indéfectible de Françoise Decroisette, qui a toujours encouragé mes recherches et nourri mes réflexions ; je n'aurai jamais assez de mots pour la remercier.

dite « *dei carri*[1] » , en particulier, a fait date : le metteur en scène, à l'aide d'un dispositif scénique, y scinde l'espace en deux pour nous présenter à la fois la pièce de Goldoni et la troupe des comédiens qui la met en scène, dans une mise en abyme qui fige dans le regard du spectateur les masques d'autrefois. Mais Venise et ses masques ne sont certes pas une prérogative de Strehler ; bien au contraire. Ils constituent le centre de la réflexion et de l'inspiration d'un autre acteur-auteur-metteur en scène italien, Giovanni Poli (1917-1979), actif à Venise à partir de la fin de la Seconde Guerre mondiale. En 1949, il y fonde le Teatro universitario Ca' Foscari, et après une courte expérience milanaise à la direction du Teatro Studio de Palazzo Durini, construit en 1969 son propre espace, le Teatro della Commedia dell'Arte a l'Avogaria. Poli travaille avec des acteurs non professionnels à la découverte de la tradition vénitienne, dans l'idée précise d'identifier des liens entre le concept abstrait de théâtre *all'improvviso* et les tendances les plus avancées de l'art du théâtre au XXe siècle[2].

À partir du récent article de Florinda Nardi axé sur la métathéâtralité comme vecteur de modernité dans le théâtre de Pirandello et de Goldoni[3], je me propose de réfléchir sur la portée et la signification métathéâtrale de la *Commedia dell'Arte* et des masques tels qu'ils sont « retravaillés » ou bien réinterrogés dans les anthologies scéniques[4] de Giovanni Poli, et plus particulièrement dans le spectacle *Gli ultimi carnavali di Venezia*[5]. En effet, mes recherches dans les archives de la

1 Ce dispositif scénique permet au metteur en scène de proposer deux niveaux de jeu : celui des comédiens jouant la pièce de Goldoni, et, au bas du tréteau, celui de la troupe de comédiens représentant la pièce, *cf.* M. Tanant, « Strehler et Goldoni : le miroir et la métaphore », dans *Strehler. Les voies de la création théâtrale*, dir. O. Aslan, Paris, CNRS Éditions, 1989, p. 128.

2 *Cf.* G. Poli, dans *La Biennale di Venezia. 28e Festival internazionale del teatro di prosa. 15 settembre-13 ottobre 1969*, Venise, La Biennale di Venezia, 1969, p. 125.

3 F. Nardi, « La modernità del metateatro : Goldoni e Pirandello », dans *Moderno e modernità : la letteratura italiana. Atti del XII Congresso nazionale dell'Associazione degli Italianisti, Roma, 17-20 septembre 2008*, dir. C. Gurreri, A. M. Jacopino, A. Quondam, Rome, Dipartimento di Italianistica e Spettacolo, Sapienza Università di Roma, 2009, en ligne : www.italianisti.it/upload/userfiles/files/Nardi%20Florinda.pdf (consulté le 2 septembre 2016).

4 C'est ainsi que Poli appelle ses pièces créées à partir de documents littéraires originaux ; il emploie ce terme pour la première fois en 1958 à propos de son spectacle le plus célèbre, *La commedia degli Zanni.*

5 La première représentation de *Gli ultimi carnevali di Venezia. Rievocazione della vita privata e pubblica di Venezia dal 1789 al 1796* a eu lieu au Buyuk Tiyatrosu à Ankara en Turquie le 11 mars 1975, dans le cadre de l'une des nombreuses tournées effectuées par le Théâtre *Avogaria* avec le soutien du Ministère du tourisme et du spectacle italien.

famille Poli m'ont permis de retrouver un enregistrement vidéo datant de 1975, que j'ai pu faire numériser et restaurer par le laboratoire VAO de l'université Paris 8[1], et qui nous restitue une dimension visuelle inédite. Dans cette pièce, la matière littéraire de la *Commedia dell'Arte* se reflète dans un miroir déformant, avec une sensibilité qui reproduit les thèmes dramaturgiques contemporains de Poli et son idée, inspirée de Piscator, du « théâtre politique » comme théâtre pour tous. C'est cette fonction, entre tradition et modernité, de ce que j'appellerai « méta-*Commedia dell'Arte* », que je questionnerai ici.

LES RÉALITÉS CACHÉES DERRIÈRE LE MIROIR

L'idée du théâtre comme miroir du monde et des sentiments humains remonte à l'Antiquité, et c'est à Livius Andronicus qu'on attribue la définition de la comédie comme *speculum vitae*, miroir de la vie. Le miroir capte des « réalités cachées », affirme Tadeusz Kowzan, quand il réfléchit le monde qui se situe en dehors de lui. Mais « si un seul miroir suffit pour voir son propre visage, il en faut deux pour voir sa nuque », et le jeu des deux glaces permet ainsi de découvrir l'invisible : « Si le spectacle théâtral reflète le monde, la pièce dans la pièce [ce deuxième miroir] a la faculté de montrer la face cachée des personnages et des événements[2]. »

Aujourd'hui, le terme de « métathéâtre », calqué par Lionel Abel en 1963[3] sur le concept de « métalangage » forgé par Louis Hjelmslev – un langage parlant du langage lui-même – a plus de cinquante ans. Comme on s'accorde à le reconnaître, la notion recouvre deux phénomènes

1 Le travail que Patrice Besnard a réalisé avec les deux bandes vidéo que je lui ai confiées en octobre 2012 est un véritable exemple d'« archéologie technologique », puisque le spectacle (dont nous avons récupéré seulement le premier acte) avait été filmé avec l'un des plus anciens formats de vidéo institutionnelle (c'est-à-dire non professionnelle). Le premier standard, dit EIAJ, apparaîtra ultérieurement, d'où la difficulté pour numériser et restaurer la bande, principalement due à l'instabilité de l'image, à la faible sensibilité de la caméra et au vieillissement de la bande. Le colloque « Le miroir derrière le rideau. Sur le métathéâtre parlé ou chanté en Italie », organisé par Céline Frigau Manning à Paris, les 8-10 novembre 2012, a été l'occasion de montrer pour la première fois un extrait de cette vidéo.

2 T. Kowzan, *Théâtre miroir. Métathéâtre de l'Antiquité au XXIe siècle*, *op. cit.*, p. 10.

3 L. Abel, *Metatheatre. A New View of Dramatic Form*, *op. cit.*

distincts, ainsi formulés par Kowzan : la « pièce dans la pièce », et la « pièce sur le théâtre », autrement dit la « pièce parlant du théâtre[1] ». Cette réflexion peut être utilement mise en relation avec une déclaration de Giovanni Poli dans son essai *Annotazioni sulla teorica della Commedia dell'Arte* publié pour la première fois en 1964[2] : « Le masque libère le théâtre de tous les malentendus sur l'imitation du réel[3]. » Et en effet, dans son travail de redécouverte des anciennes formes de jeu de la *Commedia dell'Arte*, Poli est fasciné par la puissance « antivériste » exprimée par les masques, qui renvoie à l'idée du théâtre pur, du théâtre esthétique. Le masque permet selon lui d'« écarter l'expression scénique des liens du temps et de l'espace afin de pouvoir la projeter dans l'absolu et d'abstraire les personnages comme des symboles moraux et sociaux de l'humanité, selon la classification psychologique dont découlent les typologies fixes[4] ». Car les masques et les typologies fixes de la *Commedia all'improvviso* éloignent le spectateur de la possibilité de se refléter dans le miroir du théâtre, en l'emmenant aussitôt dans une réalité autre, dans un espace extra-quotidien, au-delà du réel.

Dans cette perspective, la *Commedia dell'Arte* m'apparaît comme antithèse historique de la métathéâtralité, dans sa deuxième acception de « pièce sur le théâtre ». Cette assertion est toutefois en contradiction avec ce qu'affirme notamment Mariagabriella Cambiaghi dans son ouvrage consacré au métathéâtre en Italie du baroque au XXe siècle[5], quand elle

1 T. Kowzan, *Théâtre miroir. Métathéâtre de l'Antiquité au XXIe siècle*, *op. cit.*, p. 12. Poser une distinction nette pourrait sembler arbitraire, nombreux étant les exemples où les deux aspects s'entremêlent, mais permet du moins de schématiser et de cerner la question. La première expression s'applique évidemment aux ouvrages dramatiques qui contiennent une pièce ou des fragments de pièces à l'intérieur de la pièce principale, dite la pièce-cadre, la pièce secondaire étant désignée comme intra-pièce. Le deuxième phénomène de « pièce sur le théâtre » est à mettre en relation avec les spectacles qui contiennent une référence à d'autres faits théâtraux : citations dramatiques, réflexions sur le statut des acteurs, auteurs et metteurs en scène. – Sur la distinction entre théâtre dans le théâtre et métathéâtre, voir surtout G. Forestier, *Le Théâtre dans le théâtre sur la scène française du XVIIe siècle*, *op. cit.*, p. 12 ; M. Schmeling, *Métathéâtre et intertexte*, *op. cit.*, p. 11 ; C. D'Angeli, *Forme della drammaturgia : definizioni e esempi*, Turin, UTET, 2004, p. 74-80.

2 L'essai de Poli est publié en annexe de l'édition du texte *La commedia degli Zanni : due tempi da documenti rinascimentali della Commedia dell'Arte*, éd. G. Poli, Milan, La Rapida, 1964 ; soit près d'une dizaine d'années après la création du spectacle, datant du 19 avril 1958.

3 G. Poli, « Annotazioni sulla teorica della Commedia dell'Arte », dans *ibid.*, p. 90.

4 *Ibid.*

5 M. Cambiaghi, *Teatro e metateatro in Italia tra barocco e Novecento*, Milan, CUEM, 2008.

écrit qu'en Italie « les plus vieilles traces de théâtre dans le théâtre sont liées à la *Commedia dell'Arte*[1] », en conclusion de son analyse de trois pièces de comédiens *dell'Arte* : *La fortuna di Flavio* extraite de l'ouvrage de Flaminio Scala, *Il teatro delle favole rappresentative* publié en 1611[2], *La commedia in commedia* de Basilio Locatelli recueillie dans *Della scena de' soggetti comici* (1618-1620)[3] et *Le due comedie in comedia* de Giovan Battista Andreini datant de 1623[4]. De fait, les trois pièces offrent des exemples différents de « pièce dans la pièce ». Dans *La fortuna di Flavio*, une petite troupe de jongleurs monte ses tréteaux sur la place centrale du village où elle jouera une courte pièce. Dans *La commedia in commedia*, Locatelli prévoit la représentation d'une *Commedia dell'Arte* à l'intérieur de la pièce-cadre qui est elle-même une *Commedia dell'Arte* ; Pantalon engage une compagnie de comédiens pour jouer pendant les fiançailles de sa fille. La pièce la plus complexe des trois est sans aucun doute celle d'Andreini fils, qui présente deux scènes successives de théâtre dans le théâtre : la représentation donnée dans la maison d'un riche commanditaire, par une compagnie d'académiciens, puis celle d'une troupe « professionnelle » de comédiens. Quel sens peut-on donner à ces interventions métathéâtrales ?

La volonté de ces hommes de théâtre est, me semble-t-il, de « faire de l'œuvre dramatique », pour citer Françoise Decroisette, « le lieu d'une mémoire vivante de la création théâtrale, [de] laisser, inscrites dans le miroir verbal du texte, les traces nécessaires à la constitution ultérieure de son histoire matérielle et intellectuelle, et de sa théorisation[5] ». Ainsi le recours à une structure métathéâtrale permet-il à Flaminio Scala de marquer la distance entre les compagnies de *Commedia dell'Arte* et les formes de théâtre populaire plus anciennes, comme le bouffon du Moyen Âge. D'autre part, dans le canevas de Locatelli, le métathéâtre s'inscrit pour la première fois dans la dimension festive selon une

1 *Ibid.*, p. 25.

2 F. Scala, *Il teatro delle favole rappresentative*, éd. F. Marotti, 2 vol., Milan, Il Polifilo, 1974.

3 Le recueil est conservé à la bibliothèque Casanatense de Rome sous la cote mss. 1211 e 1212. Le canevas en question est publié dans C. Molinari, *La Commedia dell'Arte*, Milan, Mondadori, 1985, p. 42.

4 G. B. Andreini, *Le due commedie in commedia*, dans *Commedie dell'Arte*, éd. S. Ferrone, Milan, Mursia, 1986, vol. 2, I, 2, p. 27. Sur la figure d'Andreini fils, *cf.* la récente monographie critique de F. Fiaschini, *L'« incessabil agitazione ». Giovan Battista Andreini tra professione teatrale, cultura letteraria e religiosa*, Pise, Giardini, 2007.

5 F. Decroisette, « Avant-propos », dans *Le Théâtre réfléchi*, *op. cit.*, p. 10.

coutume remontant aux fêtes de la Renaissance[1]. Enfin, dans le canevas d'Andreini, se perçoit la volonté de l'auteur de faire le point sur la variété de la production des spectacles de l'époque pour affirmer la nécessité de renouvellement de certains mécanismes théâtraux. À la lumière de tout cela, il est évident que le métathéâtre s'affirme « de façon récurrente et naturellement diversifiée, en Italie, à tous les moments de rupture ou de crise de la création théâtrale[2] ».

Mais que se passe-t-il au XXe siècle quand ce ne sont plus les « acteurs-auteurs » de la *Commedia dell'Arte* – dans le sens défini par Cesare Molinari[3] – qui réfléchissent sur leur théâtre « en construction », mais les auteurs contemporains ? Quelle est donc la pertinence de sonder la trajectoire d'un artiste comme Poli pour comprendre son rapport avec la *Commedia dell'Arte* ? Et dans quelle mesure le métathéâtre intervient-il dans ce processus ? La question étant vaste, nous nous arrêterons d'abord sur les moments spécifiques, dans le parcours de Giovanni Poli, où ce dernier s'interroge précisément sur l'univers « mythique et magique[4] » qu'est la *Commedia dell'Arte*, comme l'a définie Mario Baratto. Puis nous nous concentrerons sur *Gli ultimi carnevali di Venezia*, pour arriver jusqu'à *Mamole e buli*, où le métathéâtre s'efface tandis que Poli s'affirme en tant qu'auteur à part entière.

---

1 Sur la question des fêtes de la Renaissance, voir, parmi une vaste bibliographie, G. Attolini, *Teatro e spettacolo nel Rinascimento*, Rome-Bari, Laterza, 2007 ; F. Cruciani, « Il teatro e la festa », dans *Il teatro italiano nel Rinascimento*, dir. F. Cruciani, D. Seragnoli, Bologne, Il Mulino, 1987, p. 31-52 ; F. Ruffini, *Commedia e festa nel Rinascimento. La « Calandria » alla corte di Urbino*, Bologne, Il Mulino, 1986 ; S. Mamone, *Il teatro nella Firenze medicea*, Milan, Mursia, 1981 ; C. Molinari, *Le nozze degli dei. Un saggio sul grande spettacolo italiano nel Seicento*, Rome, Bulzoni, 1968 ; J. Jacquot (dir.), *Le Lieu théâtral de la Renaissance*, Paris, CNRS Éditions, 1964.

2 F. Decroisette, « Avant-propos », dans *Le Théâtre réfléchi*, *op. cit.*, p. 9.

3 C. Molinari, « Autori-attori della Commedia dell'Arte », *Quaderns d'Italià. Dalla Commedia dell'Arte a Goldoni*, n° 2, 1997, p. 21-38, en ligne : www.raco.cat/index.php/QuadernsItalia (consulté le 5 septembre 2015).

4 M. Baratto, « Introduzione », dans *Alle origini del teatro moderno : la Commedia dell'Arte. Atti del convegno di studi, Pontedera, 28-30 maggio 1976*, dir. L. Mariti, Rome, Bulzoni, 1980, p. 15.

GIOVANNI POLI
ET SA VISION DE LA *COMMEDIA DELL'ARTE*

Poli concrétise ses premières réflexions sur la *Commedia dell'Arte* en 1958 dans *La commedia degli Zanni*[1], une « anthologie scénique », pour reprendre sa définition, composée à partir de documents anciens remontant aux XVe et XVIe siècles, extraits du monumental ouvrage en six volumes de Vito Pandolfi[2] et que Poli assemble au moyen d'un véritable travail de montage et de collage. Le spectacle, créé lors du festival des théâtres universitaires de Thessalonique en 1958, aura une très longue vie et de nombreux succès, notamment grâce au prix que Poli obtient pour la meilleure mise en scène en 1960 au Théâtre des Nations, à Paris[3].

Le spectacle est dans les intentions de l'auteur une rétrospective de l'histoire des masques italiens et de leur évolution dans l'espace-temps de la production théâtrale. L'évocation fantastique du monde des masques illustre scéniquement le « développement culturel en évolution et artistiquement en dégradation[4] » du théâtre *all'improvviso*. La reproduction de la *Commedia dell'Arte* prend ainsi la forme d'« une histoire anthologique de l'évolution des principaux masques du théâtre italien[5] », des premiers *contrasti*[6], naïfs et presque puérils, jusqu'à leur adaptation dans la littérature dramatique du XVIIIe siècle. Le spectacle est structuré en deux parties ou actes dont le titre évoque didactiquement le contenu :

1 Le texte de la pièce a été édité en cinq versions différentes, malheureusement toutes épuisées aujourd'hui. Nous utiliserons la dernière version, sauf indication contraire : G. Poli, *La commedia degli Zanni, da documenti rinascimentali sulla Commedia dell'Arte, Collana del teatro a l'Avogaria*, Venise, La Tipografica, n° 7, 1983.

2 V. Pandolfi, *La Commedia dell'Arte. Storia e testo*, 6 vol., Florence, Sansoni, 1957-1961.

3 *Cf.* D. Peslin, *Le Théâtre des Nations : une aventure théâtrale à redécouvrir*, préf. G. Banu, Paris, L'Harmattan, 2009.

4 G. Poli, « La commedia degli Zanni », dans *Dieci anni di un teatro universitario. Cronaca degli avvenimenti scenici delle ricerche estetiche del teatro universitario di Ca' Foscari*, Venise, Tipografia Emiliana, 1959, p. 48.

5 G. Poli, « Il testo della commedia degli Zanni », dans *La commedia degli Zanni*, *op. cit.*, p. 14.

6 Les *contrasti* sont une forme primaire de saynètes à deux personnages que l'on trouve reproduite dans V. Pandolfi, en particulier « Elementi costitutivi », *La Commedia dell'Arte. Storia e testo*, vol. 1, Florence, Le Lettere, 1988 (fac-similé de la première édition Sansoni), p. 21-154.

le premier s'intitule *Présentation des masques*, le deuxième *Premières formes organiques de la Commedia dell'Arte*.

Il importe ici de souligner qu'au niveau dramaturgique, le spectacle s'ouvre sur un prologue, évocation nostalgique des masques italiens, conçus comme un « magnifique exemple de la couleur », une expression de l'« exaltation de la nature humaine[1] » à opposer à l'humanité grise des temps modernes. Tandis que le rideau s'ouvre et que les masques sortent des manuscrits décolorés par l'oubli de longs siècles – dans une sorte d'action métalittéraire – une voix *off* se fait entendre, la voix du narrateur qui est vraisemblablement l'*alter ego* de Poli :

> C'est avec nostalgie que nous jetons un regard vers ces masques que nous considérons avec la sensation que nous éprouvons pour les choses perdues à jamais, nous qui sommes tombés dans une ère de banalité grise, totalement dépourvue de couleurs vives[2].

Mais cette « nostalgie » n'empêchera pas Giovanni Poli de poursuivre son travail sur les masques et les textes dramatiques anciens. Au contraire, sa recherche artistique se nourrira de ce sentiment de mélancolie, mélangé à un besoin profond, partagé par ses contemporains, de renouvellement des pratiques scéniques. Un besoin qu'il affirme ici :

> *La commedia degli Zanni*, plus qu'une véritable *Commedia dell'Arte* (puisqu'il lui manque l'improvisation) est construite selon un mode particulier de perception des masques du XVIe siècle, en fonction des exigences de renouvellement de la scène contemporaine[3].

Pour notre metteur en scène, ce besoin de renouvellement se traduit par un travail constant et continu sur trois éléments principaux qui tendent à traduire sur la scène le concept plutôt abstrait d'un théâtre entendu comme « art pur » : premièrement, la parole-musique, qui se veut un registre vocal donnant une mélodie plus prononcée que celle de la conversation normale ; ensuite, le mouvement-ballet, soit le rapport

1 G. Poli, *La commedia degli Zanni*, *op. cit.*, p. 21.

2 G. Poli, *Le maschere latine. Une pièce sur les origines des masques de la Rome antique. La commedia degli Zanni deux parties d'après des documents de la Renaissance de « la Commedia dell'Arte »*, trad. E. Andreotti Loria, édition spéciale théâtre universitaire Ca' Foscari, Venise, Tipografia emiliana, 1960, p. 37.

3 G. Poli, « La realizzazione scenica », dans *La commedia degli Zanni*, *op. cit.*, p. 15.

rythmique des lignes verticales en mouvement ; enfin, la lumière-couleur, base même de sa scénographie[1]. Or c'est dans l'introduction à son livre sur ses dix années de travail avec sa compagnie, *Il Teatro della Commedia dell'Arte a l'Avogaria (1969-1979)*, que Poli arrive à formuler de manière composite son idée de « théâtre pur » qu'il évoque depuis les années 1950 :

> Nous sommes à la recherche d'un « théâtre pur » dans lequel l'acteur est le seul, l'unique artifice de l'expression scénique. Comme le théâtre était, ainsi que nous pouvons le croire, au commencement de chaque civilisation : un théâtre nu, pauvre, qui n'a besoin de rien sinon du corps humain, qui se dessine avec dynamisme dans l'espace[2].

Telle est la leçon que Poli tire de son expérience sur la *Commedia dell'Arte* : l'acteur est au cœur de la création, il n'est pas isolé mais fait partie d'un groupe, dans une dynamique de création collective. Reprenant les développements théoriques d'une grande partie de l'avant-garde théâtrale de l'époque, Poli arrive à cette théorisation à la fin d'un long parcours de création où la réflexion sur la *Commedia dell'Arte* a joué un rôle important. Car dans son œuvre, le métathéâtre dans l'acception de théâtre dans le théâtre, « pièce dans la pièce » advient à un moment particulier, qui peut être considéré comme un tournant de son approche du théâtre. Après *Gli ultimi carnevali di Venezia* (1975), en effet, Poli assumera pour la première fois, et de manière déclarée, le rôle d'auteur.

LE MÉTATHÉÂTRE, VECTEUR DE MODERNITÉ

Selon Florinda Nardi, Goldoni et Pirandello parviennent à exprimer pleinement leurs idées grâce au métathéâtre, en dénonçant un processus de crise et en appelant à la nécessité d'un changement[3]. La nouveauté

---

1 *Cf.* B. Schacherl, « Giovanni Poli », dans *Enciclopedia dello spettacolo*, dir. S. D'amico, *Aggiornamento 1955-1965*, Rome, Unione editoriale, 1966, p. 883-885.

2 G. Poli, « Il metodo per l'espressione gestuale e il controllo della voce », *Il Teatro della Commedia dell'Arte a l'Avogaria*, Venise, Edizioni del Teatro a l'Avogaria, La Tipografica, 1984, p. 82.

3 *Cf.* F. Nardi, « La modernità del metateatro : Goldoni e Pirandello », art. cité, p. 4.

pour Goldoni, c'est la naissance de la profession d'auteur (*la professione di scrittor di commedie*[1]), pour Pirandello c'est en revanche la défense de ce même rôle contre les attaques d'un théâtre qui a désormais changé après deux siècles d'histoire. Bien qu'il ne fasse pas du métathéâtre le moyen privilégié de sa poétique, Poli s'inscrit dans cette tendance.

Gli ultimi carnevali di Venezia est une évocation de la vie privée et publique de Venise sous la Révolution française, entre 1789 et 1796. Il s'agit de l'un des derniers spectacles de Poli, conçu sur l'idée du portrait d'époque, qui s'insère dans la ligne des ses anthologies scéniques les plus significatives : *La commedia degli Zanni* (1958), *Cronache veneziane* (1970[2]), *L'alfabeto dei villani* (1971[3]), puis *Mamole e buli* (1976[4]). Depuis les expériences initiées en 1969 avec l'ouverture du théâtre de l'*Avogaria* et jusqu'aux *Carnevali* en 1975, le parcours de Poli a été prolifique et profond, et a subi des évolutions sensibles en réussissant à dépasser ce qu'il considère comme un vrai danger : le naturalisme, c'est-à-dire l'idée d'un théâtre enfermé dans le psychologisme, avec une référence particulière au théâtre du XIXe siècle.

Pour la première fois chez Poli, dans la pièce-cadre se trouve insérée une deuxième pièce qui a sa propre histoire et qui est jouée dans un espace scénique distinct, créé métonymiquement par l'entrée en scène du rideau d'un théâtre ambulant. On lit dans la didascalie : « Les comédiens entrent bruyamment. Ils ont différents accessoires : deux rideaux pour l'ouverture de scène [...]. » La représentation interne se caractérise en outre par une action dramatique dialoguée dans un espace-temps défini : la troupe de comédiens *dell'Arte* arrive sur le *campiello* de Venise et présente le spectacle *Li due amanti cornuti*, sous-titré de façon provocante *Chi va per tette e per culi ci resta pisciato e ben smerdato* (« Qui cherche culs et tétons, se retrouve emmerdé comme un con »).

1 Voir à ce propos F. Nardi, *Carlo Goldoni e la professione di scrittor di commedie*, Rome, Nuova cultura, 2008.

2 La première représentation de *Cronache veneziane. L'amore, la violenza e la morte nella Venezia de l'500* a eu lieu à Venise au Théâtre Avogaria en novembre 1970. La pièce n'a jamais été publiée, mais j'ai retrouvé le scénario manuscrit dans les archives de la famille Poli.

3 La première représentation de *L'alfabeto dei Villani. Panorama storico sociale sulla condizione del contadino veneto nel '500 da documenti letterari dell'epoca* a eu lieu à Vicence, au Théâtre Olimpico, les 11 et 12 septembre 1971.

4 Les premières représentations de *Mamole e buli. La condizione della donna pubblica in Venezia nel '500, sei episodi di Giovanni Poli* ont eu lieu à Venise, au Théâtre Avogaria, du 27 mars au 1er avril 1976. Le spectacle était interdit aux moins de 18 ans.

Dans la préface à *Gli ultimi carnevali di Venezia*, Poli écrit que ce spectacle a pour but précis de « sortir des contenus psychologiques des documents littéraires[1] » dont il s'est servi, surtout ceux de Goldoni qui constituent une importante base pour l'élaboration du spectacle. Poli espère avoir ici réussi à racheter Goldoni de l'interprétation que les metteurs en scène du XIXe siècle avaient fait de lui. Selon Poli, le Vénitien doit être considéré comme le « poète de ces gens arrivés à la phase extrême de leur décadence[2] ». Et l'écho de Goldoni se fait entendre sur scène jusqu'au moment le plus trivial, quand Pantalon et le Docteur trompés par Arlequin et Brighella se laissent emporter dans un langage obscène. La voix *off* de l'historien, l'avatar de Poli, prend alors le dessus. Les masques s'immobilisent et le temps du récit se dilate ; comme s'il lançait un avertissement, l'historien annonce la mort de Goldoni dans la misère à Paris le 17 février 1793. L'historien-Poli parsème la pièce d'indices pour alerter ce peuple en décadence. Au premier degré, il se réfère aux protagonistes bourgeois de la pièce-cadre, enthousiasmés par l'arrivée des masques ; au second, il s'adresse aussi aux Vénitiens de l'Avogaria, ici appelés à se reconnaître dans leurs ancêtres.

MAMOLE E BULI : CRÉATION DRAMATURGIQUE INDIVIDUELLE

Avec le spectacle *Gli ultimi carnevali di Venezia*, Poli a la sensation d'avoir dépassé les limites de la pure imitation, de l'évocation philologique et historique de la *Commedia dell'Arte.* Il se sent maintenant prêt à la transposer en dehors de lui et à la faire apparaître dans la pièce-cadre à travers la petite scène du théâtre dans le théâtre que nous venons de voir. Poli affirme que les masques, dans cette pièce, même s'ils ne réussissent pas à devenir des symboles de catégories sociales, possèdent du moins la fonction d'exprimer l'atmosphère festive dans

1 G. Poli, « Prefazione », *Gli ultimi carnevali di Venezia : rievocazione della vita privata e pubblica di Venezia dal 1789 al 1796*, *Collana del teatro a l'Avogaria*, n° 4, Venise, La Tipografica, 1976, p. 9.

2 *Ibid.*, p. 10.

laquelle Venise vit les dernières années de la *Serenissima*, inconsciente de la réalité politique et sociale de la nouvelle Europe[1]. La société de l'époque de Goldoni assiste, amusée, à la représentation des masques qu'elle-même a mise en discussion ; ce même passé d'avec lequel Poli va prendre ses distances.

L'année suivante, en 1976, notre auteur désormais touché par la maladie dont il mourra trois ans plus tard, écrit entièrement et pour la première fois un spectacle, *Mamole e buli*[2], résultat d'une création dramaturgique individuelle. Les fonds historiques qui constituaient autrefois la matière littéraire de ses œuvres ne sont plus ici que des points de repère pour l'écriture d'une pièce qui dresse un portrait effrayant de la condition des prostituées dans la Venise du XVIe siècle.

Dans ce spectacle inspiré par le réalisme cru et violent de l'expressionisme, Poli se libère du geste abstrait du théâtre choral qui s'est pour lui révélé incapable d'offrir un développement dramatique et qui s'est ainsi avéré monotone ; surtout, il s'affranchit des formes rythmiques et presque dansées de la *Commedia dell'Arte*, qu'il déclare « n'être plus adaptées pour approfondir et questionner les grandes problématiques intérieures de l'homme[3] ». Poli réussit à intégrer tellement en profondeur le langage, les mécanismes et les figures qui peuplent la Renaissance vénitienne qu'il est prêt à devenir lui-même auteur de ses propres textes et créateur de ses personnages. La méthode a évidemment changé ; à travers le mécanisme métathéâtral qui a figé tous les masques dans leurs caractéristiques spécifiques, Poli s'est libéré des personnages qui assaillent son imaginaire – on pense ici au tableau de Watteau, *Le Rêve de l'artiste*[4] –, immortalisant ainsi sa perception de la *Commedia dell'Arte*. Avec ses connaissances, il est prêt à entreprendre l'étape successive de

---

1 G. Poli, *Il Teatro della Commedia dell'Arte a l'Avogaria*, *op. cit.*, p. 58.

2 G. Poli, *Mamole e buli, la condizione della donna pubblica in Venezia nel '500. Collana del teatro a l'Avogaria*, n° 5, Venise, La Tipografica, 1976.

3 *Ibid.*, p. 12 (« La messinscena »).

4 Cette toile peinte probablement entre 1707 et 1719 représente la *sylloge*, la synthèse de l'œuvre picturale de Watteau ; les personnages de la *Commedia dell'Arte* apparaissent en rêve au peintre endormi à côté de sa toile, ils viennent en quête de leur auteur, comme dans la pièce de Pirandello. Mais le rapprochement n'est pas si simple vu que les typologies fixes de *commedia* sont par antonomase des personnages sans auteur. Renzo Guardenti, lors du colloque international « Settecento italiano / Settecento europeo » qui a eu lieu à l'université de Florence les 4 et 5 octobre 2012, a présenté une intervention, « Drammaturgie pittoriche del secolo dei Lumi », où il démontrait comment l'idée *novecentesca* de la *Commedia dell'Arte* reposait en grande partie sur les représentations picturales du XVIIIe siècle.

son voyage artistique, à la découverte de l'auteur, figure qu'il a côtoyé pendant toute sa carrière ; non plus l'auteur-narrateur-historien des *Carnevali*, la voix *off* qui permettait simplement de lier les différentes pièces et documents théâtraux, mais enfin le créateur même de ses personnages.

MÉTA-*COMMEDIA DELL'ARTE* : PREMIÈRE ÉBAUCHE

La néo-*Commedia dell'Arte* devient ainsi un système de référence pour la formation de l'acteur, et nombreuses sont les compagnies et les centres de recherche qui, au XXe siècle, se consacrent, comme l'a fait Poli, à la redécouverte des modules actoriaux de la *Commedia dell'Arte*. Mais de quoi ce système référentiel est-il donc composé ? D'une tradition réinventée et d'un héritage supposé ?

Il ne me semblerait pas ici approprié de parler d'une « récupération » de la *Commedia dell'Arte*, terme qui évoquerait une intention archéologique, ou la proposition d'un simple calque non entièrement réapproprié par la personnalité du créateur. Il s'agit bien ici à mon sens d'une « réinvention », comme dans le cas de la technique de construction des masques en cuir. Car Poli a réinventé un système référentiel qui lui est propre, en puisant à la fois dans la tradition théâtrale italienne et dans l'avant-garde, comme du reste l'ont fait d'autres grands maîtres, notamment Ariane Mnouchkine avec son *Âge d'or, première ébauche* (1975). Mais cette réinvention n'a pu évidemment s'exprimer de la même manière partout. C'est pour cette raison que l'on peut parler de méta-*Commedia dell'Arte*, c'est-à-dire d'un réservoir imaginaire où s'inscrivent et se projettent différentes interprétations *à propos* de la *Commedia dell'Arte*.

Giulia FILACANAPA
Université Paris 8

CINQUIÈME PARTIE

MIROIRS BRISÉS

LA QUÊTE DE FORMES NOUVELLES

LE MIROIR BRISÉ

ou le passage derrière le rideau dans *Lo schiavetto* de Giovan Battista Andreini (1612)

Giovan Battista Andreini (1576 ? – 1654), à la tête de la troupe des Fedeli fondée en 1601 dans le sillage de celle de ses célèbres parents Isabella et Francesco, entre au service du duc de Mantoue Vincenzo I Gonzaga en 1604. L'édition, à succès, de *Lo schiavetto* en 1612 se situe entre une période de fortes tensions avec la troupe des Accesi de Pier Maria Cecchini et le départ pour Paris des Fedeli (1613-1614[1]). La version de 1612 est la première, et se révèle plus ou moins émaillée de variations linguistiques dialectales que la version de 1620 ; celle-ci contient en outre des recommandations pour ceux qui voudraient la jouer[2]. Dans la seconde version, les dialogues des amoureux semblent s'être enrichis, au fil des représentations, de *concetti*[3]. Or *Lo schiavetto*, écrite la même année que le *Prologo tra Momo e la verità* (dialogue apologétique en défense de la comédie), est l'une des premières pièces publiées par un auteur

1 Après une courte association, constellée de tensions, avec les Accesi, les Fedeli font cavaliers seuls dès 1610, et voyagent dès 1611 de Florence, à Bologne, puis Milan. C'est à Milan que Giovan Battista Andreini fait éditer *Lo schiavetto*, dont la fortune sera remarquable dans de nombreuses villes italiennes. Le 18 février 1612, Vincenzo I Gonzaga meurt. Et en 1613, débutent les premières représentations à Paris (Hôtel de Bourgogne) et au Louvre à la Cour du Roi de France où, invités par Marie de Médicis, les Fedeli demeurent jusqu'en 1614 (*cf. Cronologia*, dans *Comici dell'Arte. Corrispondenze*, dir. S. Ferrone, éd. C. Buratelli, D. Landolfi et A. Zinanni, Florence, Le Lettere, 1993, vol. 1, p. 66-70).

2 Il existe quatre éditions de la comédie pour deux versions différentes à dix ans d'intervalle : 26 septembre 1612, et 6 octobre 1612, Milan, P. Malatesta ; *Lo schiavetto, comedia di Gio. Battista Andreini, comico fedele detto Lelio, con varianti significative*, Venise, G. B. Ciotti, 1620 ; et enfin, *Lo schiavetto, comedia di Gio. Battista Andreini, comico fedele detto Lelio*, [s.l.], [s.e.], 1621. Sauf indication contraire et confrontations significatives entre variantes, nous ferons référence à l'édition de 1620.

3 *Cf.* A. Perrucci, *Dell'arte rappresentativa premeditata ed all'improvviso* [1699], Parte II, Regola I, *Concetti*, p. 198-201 ; il existe aussi une édition moderne par A. G. Bragaglia, Florence, Sansoni, 1961.

qui, par son attachement aux thématiques du miroir, du double, du prisme et du théâtre dans le théâtre, s'avère particulièrement stimulant dans le cadre d'une réflexion sur le métathéâtre[1]. Pour Giovan Battista Andreini, le théâtre est en effet « le verre limpide qui purge des défauts humains », « où la vérité est représentée comme en un miroir[2] », ou encore « le miroir de la vie humaine[3] ». Une image qui perdure dans *Lo schiavetto*, notamment dans l'appel *A' benigni lettori* où la pièce est assimilée à un miroir :

> Or ce grand orateur que fut Cicéron, considérant les bienfaits que l'on tire par d'agréables détours et intrigues, de la comédie, l'appela : *speculum vitae*. En effet, tout comme le miroir représente à chacun les taches que l'on porte sur le visage, afin que s'il le souhaite il puisse se les ôter, de même la comédie devenue miroir, dans laquelle le spectateur se refléterait, doit lui ôter du front la tache. Dans le miroir donc de cette comédie intitulée *Schiavetto*[4]...

1 Pour Paola Bertolone, *Lo schiavetto* serait la métaphore d'une libération, celle du passage de l'écriture à la performance scénique, *cf.* P. Bertolone, « Jewish languages and jewish characters in Giovan Battista Andreini's *Lo schiavetto* », dans *Jewish Theatre : a Global View*, dir. E. Nahshon, Leyde, Brill, 2009, p. 105. – Plus largement, le discours métathéâtral est récurrent chez Giovan Battista Andreini (*Le due comedie in comedia*, 1623 ; *Lo specchio*, 1625), mais Nevia Buomino analyse la thématique et la présence du miroir au sens propre du terme dans trois pièces essentielles : le traité apologétique *Lo specchio* (Paris, Callemont, 1625), *Amor nello specchio* (Paris, Della Vigna, 1622) et *Le due comedie in comedia* (Venise, Imberti, 1623). L'image est cependant décelable dans d'autres œuvres telles que *Il teatro celeste* (Paris, Callemont, 1625) ou le *Prologo in dialogo tra Momo e la verità* (Ferrare, Baldini, 1612), *cf.* N. Buommino, *Lo specchio nel teatro di Giovan Battista Andreini*, Rome, Accademia Nazionale dei Lincei, 1999.

2 G. B. Andreini, *Lo specchio* (1625), cité par N. Buommino, *op. cit.*, p. 109-110 : « tersissimo vetro adunque de gli umani difetti espurgatore », « sì come lo specchio il vero ci rappresenta ». – Sauf mention contraire, toutes les traductions sont de notre responsabilité.

3 G. B. Andreini, *Prologo in dialogo tra Momo e la verità* (1612), cité par F. Marotti et G. Romei, *La professione del teatro*, Rome, Bulzoni, 1991, p. 473-476 : « lo specchio della vita umana ». L'idée est reprise à l'envi en 1625 dans *Lo specchio*, où le théâtre est défini comme *speculum vitae humanae*, *cf.* N. Buommino, *op. cit.*, p. 115.

4 G. B. Andreini, *A' benigni lettori*, *Lo schiavetto*, *op. cit.*, 1612 et 1620 : « E ben quel grand'oratore Cicerone considerando il giovamento, che con dolci rivolgimenti si trà dalla comedia, la chiamò ; *speculum vitae*. Poiche, si come lo specchio rappresenta ad altrui ogni macchia, che nel volto si porti, onde volendo quella levar' il possa, così fatto specchio la comedia, nella quale lo spettatore miri le macchie sue debba con agevolezza quella dalla fronte levarsi. In questo specchio adunque di questa comedia, detto *Lo schiavetto*... » (pour l'édition de 1612, nous nous référons, sans indication de pages, au volume numérisé sur Google Books *Commedie dei Comici dell'Arte*, éd. A. Falavolti, Turin, UTET, 2001, rééd. 2013).

Andreini renchérit dans le *Prologo d'incerto* de l'édition de 1620 (absent de l'édition 1612) : « La comédie est le miroir de la vie humaine, image de la vertu et exemple de toute chose[1]. »

Or Andreini ouvre dans *Lo schiavetto* des voies métathéâtrales originales. Si l'élément matériel du miroir s'y décline sous des formes métaphoriques ou allusives subtiles (argent, or, cristal, métal, ivoire...), la pièce est surtout l'occasion pour Andreini de briser, précisément, ce « miroir de la vie humaine » qu'est à ses yeux la comédie, et de construire une parabole sur le théâtre. Il faut alors étudier les stratagèmes mis en œuvre dans *Lo schiavetto* pour passer (ou faire passer) de l'autre côté du miroir, et s'interroger plus largement sur les motivations et les conséquences, en terme d'esthétique théâtrale et de discours métathéâtral, de cette construction-déconstruction, symptôme évident de la « fiction déclarée ».

STRUCTURE ET RÉSUMÉ D'UNE PIÈCE SPÉCULAIRE

Nottola, prince entouré de sa cour d'escrocs, arrive à Pesaro et frappe à la porte d'une auberge. Alberto, gentilhomme avare et peu fortuné, lui prête son palais, tout en lui promettant sa fille Prudenza en mariage (fin de l'acte I). Nottola ayant fait venir des marchands juifs fournisseurs de vêtements pour le mariage, Prudenza demande à Orazio, son prétendant, de se déguiser en juif pour pouvoir accéder au palais. Fulgenzio, amoureux éconduit de Prudenza, jure de se venger et de tromper Prudenza à son tour. Aussi, à la scène 5 de l'acte II, Fulgenzio entre-t-il déguisé en marchand juif[2]. Survient alors Schiavetto, qui est en fait Florinda, épouse d'Orazio et lancée à sa recherche. Ayant survécu à une tentative d'empoisonnement manquée de Schiavetto-Florinda, Orazio réapparaît dans la dernière partie de la pièce et Schiavetto-Florinda lui pardonne ses écarts. Prudenza finit par accepter Fulgenzio pour époux. Faceto, tout d'abord déguisé en personnage de comédien, se dévoile et s'avère

1 G. B. Andreini, *Prologo d'incerto*, *Lo schiavetto* (1620), *op. cit.* : « la comedia è specchio della vita humana, imagine della Virtù ed essempio di tutte le cose ».

2 On assiste alors à une scène de mime (II, 6) où Fulgenzio, ne sachant parler hébreu, fait mine d'appartenir à la communauté juive, mais sans prononcer un mot.

être le frère de Schiavetto-Florinda, de son vrai nom « Lelio-Fedele », qui la suivait pour la protéger incognito. Le *lieto fine* consacre le mariage de différents personnages secondaires issus de la « cour » de Nottola.

Dans *Lo schiavetto*, pas de miroir au sens propre du terme, mais la construction de la pièce est spéculaire. La présence du rideau avec le théâtre dans le théâtre constitue l'élément charnière (IV, 7), un rideau-miroir qui permet de passer de l'autre côté de l'illusion, dans le discours métathéâtral. Le prisme plutôt que le miroir serait d'ailleurs sans doute plus approprié pour définir le théâtre de Giovan Battista Andreini, jusqu'à rendre intéressante une étude qui porterait sur les rapports entre le prisme alchimique (Paracelse) et la pensée d'Andreini. Comme à l'acte V de *Le due comedie in comedia*, la comédie dans la comédie constitue le centre névralgique de la pièce (IV, 8), et introduit le discours de Schiavetto (IV, 8 ; une apostrophe absente de l'édition de 1612). À l'acte V, la pièce bascule dans le discours métathéâtral, même si l'intrigue de la pièce-cadre se poursuit. C'est alors l'entrée de Faceto et Zolfanello, personnages de comédiens (V, 2).

Dans cet espace « derrière le rideau » (V, 8), les personnages annoncent à Nottola une histoire qui va le faire bien rire comme si Nottola, à l'origine de l'histoire-cadre, en devenait le spectateur. À la scène 9, Rampino, son majordome, exige que soit préparée une belle comédie, à la cour de Nottola comme à celle de Mantoue, sous forme de *work in progress* : « des comédies, des comédies, des comédies, Monsieur le Prince[1] ». Nottola s'étonne que le comédien soit habitué à obéir au Prince, puis le gratifie d'un énorme collier, en guise de rétribution, tandis que Zolfanello « tire les tentures[2] ». Son acolyte Faceto se lance dans un éloge des comédies et des comédiens sur fond de vertu et de noblesse dont, souligne-t-il, n'est pas dénué l'homme de théâtre. Faceto, aussi protéiforme qu'un véritable comédien *fedele*, est pour sa part capable d'incarner dix personnages à la suite. La scène est ponctuée des caprices de Nottola auxquels répond l'obéissance obséquieuse du comédien Faceto, qui passe tour à tour de la comédie à la pastorale puis à la tragédie, face à un Nottola qui finit par s'agacer et se déclarer même hostile au théâtre. Il demande que Faceto soit payé et qu'il aille ailleurs faire ses pièces. Tout conduit au discours apologétique de Faceto : non contente d'être *speculum vitae*, rappelle Faceto,

1 *Ibid.*, p. 187 : « commedie, commedie, commedie Signor Prencipe ».
2 *Ibid.* : « tira le tele ».

la comédie est aussi nécessaire à l'homme que la nourriture, la comédie est appréciée des académies, des villes, des princes, et chaque *virtuoso* (comédien) en compose. Autant de sujets qui font écho à *La ferza*, autre discours apologétique du théâtre, édité en 1625 : aussi nous est-il significatif que cette tirade de Faceto n'apparaisse que dans l'édition de 1620. Nottola ordonne alors que l'on débloque l'argent pour la construction de la scène. La pièce se déroulera à Pesaro : Orazio se met alors à résumer toute la pièce-cadre, et Nottola de s'exclamer que cela fera une belle comédie, tout en souhaitant y figurer ainsi que les autres personnages.

LO SCHIAVETTO COMME PARABOLE SUR LE THÉÂTRE : LES PERSONNAGES DE NOTTOLA, PRINCE-ARLEQUIN, ET DES MARCHANDS-COMÉDIENS

Plusieurs éléments nous permettent de soupçonner que Giovan Battista Andreini se livre dans *Lo schiavetto* à une parabole sur le théâtre, à commencer par la scène 1 de l'acte I, où Nottola incarne une sorte de parodie du Prince entouré de la troupe qui le sert. S'agit-il d'un Prince ou est-ce l'allégorie d'un chef de troupe comédiens ? Dans la version de 1620, Nottola donne de lui-même une définition remarquable : « Je suis la rose parmi les épines, la perle parmi les coquillages, le soleil parmi les nuages, et la gemme sertie sur le plus vil des plombs[1]. » Une définition qui n'est autre que celle de la comédie *Lo schiavetto* dans *A' benigni lettori* (1612 et 1620) : « Au sujet de quelque parole licencieuse qui eût été placée dans la bouche d'une personne vile, c'est fait uniquement parce que ce sont des épines que l'on tire les roses[2]... » Or, avec la scène 7 du même acte, Nottola, en Prince autoritaire, exigeant le pire et le meilleur (ventilé par des pages dont il exige qu'on aille cueillir le Phénix pour lui faire un éventail avec les plumes, il défèque ensuite et réclame du parfum de jasmin pour tout nettoyer), ressemble à la figure allégorique d'un théâtre dont l'exigence n'a d'égale que celle du Prince qu'il sert.

1 *Ibid.*, I, 2, p. 11 : « [...] sono rosa fra le spine, perla fra le conche, sole fra le nubi, e gemma legata in vilissimo piombo ».

2 *A' benigni lettori*, *op. cit.* : « Circa poi che alcuna paroletta licenziosa in bocca di persona bassa s'abbia posto, fatto è solo perché dalle spine si traggano le rose [...]. »

Dans la version de 1620, Nottola est beaucoup plus tyrannique et caricatural que dans la version de 1612 : adulé depuis sa chaise-trône, il se fait appeler « Principe dal Camaleonte Dorato », titre dont il ne s'affuble pas en 1612. Or, le caméléon, envoyé aux quatre vents du monde, et que doit ventiler un éventail aux ailes de Phénix chargées de rubis, c'est, par excellence, le comédien.

NOTTOLA

Majordome, sont-ce là des éventails pour des gens comme nous ? Des éventails pour Nottola Prince du Caméléon d'Or ? Cet outil inventé par nos ancêtres, puisque nous avons tous été non seulement attirés par l'élément Air ; mais surtout six heures par jour souhaitant rester la bouche ouverte du côté où souffle le plus la Tramontane ? [...] Allons, que montent et filent au plus vite demain matin, au plus tôt, quatre hommes à cheval, et qu'on les envoie aux quatre coins du monde, et qu'ils les explorent tous de fond en comble jusqu'à retrouver le Phénix ; ce bel oiseau qui est si souvent mentionné ; qu'on lui coupe les ailes, et que de celles-ci l'on fasse un éventail pour m'en ventiler et que les poignées de celui-ci soient de corail, de turquoise ou d'or serti de rubis[1].

Notons que Nottola était joué par l'Arlecchino Tristano Martinelli[2] de la troupe des Fedeli. Prince de sa troupe (Martinelli est aussi l'intendant-agent des Fedeli[3]) et donc allégorie du théâtre (« ce pantin en habit de fête », comme l'appelle Rondone à la scène 7 de l'acte III[4]),

---

1 *Lo schiavetto* (1620), *op. cit.*, I, 7, p. 41-42 : « Maggiordomo, queste sono ventaiole da pari nostri ? Ventaiole per Nottola Principe dal Camaleonte dorato ? Impresa da i nostri antichi inventata, essendo tutti noi stati dell'elemento dell'Aria non solo vaghi ; ma di più sei hore del giorno volendo star con la bocca aperta da quella parte dove più tira la tramontana ? [...] Sù, che montino domattina, per tempo, quattro sù le poste, e s'inviino alle quattro parti del mondo, e tutte le ricerchino fin tanto, che si ritrovi la Fenice ; quel bell'Uccellino, che tanto è mentovato ; a cotesto si taglino l'ale, e di quelle fatto ventaiole mi si vada ventagliando, e i manichini d'esse sieno, o di corallo, o di turchina, o d'oro tempestato di rubini. »

2 Sur la figure et biographie de Tristano Martinelli, *cf.* S. Ferrone, *Arlecchino. Vita e avventure di Tristano Martinelli attore*, *op. cit.*

3 Dès 1598, Tristano Martinelli obtient une protection certaine en faisant engager son frère et son épouse dans la compagnie régulière du duc Vincenzo I Gonzaga. Martinelli (dont la vie est parsemée de bannissements et de péripéties en tous genres) est nommé par Vincenzo Gonzaga, en avril 1599, surintendant des comédiens artistes et vendeurs ambulants de tous les territoires dépendants des Gonzague avec pour tâche de récolter les taxes sur les spectacles. Martinelli a également joué avec la compagnie des Accesi (notamment en France de 1600 à 1601) ; il est employé à la cour de France en 1615 et 1616 (*cf. Comici dell'Arte. Corrispondenze*, *op. cit.*, vol. 1, p. 351 et 364-365 ; S. Ferrone, *Arlecchino. Vita e avventure di Tristano Martinelli attore*, *op. cit.*).

4 *Lo schiavetto* (1620), *op. cit.*, III, 7, p. 97 : « questo bamboccio vestito da festa ».

Nottola est à l'image de ce qui était dit de cet Arlecchino-Martinelli dans *Lelio bandito* en 1620 :

> Quoi, Arlecchino ? Arlecchino a été un fumeux comique parmi des ridicules ; il se fit appeler cousin de tous les Princes, et de tous les Rois du monde, il a été l'attraction de tous les hommes, l'hilarité des théâtres, et il n'eut point d'égal, n'en a pas aujourd'hui et n'en aura jamais : mais des hommes comme moi il y en a cent mille dans la garde des sbires, pour vous conduire pieds et poings liés aux galères[1].

Ainsi que dans *Lelio bandito*, le personnage de Nottola semble calqué sur la figure de l'Arlecchino Martinelli, dont le jeu reposait beaucoup sur l'obscène et le scatologique[2]. Nottola apparaît nécessairement protéiforme, tel un théâtre assimilé à un Prince capricieux parce qu'à la fois soumis à ces caprices mais aussi exerçant une pression importante sur ses « sujets-comédiens ». Portrait de Prince ambigu dont la fonction est aussi celle d'un chef de troupe, évitant l'adulation, la symbolique de ce personnage s'attache davantage à faire l'allégorie du théâtre en général. Les caractéristiques protéiformes de Nottola ne lui sont d'ailleurs pas réservées, comme le prouve son majordome Rampino qui se vante d'un plurilinguisme pour le moins macaronique, reflet de ses multiples voyages (I, 6[3]). Nottola occupe en outre la fonction de spectateur riant au cœur même de la pièce. C'est également un personnage qui rit souvent des autres, tel le duc en son palais : « ne vous souciez pas de vendre sur les places, car je suis la place[4] ». Une réplique de Nottola fait même songer à une sorte de définition du rôle de rieur occupé par le Prince : « On voit bien que vous ne savez pas qui sont les personnes de haut rang :

1 G. B. Andreini, *Lelio bandito*, Venise, G. B. Combi, 1624, I, 5, p. 50 : « Che d'Arlecchino ? Arlecchino è stato un fumoso comico fra ridicoli ; e chiamossi cugino di tutti I principi, e di tutti I re del mondo, è stato la civetta de gli huomini, l'allegrezza de' theatri, nè chi l'arrivi si trovo, si trova, o troverassi giamai : ma de' pari miei cento mila ce ne sono nella guardia de gli sbirri, per condur voi legato alla galera. »

2 *Cf. Comici dell'Arte. Corrispondenze*, *op. cit.*, vol. 1, p. 350. Pour Siro Ferrone, Nottola pourrait être Vincenzo I Gonzaga en personne (*cf.* S. Ferrone, *Attori, mercanti, corsari. La Commedia dell'Arte in Europa tra Cinque e Seicento*, *op. cit.*, p. 233-234). Quant à l'errance et à la condition des comédiens, la bande des escrocs de Nottola pourrait être une métaphore des comédiens itinérants.

3 *Lo schiavetto* (1612), *op. cit.* En 1620, Rampino qualifie son plurilinguisme de « coutume de chevalier errant » (« costume d'errante Cavaliero », *Lo schiavetto* (1620), *op. cit.*, p. 35).

4 *Lo schiavetto* (1620), *op. cit.*, III, 8, p. 107 : « non vi curate di vendere sulle piazze, ch'io son la piazza ». La réplique est absente dans l'édition de 1612.

tel est notre plaisir, de nous faire dire des vilenies, parce que comme ce qu'ils disent ne peut pas être vrai, ainsi nous en rions[1]. » Le théâtre des Fedeli, comme serviteur-*schiavetto* du duc de Mantoue, s'identifie à un Roi exigeant (Nottola), au service duquel il est lui-même.

Enfin, les marchands juifs dans *Lo schiavetto* pourraient de même être assimilés à une troupe de comédiens. En dénigrant les juifs, Andreini semble en apparence adopter le discours officiel du duché de Mantoue : en 1612, les Fedeli sont au service de Ferdinando Gonzaga, qui décrète la mise en place du ghetto juif le 24 février. Mais si l'on considère que la communauté juive était très sollicitée et intervenait grandement dans la création des spectacles à la cour des Gonzague, alors ce dénigrement « feint » (car réutilisé comme métadiscours théâtral) pourrait bien être dans *Lo schiavetto* une façon de mimer ces *lingue mordaci* (« langues mordantes ») que le *Prologo d'incerto* (1620) accuse de dénigrer le théâtre et les comédiens. Couramment assimilés à l'autre, à l'étranger, au paria[2], ghettoïsés eux aussi, en somme, les comédiens pourraient bien être indirectement le sujet du dénigrement outrancier dont la communauté juive fait ici l'objet. En effet, ce dénigrement des juifs dans la pièce à l'acte II[3] peut être rapproché du dénigrement des comédiens par Alberto et Nottola (V, 9) puisque le même lexique est utilisé pour dénigrer les deux communautés, ce qui ne fait que les rapprocher en tant que parias[4]. En outre, dans l'édition de 1620, Fulgenzio est progressivement intégré

---

1 *Lo schiavetto* (1612), *op. cit.*, III, 7 : « Si vede bene che non sapete che siano persone grandi : questo è 'l nostro gusto, in farci così dir villanìa, perché sì come non può essere quello che costoro dicono, così ne ridiamo. » La réplique est toujours présente dans l'édition de 1620, bien que moins explicite parce que plus synthétique et moins analytique, *cf. Lo schiavetto* (1620), *op. cit.*, III, 7, p. 98.

2 S. Ferrone, *Attori, mercanti, corsari*, *op. cit.* ; *Lelio bandito*, *op. cit.*, p. 232-233.

3 La scène (II, 7) pour l'édition de 1612 devient scène (II, 5) en 1620 (p. 64-65).

4 *Lo schiavetto* (1612), *op. cit.*, scène du dénigrement des juifs (II, 7) : « [...] di falsità, e d'ignoranze [...] noi altri manigoldi [...] il vederne così lebbrosi, così fetenti, con così brutti visi, così odiati, così privi di casa, di vitto, di religione, di reame [...] da tutta la corte, da tutta la città odiato, anzi dallo Stato sbandito [...] » (« [...] de mensonge et d'ignorance [...] nous autres les gredins, nous voir si lépreux, si repoussants, avec nos visages si laids, si détestés, privés de maison, de nourriture, de religion, et de royaume [...] haï de toute la cour, haï de toute la ville, et bannis de l'État [...] »); scène du dénigrement des comédiens (V, 9) : « Fuora, fuora canaglia ! [...] E questa gente, appunto, è la fecce de' più furfanti delle cittadi, ch'ad altro intenta non è che a fare insolenze, [I figli] crescend'essi in cattivi e vituperosi costumi » (« Dehors, canaille ! [...] Ces gens, justement, sont la lie des plus malhonnêtes de toutes les villes, à rien d'autre occupés qu'à faire des insolences, et élevant [leurs enfants] dans les mœurs les plus condamnables et les plus mauvaises »).

à leur groupe (II, 8-9) comme personnage muet déguisé en marchand juif, exactement comme si son attitude de mime parfait lui permettait d'intégrer une communauté qui apporte précisément de quoi organiser le spectacle-mariage du Prince[1]. Le moment où Fulgenzio se fond dans la troupe des marchands juifs se résout symboliquement en une assimilation à l'*autre*, autorisée par sa bonne performance de mime-comédien *dell'Arte*.

LES RAISONS DU DISCOURS MÉTATHÉÂTRAL : L'AMBIGUÏTÉ DE LA POSITION DU COMÉDIEN PAR RAPPORT AU PRINCE

En guise d'explication à ce discours métathéâtral, rappelons le contexte d'édition de la pièce en 1612, comme en témoigne le *Prologo d'incerto* qui accuse « certains hommes méchants [...] lesquels continuellement avec la lame de leur langue aiguisée lacèrent les comédies », et justifie la valeur morale de la comédie par cette réponse : « à ceux-là je réponds, et je veux parler des Princes les plus fameux, de notre époque et de celle d'avant, que beaucoup se sont divertis à entendre et jouer des comédies[2] ». S'il serait intéressant d'effectuer une comparaison détaillée entre les deux versions, celle de 1612 et celle de 1620, une variante est ici à elle seule révélatrice du contexte de 1612. Rampino déclare, dans l'édition de 1612 : « je vous le dis, M. Nottola, ces pérégrinations à travers le monde entier, sans jamais rien gagner, cela n'est pas pour moi ». Ce qui, en 1620, devient : « je vous le dis, M. Nottola, cet inlassable vagabondage à travers le monde entier, cela n'est pas pour moi[3] ». Or, nous sommes

1 Voir notamment la scène où Nottola se fait déposer sur son trône, au milieu des marchands juifs (*Lo schiavetto* (1620), *op. cit.*, II, 7, p. 71), les qualifiant de *canaglia*, terme également employé ensuite au sujet des comédiens.

2 *Prologo d'incerto*, *Lo schiavetto* (1620), *op. cit.* : « alcuni huomini mordaci [...] i quali del continuo col rasoio dell'arruotata lingua lacerano le comedie », « a questi tali rispondo, e dico i più famosi principi, e della prima e della nostra etade essersi dilettati à udire, e di recitar comedie ». Le *Prologo* cite même l'anecdote selon laquelle Charles V en personne aurait désiré figurer à la fin de l'*Amor costante* de Piccolomini en 1536. Or, le Comte-Prince Nottola dans *Lo schiavetto* demande, peu avant le dénouement, à faire partie des personnage de la comédie dans la comédie qui aura lieu.

3 *Lo schiavetto* (1612), I, 1, *op. cit.* : « Vi dico, messer Nottola, che l'andar giravoltando tutto il mondo, senza un guadagno alcuno, non fa per me. » *Lo schiavetto* (1620), I, 1, *op. cit.*,

à l'époque des premiers voyages des Fedeli, et le *senza guadagno* de 1612 semble faire écho aux débuts plus difficiles de la troupe.

D'autre part, la scène des juifs battus, volés et moqués sans raison par les hommes de Nottola, coïncide avec la création, depuis le 24 février 1612, du ghetto juif à Mantoue – l'année même où commence le règne de Ferdinando Gonzaga, et où décision est prise de fermer les portails du ghetto, assortie de l'obligation, pour la communauté juive, de porter des signes distinctifs[1]. La présence de cette troupe de charlatans juifs, violemment dénigrés dans la pièce, peut être interprétée comme un hommage dénonçant cet acte répressif, en forme de solidarité identitaire avec un peuple qui subit les mêmes répressions que les comédiens dans certaines villes. L'on sait par ailleurs que la communauté juive, à Mantoue, collaborait avec les troupes de comédiens *dell'Arte*, la famille Gonzague sponsorisant les comédiens, et la communauté juive participant à l'élaboration des costumes : il existait donc des liens clairement établis entre les deux communautés[2]. Paola Bertolone relève également que, dans *Lo schiavetto*, les personnages de juifs n'ont aucune personnalisation, ce qui en accentue l'effet comique. Langage mêlé de yiddish[3] et langage du corps, ce jeu est à l'image de celui du comédien *dell'Arte* dont Fulgenzio est le reflet, en leur sein, comme catégorie théâtrale du « double ». Se transformer en marchand juif, c'est surtout se transformer

---

p. 1 : « Vi dico, messer Nottola, che l'andar vagabondi innistancabili girando tutto il mondo, non fa per me. »

1 Sur les juifs et la création du ghetto de Mantoue le 24 fevrier 1912, *cf.* P. Bertolone, « Jewish languages and jewish characters… », art. cité, p. 107. Paola Bertolone suggère également que le Salomone de la pièce serait peut-être une allusion à l'un de leurs représentants charlatans réel (Simone Basilea).

2 Pour E. Wilbourne, la scène où les marchands juifs sont moqués par Nottola correspond à une tentative de sensibiliser le public de l'époque sur l'oppression de cette communauté, mais c'est surtout la figure d'un Nottola tyran qui est visé, plus que la défense de cette communauté (E. Wilbourne, « *Lo schiavetto* (1612) and travestied performance », dans « La Florinda : the Performance of Virginia Ramponi Andreini », thèse de doctorat en musique, dir. S. G. Cusick, New York University, 2008, p. 371). – Sur les liens entre les deux communautés, *cf.* C. Buratelli, *Spettacoli di Corte a Mantova tra Cinque e Seicento*, Florence, Le Lettere, 1999 ; E. Wilbourne, *La Florinda : the Performance of Virginia Ramponi Andreini*, *op. cit.*, p. 337 et suiv., et P. Bertolone, « Jewish languages and jewish characters… », art. cité, p. 108-109, pour qui la traditionnelle condamnation du théâtre par la culture juive à laquelle Mantoue fait exception s'expliquerait par la diffusion de la Kabbale à Mantoue.

3 M. L. Mayer-Modena, « A proposito di una scena "all'ebraica" nello *Schiavetto* dell'Andreini », *ACME. Annali della Facoltà di lettere e filosofia dell'Università degli studi di Milano*, vol. 43, n° 3, 1990, p. 73-82.

en l'autre, cette spécificité de l'acteur (« *otherness* par excellence[1] »). Paola Bertolone nous incite donc à interpréter l'hommage-dénigrement à l'égard de la communauté juive de Mantoue avec sa part d'ambiguïté. Celle-ci consiste, d'une part, comme serviteur du duc, à se faire porte-parole « courtisan » d'un discours clairement antisémite, d'autre part, à récupérer ce discours comme expédient théâtral visant à assimiler les parias entre eux, sous couvert d'autodénigrement feint, de la part de la communauté des comédiens.

Enfin, nous ne pouvons laisser en marge le poids du relationnel entre les Fedeli et les Cours qui les reçoivent et les emploient. Or, en confrontant les lettres des comédiens durant la même période, notamment les lettres des Fedeli entre l'hiver 1611 et 1613, dates du départ de la troupe pour la France, ce qui ressort de ces échanges, c'est d'abord le vocabulaire (« obéir à votre Altesse », « très humbles serviteurs[2] »). Tandis que l'enfant (le petit Pietro Enrico, né en 1609) des Andreini va mal, et que le duc leur demande de se rendre à Vienne chez le roi Mattias, ils le supplient alors dans cette lettre de ne pas imposer ces « voyages fastidieux » à « votre servante » Virginia R. (alias Florinda-Virginia Ramponi[3]). Comment ne pas entendre un écho de ces supplications et des déboires de l'errance dans les lamentations de Rampino qui, au service de Nottola, se plaint des tribulations auxquelles il est contraint :

> Tu es un gredin qui nous as tous piégés en nous faisant à chacun dévier de notre route et en nous disant : « Viens avec moi, je te rendrai riche ! » L'homme, sans le savoir, a fait confiance, il est venu et aurait fait encore plus de chemin avec toi mais le fait d'entendre « venez allègrement, dès que nous serons à Rome, je veux m'arrêter » et puis une fois à Rome, dire : « allons, je vous promets, quand nous serons à Viterbe, j'entends me reposer » et une fois à Viterbe, « partons, car lorsque nous serons à Sienne nous nous reposerons du voyage » et ainsi nous mener jusqu'à Pesaro et continuer encore. Bref, aucun d'entre nous ne veut plus rien entendre[4]...

1 P. Bertolone, « Jewish languages and jewish characters... », art. cité, p. 111.

2 *Comici dell'Arte. Corrispondenze*, *op. cit.*, vol. 1, p. 253-270 : « ubbidire all'Altezza vostra », « servi ubidientissimi ».

3 Lettre n° 17 écrite de Parme en mai 1611, puis lettre n° 18 de Bologne, le 16 novembre 1611, toutes deux adressées à Vincenzo I Gonzaga, dans *Comici dell'Arte. Corrispondenze*, *op. cit.*, vol. 1, p. 99-101 : « fastidiosi viaggi », « questa sua serva ». *Ibid.*, p. 66-67 pour la date de naissance de Pietro Enrico.

4 *Lo schiavetto* (1612), *op. cit.*, I, 1 : « Un manigoldo se' tu, che n'hai tutti trappolati, facendo ad ogn'uno lasciare il suo camino dicendo : "Vien meco, ch'io ti farò ricco !" L'uomo,

En août 1612, dans une lettre à Francesco IV Gonzaga, depuis Milan, Giovan Battista Andreini explique, s'excusant presque, qu'il est appelé en France ; il lui assure qu'il lui est certes cher de servir les Gonzague, mais qu'il tient aussi à accepter d'autres offres. Il précise néanmoins que si cela apparaissait inopportun à Son Altesse, il se plierait à ses volontés[1]. Cette même lettre indique en outre, telle une permission chèrement obtenue, qu'il a bien le *nulla osta* du « serenissimo granduca di Toscana » sans lequel il ne pourrait partir. Les Fedeli sont engagés à partir du 1er novembre 1612 et regagnent Florence dès fin octobre 1612[2]. Les difficultés financières dues au voyage à Florence et au report de représentations apparaissent également dans une lettre à Ferdinando Gonzaga datée du 20 octobre 1612[3]. S'ajoute à cela en novembre 1612, dans une lettre d'Andreini, écrite depuis Florence et adressée à Francesco IV Gonzaga, une allusion à Ferdinando (frère de Francesco) qui les réclame à Rome[4]. Les plaintes de Rampino au sujet de l'errance apparaissent comme puisées à cette source réelle d'inspiration que sont les tribulations et tractations des Fedeli à la même période.

Dans la lettre suivante, Andreini fait aussi allusion à la débauche de présents en or, médailles et d'un total avoisinant les 800 ducats dont l'archiduchesse de Toscane accable Florinda, Arlecchino et toute la troupe[5]. *Lo schiavetto* de 1612 semble bel et bien marqué par cette période de voyages, de tractations financières, de récompenses en nature et d'incertitudes. Les lettres de Tristano Martinelli à Ferdinando Gonzaga durant la même période offrent des indices sur les négociations engagées

non sapendo altro, s'è fidato ed è venuto e ancora molto teco più averebbe trascorso, ma il sentir dir : "Venite allegramente, ché come siamo a Roma mi voglio fermare", poi, a Roma giunti, dire : "Andiamo, ché vi prometto, come siamo a Viterbo, che colà riposarmi intendo", come siamo a Viterbo dire : "Andiamo, ché dadovero come siamo a Siena si rinfrancheremo del viaggio" e così menarne a Pesaro, voler ancora più oltre passare. Insomma, alcun di noi non la vuole intendere… » Ce détail des déboires de l'errance est beaucoup plus approfondi et insistant dans l'édition de 1612, ce qui nous paraît d'autant plus révélateur du lien existant entre cette réalité de la troupe et le contenu même de la pièce.

1 Lettre n° 20, 28 août 1612, dans *Comici dell'Arte. Corrispondenze*, *op. cit.*, vol. 1, p. 102.

2 Les Fedeli ont obtenu le permis d'occuper le *stanzone* des comédies à Florence grâce à l'intercession du comte bolonais Girolamo Campeggi, ce qui a occasionné l'anticipation de leur arrivée en octobre (*Comici dell'Arte. Corrispondenze*, *op. cit.*, vol. 1, n° 1, p. 104, à propos de la lettre de Campeggi à Belisario Vinta – premier secrétaire d'État du grand-duché sous Ferdinand Ier de Médicis, le 20 février 1612).

3 *Ibid.*, p. 103.

4 Lettre n° 23, Florence, 16 novembre 1612, *ibid.*, p. 105.

5 Lettre n° 24, Florence, 13 décembre 1612 à l'adresse de Ferdinando Gonzaga, *ibid.*, p. 106.

avec Marie de Médicis[1]. Ces lettres sont d'ailleurs teintées de la verve de Martinelli, notamment dans un *post-scriptum* pour le moins fleuri, adressé à Ferdinando Gonzaga : « Votre Seigneurie sait bien ce qu'est être un comédien », puis : « je vous prie de faire mes recommandations à ce très fameux cornard de chien fils de bouc qu'est ce trésorier de Lyon[2]… ». Les questions d'argent ne manquent pas dans les lettres de Martinelli, depuis Paris, comme dans sa lettre à Cosimo II de' Medici, lorsqu'il fait allusion aux *dobble* (monnaies d'or) dont il espère que Marie de Médicis gratifiera la troupe afin de combler leurs dettes ; ces mêmes *dobble* que Nottola accroche au cou du personnage d'Alberto, dans l'édition de 1620 juste après la tournée parisienne[3].

Ces lettres, par leur style haut en couleur, ne sont qu'une preuve de plus que le personnage de Nottola, prince (ou duc) parodique du lieu théâtral, est très certainement calqué sur la figure de Martinelli[4]. Un extrait épistolaire en particulier rappelle la fin de *Lo schiavetto* où l'on assure à Nottola qu'il va bien rire à l'écoute d'une invraisemblable histoire : « Votre Altesse peut se préparer à être content et à rire, puisque nous ferons en sorte que vous le soyez et de vous faire rire comme à notre habitude[5]. »

---

1 *Ibid.*, p. 375-392.

2 Lettre n° 18, adressée de Paris à Ferdinando Gonzaga (Mantoue) le 3 décembre 1611, *ibid.*, p. 376 : « Vostra Signoria Illustrissima […] la sa che cossa è comediante », « la prego a fare le miei racomandacioni al molto illustre brutto can beco cornuto di quel tesoriero da Lione… ».

3 *Lo schiavetto* (1620), *op. cit.*, I, 7, p. 44 : « Vi getto al collo questa catenaccia di 500 dobble persiane », lance Nottola à Alberto (« Je vous jette au cou cette grosse chaîne de 500 monnaies d'or persanes »). Mais les *dobble* apparaissent aussi aux scènes I, 1, p. 4 et III, 2, p. 77.

4 Sur les similitudes entre Martinelli et Nottola dans *Lo schiavetto*, *cf.* S. Ferrone, *Arlecchino*, *op. cit.*, p. 184-192, où l'auteur indique que Andreini dérobe des éléments à la vie de sa troupe pour l'écriture de son théâtre et que l'Arlecchino y fut le principal spolié (p. 189).

5 Lettre n° 23 à Cosimo de' Medici, Mantoue, 16 septembre 1612, *Comici dell'Arte. Corrispondenze*, *op. cit.*, vol. 1, p. 382 : « Vostra Altezza Serenissima si prepara di stare alegro et di ridere, come faremo ancor noi di farcela stare et farla ridere com'è il nostro solito. » Voir aussi la lettre n° 30, adressée à Alessandro Striggio, dédicataire de *Lo schiavetto*, Ferrare, 21 janvier 1613, p. 390-391 : Martinelli s'y insurge précisément contre ceux qui veulent faire payer les « charlatans qui veulent monter leurs tréteaux » (« zaratani », « se voglieno metere i suoi banchi ») un peu comme s'il exprimait une forme de solidarité avec ceux qui « ont toujours dressé leurs tréteaux sur les places pour monter dessus et vendre leurs affaires, là où cela leur plaisait, sans jamais payer quoi que ce soit » (« àno sempre messo i suoi banchi nelle piazze da montar in banco, et da vendere la sua robba, in luochi che a loro àno piaciuto senza pagare mai cosa alcuna », p. 391).

Lo schiavetto propose un passage de l'autre côté du rideau par le biais d'un discours métathéâtral plus ou moins explicite dont Giovan Battista Andreini est coutumier. La confrontation, même ébauchée, entre la version de 1612 et celle de 1620, permet de se garder d'une lecture trop simplifiée des œuvres d'Andreini dont l'analyse métaphorique, à tiroirs et en plusieurs degrés, s'impose souvent. Nous ne prétendons pas que la démarche du *comico fedele* était celle de construire sciemment une métaphore filée reflétant en seconde lecture la situation de sa troupe, mais nous pensons qu'une telle clé de lecture peut éclairer la cohérence de son écriture. En ce sens, la lecture du Prince Nottola comme figure du prince, mais aussi comme allégorie grotesque de « roi-théâtre » en son palais, apporte une cohérence tant au référent du prince employeur, qu'à la condition concrète de la troupe des Fedeli envers les Puissants. Il convient donc d'avoir toujours à l'esprit que chaque personnage, chaque figure de la pièce *Lo schiavetto* est l'une des facettes d'un prisme qui est tout à la fois le miroir (Nottola chef de troupe, sorte de Martinelli intermédiaire entre les deux mondes) et le reflet (Nottola-Roi théâtre ou Nottola-Prince) de la réalité multifacettes qu'il représente, précisément parce que la relation comédiens-Prince est une relation spéculaire. *Lo schiavetto* est donc le miroir dans lequel se reflètent toutes les nuances du « théâtre du Prince » où Nottola réfracte la réalité du théâtre des Fedeli, soumise aux conditions, nécessairement prismatiques et ambiguës, édictées par ceux qu'ils servent.

Cécile Berger
Université de Toulouse II –
Jean Jaurès

UN EXEMPLE SPECTACULAIRE DE MÉTATHÉÂTRE MUSICAL DU *SEICENTO*

La *Berenice vendicativa* de Piccioli et Freschi (1680)

Le procédé du théâtre dans le théâtre, s'il est abondamment exploité dans les pièces parlées tout au long du XVIIe siècle, en France comme en Espagne ou en Italie[1], l'est beaucoup moins cependant sur la scène opératique. Technique étroitement liée à l'esthétique baroque du double, du miroir, de l'enchâssement, qui permet de multiplier les perspectives et, partant, les analyses, elle a donné lieu à une production d'une grande originalité chez Giovanni Battista Andreini notamment (*La centaura*, *Le due commedie in commedie*[2]) ou chez d'autres dramaturges moins connus comme Scipione Errico, auteur d'une « Comedia Tragicomedia in Comedia », *Le liti di Pindo*[3]. Dans une mise en abyme impressionnante, cette pièce contient une comédie (*Il maritaggio di Venere*) et une tragi-comédie (*La Clariclea*) insérées au beau milieu de la comédie générale (à l'acte III), puis dans le dernier acte, reprenant ainsi le procédé d'hybridation, notamment des formes en prose et en vers, exploité par Andreini. On retrouve ce procédé dans le théâtre français, comme dans la pièce *La Comédie sans comédie* de Philippe Quinault[4], qui juxtapose une pastorale

---

1 Pour la France, *cf.* G. Forestier, *Le Théâtre dans le théâtre sur la scène française du XVIIe siècle*, *op. cit.* ; pour l'Espagne, *El Gran Teatro del mundo* de Calderón ou *Lo Fingido verdadero* de Lope de Vega, source directe du *Saint Genest* de Rotrou ; pour l'Italie, *cf. Il teatro allo specchio : il metateatro tra melodramma e prosa*, dir. F. Cotticelli et P. Maione, *op. cit.* Mais dans les actes de ce premier colloque consacré au métathéâtre italien, l'opéra du XVIIe siècle est le grand absent.

2 Respectivement publiés en 1622 et 1623. – Sur Andreini, *cf.* M. Rebaudengo, *Giovan Battista Andreini tra poetica e drammaturgia*, Turin, Rosenberg & Sellier, 1994, et plus récemment, F. Fiaschini, *L'« incessabil agitazione ». Giovan Battista Andreini tra professione, cultura e religione*, Pise-Rome, Serra, 2006.

3 S. Errico, *Le liti di Pindo*, Messine, G. F. Bianco, 1634.

4 P. Quinault, *La Comédie sans comédie*, Paris, Guillaume de Luyne, 1657.

(*Clomire*), une pièce burlesque (*Le Docteur de verre*), une tragédie (*Clorinde*) et enfin une tragi-comédie en machines (*Armide et Renaud*).

À l'opéra, alors même que le théâtre musical devient assez rapidement la forme dramatique dominante en Italie dans la seconde moitié du XVIIe siècle, cette technique singulière de théâtralisation est assez peu représentée, contrairement à ce qu'il advientdra au siècle suivant, en particulier dans l'opéra bouffe, dont *L'Opera seria* de Calzabigi et Gassman constitue l'exemple le plus emblématique[1]. S'il y a quelques traces éparses d'insertion métathéâtrale dans le *dramma per musica* vénitien, en particulier liées à la dimension musicale du genre (les exemples d'exécution musicale sur scène sont légion[2]), la pièce la plus significative reste sans conteste *La comica del cielo* de Giulio Rospigliosi[3] sur une musique d'Antonio Maria Abbatini. L'opéra décrit les vicissitudes d'une célèbre comédienne qui, au beau milieu d'une représentation théâtrale de la *Gerusalemme liberata*, au premier acte, décide d'interrompre subitement sa carrière pour se consacrer exclusivement à l'amour de Dieu[4]. Il s'agit dans ce cas d'un parfait exemple d'enchâssement d'une scène de théâtre au sein de la représentation de la pièce, le vertige baroque du double spéculaire atteignant son comble lorsque la comédienne s'adresse au « faux-public » qui lui fait face et qui reflète les vrais spectateurs présents dans la salle. Dans le cas de la *Berenice vendicativa*, nous sommes face à un cas singulier de métathéâtre. En effet, il s'agit plutôt d'une sorte d'appendice allégorique, qui n'exclut pas cependant la technique de l'enchâssement, et dont la fonction est bien plus décorative, en parfait accord avec la dimension spectaculaire de la production.

---

1 *Cf.* R. Calzabigi, *L'opera seria commedia per musica*, éd. R. Candiani, *op. cit.* – Sur le métathéâtre dans l'opéra du XVIIIe siècle, *cf. La cantante e l'impresario e altri metamelodrammi*, éd. F. Savoia, *op. cit.*

2 *Cf.* P. Fabbri, *Il secolo cantante. Per una storia del libretto d'opera in Italia nel Seicento*, Rome, Bulzoni, 2003, p. 302-305.

3 La pièce est reproduite dans le volume G. Rospigliosi, *Melodrammi sacri*, éd. D. Romei, Florence, Studio Editoriale Fiorentino, 1999, p. 139-214.

4 Sur cette pièce, *cf.* B. Brumana, « Il Tasso e l'opera nel Seicento : una "Gerusalemme 'interrompue'" nella *Comica del cielo* di Rospigliosi-Abbattini », dans *Tasso, la musica, i musicisti*, Florence, Olschki, 1988, p. 137-164 ; M. G. Profeti, « Dalla *Baltasara* alla *Comica del cielo* : i meccanismi della scena nella scena », dans *Percorsi europei* (*Commedia aurea spagnola e pubblico italiano, vol. 3*), Florence, Alinea Editrice, 1997, p. 39-62 ; E. Tamburini, « Natura e artificio nella finzione scenica berniana : la *Comica del cielo* di Giulio Rospigliosi (1668) », *Rassegna di Architettura e Urbanistica*, XXXIII, n° 98-99-100, 1999-2000 mais 2002, p. 106-147 ; *ibid.*, *Gian Lorenzo Bernini e il teatro dell'Arte*, Florence, Le Lettere, 2012.

DEUX THÉÂTRES POUR UN PRINCE

Représenté le 8 novembre 1680 au Teatro Grande de la villa Contarini à Piazzola del Brenta, le *dramma per musica Berenice vendicativa* constitue le second volet d'un diptyque – le premier étant *Le amazzoni alle isole fortunate* – qui incarne l'une des plus somptueuses productions musicales de tout le *Seicento*, comparable aux seuls opéras de cour, tels *Il pomo d'oro* de Sbarra et Cesti ou l'*Ercole in Tebe* de Moniglia et Melani, par nature réfractaires aux contraintes économiques de l'opéra commercial, ou mercenaire, qui s'était développé à Venise à partir de 1637. La villa Contarini, toujours visible à Piazzola[1], fut construite en 1546 sur le modèle des villas palladiennes, puis, après les années 1670, considérablement remaniée en un magnifique complexe baroque, doté de deux théâtres, le Teatro Grande, appelé également « Nobilissimo Teatro », et un théâtre de dimensions plus réduites (Teatro Piccolo). Le premier eut une existence assez brève (1679-1681), comparable à celle du Teatro Novissimo (1641-1645) dont il est à bien des égards l'héritier, par le contexte aristocratique qui présida à son fonctionnement et par la thématique héroïque de ses productions. Un dessin de Tessin le jeune, conservé à Stockholm, représente le plan de la salle, rappelant à bien des égards celui du Novissimo, tandis qu'au début du XVIIIe siècle le Français Casimir Freschot décrit la salle, qui ne sera démolie qu'après 1770, dans sa *Nouvelle Relation de la Ville et République de Venise*[2]. Plus récemment, la redécouverte d'un énigmatique tableau d'Alessandro Piazza, sobrement intitulé *Teatro*, daté de 1702 et conservé au Worcester Art Museum[3], pourrait donner une image assez fidèle de la salle, puisque la scène représentée reproduit très précisément la scène liminaire de la *Berenice vendicativa*. C'est ce que l'on peut vérifier en la comparant à la gravure de cette scène publiée

1 Sur les spectacles de la villa Contarini, voir P. Camerini, *Piazzola nella storia e nell'arte musicale del secolo XVII*, Milan, Hoepli, 1929 et O. Huck, « Oper in den villen der Republick Venedig und villeggiatura in der oper, *Studi musicali*, XXXIV, 2005, n° 1, p. 137-180, en particulier p. 140-151.

2 C. Freschot, *Nouvelle Relation de la Ville et République de Venise*, Utrecht, Guillaume Van Poolsum, 1709, p. 281-288.

3 Sur cette redécouverte fascinante, *cf.* B. Forment, « An enigmatic souvenir of Venetian opera : Alessandro Piazza's Teatro (1702) », *Early Music*, n° 38 (3), 2010, p. 387-401.

avec le livret, dans les éléments de décor, la présence des éléphants sur les côtés de la scène, les mouvements des soldats à l'arrière-plan ou la posture des personnages principaux au premier plan. Le tableau, d'un dynamisme rare dans ce genre de sujet, montre notamment dans la salle plusieurs spectateurs concentrés dans la lecture du livret à la lumière d'un *cerino* – comme le rapporte d'ailleurs Freschot dans sa *Relation*[1] –, ce qui révèle encore l'importance du texte littéraire à une époque dominée par les effets spectaculaires de la pyrotechnie vocale ou, comme c'est le cas ici, de la scénographie.

Le livret de la *Berenice*, mis en musique par Domenico Freschi[2], fut probablement écrit à quatre mains, comme semble l'indiquer l'éditeur dans l'adresse au lecteur[3], par Francesco Maria Piccioli, auteur du précédent drame qui inaugura le Teatro Grande, *Le amazzoni alle isole fortunate*, et par Giorgio Maria Rapparini, auteur de l'intermède final. Ce même Piccioli publia en 1685 un petit ouvrage richement illustré, *L'orologio del piacere*[4], dans lequel il décrit les splendeurs du site, les intérieurs somptueux et les festivités qui s'y déroulèrent. Il y évoque en particulier la représentation d'un *dramma per musica*, *L'Ermelinda*, dans lequel on croit percevoir l'allusion au procédé du métathéâtre dans le prologue mettant en scène, de manière tout aussi spectaculaire, le Palais du Destin :

> On remarqua dans ce drame une certaine machine figurant le Palais du Destin qui, apparaissant à l'horizon et s'étirant jusqu'au proscenium, avec cinq machines réunies en une seule magnifiquement éclairée par soixante torches, formait une nouvelle scène ; ce divertissement dramatique s'acheva au bout de deux heures[5].

1 C. Freschot, *Nouvelle Relation de la Ville et République de Venise*, *op. cit.*, p. 286-287 : « On a coutume d'y représenter que de très belles pièces, dans lesquelles rien n'est épargné ni pour la musique, ni pour les décorations du Théâtre, ni pour la richesse de l'habit des Acteurs. Et ce qui est le plus Noble est que la porte n'en coûte rien, non plus que la loge, le livre de l'Opéra, et la bougie même pour lire, le Cavalier donnant tout gratis. »

2 Domenico Freschi (1634-1710) écrivit essentiellement pour les théâtres vénitiens et pour le théâtre privé de Marco Contarini à Piazzola une quinzaine d'opéras. La partition de *Berenice vendicativa* est conservée à la bibliothèque Marciana de Venise (Ms. It. IV, 396 = 9920).

3 *Berenice vendicativa*, « Lo stampatore a chi legge », Padoue, Per Pietro Maria Frambotto, 1680, s.p.

4 F. M. Piccioli, *L'orologio del piacere*, In Piazzola, Nel Luoco delle Vergini, 1685.

5 *Ibid.*, s.p. – Sauf indication contraire, toutes les traductions sont de notre responsabilité.

Représentée en 1685, *L'Ermelinda* fait donc écho aux deux drames musicaux qui inaugurèrent avec faste le Grand Théâtre de Piazzola, et c'est à travers cette dimension spectaculaire que la *Berenice* doit être appréhendée.

La pièce décrit la vengeance de la reine Bérénice de Capadoce à l'égard de Nicomède roi de Bithynie qui, amoureux de la reine, fait assassiner son deuxième enfant après qu'elle a refusé ses avances. Comme de coutume, pour compliquer l'intrigue et nourrir les péripéties qui feront avancer l'action, à la dimension politique vient s'ajouter une double intrigue amoureuse (Bérénice aime Farnace, le fils du bourreau de son propre fils, aimé à son tour par la fille du conseiller de la reine, tandis que celle-ci est aimée par le roi Nicomède dont le nom est au cœur d'un échange d'identités, source de nombreux quiproquos). L'intrigue s'appuie sur un nombre limité de personnages (cinq), prélude à la réforme arcadienne de l'opéra mise en place par Apostolo Zeno au début du XVIIIe siècle[1]. Mais l'intérêt de la pièce, très efficace sur le plan dramatique, bien que sa qualité littéraire n'atteigne pas celle d'un Busenello, d'un Rospigliosi ou d'un Moniglia, repose surtout sur la scénographie somptueuse réalisée par Francesco Santurini, actif à Venise et à Munich, et dont on peut se rendre compte grâce aux treize planches dues au graveur Domenico Rossetti[2], publiées conjointement au livret. En effet, contrairement à la plupart des drames musicaux du dernier tiers du *Seicento* dont il ne reste généralement que le livret, la *Berenice vendicativa* a été conservée dans tous les aspects de la production : la partition, le livret, les gravures des scènes, ainsi qu'un compte rendu du spectacle dans les *Memorie teatrali di Venezia* de Cristofaro Ivanovitch. Ce dernier met l'accent sur la magnificence de la production et s'attarde au préalable sur la majesté de la salle qui rappelle la description du théâtre San Giovanni Grisostomo inauguré à Venise un an auparavant :

1 Sur les productions vénitiennes d'opéra de la fin du XVIIe siècle et du début du XVIIIe, *cf.* E. Selfridge-Field, *A New Chronology of Venetian Opera and Related Genres, 1660-1760*, Stanford, Stanford University Press, 2007 ; une gravure de la *Berenice vendicativa* figure sur la couverture de l'ouvrage, tandis que pour la dimension spectaculaire des opéras au XVIIe siècle, on se reportera bien sûr à l'ouvrage de C. Molinari, *Le nozze degli dei. Un saggio sul grande spettacolo italiano nel Seicento*, *op. cit.*, en particulier au chapitre VIII, « Il teatro melodrammatico a Venezia », p. 135-174 ; la *Berenice vendicativa* est évoquée aux p. 171-174.

2 Important graveur vénitien, Domenico Rossetti (Venise, 1650-Vérone, 1736) fut également actif à Düsseldorf à la cour de l'Électeur Palatin pendant une douzaine d'années.

> Ce théâtre est fait comme ceux de Venise quant à la forme ; mais différentes sont les circonstances qui l'accompagnent. Ses escaliers de marbres sont ornés de statues [...] ; les loges sont recouvertes de fresques de bonne facture et les vitres des balcons sont en cristal. L'étage [...] peut contenir cinq cent personnes avec des gradins en bois perforés pour que l'eau qui coule en dessous rende l'été plus frais. Il y a quatre niveaux de loges pouvant également contenir cinq cent personnes, décorées de stucs dorés d'exquise facture, tous. Le plafond est entièrement recouvert de miroirs [...]. La scène est très vaste [...] pouvant accueillir des courses de carrosses, des chasses véritables et des triomphes persans [...][1].

Puis il en vient à évoquer les deux productions d'opéra, et s'attarde en particulier sur la magnificence de *Berenice*, faisant ainsi une description détaillée des différentes scénographies accompagnant le livret :

> [...] la magnificence dépassa toutes les espérances dans une campagne ouverte sans confusion possible [...]. Le proscenium était soutenu par deux grands éléphants qui, dans le premier opéra, gardaient une tente de velours cramoisi et liséré d'or et dans le second, une tente de velours bouclé d'or. À l'ouverture du proscenium, on vit de grandes beautés et de nombreux éléments dans les décors, beaucoup de bizarreries dans les machines, beaucoup de brio chez les personnages et une grande pompe chez les figurants, qui dans le premier opéra, étaient au nombre de 300 : à savoir 100 amazones, 100 fantassins maures et 50 à cheval, pour un splendide défilé : des pages, des valets, des laquais et des cochers, et dans le second opéra, également 100 hommes à cheval, en dehors des figurants, que le drame réclamait moins nombreux. On vit des attelages, des chars de triomphe, des chars avec des prisonniers, et des carrosses pour les courses tirés par des chevaux, montés par des cochers superbement vêtus. On assista à une chasse de cerfs, d'ours et de sangliers vivants qui furent tués par des chasseurs. Parmi la variété des scènes, il y eut la noblesse d'une place avec un temple, et une écurie de 100 chevaux vivants [...][2].

Une autre source importante est celle que livre le *Mercure galant* daté de février 1681. L'auteur, Jacques Chassebras de Chamailles, évoque également les deux productions et insiste à son tour sur le faste du second :

> La représentation dura depuis six heures jusqu'à onze, mais avec une admiration si continuelle qu'aucun opéra ne fut jamais aplaudy avec tant de marques d'une entière satisfaction. Quoy que le premier fust beau, celuy-cy, qui estoit *Bérénice*

1 C. Ivanovich, *Memorie teatrali di Venezia*, éd. N. Dubowy, Lucques, Libreria Musicale Italiana, 1993, p. 416.

2 *Ibid.*, p. 417-418.

> *vindicatrice*, le surpassa de beaucoup par la magnificence des entrées et par la richesse des habits. On y compta jusques à cinq cens acteurs : sçavoir, cent piquiers, cent femmes, cens cavaliers montans des chevaux bardy, souxante [*sic*] hallebardiers, des chasseurs, des estafiers, des pages qui parurent tous dans la première scène de triomphe. Rien ne pouvait mieux représenter les fameux triomphes des empereurs romains. On y voyait sept superbes chars pleins de trophées, et un autre tiré par 4 chevaux vivants qui marchaient de front. La reine Bérénice était assise sur ce dernier, qui était haut de 20 pieds et orné de stuch doré et argenté d'une beauté admirable[1].

Chassebras évoque ensuite les scènes de la chasse avec cerfs, ours et sangliers vivants, ainsi que la somptueuse salle aux tapisseries et la course aux carrosses, en insistant sur l'émerveillement suscité par la rapidité des changements de décor. Si la description d'Ivanovich et de Chassebras est assez précise, comme on peut le constater en se rapportant aux gravures insérées dans le livret, elle est en revanche étrangement silencieuse sur la petite pièce de théâtre sur laquelle s'achevait l'opéra dont le livret garde également un écho de la scénographie, tout aussi spectaculaire que les scènes précédentes.

UN OPÉRA DANS L'OPÉRA

Il s'agit d'une *operina* en trois actes précédés d'un prologue, intitulé *Il cittadino amante della patria overo il Tello*[2]. L'auteur en est Giorgio Maria Rapparini, qui signe la dédicace dans laquelle il explicite la portée morale de la pièce. Sur la gravure qui accompagne la publication, on voit représenté l'unique protagoniste, Tello, noble Carthaginois, entouré de plusieurs figures allégoriques (l'Honneur, l'Intérêt, la Renommée, l'Amour de la Patrie, tandis que le Prologue est chanté par le Temps), qui mettent à l'épreuve la constance de ses sentiments patriotiques. L'intrigue n'a donc aucun rapport avec celle de l'opéra, et si elle semble se greffer à la toute fin du drame, alors que le dénouement a déjà eu lieu, il s'agit bien cependant d'un enchâssement (dans la dédicace à Contarini,

1 J. Chassebras de Cramailles, *Le Mercure galant*, « février 1681 », p. 248.

2 G. M. Rapparini, *Il cittadino amante della patria Overo il Tello*, dans *Berenice vendicativa*, *op. cit.*, p. 63-75.

l'auteur parle précisément d'un « petit opéra enchâssé[1] »), puisque la conclusion de la petite pièce est encore suivie d'une courte scène – la dernière de l'opéra –, dans laquelle on retrouve Bérénice qui, à son tour entourée des autres personnages principaux, met fin aux festivités données en son honneur et conclut sur une note moralisante, avec au passage une référence explicite à un *topos* pétrarquiste :

> Par vos spectacles sublimes
> Vous avez suffisament déployé
> À ma gloire, de glorieuses greffes.
> À présent allons aux noces, un seul plaisir
> Change en bonheurs d'amour les peines cruelles.
> Un plaisir vaut mille tourments[2].

La notion de « greffe » employée par la reine est intéressante, car elle qualifie précisément le procédé métathéâtral à l'œuvre dans l'opéra. Il s'agit bien d'un « greffon », d'un ajout arbitraire, décidé, après le dénouement de l'intrigue, et le double mariage des protagonistes, par la reine elle-même pour célébrer son triomphe et honorer ses propres noces :

> Vers le palais entretemps
> Que l'on prépare
> La couche royale, et ce jour,
> Funeste à nos ennemis,
> Brille pour nous paré d'un auguste rayon.
> Que les théâtres descendent
> Des nuages vers ma gloire,
> Et que dans l'air serein,
> Une scène harmonieuse forme pour nous un univers[3].

Le métathéâtre est ici emblématique d'une pratique théâtrale qui nous ramène aux origines mêmes du genre. En effet, à Florence, au tout début du XVIIe siècle, celui-ci se confondait avec le spectacle de

1 *Il cittadino amante della patria Overo il Tello*, « Dédicace », s.p. : « intercalare operetta ».

2 *Berenice vendicativa*, *op. cit.*, p. 76 : « Abastanza spiegaste / Con spettacoli eccelsi / A le mie glorie i gloriosi inesti. / Or si vada a le nozze, un sol piacere, / D'Amor le pene rie cangia in contenti. / Vale un piacer d'amor mille tormenti. » – La référence à Pétrarque est le vers « Mille piacer non vagliono un tormento », *RVF*, 231, v. 4.

3 *Berenice vendicativa*, *op. cit.*, p. 61-62 : « Verso la Reggia intanto / A preparar s'accinga / Il Talamo Reale, e questo giorno, / Che fu infausto a Nemici / Splenda per noi d'augusto raggio adorno. / Scendano a le mie glorie / Da le nubi i teatri, / E ne l'aria serena, / Ci formi un mondo armoniosa scena. »

cour – *spettacolo veramente da principe*, pour reprendre une célèbre définition de Marco da Gagliano[1] dans la préface de sa *Dafne*, qui visait à un déploiement infini de magnificence et de faste dans le seul objectif de glorifier le souverain, commanditaire du spectacle. La permanence du modèle aristocratique à Venise, notamment à travers les expériences fascinantes bien qu'éphémères du Teatro Novissimo, se retrouve dans celles de la villa Contarini de Piazzola, et c'est dans cette optique qu'il faut interpréter le procédé du métathéâtre dans la *Berenice* qui introduit la pièce intérieure de manière artificielle. Les relations qu'elle entretient avec la pièce-cadre sont donc d'ordre décoratif, puisque par sa position quasi finale, elle n'interfère pas sur la progression de l'intrigue[2].

La didascalie du livret annonce, à la fin de la scène 8 du dernier acte après la déclaration de la reine, le changement spectaculaire de la machinerie, prélude au théâtre dans le théâtre : « Ici un Globe descend du Ciel qui en se brisant forme la présente machine, initiant le petit Opéra suivant[3]. » Comme on peut le constater sur la planche figurant les différents changements de scène de la petite pièce, celle-ci débute par un prologue figurant l'allégorie du Temps, muni de sa faux, perché au-dessus du Globe. Son discours reprend le *topos* éculé du *theatrum mundi*, qui traverse toute la tradition théâtrale du *Seicento*, de Calderón à Pierre Corneille, en passant par Shakespeare ou Rotrou[4] ; mais la dimension sentencieuse est ici dévolue aux formes closes, et c'est dans les deux strophes de son aria que le Temps énonce cette vérité qui est, comme on le sait, au cœur du procédé de la mise en abyme :

> Le monde, ô mortels,
> Est un auguste théâtre.
> Qui tantôt représente le roi sur scène,
> Qui un mendiant vivant en peine,
> Devenu l'esclave de mille peines.
>
> La vie du plus grand
> Des monarques est une tragédie,

1 M. Da Gagliano, *La Dafne*, Florence, Presso Cristofano Marescotti, 1608, s.p.

2 *Cf.* G. Forestier, *Le Théâtre dans le théâtre*, chap. II, « Fonctions du spectacle enchâssé », *op. cit.*, p. 125-128.

3 *Berenice vendicativa*, *op. cit.*, III, 8, p. 62 : « *Qui scende dal Cielo un Globo, che spezzandosi forma la seguente machina, che dà principio alla seguente Operetta.* »

4 Et qui est bien plus ancien que la technique du théâtre dans le théâtre, propre à l'ère baroque, puisqu'on trouve sa trace chez les présocratiques et Platon notamment.

Qui noue le fil de mille nœuds,
Et les stratagèmes des rois ne sauront protéger
Des pièges de la Parque[1].

Ce discours rappelle, entre autres exemples, celui de la *Lucrezia* de Giovanni Delfino, d'une vingtaine d'années antérieure, qui reprend ce *topos* dans une tonalité plus pessimiste :

Le bas monde est un théâtre
Tout rempli d'événements tragiques,
Et sur ses scènes cruelles et horribles,
Les hommes sont des acteurs.
Parfois ils commencent
Dans le plaisir et dans la joie ;
Mais ils terminent toujours
Au milieu des cadavres et des tombes,
Et jamais en ce lieu la tragédie n'a de fin heureuse[2].

Après son unique aria, le Temps prend son envol et le Globe se brise en deux, laissant apparaître une scène bucolique et, au premier plan, un espace réservé aux musiciens. Le protagoniste Tello est assis sur ce « lieu délicieux » (*sito delizioso*) et y chante le bonheur d'une paix retrouvée, détachée des « soucis citadins » (*cittadine cure*), prélude à une scène de sommeil. S'ensuit une joute oratoire avec les trois figures allégoriques de l'Honneur, de l'Intérêt et de la Renommée qui vont ponctuer les brefs actes de la pièce. Il s'agit en quelque sorte d'arracher le personnage à une torpeur qui l'assimilerait à un anti-héros *effeminato*[3], sujet à cette *mollitia* caractéristique de bon nombre de protagonistes de l'opéra vénitien du milieu du *Seicento*, et lui rappeler la finalité de gloire que les Dieux lui

1 *Il cittadino amante della patria*, « Prologo », *op. cit.*, p. 67 : « Augusto Teatro / È il mondo, o mortali. / Chi di Re viene a far scena, / Chi mendico vive in pena / Fatto servo a mille mali. // Tragedia è la vita / D'eccelso Monarca. / Torce il filo in mille nodi, / Ne riparan regie frodi / Da l'insidie de la Parca. »

2 G. Delfino, *La Lucrezia*, éd. F. Giampieretti, Rome, Vecchiarelli, 2008, IV, 1, p. 130 : « Teatro è il basso mondo, / Di tragici eventi è tutto carco / E nelle scene sue crudeli, e orrende / Gli uomini sono attori. / Principiano talora / Da diletti e da gioia ; / Ma terminano sempre / In cadaveri e tombe, / Né tragedia v'è in lui di lieto fine. »

3 Sur cette notion essentielle de l'opéra vénitien du XVIIIe siècle, nous nous permettons de renvoyer à notre étude : J.-F. Lattarico, « Héros, anti-héros, *effemminati.* Pour une typologie des personnages dans l'opéra vénitien du *Seicento* », dans *Figure, figures. Portraits de femmes et d'hommes célèbres, ou moins, dans la littérature italienne*, dir. A. Morini, Saint-Étienne, Publications de l'université de Saint-Étienne, 2002, p. 205-226.

ont assignée, à travers un amour sans faille pour la Patrie, pour la terre, selon la double étymologie grecque et latine du nom (de *telos*, la finalité, ou de *tellus*, la terre). Ce faisant, il se hisse au niveau d'autres héros plus prestigieux, tel Énée par exemple dont la comparaison est légitimée par le fait que Tello est un citoyen de Carthage. La date relativement tardive de cette production (1680), proche de la réforme moralisatrice initiée par les académiciens de l'*Arcadia*, mais déjà perceptible dans les théâtres de la Sérénissime dès les années 1660, expliquerait la teneur de cette *disputa* finale.

Le réveil brusque opéré par l'admonestation de l'Honneur provoque tout d'abord un sentiment de dépit : « Un cercle d'or qui orne les cheveux / Semble une couronne et c'est une chaîne[1]. » Dans le second acte, l'Intérêt se présente à Tello et engage avec lui un vrai échange rhétorique, lui rappelant à son tour sa finalité de gloire : « Enfant de tes substances, / Je suis l'Intérêt ; et dans un vil refuge / D'écorces sauvages / Tes jours connaîtront une fin glorieuse[2]. » Mais l'appel de l'Intérêt n'est pas suivi d'effets chez Tello qui veut conserver le privilège de son statut et met donc fin au débat : « Je ne veux plus de mots. / Mon repos ne veut pas la guerre[3]. » Le troisième et dernier acte annonce un changement de décor (« *Jardin avec bassin où Tello est en train de pêcher* ») et débute par une nouvelle image, l'activité de la Cour étant comparée à celle de la pêche : « Tantôt avec le filet des tromperies, / Tantôt avec l'hameçon de l'espoir, / On ne donne comme aliments que des tourments[4]. » L'arrivée de la Renommée met en garde Tello des dangers qui menacent Carthage ; c'est alors que l'allégorie de l'Amour de la Patrie apparaît à la scène suivante, ce qui très logiquement suscite l'éveil véhément du sentiment patriotique (« Car pour servir de barrage et de bouclier à ma patrie, / Je présenterais mille fois ma poitrine nue[5] ») qui aboutit à cette redéfinition du statut du personnage, « Je suis Citoyen amoureux », que vient gloser cette ultime sentence gnomique : « Pour la foi, pour la Patrie, tout est

1 *Il cittadino amante della Patria*, *op. cit.*, p. 71 : « Cerchio d'or ch'adorni un crine / Par corona, ed è catena. »

2 *Ibid.*, II, 1, p. 72 : « Figlio di tue sostanze / L'Interesse son io ; e in vil ricovro / Di selvagge corteccie / Havran tuoi giorni in glorioso fine. »

3 *Ibid.* : « Io non vo più parole. / Non vuol guerra la mia pace. »

4 *Ibid.*, III, 1, p. 73 : « *Giardino con peschiera dove sta pescando Tello* » ; « Con la rete or de gli inganni / Or con l'hamo di speranza / Si dà pasto sol d'affanni. »

5 *Ibid.*, III, 3, p. 74 : « Che per farmi a la Patria, argine e scudo / Opporrei mille volte il petto ignudo. »

loi[1]. » La fonction décorative de la pièce enchâssée rejoint ainsi une autre fonction, démonstrative celle-là, et je dirai même ici rhétorique, souvent dévolue à la pièce intérieure[2].

La fin de la joute oratoire, justifiée par la résolution du paradoxe initial (« J'aime la paix, mais j'adore la patrie[3] »), reprend la structure du *dramma* tout entier puisque la pièce s'achève sur un finale allégorique avec une nouvelle transformation spectaculaire de la scène et l'apparition de trois machines sur lesquelles trônent les figures de la Noblesse, de la Vertu et de la Gloire[4]. On a donc affaire ici à une forme de mise en abyme, avec un effet de redondance de la pièce enchâssée eu égard à la pièce-cadre. La scène s'est dédoublée à la fin du troisième acte pour laisser la place à la pièce dans la pièce, et à la fin de celle-ci, la scène se dédouble à nouveau pour l'apothéose finale, dont le discours même est imprégné de considérations métathéâtrales, notamment lorsque la Gloire évoque la *boschereccia scena* qui servira d'écrin pour asseoir le triomphe de Bérénice, renouant ainsi avec la pièce-cadre qui reprend ses droits dans la scène suivante avec laquelle s'achève l'opéra.

UNE ŒUVRE MÉTATHÉÂTRALE

Si ce bref spectacle du théâtre dans le théâtre est l'aspect le plus visible d'un procédé inhérent à l'esthétique baroque du dédoublement et de l'illusion allégorique, le drame tout entier est en réalité parcouru d'éléments appartenant au métathéâtre. Ils démontrent la complexité d'une écriture qui repose sur les effets de miroir et par là même sur l'entreprise de démontage, de mise en évidence – ce que Buci-Glucksmann[5] appelle « la folie du voir » – des mécanismes de l'art dramatique. Il est particulièrement frappant de constater, en parcourant les différentes scènes gravées de l'opéra, à quel point la dimension métathéâtrale est

1 *Ibid.* : « Son *Cittadino Amante* » ; « Per la fè, per la Patria, il tutto è legge ».

2 *Cf.* G. Forestier, *Le Théâtre dans le théâtre*, *op. cit.*, p. 134-148.

3 *Il cittadino amante della Patria*, *op. cit.*, p. 74 : « Amo la pace, ma la Patria adoro. »

4 *Ibid.*, p. 75 : « *Qui si divide la Scena in tre machine separate sovra le quali stanno assise La Nobiltà, la Virtù, e la Gloria.* »

5 C. Buci-Glucksmann, *La Folie du voir. De l'esthétique baroque*, Paris, Galilée, 1986.

présente. Sur les onze éléments de décor qui concernent exclusivement le *dramma* principal, quatre relèvent clairement de ce procédé.

C'est le cas par exemple de la scène de la chasse qui clôt le premier acte. La disposition de la scène rappelle en effet celle de la salle théâtrale, avec les assauts des chasseurs contre les animaux (ours, sangliers, cerfs) – vivants –, au premier plan, et la reine, reconnaissable à sa couronne, avec sa suite, qui observe le spectacle sur une rampe en bois disposée sur les arbres, écho des loges qui leur font face. Cet effet de dédoublement (les spectateurs de la salle observent les « faux » spectateurs de la scène) se retrouve également dans la scène liminaire du second acte où l'on voit deux pièces séparées par un mur.

Dans cette scène, l'effet est d'abord assuré par la présence du miroir (« Appartement de Bérénice, qui, assistée de ses dames de compagnie, est assise devant un miroir[1] », nous dit la didascalie), puis à la scène suivante – celle représentée sur la gravure –, par la double présence d'un côté des soldats Osmano et Alceste, prétendants éconduits de la reine, et de l'autre Bérénice qui s'entretient avec Creonte son conseiller. Il s'agit donc de deux scènes autonomes, situées respectivement dans des espaces séparés, mais à laquelle les spectateurs assistent simultanément. Bien évidemment les discours des uns et des autres, comme le révèle le livret, s'imbriquent de telle sorte que si la scène se dédouble en effet, la parole quant à elle circule d'une scène à l'autre, préservant ainsi une parfaite et claire intelligibilité.

Symétrique de la scène de chasse, la course de carrosses qui termine le second acte reprend de manière plus accentuée encore la structure théâtrale de la scène. Les spectateurs assistent à la course dans un « lieu spacieux avec terrasses couvertes[2] », terrasses qui ressemblent cette fois-ci très clairement à des loges de théâtre, surmontées qui plus est par des cariatides qui en accentuent la ressemblance. En outre, l'objet du spectacle, plutôt rare sur une scène de théâtre, rappelle les carrousels des festivités princières de la Renaissance[3] et du premier baroque qui se déroulaient en plein air, et dont l'écho était déjà perceptible dans la somptueuse parade équestre de la seconde gravure. Comme pour la

1 *Berenice vendicativa*, *op. cit.*, II, 1, p. 28 : « *Stanza di Berenice, che assistita da Damigelle s'asside allo Specchio.* »

2 *Ibid.*, II, 17, p. 46 : « *luogo spatioso con poggi coperti* ».

3 Sur les festivités princières à la Renaissance, *cf.* R. Strong, *Les Fêtes à la Renaissance*, trad. B. Cocquio, Paris, Solin, 1992.

scène de la chasse, mais de manière plus évidente encore, les deux plans horizontaux décrivent sur le mode spéculaire la disposition de la salle, vrai et faux public se rejoignant ainsi dans une égale appréhension de la scène où se déroule le spectacle.

Une autre manifestation du dédoublement métathéâtral, tout aussi efficace que le théâtre dans le théâtre ou les divers jeux spéculaires entre la scène et la salle, est constituée par une variante non moins inhérente à l'esthétique baroque, celle du tableau dans le tableau. Ce procédé, que l'on retrouve abondamment exploité dans l'écriture narrative à travers le *topos* du portrait[1] et bien évidemment dans la peinture elle-même, dont *Les Ménines* de Vélasquez représentent le chef-d'œuvre emblématique, trouve une illustration éclatante au milieu du troisième acte, lorsque la scène se transforme en un « portique orné de tapisseries[2] ». On y voit en effet une série de tapisseries représentant des scènes mythologiques ; on y reconnaît notamment, sur la première à droite, le jugement de Pâris, sur la première à gauche, l'enlèvement de Perséphone ou encore, sur la seconde à droite, Actéon endormi. Comme l'a bien synthétisé Forestier, « le tableau dans le tableau est [...], en effet, au miroir dans le tableau, ce que le théâtre dans le théâtre est à la mise en abyme : le passage de l'intérieur à l'extérieur, du contenu au contenant, du sujet à la structure même[3] ». Il s'agit dans les deux cas d'illustrer la thématique fondatrice par excellence de l'illusion en multipliant et en juxtaposant les niveaux de lecture. Dans ce cas précis, on peut même dire qu'on assiste à une imbrication des procédés qui confine au vertige baroque du dédoublement à l'infini. En effet, ici le tableau s'invite au théâtre et les tapisseries, qui permettent de filer la métaphore de l'histoire que l'on tisse plus qu'elle n'est dépeinte, évoquent à leur tour des sujets dramatiques maintes fois représentés à l'opéra (*Il Paride* de Bontempi[4], *Il pomo d'oro* de Sbarra et

1 *Cf.* D. Riposio, *Il laberinto della verità. Aspetti del romanzo libertino del Seicento*, Alexandrie, Edizioni dell'Orso, 1995, p. 35 : « Le "portrait" est à la fois un instrument narratif et cognitif, et le point de conjonction à travers lequel l'art peut faire partie de la réalité et la littérature faire sa propre entrée dans la vie. »

2 *Berenice vendicativa*, *op. cit.*, III, 6, *op. cit.*, p. 55 : « *Portico adornato di Tapezzarie.* »

3 G. Forestier, *Le Théâtre dans le théâtre*, *op. cit.*, p. 47.

4 Représenté à Dresde en 1662 sur un livret du compositeur, il s'agit du premier opéra donné en Allemagne du Nord. Le paratexte est particulièrement intéressant car l'auteur cherche à y définir une nouvelle forme dramatique – après avoir réfuté toutes les autres formes traditionnelles (comédie, tragédie, tragi-comédie et drame) – qu'il appelle « Erotopegno musicale ».

Cesti[1], ou *La Diana schernita* de Parisani et Cornacchioli[2]). La scène est donc de ce point de vue doublement métathéâtrale et profondément baroque par le renforcement de l'illusion théâtrale que permet le dédoublement des perspectives.

Si la dimension spectaculaire de cette *Berenice vendicativa* prend nettement le dessus sur les dimensions musicale et poétique de l'œuvre, on ne doit pas pour autant mésestimer sa précellence à la lumière d'une réforme arcadienne qui visait à une plus grande simplicité dans le traitement du sujet, à travers un nombre réduit des personnages et un déroulement plus édulcoré de l'intrigue. À y regarder de près, la *favola* de *Berenice* répond à plus d'un titre à ces critères : le traditionnel prologue est supprimé, on entre d'emblée dans le vif du sujet et l'intrigue n'a pas la complexité vertigineuse de certains drames vénitiens, comme l'*Argia* ou *La Dori* d'Apolloni et Cesti. En outre, on l'a dit, les personnages principaux se limitent à cinq, ce qui correspond au nombre moyen que l'on trouve dans les drames réformés. En 1680, la représentation fastueuse d'un tel *dramma per musica*, dans un contexte privé qui rappelle les riches heures du mécénat des Barberini ou des Habsbourg, a quelque chose de presque anachronique. L'importance essentielle et structurelle de la dimension métathéâtrale, à travers la pièce dans la pièce, mais aussi les nombreux autres éléments qui participent de ce même procédé du dédoublement, font de la *Berenice vendicativa* l'un des derniers exemples de théâtre baroque, symbole d'une « esthétique du composite et du changement », « du mélange et de la luxuriance » (Jean Rousset[3]), capable néanmoins de réaliser l'unité au sein de l'hybridation[4], d'aller au bout de la logique

1 Représenté à Vienne lors de deux soirées en 1667, il s'agit de l'une des productions les plus somptueuses de tout le XVIIe siècle ; la référence au jugement de Pâris dans cet opéra tout aussi spectaculaire est sans doute un hommage à l'illustre antécédent de Sbarra et Cesti.

2 Représenté à Rome en 1629 dans le palais du baron de Hohen Rechberg, il s'agit d'une *favola boschereccia* inspirée des *Métamorphoses* d'Ovide dans laquelle pointent les premiers éléments comiques à l'opéra.

3 J. Rousset, *La Littérature de l'âge baroque en France. Circé et le paon*, Paris, José Corti, 1954, p. 76-77.

4 Contrairement à ce qui se passera avec l'opéra-ballet qui triomphera en France à la toute fin du XVIIe siècle et au début du XVIIIe ; de ce point de vue, une œuvre comme *Le Carnaval de Venise* de Régnard et Campra (1699), avec le petit opéra, en italien, de l'*Orfeo all'inferno* qui achève l'opéra, est emblématique d'une esthétique composite dont *L'Europe galante* du même compositeur représente une sorte d'aboutissement. La même

théâtrale par le biais de l'autoreprésentation, celle d'un théâtre qui, au-delà du texte et de la *fabula* représentée, renforce et promeut sa propre théâtralisation.

Jean-François LATTARICO
Université de Lyon 3

scénographie spectaculaire que dans *Berenice* y est convoquée : « *Pendant que les Violons jouent l'Entre-Acte, on voit descendre un Théâtre fermé d'une Toille, qui occupe toute l'étendue du premier. Ce qui reste d'espace jusqu'à l'Orquestre contient plusieurs rangs de Loges pleines de différentes personnes placées pour voir un Opéra* » (J.-F. Régnard, *Le Carnaval de Venise*, Paris, Ballard, 1699, III, 6, p. 31).

LES LIVRETS D'OPÉRA ITALIENS DE L'ENTRE-DEUX SIÈCLES (XIXe-XXe SIÈCLES)

Miroir d'un lieu, miroir d'un temps

Les bouleversements géographiques, sociaux et culturels cruciaux que connaît la péninsule italienne à la fin du XIXe siècle et au début du XXe siècle ont de nombreuses conséquences, on le sait, sur les processus de création. Preuve en est, l'inflation dans les arts, et en particulier dans l'opéra, de mouvements qui, au cours de cette période, se succèdent, s'opposent et dans le même temps se nourrissent les uns des autres – tels que le symbolisme, le décadentisme, le vérisme, le naturalisme ou encore le futurisme. Si les compositeurs d'opéras se revendiquent ouvertement pour ou contre l'une ou l'autre tendance, il n'en reste pas moins que les influences, voire les filiations sont nombreuses. Qu'auraient été Giacomo Puccini ou les compositeurs de la *giovine scuola* (Umberto Giordano, Francesco Cilea, Alberto Franchetti, Ottorino Respighi ou encore Riccardo Zandonai) sans Pietro Mascagni et Ruggero Leoncavallo ; qu'auraient été les auteurs d'avant-garde, tel que Francesco Ballila Pratella, sans le *Gesamtkunstwerk* wagnérien ou le théâtre dannunzien ?

Au cours de cette période, comme à toutes les époques où la tradition opératique est ressentie par trop canonique, l'usage ravivé de procédés métathéâtraux inscrits dans le livret peut être une façon efficace de remettre en cause la tradition de la mimésis. Comme toute forme réfléchie, il comporte en effet intrinsèquement une critique sur les structures dramaturgiques, les conditions de production et de réception du genre opératique. En témoigne la crise sans précédent qui frappe, en Italie, les lieux, les structures et les acteurs du domaine lyrique. Ainsi, les maisons d'édition et les théâtres subissent une concentration des moyens[1]. Les

1 Je vois comme un signe majeur de cette crise l'abandon de la direction de la maison d'édition Ricordi par le dernier représentant familial Tito Ricordi, en 1919, à deux

artistes – le compositeur en particulier – ont, quant à eux, la volonté de toujours mieux contrôler les étapes de la création (choix des œuvres sources, choix du librettiste quand ce n'est le compositeur lui-même qui tient ce rôle, intervention dans les écritures du livret et la mise en scène, etc.). Ces bouleversements expliquent en partie la violence des oppositions entre tenants d'une certaine tradition et partisans du renouvellement des éléments dramaturgiques. Les uns, dont les œuvres sont programmées dans les théâtres, sont ouverts à la modernité, mais contraints par une structure héritée du XIXe siècle ; les autres, opposés à toute compromission avec l'ancien système, assument une modernité sans bornes sans toutefois rencontrer un succès immédiat.

L'usage revalorisé de procédés métathéâtraux permet de repenser également la place du public au sein du processus de création. De spectateur et auditeur relativement passif, plongé dans la pénombre du théâtre selon la tradition wagnérienne, le spectateur-auditeur redevient actif. À travers le prisme d'une mise en abyme contrôlée, précise Manfred Schmeling, il est « un spectateur doublé d'un spectateur qui assiste au spectacle auquel assiste l'acteur spectateur de son propre jeu et celui des autres. Ce rapport est encore et toujours ontologiquement différent de celui intérieur entre l'acteur (en tant que spectateur et conscient du jeu) et le jeu intercalé[1] » ; le spectateur demeure en effet libre de ses réactions alors que l'acteur qui devient spectateur est au contraire déterminé par le texte.

POUR UN USAGE NOVATEUR DU MÉTATHÉÂTRE :
< DE RUGGERO LEONCAVALLO

Premier exemple à la fin du XIXe siècle de cet usage novateur du métathéâtre, l'opéra *I pagliacci* de Ruggero Leoncavallo, créé à Milan en 1892. En rupture avec le style romantique tardif, l'auteur utilise ce procédé à dessein pour mieux briser les codes en vigueur et enfreindre les limites spatiales, temporelles et identitaires. Il n'abandonne pas pour

---

administrateurs nommés, Guido Valcarenghi et Carlo Clausetti.

1 M. Schmeling, *Métathéâtre et intertexte*, *op. cit.*, p. 6.

autant la tradition opératique et utilise de façon paradoxale le théâtre dans le théâtre cher au XVIIIe siècle ; cela afin de mieux exposer, par effet de contraste, son manifeste sur scène. Usant de la fonction herméneutique du théâtre dans le théâtre comme élément de confrontation, l'auteur indique ainsi au spectateur ce qui appartient à une tradition ancienne et rend ce même spectateur sensible à l'évolution du jeu. Sans possibilité de dépasser les règles du théâtre bien fait, soumis aux règles dramaturgiques en vigueur, Ruggero Leoncavallo compose une structure subtile en deux actes.

Le premier acte présente des acteurs ambulants qui s'apprêtent à donner une représentation tandis qu'au cours du second acte, ils jouent réellement avec un public présent sur scène qui intervient à propos. Ainsi nous sont habilement présentées les interrogations et les interactions entre vie et illusion scénique, entre théâtralité et réalité, et la confusion tragique qui en découle inévitablement. Cette confusion parfaitement élaborée fait vaciller le spectateur-auditeur lorsque ce dernier éprouve, en réponse au prologue, la terrible efficacité de cette mise en abyme dans l'ultime interjection de Canio au public : « *la commedia è finita* ». Afin de renforcer cette structure métathéâtrale, le compositeur accumule les références : le personnage de Tonio en commentateur dans le prologue, l'utilisation des personnages de la *Commedia dell'Arte* (Colombine et Arlequin dans l'acte II), l'usage du tragi-comique et du thème de la vengeance. Ces références anachroniques mêlées à l'expression de l'action (au cœur d'un village de Calabre à la fin du XIXe siècle) produisent une nouvelle « réalité » ; une « réalité » qui nourrit la connivence entre le public et l'auteur, et que ce dernier signale en début d'opéra par le biais de Tonio, jouant le personnage du Prologue.

> Mesdames, Messieurs !
> Veuillez m'excuser
> si je me présente moi-même :
> je suis le Prologue.
> Et, puisqu'il fait revivre
> sur scène les anciens masques,
> l'auteur souhaite aussi
> rétablir en partie les usages anciens,
> c'est pourquoi, derechef, il m'envoie à vous.
> Mais non pour dire, comme autrefois :
> « les larmes que nous versons seront fausses !

Ne vous alarmez point
de nos cris et de nos tourments ! »
Non, non :
bien au contraire, l'auteur a voulu
peindre une tranche de vie.
Il a pour conviction
que l'artiste est un homme
qui doit écrire
pour les autres hommes
et s'inspirer de la réalité.
Une nichée de souvenirs
un jour du fond de son âme
a chanté.
Et c'est avec de véritables larmes
qu'il a écrit,
ses sanglots battant la mesure !
Ainsi vous verrez aimer
comme aiment vraiment les hommes ;
vous verrez les tristes fruits de la haine,
de la douleur les épouvantes,
vous entendrez les cris de rage
et les ricanements du cynisme !
Et vous, plutôt
qu'à nos pauvres défroques d'histrions,
prêtez attention à nos âmes,
car nous sommes des êtres humains
de chair et de sang,
et, tout autant que vous,
de ce monde orphelin nous respirons l'air.
Je vous ai dit le fond du projet :
voyez maintenant comme on le représente[1].

1 R. Leoncavallo, « Prologue », *Paillasse*, trad. O. Rouvière, Paris, Opéra national de Paris, 2012 : « Signore ! Signori !… Scusatemi / se da sol mi presento. / Io sono il Prologo. / Poiché in scena ancor / le antiche maschere mette l'autore, / in parte ei vuoi riprendere / le vecchie usanze, e a voi / di nuovo inviami. / Ma non per dirvi come pria : / "Le lacrime che noi versiam son false ! / Dagli spasimi e de' nostri martr / non allarmatevi !" No ! No : / l'autore ha cercato / invece pingervi uno squarcio di vita. / Egli ha per massima sol / che l'artista è un uom / e che per gli uomini / scrivere ei deve. / Ed al vero ispiravasi. / Un nido di memorie / in fondo a l'anima / cantava un giorno, e dei con vere lacrime scrisse, e i singhiozzi / il tempo gli battevano ! / Dunque, vedrete amar / sì come s'amano gli esseri umani ; / vedrete che l'odio i tristi frutti. / Dei dolor gli spasimi, / urli di rabbia, udrete, / e risa ciniche ! / E voi, piuttosto / che le nostre povere gabbane d'istrioni, / le nostr'anime considerate, poiché siam uomini / di carne e d'ossa, / e che di quest'orfano mondo / al pari di voi speriamo l'aere ! Il concetto vi dissi… Or ascoltate com'egli è svolto. »

Bien qu'il faille reconnaître chez les auteurs du mouvement vériste, à la suite de Ruggero Leoncavallo, la volonté de repenser l'expression de la vraisemblance, ces derniers utilisent peu ce stratagème littéraire et scénique du théâtre dans le théâtre. Son usage devient bientôt l'apanage des compositeurs désireux de s'éloigner de la réalité, celle de l'Italie du début du XXe siècle, celle d'un vérisme désormais omnipotent sur les scènes italiennes, au prix parfois d'une incompréhension grandissante avec le spectateur.

LE THÉÂTRE DANS LE THÉÂTRE OU L'EXPRESSION D'UNE IDENTITÉ D'AUTEUR : *I CAVALIERI DI EKEBÙ* DE RICCARDO ZANDONAI

Témoignage frappant de ce décalage, l'accueil et la lecture de l'opéra *I cavalieri di Ekebù* de Riccardo Zandonai[1]. Créé en 1928, après le succès pro-national qu'a été *Francesca da Rimini*, cet opéra, intégré dans le courant moderniste du premier tiers du XXe siècle, doit permettre au compositeur de se réapproprier totalement le modèle « national » et « populaire » qu'il revalorise ici dans sa vision du collectif et de la figure du chef, sans pour autant subordonner son art ni aux exigences vocales et dramaturgiques du vérisme ni aux revendications politiques et doctrinales du pouvoir fasciste. De cette démarche sont exemplaires l'usage du merveilleux dont l'œuvre est emplie et celui du théâtre dans le théâtre dans le deuxième acte. Le procédé réflexif est, somme toute, d'un usage très traditionnel, et donc, paradoxalement, à contre-courant des idées dominantes : il donne au héros Giosta la possibilité de déclarer son amour à Anna mais dans le même temps le soumet à Sintram (le père

1 Drame lyrique en quatre actes, composé sur un livret d'Arturo Rossato, *I cavalieri di Ekebù* s'inspire de *La Légende de Gösta Berling* de l'écrivain suédois Selma Lagerlöf, publié en 1891. Zandonai développe dans ce nouvel opéra une histoire imaginaire qui se déroule en Suède dans le Vermland, dans les forges d'Ekebù. Maître des forges, la Commandante Elysabeth Sterling recueille d'anciens militaires dispersés, mi-aventuriers et mi-bohémiens qu'elle appelle les cavaliers, ainsi qu'un ancien pasteur dépravé et ivrogne, Giosta. Victime d'une malédiction, et pour cette raison chassée des forges, désormais laissées au pouvoir destructeur des Cavaliers, elle reviendra y mourir et assister à la renaissance de ces forges, sauvées par ceux-là mêmes qui les avaient délaissées.

d'Anna), qui entraîne le héros contre son gré à trahir la Commandante. L'auteur du livret, Arturo Rossato, n'a ici aucune visée herméneutique ou critique. À travers les thématiques littéraires utilisées (l'amour et la vengeance), soulignées par l'orchestre qui joue le rôle du chœur, le théâtre dans le théâtre a pour fonction d'accélérer la temporalité de l'action et de renforcer l'illusion théâtrale, désormais libérée des contingences idéologiques du moment.

Ne pouvant rencontrer pleinement l'adhésion du pouvoir en place, l'opéra fut considéré dans un premier temps antinational. Le critique Guido Pannain, entre autres, voit dans le thème traité un moyen d'atteindre d'abord un public plus international qu'italien ; il regrette que Riccardo Zandonai ne se soit pas plutôt inspiré de sujets qui auraient flatté l'âme italienne, comme dans ses précédents ouvrages, *Melenis*, *Francesca da Rimini* ou *Giulietta e Romeo*, des opéras qui donnaient à voir « l'image d'une nation italienne glorieuse[1] ». Comme pour donner raison à ces critiques, l'opéra connaît de surcroît une destinée internationale. Il est retransmis radiophoniquement en Allemagne et en Argentine, deux pays auxquels la maison Ricordi est en partie liée. Mais son succès est supérieur en Suède où l'opéra est représenté le 20 novembre 1928, à Stockholm, pour les soixante-dix ans de l'écrivain Selma Lagerlöf, dont le roman *La Légende de Gösta Berling* a inspiré le livret.

Zandonai utilisera, dans un second temps, la reconnaissance acquise en Suède pour retrouver une aura dans la péninsule. Plus surprenant, on constate que ses compatriotes, sous l'impulsion de l'idéologie fasciste en place, usant de façon indirecte des positions irrédentes du compositeur, essaieront de récupérer cette gloire acquise à l'étranger – les qualificatifs d'un succès « populaire » et « national », utilisés par les critiques dans les comptes rendus[2], se confondent bientôt – pour interpréter le nouveau succès des *Cavalieri di Ekebù* comme l'adhésion de leur auteur à une Italie nationaliste et non plus à la seule « nation italienne ».

Cette œuvre pour les « masses », idéologiquement orientée selon la lecture imposée par le régime en place, témoigne bien de l'évolution rapide du rôle donné à la mimésis au début du XXe siècle en Italie. Ces

1 G. Pannain, *Il Corriere della sera*, 24 novembre 1928.

2 Voir à ce sujet les articles qui traitent des représentations de l'opéra, dont G. Cesari, « La ripresa dei Cavalieri d'Ekebù alla Scala », *Il Popolo d'Italia*, 25 décembre 1925, ou C. Griffoni, « Dieci minuti rubati a Riccardo Zandonai durante una prova dei *Cavalieri d'Ekebù* », *Il Popolo*, 10-11 juillet 1937.

changements sont d'autant plus pressants que les avancées techniques et technologiques de la civilisation industrielle s'imposent dans les arts, comme le souligne Pratella en 1911 dans le *Manifeste technique de la musique futuriste* :

> Exprimer l'âme musicale des foules, des grands chantiers industriels, des trains, des transatlantiques, des cuirassés, des automobiles et des aéroplanes. Ajouter enfin aux grands motifs dominants du poème musical la glorification de la Machine et le triomphe de l'Électricité[1].

LE THÉÂTRE DANS LE THÉÂTRE OU L'EXPRESSION DE LA MODERNITÉ : LES COMPOSITEURS DE L'ENTRE-DEUX GUERRES

À l'inverse du souhait avant-gardiste de faire table rase du passé, l'idée de modernité à l'opéra s'impose de façon peu uniforme. Elle brise par à-coups ou de façon détournée l'usage et la synthèse des éléments dramaturgiques établis jusqu'alors. Le recours à la *Commedia dell'Arte* et aux masques devient une source d'inspiration notable. Ils sont outils de confusion entre réalité et fiction, et de remise en cause de l'ordre dramaturgique. Exemplaire de cette démarche, *Arlecchino oder Die Fenster* de Ferrucio Busoni[2]. Cet usage de la tradition détournée comme celui du théâtre dans le théâtre (avec son cortège de ruses et de stratagèmes) deviennent les éléments moteurs de la contestation des structures opératiques.

Ainsi dans la trilogie *L'Orfeide*, suivi plus tard de *La favola del figlio cambiato*, sur un livret de Luigi Pirandello[3], Gian Francesco Malipiero, à

---

1 F. B. Pratella, *Manifeste des musiciens futuristes*, 1911 : « Dare l'anima musicale delle folle, dei grandi cantieri industriali, dei treni, dei transatlantici, delle corazzate, delle automobili e degli aeroplani. Aggiungere ai grandi motivi centrali del poema musicale il dominio della Macchina ed il regno vittorioso dell'Elettricità », trad. G. Lista, dans *Futurisme. Manifestes, documents, proclamations*, éd. G. Lista, Lausanne, L'Âge d'homme, 1973, p. 311.

2 F. Busoni (musique et livret), *Arlecchino oder Die Fenster*, capriccio en un acte, créé au Stadttheater de Zurich le 11 mai 1917.

3 G. F. Malipiero (musique et livret), *L'Orfeide*, créé au Stadttheater de Düsseldorf le 30 octobre 1925 ; G. F. Malipiero (musique) et L. Pirandello (livret), *La favola del figlio cambiato*, créé au Landtheater de Brunswick le 13 janvier 1934.

la suite de *Sei personaggi in cerca di un autore*, prône l'abandon des vieux modèles. À travers une construction décomposée en trois parties (huit chansons composent la deuxième), il se joue des codes par la structure même de l'œuvre (première et troisième parties) et de ses personnages (deuxième partie). L'ensemble de l'ouvrage est entièrement fondé sur le procédé du théâtre dans le théâtre, prétexte, ici encore, à la critique acerbe de l'ordre traditionnel et de la belle œuvre à l'opéra. La scène est ainsi celle d'un théâtre divisé en deux camps : celui de gauche regroupe les vieux barbons et leurs femmes symbolisant le théâtre ancien, celui de droite rassemble les jeunes gens symbolisant le théâtre nouveau ; au milieu se tiennent les acteurs représentant Néron, son serviteur, Agrippine, le bourreau et Orphée. L'épilogue montre un théâtre comble. Un acteur joue Néron, l'empereur cruel. Les vieux crient au scandale, les jeunes s'amusent et applaudissent. Orphée apparaît, et chante une chanson si douce qu'elle endort les spectateurs.

L'opéra fut un scandale. Cette réception très négative traduit une nouvelle fois le malaise du public qui se voit confronté à un problème d'identification des niveaux théâtraux. Au XXe siècle, elle est une forme épistémologique particulière chez bon nombre d'auteurs pour exprimer l'aliénation du monde. « Réalité et illusion », précise Manfred Schmeling, « ne sont plus des catégories contenant des signifiés fixes. Ce sont des notions relatives qui dépendent de la perspective de celui qui s'y trouve engagé[1] ». S'il est vrai que la technique des niveaux théâtraux n'est pas révolutionnaire en soi, et qu'elle remonte au moins à l'usage du théâtre dans le théâtre sur la scène des XVIIe et XVIIIe siècles, sa conception en a été repensée. En effet, la vision baroque du *theatrum mundi* reste soumise aux croyances religieuses, aux dogmes de la grâce alors que la transcendance au XXe siècle, futuriste tout d'abord, porte en elle les valeurs prônées par le nouvel ordre social, et que la recherche de la vérité entre le jeu et l'illusion, chez Gian Francesco Malipiero notamment, est détachée de toute valeur fixe, qu'elle soit religieuse ou sociale.

La remise en cause progressive de la forme opératique par le biais du théâtre dans le théâtre trouvera sa résolution et son dépassement dans la transformation radicale – car sans possibilité de retour – des éléments dramaturgiques (livret, musique, mise en scène notamment),

1 M. Schmeling, *Métathéâtre et intertexte*, *op. cit.*, p. 7.

et la dislocation de l'unité dramaturgique. Ainsi, l'arrivée du cinéma, comme le sera la radio après la Seconde Guerre[1], modifie le rythme du récit et accompagne une tendance à l'excès voire à l'usage du kitsch, sorte de surinterprétation vériste, dans la mise en scène et la représentation des personnages décrits dans le livret ou encore dans la multiplicité des décors détaillés dans les didascalies. Elle met en valeur avant tout ce qui, selon Kandinsky, a été oublié dans le modèle révolutionnaire wagnérien, la créativité visuelle[2]. Qu'elle soit de tendance spiritualiste, suivant la tradition wagnérienne et claudélienne, ou bien prométhéenne, selon l'ordonnancement avant-gardiste, en particulier futuriste, la transcendance devient le mot d'ordre à suivre. On pourrait alors dire, avec Laurent Jenny, qu'il s'agit bien là du remplacement progressif d'une esthétique marquée par l'extériorisation d'une intériorité romantique, par une esthétique moderniste régie par le refus du passéisme érigé comme règle, et par le dévoilement de sa propre essence comme pensée idéologique – dessinant de la sorte « le passage d'une grande période de civilisation à une autre[3] ».

LE THÉÂTRE DANS LE THÉÂTRE AU DÉBUT DU XXe SIÈCLE : VERS UN NOUVEL ORDONNANCEMENT DU MONDE

Comme Serge Milan à sa manière[4], Marcella Lista précise qu'« à travers les diverses formulations du mythe des synesthésies, l'union des arts [...] permet le déploiement d'un imaginaire cosmique et radicalise la convergence de primitivisme et d'avenirisme qui s'exprimait déjà dans l'utopie romantique[5] » :

1 *Cf.* G. Ferrari, *Les Débuts du théâtre musical d'avant-garde en Italie. Berio, Evangelisti, Maderna*, préf. F. Escal, Paris, L'Harmattan, 2000.

2 W. Kandinsky, *Du Spirituel dans l'art, et dans la peinture en particulier*, éd. P. Sers, trad. N. Debrand et B. du Crest, Paris, Gallimard, coll. « Folio Essais », 1989.

3 L. Jenny, *La Fin de l'intériorité. Théorie de l'expression et invention esthétique dans les avant-gardes françaises (1885-1935)*, Paris, PUF, 2002, p. 10.

4 S. Milan, *L'Antiphilosophie du futurisme. Propagande, idéologie et concepts dans les manifestes de l'avant-garde italienne*, Lausanne, L'Âge d'homme, 2009.

5 M. Lista, *L'Œuvre d'art totale à la naissance des avant-gardes (1908-1914)*, Paris, CTHS/INHA, 2006, p. 289.

> Si ces deux notions revêtent des définitions variables, elles s'imposent toujours dans un rapport de complémentarité qui relève l'aspiration nourrie par l'œuvre d'art totale à transformer l'homme et son devenir historique. Tandis que le primitivisme tend à renier tout acquis social et culturel, l'avenirisme engage conjointement une anticipation de l'histoire par l'art affranchi de toute filiation immédiate. Cette histoire prospective dessinée par l'avant-garde a pour héros l'artiste en personne, lequel revêt tour à tour l'identité du messie, de l'activiste, du martyr ou du révolutionnaire[1].

Cela se traduit en Italie par la fondation, en 1917, par Pizzetti, Respighi, Malipiero et Casella, soutenus en cela par D'Annunzio, de la Société italienne de musique moderne (SIMM), et en 1923 de la Corporation des nouvelles musiques à laquelle adhère un temps Gian Francesco Malipiero. Quelques années plus tôt, dans la lancée du mouvement futuriste, ont paru le premier *Manifeste des musiciens futuristes* (1910) et le *Manifeste technique de la musique futuriste* (1911).

Cette nouvelle construction de la réalité propose une vision simultanée et non plus hiérarchisée de l'ordonnancement du monde, et annihile par là même toute barrière entre nature et artificialité. Elle offre une représentation immédiate du monde qui annule aussi l'utilité critique de la forme réflexive du théâtre dans le théâtre et par voie de conséquence son usage : happenings et performances en lieu de spectacle, fragmentation du récit, juxtaposition des éléments dramaturgiques, nouvelle présentation du récit au travers des vers libres, symphonisme de l'opéra, intégration de nouveaux sons/bruits comme le prône Luigi Russolo dans le manifeste de *L'Art des bruits*[2] et qui trouvera une illustration dans le bruitisme[3].

Exemplaire de cette nouvelle forme musicale et théâtrale, le « poème dramatique et tragique » *L'Aviatore Drò* de Francesco Ballila Pratellah qui promet à l'humain de se libérer de son destin biologique existentiel et historique, vu « à travers trois phases essentielles de sa vie ». Dans le premier acte, Drò rêve d'être aviateur. Dans le second, il l'est devenu et se prépare au détachement terrestre pour se confondre avec le ciel, et fuir ses amours terrestres et matériels. Dans le troisième acte,

---

1 *Ibid.*, p. 290.

2 L. Russolo, *L'Art des bruits. Manifeste futuriste 1913*, Paris, Allia, 2013 ; également présenté en 1975 dans le recueil complet *L'Art des bruits*, éd. G. Lista, Lausanne, L'Âge d'homme, 1975, p. 312-317.

3 M. Solomos, *De la musique au son. L'émergence du son dans la musique des XXe et XXIe siècles*, Rennes, PUR, 2013.

l'avion n'est plus que débris, mais l'homme devient l'aviateur céleste, le héros-Drò ; le « vol réel et éternel de l'esprit » est sanctifié dans le cri de douleur et d'horreur de la nature ainsi violentée, souligné par les appareils bruiteurs de Russolo pour reproduire le vrombissement des automobiles et des aéroplanes à l'acte II, ainsi que les sirènes à l'acte III. En réalité, la révolution futuriste est avant tout un idéal. Les machineries de Russolo ne furent pas utilisées pour la première, et la trame du poème est de facture, somme toute, assez classique (Drò aime Ciadi qui est aimée également par Rono), avec des didascalies d'inspiration dannunzienne – « un spasme rapide » (*vivo spasimo*), « une violence suffocante » (*soffocante violenza*) – tandis que la musique présente des liens avec l'impressionnisme musical de Debussy, la musique populaire et des analogies synesthétiques.

Dans le creuset bouillonnant de l'opéra italien de la fin du XIXe et du début du XXe siècle, l'usage du métathéâtre est utilisé par bon nombre de compositeurs pour se démarquer et gagner en autonomie. Certains souhaitent s'imposer dans le paysage de l'opéra européen (Ruggero Leoncavallo). D'autres désirent se démarquer des mouvements dominants et gagner une individualité d'auteurs (Riccardo Zandonai). D'autres encore veulent à tout prix s'éloigner des traditions (Ballilla Pratella).

Si les auteurs d'opéras dits révolutionnaires désirent faire césure et ne parlent plus de synthèse ou d'œuvre totale, s'ils n'utilisent plus autant d'effets réflexifs tels que le théâtre dans le théâtre – cela reviendra plus tard –, il n'en est pas moins vrai que le rapport du créateur et de la présentation du « multiple » dans les niveaux de jeu théâtraux à l'opéra demeure l'une des problématiques centrales des théories d'avant-garde. Il manque au mouvement futuriste en particulier de n'avoir pu élucider les implications d'une telle esthétique quant aux relations entre intériorité et extériorité de l'être pour se centrer sur l'expression de la matérialité et de l'immatérialité du monde, ce à quoi s'emploieront d'autres mouvements d'avant-gardes – cette fois-ci, hors des limites de l'Italie.

Emmanuelle BOUSQUET
Université de Nantes

LE LIBRETTISTE D'APRÈS CALVINO

Autour de *Un re in ascolto*

LE LIBRETTISTE D'APRÈS CALVINO

Interviewé en 1982 pour la revue *Musica viva*[1] sur son travail d'auteur de textes pour des compositeurs comme Mozart ou Berio, Calvino se rétractait et semblait refuser le rôle du librettiste traditionnel. « Mais non… », disait-il de ses deux dernières compositions, les récitatifs de *Zaide*, mis en musique par Mozart, et *La vera storia* de Luciano Berio : « Il s'agit de deux textes complètement différents. Dans les deux cas, d'ailleurs, ma tâche était limitée : deux faits musicaux avaient, à un certain moment, besoin de la parole ; on a donc fait appel à un artisan de la parole[2]. » C'est là une première définition du librettiste – « artisan de la parole ».

Cet entretien nous donne un autre indice qui éclaire la réflexion de Calvino sur le statut d'auteur de textes pour musique. Au journaliste qui lui demande dans quelle fonction il aurait le plus aimé s'occuper de musique, Calvino répond : « Pour savoir, pour bien comprendre, je crois vraiment qu'il me faudrait être compositeur. » « En attendant vous êtes librettiste », dit le journaliste. « Oh, non. Je ne suis pas librettiste. Oh, non : les librettistes avaient une autorité… que moi je n'ai pas. Vous voulez que l'on parle de Francesco Maria Piave ? »

On peut s'étonner de ce jugement porté sur Piave, librettiste dont l'autorité n'était certes pas en mesure d'égaler la dramaturgie de Verdi,

---

1 Entretien avec I. Calvino réalisé par L. Arruga, *Musica viva*, VI, n° 2, février 1982. – Sauf indication contraire, toutes les traductions sont de la responsabilité des traductrices de ce chapitre.

2 Sur l'image de Calvino et de son travail comme « artisan de lecture critique », *cf.* S. Perrella, *Calvino*, Bari, Laterza, 1999, p. 166.

contrairement à ce que Calvino semble vouloir dire. Mais si Piave n'avait guère d'autorité confronté à Verdi, il était capable de raconter des histoires que le compositeur acceptait tout en y imprimant sa griffe ; et Calvino semble manifester de la nostalgie pour cette façon de travailler.

Lorsqu'il évoque Mozart, dont la *Zaide* fut composée à partir d'un livret inachevé, que Calvino complète avec des récitatifs pour le réalisateur Adam Pollock en 1981, l'écrivain fait deux observations utiles ici. D'une part, il dit craindre d'avoir trahi quelque chose en intervenant par la parole dans une musique déjà composée. D'autre part, il affirme aimer Mozart parce qu'il retrouve chez lui la même technique combinatoire qu'il met en œuvre dans sa propre écriture. Là encore transparaît la tension émulative entre musique et parole caractéristique de l'attitude de Calvino.

La parole et la narrativité ont pour lui un rôle central, et ce même dans l'opéra du XXe siècle qui s'est entièrement renouvelé, et où toutes les fonctions traditionnelles, jusqu'à la faculté de raconter des histoires, sont remises en question. Ni soumise ni prétexte à la musique, la parole doit être garante, comme la musique, d'une dimension expérimentale. Elle doit être l'expression d'un jeu combinatoire, d'un métier artisanal, de cet artisanat de la parole sous toutes ses formes qui constitue un aspect déterminant pour Calvino.

On retrouve donc chez Calvino librettiste, qui mène d'emblée une réflexion critique sur la figure de l'écrivain dramatique, les deux grandes tendances qui ont dominé l'histoire de la poétique du livret italien, les deux façons de concevoir le rapport, toujours conflictuel et difficile, entre parole et musique : l'approche métastasienne et l'approche expérimentale de la fin du XIXe et du début du XXe siècle, étapes bien connues sur lesquelles je m'arrêterai très brièvement.

Le schéma métastasien domine, bien que marqué par d'importants changements, jusqu'au XIXe siècle bien avancé. Chez Métastase, rappelons-le, l'opéra est l'héritier de la grande tradition tragique grecque et de sa sensibilité théâtrale. Dans ce système, qui a pu être défini comme logocentrique[1], la parole contient déjà en soi la musique : la prosodie est pensée pour être fonctionnelle à l'intonation, et le lexique possède en soi une musicalité intrinsèque. Mais l'autorité du librettiste, on le

1 *Cf.* notamment les travaux de E. Sala Di Felice, *Metastasio. Ideologia, drammaturgia, spettacolo*, Milan, Franco Angeli, 1983.

sait, commence et s'achève avec Métastase. La faiblesse intrinsèque de la parole dans le système métastasien, incapable de répondre aux exigences du système productif des XVIIIe et XIXe siècles, se trouve dénoncée par quantité d'opéras de l'époque (les exemples sont pléthore, du *Teatro alla moda* de Benedetto Marcello aux nombreux livrets de Goldoni, Calzabigi ou encore Casti), auxquels Calvino fait sans doute écho dans *Un re in ascolto.* Goldoni lui-même, dans son attitude ironique, ne cache pas une frustration spéculative manifeste dans sa tentative d'attirer l'attention non seulement sur les processus productifs du spectacle théâtral, et sur le rôle des imprésarios en particulier, mais encore sur les raisons, pourrait-on dire, de la narrativité[1]. Cette production de livrets des XVIIIe et XIXe siècles implique jusqu'à la maçonnerie de Filippo Pananti : celui-ci, dans un long poème paru à Londres en 1808, *Il poeta di teatro*[2], imagine une fugue utopique vers un univers maçonnique où règnent poètes et chansonniers, dans une conciliation idéale entre parole et musique qui réhabilite le rôle du librettiste, tandis que la musique émane directement de la parole sans l'avilir. Encore n'est-ce là, précisément, qu'une fugue utopique.

Tout au long du XIXe siècle, le modèle de base du mélodrame métastasien perdure (alternance récitatif-air sous une forme essentiellement codifiée), dans sa substance structurelle du moins, même si la langue et le lexique subissent de profonds changements, et ce, dès le début du XIXe siècle. La phase de véritable rupture s'enclenche dans le courant du XIXe siècle. Avec le couple Verdi-Boito (le plus proche, de par son antagonisme intrinsèque, du couple Calvino-Berio), s'exprime la quête d'une plus grande coordination entre parole et musique, au nom de la parole scénique. Mais Boito n'en reconnaît pas moins le pouvoir du compositeur auquel il finit par céder la priorité dans le processus de création, et ce malgré les présupposés théoriques qui visaient à faire émerger le texte littéraire.

Les tentatives de la fin du XIXe siècle pour s'affranchir de la structure traditionnelle de l'opéra finissent cependant par se retourner, comme le

1 Je fais référence au fameux livret *La bella verità*, composé en 1762.

2 F. Pananti, *Il poeta di teatro*, Milan, Silvestri, 1817. – Je renvoie à l'une de mes études : S. Tatti, « Filippo Pananti poeta di teatro e giacobino », dans *Lumi inquieti. Amicizie, passioni, viaggi di letterati nel Settecento : omaggio a Marco Cerruti*, dir. B. Alfonzetti et S. Tatti, Turin, Accademia University Press, 2012, p. 227-239.

montre Paolo Fabbri[1], contre le livret lui-même. Dans sa recherche d'une identité nouvelle, ce dernier libère presque entièrement le compositeur des schémas formels, et la figure du compositeur-auteur est si présente au XXe siècle que tantôt il est son propre librettiste, tantôt il recourt librement à des matériaux de la tradition et à des textes divers, sur la base d'une synthèse essentiellement musicale[2].

Lorsque Calvino se lance dans l'écriture de textes pour la musique, il garde à l'esprit ces deux tendances propres à l'histoire de l'opéra, et se trouve en présence de modèles ouverts. Il y a en effet, pour les conditions du théâtre lyrique, les processus de production et le statut même de l'écrivain, des présupposés en vertu desquels le rapport entre parole et musique, affranchi des contraintes du système productif, peut remettre en avant la dimension spéculative, la question de la communication, la recherche du signifiant, et de là stimuler une réflexion sur l'authenticité ou l'inauthenticité du *logos*, sur les possibilités combinatoires des arts, sur l'expressivité de la parole et de la musique, sur les potentialités cognitives du spectacle d'opéra.

C'est bien ce à quoi aspire Calvino. L'écrivain est, d'une part, confronté à l'évolution de l'opéra du XXe siècle, où le compositeur tend à destituer littéralement le librettiste de l'œuvre, tandis que les matériaux verbaux eux-mêmes sont potentiellement illimités. D'autre part, il oppose à cette tendance de l'opéra contemporain sa conception d'un librettiste artisan de la parole et une certaine nostalgie du temps où le librettiste racontait une histoire et dialoguait véritablement avec le compositeur, dans une autonomie variant certes au gré des époques.

Pour Claudio Varese, auteur de l'une des premières études consacrées à Calvino librettiste[3], ce goût d'écrire des textes pour la musique naît précisément de la défense de la parole, renforcée par une fascination pour la représentation et le spectaculaire. Tout en expérimentant différents types de combinaisons, c'est toujours la parole que Calvino place au cœur de son système langagier, et les entrelacements variés qu'il propose

1 P. Fabbri, « La musica è sorella di quella la poesia che vuole assorellarsi seco », dans *Libretti d'opera italiani dal Seicento al Novecento*, éd. G. Gronda et P. Fabbri, *op. cit.*, p. LV-LXXIX.

2 *Cf. Drammaturgie musicali del Novecento. Teorie e testi*, dir. M. Vincenzi, Lucques, Libreria Musicale Italiana, 2008.

3 C. Varese, « Calvino librettista e scrittore in versi », dans *Italo Calvino. Atti del Convegno Internazionale (Firenze, 26-28 febbraio 1987)*, dir. G. Falaschi, Milan, Garzanti, 1988, p. 352-353.

entre les genres soulignent toute l'importance qu'il accorde à la recherche et à l'approfondissement des potentialités expressives de la parole. Son écriture librettistique se situe, en effet, au sein d'un système narratif très articulé, doté de transitions et d'hybridations multiples. Dans *La panchina*, on a d'abord un récit en prose d'où est ensuite extrait le livret, tandis que dans *Un re in ascolto*, c'est le livret qui apparaît d'abord, sous différentes versions, avant que le récit ne se déploie. *Allez hop*, également composé en collaboration avec Berio, est un récit satirique en prose ; on y trouve de nombreux airs, chansons et chœurs écrits par Calvino comme des textes autonomes, pouvant être utilisés de diverses façons et incorporés au besoin au sein d'autres compositions.

CALVINO-BERIO

C'est surtout à partir de la rencontre avec Luciano Berio que la confrontation entre parole et musique émerge en des termes hautement problématiques, suscitant chez Calvino une réflexion théorique et l'expérimentation pratique à travers l'écriture de textes pour la musique. Son rapport à Berio se caractérise par un « antagonisme » absolu, comme l'écrit Tommaso Pomilio[1]. Il peut se reconstruire à travers les nombreuses déclarations de poétique croisées que les deux hommes échangèrent de manière tant directe qu'indirecte.

Voici les propos que tient Calvino dans le quotidien *La Repubblica* à propos de *Un re in ascolto*, représenté à Salzbourg en août 1984, sur une musique de Berio et un livret de Calvino, comme l'indiquent du moins les affiches et programmes de salle : « L'œuvre de Berio jouée à Salzbourg n'a de moi que le titre et rien d'autre à mon avis. Berio n'a aucunement besoin de livrets : il met ensemble, selon ses exigences, des mots de provenances diverses. » Quant à Berio, interviewé par *L'Unità* en 1988, c'est en ces termes qu'il évoque sa collaboration avec Calvino :

1 T. Pomilio, « Scrittura dell'ascolto : Calvino in Berio », actes de la quatrième journée d'études consacrée à *Un re in ascolto* du projet *Le théâtre de Luciano Berio* (2010-2013) organisé par G. Ferrari à l'université Paris 8, en partenariat avec le Centre d'études Luciano Berio et la Fondation Giorgio Cini, Venise 28 septembre 2012, en ligne : www2.univ-paris8.fr/DMCE/article.php (consulté le 2 juin 2016).

« Italo, dans ses textes pour musique, tendait à s'accrocher à une histoire et à développer un parcours narratif qui entrait de façon irrémédiable et souvent dramatique en conflit avec celui que je sous-tendais pour ma part, à savoir un parcours et un développement musical qui avaient peu à voir avec la narrativité[1]. » De toutes les déclarations de poétique formulées par les deux hommes, celles-ci illustrent de façon particulièrement éclairante et explicite la conflictualité intrinsèque à leur relation.

Deux lettres de Calvino à Berio se détachent elles aussi de manière significative. Publiées posthumes en 1995[2], elles portent également sur *Un re in ascolto*. L'écrivain imagine un dialogue avec Berio qui met en scène leurs antagonismes ; c'est presque un livret épistolaire qu'il compose alors. Les protagonistes, compositeur et librettiste, y expriment sans moyens termes leurs positions inconciliables : le musicologue conçoit la parole comme son et suggestion à l'intérieur d'un processus créatif, tandis que le librettiste ne veut pas sacrifier la narrativité.

Les deux hommes vont pourtant essayer de collaborer à plusieurs reprises, et pendant une vingtaine d'années – preuve que malgré leurs différends, la relation avec l'art frère reste pour chacun une opportunité stimulante pour la recherche et la réflexion, à laquelle aucun n'entend renoncer[3].

La première collaboration entre le musicien et l'écrivain advient en 1959 avec *Allez hop*[4], l'histoire d'une puce qui perturbe toute l'humanité en contraignant l'homme à un dynamisme symbolisant la conscience critique. L'œuvre est ensuite reprise en 1968, augmentée de contenus idéologiques et sociologiques plus développés[5]. Plus tard, en 1982, alors que *Un re in ascolto* est déjà en cours d'élaboration, Calvino et Berio collaborent autour de *La vera storia*[6], très librement inspiré du livret

1 *L'Unità*, 12 janvier 1988.

2 « A proposito di *Un re in ascolto* (due lettere inedite di Italo Calvino a Luciano Berio) », dans *Berio*, dir. E. Restagno, Turin, EDT, 2013, p. 135-141. Les deux lettres, datées de décembre 1981 et d'avril 1982, commencent par « Cher Luciano » et se poursuivent ensuite par le dialogue fictif entre un « je » et un « tu » auxquels, dans la première lettre, s'unissent d'autres personnages, le chœur et le roi, et deux citations du *Journal* de Kafka.

3 *Cf.* également L. Berio, « La musicalità di Calvino », dans *Italo Calvino. La letteratura, la scienza, la città*, dir. G. Bertone, Gênes, Marietti, 1988, p. 115-116.

4 Représentée pour la première fois lors du XXIIe festival de musique contemporaine le 23 septembre 1959 au théâtre de la Fenice de Venise, avec une mise en scène et une chorégraphie de Jacques Lecoq.

5 La nouvelle mise en scène, signée Marco Missiroli, fut représentée au Teatro comunale de Bologne le 8 février 1968.

6 *La vera storia* fut représentée pour la première fois au théâtre de la Scala le 9 mars 1982.

du *Trovatore.* Calvino tente d'y tracer son propre chemin en élaborant un schéma narratif, ce qui ne va pas sans poser des difficultés puisque Berio avait déjà écrit une partie de la musique avant d'engager sa collaboration avec l'écrivain. Mais le livret sur lequel je souhaite m'arrêter ici plus particulièrement, pour sa dimension métathéâtrale, c'est celui de *Un re in ascolto.* Ce qui m'intéresse surtout, c'est d'y décrypter les processus d'écriture de Calvino ainsi que la figure de l'écrivain qu'il y façonne. *Un re in ascolto* est le résultat d'un parcours philologique et rédactionnel complexe que je résumerai rapidement, et qui d'une certaine façon symbolise la rencontre hautement problématique entre poésie et musique[1] caractéristique du rapport entre les deux artistes.

La lecture que fait Calvino de l'article « Ascolto » de Roland Barthes[2] paru dans l'*Encyclopédie Einaudi* constitue le point de départ du projet. Barthes distingue plusieurs types d'écoutes : une écoute des indices, propre aux animaux et aux hommes, une écoute des signes, entendue comme capacité humaine de déchiffrer, et une écoute moderne, impliquant l'inconscient, l'implicite, l'indirect, le différé, et diverses formes de polysémie. Une écoute comprise ainsi comme jeu de saisie des signifiants, comme pouvoir d'explorer des zones inconnues, et plus seulement comme acte intentionnel d'audition : une écoute qui parle, et a un rôle actif.

Un opéra né d'une telle définition est un opéra qui, pour Calvino, se doit d'engager le spectateur par la parole et la musique dans une écoute active, en fonction d'une définition précise du signifié – à savoir comme questionnement sur le caractère tragique de la condition humaine, sur les cages que l'homme édifie autour de lui, sur les différents et incompatibles niveaux de communication, sur la quête des significations les plus justes des mots, sur les processus créatifs qui font appel aux sens. Pour mesurer le défi et l'expérience que représente pour Calvino le thème de l'écoute, il suffit de penser au privilège, souvent relevé par la critique[3], qu'il accorde à l'acte de regarder ou de voir ; privilège qui découle de

1 Pour les phases rédactionnelles, *cf.* « Materiali per *Un re in ascolto* », note aux textes rédigée par C. Milanini, dans I. Calvino, *Romanzi e racconti*, éd. dirigée par C. Milanini, M. Barenghi et B. Falcetto, avec une bibliographie des écrits d'I. Calvino dirigée par L. Baranelli, vol. 3, *Racconti sparsi e altri scritti d'invenzione*, Milan, Mondadori, 1994, p. 1292-1295.

2 R. Barthes et R. Havas, « Ascolto », *Enciclopedia Einaudi*, Turin, Einaudi, 1977, vol. 1, p. 982-991.

3 *Cf.* M. Belpoliti, *L'occhio di Calvino*, nouvelle édition augmentée, Turin, Einaudi, 2006.

la vocation scientifique de l'écrivain et qui rejoint ici une autre forme privilégiée de connaissance profonde : l'écoute moderne.

C'est précisément l'exploration sensitive à des fins cognitives qui intéresse Calvino. Voici ce qu'il dit de Barthes, dans une sorte de nécrologie qu'il écrit pour lui en 1980, à l'époque même où il compose *Un re in ascolto* : « toute son œuvre, je m'en aperçois maintenant, consiste à contraindre l'impersonnalité du mécanisme linguistique et cognitif à prendre en compte la matérialité de l'objet vivant et mortel[1] ».

Pour pouvoir tirer parti de l'écoute autant que possible et en faire émerger toutes les potentialités cognitives, il fallait la décliner au sein d'une synergie structurelle entre la narrativité et la musique. Dans la réalité des faits, cependant, librettiste et compositeur travaillèrent chacun pour son compte.

LES PHASES RÉDACTIONNELLES DE *UN RE IN ASCOLTO*

Voici comment Calvino procède. Il écrit d'abord, en 1979, un livret en trois actes[2].

Le premier acte se déroule dans un palais-oreille, celui de l'écoute, de l'épiement, des conspirations. Le roi renfermé dans son palais craint la trahison et attend la reine qui viendra à son secours ; attiré ensuite

1 I. Calvino, « In memoria di Roland Barthes », dans *Collezione di sabbia*, Milan, Garzanti, 1984, p. 78.

2 *Cf. Per « Un re in ascolto » di Berio*, livret original de 1979, dans *Romanzi e racconti*, vol. 3, *op. cit.*, p. 730-754. Voici un résumé des trois actes : Acte I. Palais-oreille. Le roi entend des rumeurs de conspiration et des bruits suspects ; il craint la trahison et attend la reine qui viendra le sauver ; puis il sort du palais déguisé, appelé par des voix festives. Acte II. Ville et palais. L'acte s'ouvre sur un chœur en fête mais chargé d'une note macabre. La voix d'une femme mystérieuse séduit le roi qui organise, pour la retrouver, un concours de chant ; pendant ce temps la révolte commence. Acte III. Souterrains du palais. Pour fuir les insurgés, le roi s'enfuit par un passage secret contigu aux prisons du palais. Il y rencontre le roi déchu, prisonnier, qui est rejoint par la femme chanteuse, attendue et courtisée par les deux rois. Mais c'est le roi prisonnier que la femme libère et qu'elle conduit à l'extérieur. L'autre roi sort également des souterrains, et prenant contact avec la réalité naturelle, il se rend compte qu'il est vivant, au-dehors de la prison qui symbolise le palais.

par des voix festives, il sort du palais déguisé. Il se confie à son fidèle serviteur Geremia qui est sourd et représente l'un des miroirs réfléchissants du protagoniste. Tout l'acte est un récitatif en prose.

Le second acte a lieu d'abord à l'extérieur, dans la ville, et s'ouvre sur un chœur en fête mais lourd d'un ton macabre. Une voix de femme séduit par son chant (un air) le roi qui, pour retrouver la mystérieuse chanteuse, lance un concours de chant au moment où débute une révolte. La musique intervient donc ici à l'intérieur de la structure narrative. Le concours de chant renvoie clairement au métaopéra traditionnel où la figure du maestro se voit dévolue la tâche ingrate de diriger et évaluer les chanteurs. La rébellion des citoyens accule le roi à la fuite : « Peut-être n'est-ce qu'en nous perdant, dit-il à son écuyer Geremia, que nous pourrions nous retrouver », formule qui sous-entend que la véritable signification de l'écoute est l'écoute intérieure.

Le troisième acte se passe dans les souterrains du palais où le roi s'est réfugié pour échapper aux insurgés. C'est là qu'il rencontre le roi déchu – un *alter ego* du souverain, emprisonné depuis que le roi a pris le pouvoir – et que réapparaît la chanteuse, attendue et courtisée par les deux rois : mais c'est le roi prisonnier qu'elle libère et qu'elle emmène au dehors. Sortant lui aussi des souterrains, le roi régnant prend contact avec la réalité et perçoit ainsi sa propre dimension réelle, d'être vivant dans un sens quasi existentiel. La pièce s'achève sur un dialogue du roi avec l'Écho, autre image miroir du protagoniste, qui lui renvoie une sorte d'autoportrait et qui réaffirme ainsi, au moment du dénouement, l'importance de la réflexion sur l'écoute comme conscience de soi.

Le livret de *Un re in ascolto* laisse donc transparaître à bien des égards l'influence du genre traditionnel : alternance d'airs montés sur une structure métrique traditionnelle et de récitatifs en prose ; recours à un lexique et à des images poétiques ; oppositions entre l'amour et le pouvoir comme thèmes narratifs structurants ; motif du chant comme moment d'évasion hors de la prison de l'existence et, dans une clé de lecture méthathéâtrale, comme modalité d'expression et comme questionnement sur la perception de la réalité ; présence, enfin, d'une onomastique traditionnelle avec des noms comme ceux du roi déchu et prisonnier, Elfrido, du roi régnant Sigisberto, du prince Franz et de la reine Doralice.

Il y a même un semblant de fin heureuse dans le salut du prisonnier et la liberté intérieure nouvelle que découvre le roi hors du palais-cage – sa prison existentielle – grâce à la perspective inédite que lui donne le contact avec la nature et la réalité, grâce aussi à l'élan vers l'auto-analyse que suscitent le chant et la musique. En effet, le roi obsédé par la conspiration et l'épiement ne s'ouvre à la sensation de liberté et à une intériorité plus authentique que dès lors qu'il descend dans les prisons du palais – autrement dit, par-delà la métaphore, quand il se met à écouter en profondeur, à se lire de l'intérieur, à apprendre à s'écouter. Sa rencontre avec Elfrido, le roi prisonnier, est la rencontre avec son propre inconscient, dans un jeu de miroirs ; le salut n'advient qu'une fois restauré le rapport avec son être réel, avec sa propre matérialité, avec ses sens. Quitter les souterrains, gagner la surface de la terre, prendre contact avec la nature, cela signifie acquérir une conscience nouvelle de soi, par l'excavation intérieure que symbolise l'écoute renouvelée du roi.

Berio refuse ce livret en trois actes car il veut dépasser le récit traditionnel d'une histoire, le naturalisme objectif qu'il perçoit dans le texte de Calvino. Ce qu'il recherche plutôt pour une œuvre à chanter, c'est un métatexte à même de mettre en discussion et d'engager le processus créatif de l'artiste[1].

Calvino écrit alors un texte bref qu'il intitule *Trattamento 1980*[2]. Il s'agit d'un plan d'œuvre en trois actes dont la triple action dramatique se joue à trois niveaux : dans l'esprit du directeur d'un grand théâtre, sur le plateau (il reprend ici en partie l'action du livret de 1979) et derrière les coulisses, où les ouvriers travaillent pour mettre en scène l'âme de leur directeur – un théâtre du théâtre dans le théâtre. Ce texte s'accompagne de cinq *Arie di Prospero* se rapportant à la première action, celle dont le chef d'orchestre est le protagoniste. Ces airs, qui s'articuleront finalement d'une façon différente dans la version mise en musique par Berio en 1984, parlent d'une écoute possible, du monde impalpable des sons, profond mais irréel, et de la mort. De cette esquisse dérive le *Trattamento riassunto* de 1981[3], qui, en trois pages dactylographiées, reprend ce plan en le réactualisant à de nombreux points de vue ; il a

1 *Cf.* S. Ritrovato, « *Un re in ascolto*. L'ultimo "tragico" Calvino librettista », dans *Tra note e parole. Musica, lingua, letteratura*, dir. C. Carotenuto et M. Meschini, Ravenne, Angelo Longo, 2007, p. 117-129.

2 I. Calvino, *Trattamento 1980*, dans *Romanzi e racconti*, vol. 3, *op. cit.*, p. 755-757.

3 *Ibid.*, p. 1294.

désormais pour protagoniste un homme qui rencontre dans la rue une femme portant un baladeur.

Aucune de ces propositions n'est retenue par Berio. Le livret de *Un re in ascolto* que le compositeur présente à Salzbourg le 7 août 1984 comme étant de la main de Calvino ne conserve en effet pas grand-chose des textes composés par l'écrivain. Il reprend très vaguement la suggestion métathéâtrale du *Trattamento 1980* et sa série d'actions juxtaposées sur trois niveaux, avec, pour figures principales, le shakespearien Prospero, metteur en scène. Tout converge ici vers le processus de la création artistique, mais la contribution de Calvino au texte tel qu'il est finalement chanté se limite au titre et aux airs de Prospero présentés dans un ordre différent de celui qu'avait imaginé leur auteur. Le texte en trois actes initialement écrit par Calvino et l'histoire qui s'y trouvait racontée sont totalement écartés.

À la représentation de Salzbourg dans laquelle il se trouve impliqué malgré lui, Calvino répond en prenant ses distances vis-à-vis de Berio et en publiant quelques jours plus tard, dans *La Repubblica* des 12 et 13 août[1], un court récit intitulé *Un re in ascolto*[2] qu'il tire de son livret : il signe ainsi la revanche de la parole.

1 « Un re in ascolto (I racconti dell'estate) », *La Repubblica*, 12-13 août 1984, p. 18-19, puis dans I. Calvino, *Sotto il sole giaguaro*, Milan, Garzanti, 1986, p. 59-93.

2 Quelques années plus tard, Calvino reprend dans une lettre à Claudio Varese datée du 23 septembre 1984 un jugement déjà exprimé dans *La Repubblica* au mois d'août, cité plus haut : « L'œuvre de Berio jouée à Salzbourg n'a de moi que le titre et rien d'autre à mon avis. Berio n'a aucunement besoin de livrets : il met ensemble, selon ses exigences, des mots de provenances diverses. Il y a quelques années, il m'a envoyé une version du texte qui n'avait quasiment rien de moi – nous ne nous sommes plus contactés par la suite. Je ne suis pas allé à Salzbourg car je n'aime pas qu'il s'obstine à mettre mon nom sur des choses auxquelles je n'ai pas participé. Je n'ai plus entendu la musique qui paraît-il est très belle et je n'ai pas de mal à le croire puisque Berio est un compositeur qui fait des miracles, mais son idée du théâtre est erronée et n'est pas allée au-delà de l'avant-garde d'il y a vingt ans », I. Calvino, *Lettere 1940-1985*, éd. L. Baranelli, introd. C. Milanini, Milan, Mondadori, 2000, p. 1527.

UN RE IN ASCOLTO, TEXTE MÉTATHÉÂTRAL

La composante métathéâtrale est, on l'a vu, d'emblée liée au point de départ du projet, fondé sur la notion d'écoute active telle que la suggère la lecture de l'article « Ascolto » de Barthes, où l'attitude généralement passive du public se transforme en participation active.

Le thème de l'écoute renvoie à la réflexion sur le caractère tragique de la condition humaine, elle est métaphore du questionnement constant de l'homme sur son propre destin et de l'artiste sur le sens de son art. Le théâtre (musical en particulier) met l'accent sur la signification d'une écoute profonde et entend par là favoriser une compréhension plus juste de l'existence.

Toute l'œuvre, dans sa première version, est alors tendue vers une interrogation sur le *logos*, tissée par le motif du chant et de la musique qui représentent ici une potentialité nouvelle de la parole. En effet, c'est grâce au chant de la femme que le roi semble entrevoir une issue, c'est dans la musique qu'il trouve des instruments cognitifs et communicatifs pour lui inédits, lui permettant d'échapper à sa prison existentielle.

Trattamento 1980 est la version où la composante métathéâtrale est la plus explicite. Le texte est paru pour la première fois dans le troisième volume des *Romanzi e racconti* de Calvino, dans la collection *Meridiani*. Il se déploie sur trois niveaux.

Le premier se déroule dans l'esprit du chef d'orchestre en proie à une crise intérieure. L'homme aspire à un théâtre idéal au nom duquel il doit renoncer à tout ce qu'il est, et se dédouble alors en deux personnages. Le théâtre idéal qu'il appelle de ses vœux, sa quête d'une voie d'issue et d'une expression plus juste restent à l'état de désirs frustrés, mais le chef d'orchestre gagne en liberté ; il est l'*alter ego* du roi à l'écoute, parcourant des étapes semblables aux siennes, sur le chemin d'une recherche intérieure et créative.

Le second niveau met en scène un opéra traditionnel, mais vu depuis le plateau, de l'intérieur. Cet opéra se nourrit, suivant les schémas habituels, de conflits d'amour et de pouvoirs ; à la fin, après la tempête qui marque l'acmé de la tension, l'opéra se conclut sur un grand finale, mais le chef d'orchestre, appelé sur scène pour y recevoir les applaudissements du public, a disparu. Le motif de la tempête, clin d'œil à Shakespeare, sera repris par Berio en 1984 pour la représentation à Salzbourg de la version reniée par Calvino.

Le troisième niveau nous représente ce qui advient pendant l'exécution dans les coulisses, derrière le plateau et la toile de fond de scène : le travail des machinistes et de tous ceux qui sont impliqués dans la réalisation du spectacle, métaphore du monde qui s'agite derrière la scène sans interagir avec ce qui s'y passe, demeurant ainsi, une fois le rideau baissé, privé de perspectives.

Trattamento 1980 met l'accent sur les processus de création et sur la capacité du théâtre à questionner la réalité du théâtre ; en montrant la contagion qui s'opère de la scène à la salle, il invite le public à une participation active. Le thème de l'écoute de mots et de sons porteurs de sens constitue une voie possible d'exploration de la réalité, qui ouvre des perspectives multiples dans la structure de l'opéra : l'écoute entre les chanteurs et le chef d'orchestre, entre l'orchestre et le public, entre la scène et le public, entre le chef d'orchestre et le public, tout un éventail d'écoutes reconductibles à ce que Roland Barthes définissait comme le troisième niveau d'écoute, celui de l'inconscient, polysémique et profond. Une écoute qui renvoie à l'exploration profonde de la réalité intérieure et de la vie relationnelle et qui laisse ouvertes, dans un entrelacs d'actions superposables et inachevées, une multitude de possibilités combinatoires, par-delà la sensation d'incomplétude et d'obscurité qui domine dans le texte.

Si ce *Trattamento* a pu inspirer l'opéra de Berio, il ne sera pas non plus utilisé de façon directe par le compositeur.

LES NIVEAUX D'ÉCRITURE : DU LIVRET AU LIVRE

Reste à Calvino la possibilité de revenir au récit selon un procédé contraire à la pratique habituelle, qui va généralement du livre au livret. Proposer un récit intitulé *Un re in ascolto* après l'échec de sa collaboration avec le compositeur constitue en ce sens une sorte de revanche de la force de la parole.

Composé du 5 juillet au 1er août 1984, le texte est publié dans *La Repubblica* des 12 et 13 août dans une version raccourcie ; il ne paraît dans son intégralité que dans le volume posthume *Sotto il sole giaguaro*. Tout se concentre ici sur une écoute que l'absence de dialogues rend métaphysique. Le récit a pour protagonistes la voix qui s'adresse au roi en lui décrivant son existence et la voix d'une femme qui lui insuffle des souvenirs[1]. Il s'agit en effet d'un récit métanarratif. Du moment où le roi est monté sur le trône, il s'est trouvé privé de corps, de matérialité. La voix et le chant incarnent dès lors l'espoir d'une vie plus authentique, la conquête d'un véritable sens à donner à son existence.

Cloîtré entre les murs d'un palais auquel il se sent étranger depuis qu'il a pris le pouvoir, le roi est prisonnier de la salle du trône dont il ne sort jamais parce qu'il n'en a pas besoin, parce que cela affaiblirait son pouvoir et parce qu'aller parmi ses sujets ne convient pas à un roi. C'est donc par l'écoute des voix et des bruits qui lui parviennent de l'extérieur et de l'intérieur du palais qu'il explore la réalité. L'angoisse existentielle se manifeste par la focalisation sur un seul et unique sens – sur les bruits, sur la musique. Les sons ont-ils un sens, semble se demander la voix, racontent-ils une histoire ? La force de la dimension métanarrative s'affirme dans l'interrogation insistante sur le sens des bruits et sur l'histoire, tandis qu'en parallèle l'action se poursuit, au fil d'un récit qui reprend la trame du livret dans ses moments essentiels : la conspiration, le chant de la femme, la fuite du roi dans les souterrains, la libération du roi déchu prisonnier.

À la fin, le roi sort à l'air libre et se retrouve confronté à la réalité nue. Le récit se conclut sur ces mots : « Quelque part, dans un pli de la terre, la ville se réveille, claquant, martelant, grinçant en crescendo. À présent un vrombissement, un fracas, un grondement occupe tout l'espace, absorbe tous les échos, les soupirs, les hoquets[2]… » Ce sont, à peu de choses près, les mêmes phrases qui clôturaient le livret, si ce n'est que les mots y étaient prononcés par l'Écho, sorte de miroir réfléchissant qui répondait aux interrogations du roi. La structure prosodique de la langue demeure, on l'a vu, même si tout dans le récit, en l'absence de

1 Sur le récit, *cf.* S. Perrella, *Calvino*, *op. cit.*, p. 166-170.

2 I. Calvino, « Un re in ascolto », dans *Romanzi e racconti*, vol. 3, *op. cit.*, p. 173 : « Da qualche parte, in una piega della terra, la città si risveglia, con uno sbatacchiare, un martellare, un cigolare in crescendo. Ora un rombo, un fragore, un boato occupa tutto lo spazio, assorbe tutti i richiami, i sospiri, i singhiozzi… »

dimension dialogique, se trouve plus distendu, confié à la seule instance de la voix. Ici, un narrateur interne fait ressortir nettement le thème de l'écoute comme métaphore d'une condition humaine tragique. Cette voix, absolument dénuée de musique et de chant, semble bien renouveler le questionnement sur les potentialités expressives et gnomiques de la musique dans sa rencontre avec la parole.

POUR CONCLURE

Le livret offrait très clairement à Calvino la perspective d'un jeu combinatoire aux possibilités extraordinaires en vertu des potentialités qu'il lui permettait d'explorer, celles de la musique et plus seulement de la parole. Dans son texte *Un re in ascolto* de 1979, jamais mis en musique par Berio, la musique et le chant représentaient des possibilités nouvelles, des voies d'issue par lesquelles échapper à la cage des mots, tout en se trouvant légitimées par leur intégration à une structure narrative portante, riche en significations, indispensable à l'éclairage du sens de l'œuvre dans son ensemble. Or c'est en redonnant vie à la tradition métastasienne, qu'il renouvelle autant qu'il la bouleverse, que Calvino s'interroge sur le sens de l'écriture pour la musique et apporte une contribution originale aux théories qui en ont traité avant lui.

En effet, les vers composés pour *Un re in ascolto* relèvent d'une structure close tout à fait traditionnelle. Le chœur en fête qui ouvre le second acte se compose d'un quatrain d'octosyllabes et de deux quatrains d'heptasyllabes alternés, paroxytons et proparoxytons :

Canta e balla ! Canta e balla !
Non c'è notte senza stelle !
Chi non nuota non sta a galla !
Canta e balla ! Canta e balla !

È sempre festa ! Abbondano
i beni della vita !
Per crearli e distruggerli
fa girare la ruota !
Soffia, vetraio ! I calici

porgi al vino che scorre!
Beviamo, e dopo il brindisi
spezziamo il vetro a schegge.

« Chante et danse ! Chante et danse !
Il n'y a pas de nuit sans étoiles !
Qui ne nage pas ne flotte pas !
Chante et danse ! Chante et danse !

C'est encore jour de fête ! Ils abondent,
les biens de la vie !
Pour les créer et les détruire
fais tourner la roue !
Souffle, souffleur de verre ! Tes calices,
offre-les au vin qui coule !
Buvons, et après avoir trinqué,
brisons le verre en éclats[1]. »

Le chœur des rebelles, dans cette même scène, s'ouvre sur un quatrain d'endécasyllabes plus rares ici, mais se poursuit avec deux quatrains d'heptasyllabes paroxytons et proparoxytons, parfois rimés (en écho à la structure métastasienne) :

Crolli il frontone, crolli l'archivolto
e sgombro il cielo appaia tra le travi.
Si svelli l'inferriata, il muro schianti
e in mezzo alle macerie passi il vento.

Forse un mattino livido
vedrà gli ultimi incendi;
della città stravolta
asciugherà le lagrime.

« Que le fronton, que l'arcade s'écroulent
et que le ciel libre apparaisse entre les poutres.
Que les barrières tombent, que le mur se fracasse
et qu'au milieu des décombres passe le vent.

Peut-être un matin livide
verra-t-il les derniers incendies ;
de la ville bouleversée
il sèchera les larmes[2]. »

1 *Un re in ascolto*, *op. cit.*, p. 741.
2 *Ibid.*, p. 742.

La fidélité à la structure traditionnelle enclenche un véritable mécanisme citationnel et mémoriel permettant de souligner, par contraste, les aspects innovants et sélectifs, la recherche et l'expérimentation sur la langue et sur les sons, propres au XXe siècle mais dont les modalités reprennent ici la contribution novatrice de Boito à l'écriture pour la musique. Reportons-nous ainsi au *Coro dei congiurati* en quatrains d'endécasyllabes qui accompagnait le *Trattamento 1980* : les résidus formels de la tradition s'y mêlent à l'expérimentation verbale, à la technique combinatoire et à l'exploration des potentialités de la parole. Il s'agit bien là d'un défi lancé à la musique, par l'accent toujours mis sur la recherche interne à la parole.

La lama del pugnale nella guaina
sfila ed affila. Affidati al suo filo.
infilzi ? No, defilati. Diffida
dell'ombra. No, dell'ambra. Dell'Alhambra.
All'ombra dell'Alhambra affina il fiuto.
Assembramento infido. Vibra un cobra…

« Désenfile et affile la lame du poignard
dans le fourreau. Confie-toi à son fil.
Tu l'enfiles ? Non, défile-toi. Méfie-toi
de l'ombre. Non, de l'ambre. De l'Alhambra.
À l'ombre de l'Alhambra affine ton flair.
Rassemblement félon. Vibre un cobra[1]… »

La technique combinatoire est poussée à l'extrême sans jamais perdre de vue le sens de l'histoire verbale.

Mais nous ne manquons pas ici de vers plus traditionnels pour démontrer l'extrême ductilité qui exalte sans cesse les potentialités de la parole. Ainsi, dans le premier acte de *Per « Un re in ascolto » di Berio*, les vers du chant de la femme qui séduit le roi ont recours, dans leur jeu combinatoire même, à des images topiques de la tradition poétique et opératique, sur lesquelles le texte revient à plusieurs reprises, comme dans une obsession citationnelle et dans un jeu expérimental portés au plus haut degré :

Una luna che splende ed una luna
piena di buio corrono nel cielo.

1 *Ibid.*, p. 758.

Bocca che morde e bocca che sorride
balenano nascoste sotto il velo.

« Une lune qui resplendit et une lune
pleine d'obscurité courent dans le ciel.
Bouche qui mord et bouche qui sourit
étincellent cachées sous le voile[1]. »

Silvia TATTI
Université de Rome – La Sapienza

Traduction de Céline FRIGAU MANNING et Eleonora VISCIGLIO

1 *Ibid.*, p. 739.

SIXIÈME PARTIE

DE L'AUTRE CÔTÉ DU MIROIR

JEU, MISE EN SCÈNE ET RÉCEPTION

DES PERSONNAGES EN QUÊTE D'UN PUBLIC ?

Pirandello sur les scènes françaises

Ce texte émane de la table ronde qui clôturait, le 10 novembre 2013 sur la scène de la Colline – Théâtre national, le colloque international « Le miroir derrière le rideau » organisé en l'honneur de Françoise Decroisette[1].

Isabelle Moindrot réunissait autour de la table Huguette Hatem, Myriam Tanant, Stéphane Braunschweig et Anne-Françoise Benhamou pour partager leurs expériences de mise en scène, de dramaturgie ou de traduction de pièces pirandelliennes, ainsi que leurs souvenirs de spectateurs.

Isabelle Moindrot

Je voudrais dire pour commencer à quel point je trouve émouvant que des universitaires soient réunis autour d'une table sur une scène de théâtre – car tous, autant que nous sommes, apparaissons souvent comme de véritables personnages, emmurés dans nos obsessions, êtres inaboutis, parfois. Et c'est une vraie générosité de la part d'un théâtre que de nous accueillir et de nous faire parler sur une scène. Je profite de l'occasion pour remercier Stéphane Braunschweig et toute son équipe de nous permettre de poursuivre ici la réflexion.

Il est bon de se souvenir que c'est avec les *Six personnages en quête d'auteur* que les Français découvrirent Pirandello. Charles Dullin avait déjà, en 1922, porté à la scène *La Volupté de l'honneur*, mais c'est avec

1 Ce colloque, organisé dans le cadre d'un projet Labex Arts et Médiations humaines (Arts-H2H), s'est déroulé du 8 au 10 novembre 2013 avec le soutien du Labex, du Laboratoire d'études romanes (EA 4385) et de l'équipe Scènes du monde, Création, Savoirs critiques (EA 1573) de l'université Paris 8, en partenariat avec l'INHA et la Colline – Théâtre national.

la création mémorable des *Six personnages* par Georges Pitoëff en 1923[1] qu'une longue série commence, qui va remettre en cause les fondements de la représentation théâtrale en Europe et en France en particulier.

Je vais céder la parole tout de suite à Huguette Hatem qui dispose d'une triple expérience de traductrice, d'enseignante et de comédienne pour nous parler des mises en scène de Pirandello en France.

Huguette HATEM

Ces murs sont habités par les ombres des personnages qui depuis plus de trente ans hantent ces lieux, et récemment, par celles des *Six personnages en quête d'auteur* de Luigi Pirandello dans la mise en scène de Stéphane Braunschweig[2].

Cette œuvre fondamentale (sans doute la pièce italienne la plus jouée sur nos scènes françaises avec *La locandiera* de Goldoni) apporte une réflexion nouvelle sur l'essence du théâtre. En la montant régulièrement depuis sa création, metteurs en scène et comédiens s'interrogent sur le couple réalité-fiction, thème cher à l'auteur, ici développé à travers la problématique du théâtre dans le théâtre. Il me semble qu'en ce sens traduire Pirandello demande une attention particulière, car au-delà des mots, c'est toute une pensée compliquée qu'il faut *délabyrinther*.

Avant de traduire Pirandello, et en particulier *Six personnages en quête d'auteur*, je me suis approchée progressivement de son théâtre. D'abord en tant qu'enseignante, puis comédienne, et enfin traductrice et dramaturge. En 1970, j'ai joué *L'Amie de leurs femmes*, dans la mise en scène d'André Steiger, pièce au discours énigmatique où s'exaspèrent les passions de personnages torturés, où le refoulement du désir l'emporte. Marta, l'amie de leurs femmes (Claire Versane), cherche apparemment le bonheur de ses amies, mais provoque leur malheur. La traduction était de Michel Arnaud. André Steiger avait une mémoire prodigieuse, citant par cœur des passages entiers de livres divers. Les deux premières semaines de répétitions, il changeait tous les jours la position sur scène des dix-huit acteurs et leurs déplacements, défaisant ce qu'il avait demandé la veille

1 J. Jomaron-Leyvastre, *Georges Pitoëff metteur en scène*, Lausanne, L'Âge d'homme, 1979, p. 137.

2 L. Pirandello, *Six personnages en quête d'auteur*, adaptation, mise en scène et scénographie S. Braunschweig, création au festival d'Avignon le 9 juillet 2012, reprise du 5 septembre au 7 octobre 2012 à la Colline – Théâtre national, Paris.

et les jours précédents. Il se souvenait toujours des différents parcours de chacun. Cette mobilité était une façon, nous expliquait-il, de créer pour chaque acteur un passé pour son personnage en lui fabriquant, au cours du travail, une mémoire spatiale.

En 1973, Gabriel Garran montait *Liolà*, une pièce agreste et dionysiaque, au théâtre de La Commune d'Aubervilliers. Nous en avions assuré ensemble la traduction. C'est une histoire où s'affrontent deux forces antagonistes : le pouvoir par l'argent (le vieux paysan impuissant), et le pouvoir par la jeunesse et la sexualité affirmée (Liolà engrosse les filles du village et garde les enfants qu'il traîne derrière lui en chantant). La nombreuse distribution comprenait Philippe Léotard dans le rôle-titre, Nathalie Baye dont c'était le premier rôle au théâtre, René Faure, Coline Serreau ou encore Andrée Tainsy. Nous avions choisi la version sicilienne, celle de 1916, plus âpre que la version italienne qu'écrivit Pirandello en 1917 (qu'il modifia encore pour la première édition de 1927, puis pour celle de 1937).

Auparavant, en 1967, Sacha Pitoëff préparait sa mise en scène d'*Henri IV* d'après les notes de son père et dans la traduction de Benjamin Crémieux, et s'interrogeait sur l'exactitude du texte français. Nous avons vérifié ensemble certains passages. La traduction était exacte, mais le raisonnement, difficile à suivre – puisque c'est celui d'un fou, ou d'un homme qui se fait passer pour un fou. Il m'est apparu alors combien le travail du traducteur pouvait se rapprocher de celui de l'acteur, et combien il était important de travailler avec les metteurs en scène pour les accompagner dans leur vision du spectacle. Je me suis aussi demandé d'où venait cette difficulté de mettre en forme certains dialogues d'auteurs italiens, surtout lorsqu'ils ont d'abord écrit dans leur dialecte. Sont-ils encore influencés par le rythme de leur dialecte, même quand ils choisissent d'écrire en langue toscane ? Une autre raison tient peut-être à ce que l'Italie n'est pas passée comme la France par le moule du cartésianisme puis du classicisme : « Ce qui se conçoit bien s'énonce clairement », nous a-t-on appris à l'école, « et les mots pour le dire viennent aisément ». Pirandello avait-il eu, par ailleurs, vent des nouvelles investigations de la psychologie des profondeurs ? On sait qu'il s'était intéressé très tôt au psychodrame de Moreno[1]. Et ses personnages

1 *Cf.* A. Bouissy, « Révolution dramaturgique de Pirandello et psychodrame de Moreno », *Lectures pirandelliennes*, Abbeville, Paillart, coll. « Centre de Recherches de l'université de

s'expriment alors, comme le souhaite l'auteur, d'une façon embrouillée. Parfois, entre le début et la fin d'une phrase se glisse une autre idée, non exprimée, à laquelle répond la fin de la phrase... Il nous manque alors un chaînon.

J'ai souvent rencontré ce cas de figure chez l'un des grands admirateurs de Pirandello, Eduardo De Filippo, qui a, du reste, écrit une pièce avec l'auteur sicilien et que même un de ses personnages convoque. Prenons un exemple dans *L'Art de la comédie* (1964). Le Préfet, nouvellement arrivé dans une petite ville où il ne connaît encore personne, met grossièrement à la porte un pauvre directeur de troupe, Campese, qui venait l'inviter à son spectacle. Pour se venger, celui-ci menace d'envoyer ses comédiens à la place des administrés que le Préfet doit recevoir le jour même. De Filippo en profite pour faire un clin d'œil à Pirandello : « Envoyez-moi vos personnages en quête d'auteur », dit le Préfet, « ils seront bien reçus ». Campese répond alors : « Pirandello n'a rien à voir ici, Excellence, nous n'avons pas traité de l'être et du paraître... Ce ne sont pas des personnages en quête d'auteur mais des acteurs en quête d'autorité ». À la fin de la pièce, un homme qui se dit pharmacien rend visite à la préfecture. Il a un malaise et meurt devant le préfet catastrophé. Or on ne sait si cet homme qui vient de mourir est le vrai pharmacien (c'est-à-dire un administré du Préfet), ou un faux pharmacien, comédien de la troupe de Campese.

> CAMPESE
>
> Il y a un homme, Excellence, dont nous ne pouvons pas dire s'il est mort ou s'il fait semblant.
>
> Que cet homme soit un vrai pharmacien ou un faux, quelle importance.

On s'attendrait maintenant à ce que Campese dise : « L'important est de savoir s'il est vivant ou mort. » Or cette phrase est sous-entendue, et le texte continue ainsi : « Quand un personnage meurt dans une fiction théâtrale cela veut dire qu'il y a eu ou qu'il y aura une vraie mort quelque part dans le monde. »

Entrer dans un rôle consiste en partie à rechercher et rétablir des chaînons manquants – ce que les acteurs appellent le sous-texte. Le traducteur (à moins qu'il ne s'agisse d'une réécriture ou d'une adaptation)

Paris VIII-Vincennes », 1978, p. 275-290.

est lié à un texte qu'il ne peut pas modifier. Il doit cependant essayer de suggérer, lorsqu'il le peut, la présence virtuelle du sous-texte.

La traduction de la pièce *À chacun sa vérité*, montée en 2003 par Bernard Murat, nous a posé aussi différents problèmes d'interprétation. Dans cette œuvre, Pirandello s'écarte du courant dominant de la rationalité et s'approche d'une vérité basée sur le dualisme. Il est, en effet, aussi indécidable de déchiffrer les sentiments sans cesse en mutation que forment les habitants de la petite ville où se déroule l'histoire, que de repérer les identités des trois membres de la famille dont le comportement heurte la sensibilité de ces représentants de la normalité sociale.

Avant d'en venir aux *Six personnages*, j'évoquerai *Le Jeu des rôles* par René Loyon au Théâtre 13 à Paris en 1999, avec Jean-Claude Durand, dans la traduction d'André Bouissy, et dont j'assurais la dramaturgie. Or dans les *Six personnages en quête d'auteur*, c'est justement *Le Jeu des rôles* que les acteurs répètent avant l'arrivée incongrue des Personnages, en maugréant contre l'auteur. Pirandello se cite en se moquant de lui-même lorsque les Acteurs n'arrivent pas à comprendre la pensée de leur auteur :

> LE DIRECTEUR
>
> Que voulez-vous que j'y fasse s'il ne nous arrive plus de France une seule bonne pièce et si nous sommes réduits à monter celles de Pirandello auxquelles on ne comprend pas grand-chose !

J'ai vu pour la première fois *Six personnages en quête d'auteur* avec Fernand Ledoux et Catherine Sellers (qui reprenait le rôle de Maria Casarès pour la tournée), en 1967, dans la traduction de Benjamin Crémieux et la mise en scène de Julien Bertheau qui apportait une force sauvage à la Belle-Fille. Un an plus tard, Jean Mercure choisit la pièce pour l'ouverture du Théâtre de la Ville et utilise la même traduction ; Anne Doat, plus victime que révoltée, jouait la Belle-Fille aux côtés de Jean Mercure, le Père. Puis Jean-Pierre Vincent monta la pièce, traduite par Michel Arnaud, à l'Odéon en 1986, dans des costumes 1920 et avec Ugo Tognazzi dans le rôle du Père. Ce grand acteur italien, avec sa voix de baryton-basse et son léger accent, apportait tant de charme au personnage qu'il finissait par donner une image valorisante de ce Père pitoyable. Dans cette mise en scène plutôt réaliste, les personnages apparaissaient et disparaissaient, très vite, comme des ombres.

En 2006, j'ai pu voir la pièce en italien à l'Athénée dans une mise en scène de Carlo Cecchi qui jouait le Père. Il précisait alors dans le programme de salle :

> Dans mon spectacle, les acteurs qui sont en train de répéter les *Six personnages en quête d'auteur* jouent, bien sûr, les acteurs d'aujourd'hui qui sont en train de répéter une vieille comédie mais, en même temps, ils jouent les acteurs de 1921 qui étaient en train de répéter *Le Jeu des rôles*. [...] L'oscillation ambiguë entre ces deux niveaux [...] défait le mécanisme intellectuel de la pièce et en exalte sa structure, sa force théâtrale[1].

La même année, Stéphane Braunschweig mettait en scène *Vêtir ceux qui sont nus*. Lorsqu'il revient à l'auteur sicilien six ans plus tard, c'est pour l'inscrire, lui aussi, dans l'actualité du théâtre. Il précise sa pensée dans le cahier-programme de la Colline :

> D'abord, les six personnages arrivent sur la scène d'un théâtre d'aujourd'hui. Ils interrompent un metteur en scène et quatre acteurs qui, dans une situation de crise, débattent sur ce qu'ils doivent faire : quels textes monter, que faire de la notion de personnage, y a-t-il ou non nécessité d'une fiction ? En amont des répétitions, j'ai proposé à mes acteurs d'improviser sur cette situation en y exprimant leurs propres questionnements et leurs propres doutes, ce qui m'a permis d'écrire un nouveau prologue[2].

À partir d'un travail d'improvisation avec ses acteurs, le metteur en scène a réécrit le début de la pièce ; leur texte remplace celui de la répétition du *Jeu des rôles*. Stéphane Braunschweig s'inspire par ailleurs de l'adaptation pour le cinéma que Pirandello écrivit quelques années après la pièce. Il introduit également des extraits de nouvelles où les personnages se présentent à Pirandello ainsi que des images tournées en vidéo. Le spectacle est visuellement très beau, et l'on ne pourra pas oublier la superbe apparition de Madame Pace (Annie Mercier), émanation de la pensée des Personnages, écrasant de sa grandeur virtuelle jusqu'au public de la salle.

En 1997, Jorge Lavelli m'a demandé de faire une nouvelle adaptation des *Six personnages*[3]. C'était son premier spectacle après son départ

1 Programme de la pièce jouée en italien à l'Athénée du 12 au 16 décembre 2006.

2 « Entretien avec Stéphane Braunschweig », réalisé par J.-F. Perrier, cahier-programme de la pièce jouée à la Colline – Théâtre national du 5 septembre au 7 octobre 2012.

3 L. Pirandello, *Six personnages en quête d'auteur*, texte français H. Hatem, *L'Avant-Scène Théâtre*, n° 1018, 1997.

du Théâtre de la Colline dont il avait été pendant dix ans le premier directeur. Le spectacle a été créé au TNP de Villeurbanne, repris à Paris au théâtre de l'Eldorado (actuellement Comédia). Michel Duchaussoy jouait un père cauteleux et plein de remords, Elsa Zilberstein une vamp devenue prostituée après avoir mal tourné, Dominique Pinon un directeur dépassé par les événements. Maïté Nahir apportait à Madame Pace une démesure baroque. Nous avons choisi la première version de la pièce, celle de 1921 (version également adoptée en Italie par Orazio Costa en 1946 et en 1953 par Giorgio Strehler). De la première version, nous avons retenu essentiellement l'agencement des scènes : ainsi, la grande scène du bassin avec la Belle-Fille et la Fillette se situe, dans la première version, tout de suite après la première interruption demandée par le Directeur, et avant même l'apparition de Madame Pace. Elles sont seules en scène avec l'adolescent qui les suit à distance ; les acteurs et les personnages ne sont pas présents comme dans la version suivante. Autre modification importante : à la fin de la pièce, le Fils parle, alors qu'il reste muet dans les versions suivantes. Nous avons cependant retenu certaines modifications apportées en 1925 au dialogue, souvent plus fluide que dans la version de 1921. Car les *Six personnages* ont subi de nombreuses modifications de texte et de structure, du vivant même de Pirandello[1]. Et comme le précise Jorge Lavelli dans le programme de salle du TNP : « L'apparition des six personnages a inspiré toutes les têtes dialectiques du théâtre. Le tragique est le fruit de nos propres terreurs. L'auteur nous les livre pour nous proposer un chemin : Fiction réalité. Réalité fiction[2]. » Ainsi la pièce suscite à chaque époque de nombreuses interrogations. Elle peut, comme un personnage – pour reprendre l'une des répliques visionnaires que Pirandello attribue au Père – « parfois, acquérir une signification que son auteur n'a jamais songé à lui donner[3] ». Et c'est le propre de ce grand théâtre, désormais classique, de nous permettre de découvrir de nouvelles résonances.

Quant au traducteur, gardien du texte, il se doit d'être à l'écoute du metteur en scène et des interprètes qui, dans la chaîne de transmission, auront toujours le dernier mot.

1 *Cf.* A. D'Amico, « Notizia », L. Pirandello, *Sei personaggi in cerca di un autore*, dans *Maschere nude*, *op. cit.*, vol. 2, p. 621-650.

2 J. Lavelli, *Six personnages en quête d'auteur*, programme, pièce jouée au TNP-Villeurbanne du 9 octobre au 8 novembre 1997.

3 L. Pirandello, *Six personnages en quête d'auteur*, *op. cit.*, p. 38.

Isabelle MOINDROT

Merci beaucoup, Huguette Hatem, pour ce concentré qui nous a permis de traverser l'œuvre de Pirandello dans ses manifestations scéniques et dans l'art du traducteur.

Je vais tout de suite poser une question à Stéphane Braunschweig : comment est-ce que vous avez réalisé la traduction, l'adaptation de cette œuvre qui est complètement nouvelle dans son approche ? Est-ce que vous êtes allé chercher du côté de la première version ou de la seconde ? Est-ce que vous vous êtes inspiré des éléments qui ont été apportés dans les mises en scène successives, ou est-ce que c'est vraiment prendre position dans le monde contemporain, pour dire quelque chose sur l'état actuel du théâtre, qui vous a mobilisé ?

Stéphane BRAUNSCHWEIG

Je voulais monter cette pièce depuis longtemps, j'y pensais depuis au moins quinze ans. Plusieurs fois, je me suis dit : « il faut que je monte cette pièce ». Mais à chaque fois, je résistais sur le fait que, même si la pièce est à la fois fascinante dans sa structure (c'est quand même une idée extraordinaire que de voir débarquer sur le plateau des personnages qui demandent à être écrits), ce monde du théâtre qui est décrit par Pirandello apparaît vraiment daté : c'est le théâtre de 1920 qui ne nous concerne plus beaucoup. D'autant que Pirandello profite de la pièce pour faire la satire de ce monde du théâtre dans lequel il vivait, satire qui n'a plus beaucoup de sens aujourd'hui. Je me disais par ailleurs : « C'est vrai qu'il y a trois rôles extraordinaires, plus deux si on compte la mère et le fils, mais les autres, vraiment, ils n'ont rien à faire ! » Et cet aspect très hiérarchisé de la distribution renvoyait lui-même à ce théâtre bourgeois conventionnel dont Pirandello faisait la satire.

Alors je me suis dit une chose très simple : « Et si on réécrivait les parties du "théâtre", celles qui concernent les acteurs, le metteur en scène ? » Autant ce que disent les personnages est extrêmement écrit, autant on sent bien que le reste est un peu anecdotique, peut se modifier, se réimproviser. Il y a aussi un souvenir de *Commedia dell'Arte* derrière cela ; l'idée que sur le même canevas on pourrait réimproviser, réécrire.

Nous sommes donc partis de cette idée : « Laissons tomber ce qui se raconte du strict point de vue des acteurs, et gardons ce qui se raconte du point de vue des personnages. » Sachant qu'évidemment, à un moment donné, certains dialogues entre le metteur en scène et les personnages devraient être aussi un peu réadaptés et réécrits, puisque si on transpose la pièce dans un monde du théâtre d'aujourd'hui avec des questionnements esthétiques d'aujourd'hui, tout ce qui concerne l'illusion théâtrale par exemple, l'idée que le théâtre doit produire de l'illusion, déjà depuis Brecht, est devenue une idée, sinon caduque, pour le moins problématique… Il y a quand même beaucoup d'eau théâtrale qui est passée sous les ponts depuis 1920. Et en même temps, c'est vrai que cette question de l'illusion travaille de l'intérieur les personnages. C'était donc un jeu un peu complexe.

Nous sommes partis d'improvisations. J'ai réuni ceux qui auraient à jouer le metteur en scène et les acteurs dans la pièce, et nous avons improvisé sur le thème : « Voilà, on est une troupe de théâtre aujourd'hui, qui monte habituellement des pièces, y compris des pièces de Pirandello, et qui se demande quel sens cela a encore à l'ère du théâtre postdramatique. » Qu'est-ce qu'on fait du texte, qu'est-ce qu'on fait de l'auteur, qu'est-ce qu'on fait de la notion de personnage ? Nous avons donc improvisé sur des thématiques qui recoupent les questions que les gens de théâtre se posent aujourd'hui, qu'ils soient du côté d'un théâtre de texte, ou d'un théâtre qui justement refuse la primauté du texte sur la représentation.

Ensuite, j'ai réécrit, remis en forme ces improvisations, et j'ai retraduit la pièce en la réadaptant au fur et à mesure, en restant, quand je le pouvais, le plus fidèle possible à l'original, et en ne changeant que ce qui par endroits pouvait poser problème pour l'articulation entre cette troupe de théâtre d'aujourd'hui et ces personnages de 1920[1]. Il y a donc toute une partie de la pièce qui est réécrite, mais je pense qu'environ 80 % de l'original est resté.

Pour ce qui est de la traduction, je suis naturellement reparti de l'italien et essentiellement de la version de 1925, que je trouvais plus forte du point de vue de la langue. J'ai essayé d'être très fidèle, j'ai simplement parfois un tout petit peu simplifié. En français, Pirandello peut sonner un peu sophistiqué, parce qu'il y a beaucoup d'incises, de digressions, de mots qui se reprennent ; cela a parfois l'air très compliqué. Mais

1 L. Pirandello, *Six personnages en quête d'auteur*, adapté par S. Braunschweig, suivi de L. Pirandello et A. Lantz, *Six personnages en quête d'auteur, histoire pour l'écran*, Besançon, Les Solitaires intempestifs, 2012.

quand on le lit en italien, au contraire, c'est très oral et très vivant : ce sont des gens qui cherchent leurs mots, qui cherchent à s'expliquer et formulent des idées en tâtonnant. La traduction doit tenter de rendre ces mouvements de pensée, l'élaboration au présent du discours, et c'est alors beaucoup moins intellecteul qu'on ne croit. Je me suis donc permis parfois d'enlever une chose ou deux, de petits mots, des choses qui semblaient alambiquées en français, pour essayer de retrouver ce que j'entendais dans la parole.

Isabelle MOINDROT

Est-ce que ce travail a été nourri par d'autres lectures – c'est à la dramaturge, Anne-Françoise Benhamou, que je souhaiterais ici m'adresser –, par de grands textes littéraires qui vous préoccupent, que vous avez déjà travaillés, et qui reviendraient ainsi, d'une façon récurrente, nourrir ce travail spécifique sur Pirandello ?

Anne-Francoise BENHAMOU

Le point d'appui principal a sans doute été le travail que nous avions déjà fait sur *Vêtir ceux qui sont nus*[1]. Ce que ces deux pièces ont en commun, c'est cette espèce de noyau de mystère sur lequel elles sont bâties. L'écriture dramatique de Pirandello s'organise comme une lutte du théâtre avec une sorte de centre brûlant qu'il ne cesse d'essayer d'approcher, de toucher. Ce qui est de l'ordre de la structure dans *Vêtir* est thématisé dans *Six personnages* jusqu'à devenir le propos même de la pièce, puisque tout au long on voit les Acteurs et les Personnages échouer à représenter la vie, comme si elle était une énigme que le théâtre n'arrive jamais, malgré ses efforts répétés, à exhiber totalement.

Dans *Vêtir ceux qui sont nus*, le noyau impénétrable – le secret d'Ersilia – produit énormément de théâtre et, en même temps, disqualifie la possibilité du théâtre. Cette tension existe aussi dans *Six personnages*, où le cœur brûlant du drame des personnages est à l'origine de ce qui les conduit vers le théâtre, mais où l'on voit aussi que le théâtre qui en

1 L. Pirandello, *Vêtir ceux qui sont nus*, mise en scène S. Braunschweig, trad. G. Herry, création le 5 janvier 2006 et du 20 au 23 septembre 2006 au TNS de Strasbourg, reprise du 7 au 24 novembre 2006 au Théâtre de Gennevilliers à Asnières.

sort ne convient jamais : il est impossible à la scène d'élucider la part opaque du vécu. C'est sans doute cette sensation de l'incapacité du théâtre à répondre au réel qui nous a conduits à imaginer cette troupe contemporaine en plein désarroi artistique – en crise, en panne.

Au fond, la pièce entière met en œuvre un désarroi par rapport au théâtre et à ses pouvoirs. C'est pourquoi pour moi, dès le début, un des points irradiants du texte, une de ses énigmes les plus excitantes, était cette fameuse « non-scène » entre le Fils et la Mère dont il est question tout au long du troisième acte. Cette scène qui n'a pas eu lieu, qu'on voudrait faire jouer, que le Fils refuse de jouer – cette scène au contenu très mystérieux qu'on ne peut que conjecturer et dont les Personnages (hormis le Fils) disent qu'elle aurait pu tout sauver si elle avait eu lieu. Mais voilà, le plus profond de la vie ne se laisse pas attraper par le théâtre, par les mots, le sens terminal et rédempteur, s'il existe, reste hors d'atteinte...

Ce Fils me semblait un personnage particulièrement touchant par sa façon d'être impliqué malgré lui dans une pièce dont il dit tout le temps qu'il ne veut pas en faire partie. D'emblée, il m'a évoqué Hamlet, un personnage qui entre en scène en disant : « mais moi, je n'en suis pas », et qui résiste tout le temps à la pièce.

Nous avons aussi travaillé à partir du synopsis à moitié écrit du scénario que Pirandello a tiré de sa propre pièce bien après l'avoir écrite, en 1929. Le film n'a jamais été réalisé, mais cette réinterprétation de son texte par l'auteur est passionnante. Dans ce scénario un peu étrange, c'est lui, l'auteur, qui se confond avec le personnage du Père. Malgré sa brièveté, ce texte donne sur certains points plus d'éléments fictionnels que la pièce, notamment sur l'histoire du Père et de la Mère. Elle regarde le Père comme un homme très étrange, et raconte la bizarrerie de leur vie : une des images qui nous a frappés, c'est celle du Père enfermé dans son bureau et qui regarde un crâne. Où surgissait évidemment la figure d'Hamlet et surtout l'idée qu'au fond, c'étaient la mélancolie, le scepticisme, l'impossibilité, finalement, d'établir une vérité – tous ces thèmes hamlétiens – qui étaient à l'origine du rapport du Père à la vie et notamment du rapport du Père à sa femme, et du fait qu'il la répudie, alors même qu'il n'y a rien entre le secrétaire et elle, seulement son fantasme à lui, le mari, qu'il pourrait ou devrait y avoir quelque chose... Cette mélancolie, ce scepticisme qui déclenchent la crise pathologique de jalousie renvoyaient aux grands personnages shakespeariens, comme Léontès dans *Le Conte d'hiver* ou encore Othello.

Il y avait donc ce thème hamlétien un peu en suspens, et nous avions la chance, par-dessus le marché, d'avoir dans notre distribution Christophe Brault, qui a joué le rôle d'Hamlet, pour interpréter l'Acteur de la troupe qui joue le rôle du Père. Il connaît parfaitement la pièce de Shakespeare, et une fois qu'on s'était lancés sur cette piste, repérait immédiatement le moindre frisson hamlétien dans la pièce de Pirandello. Pour avoir traversé le rôle d'Hamlet comme acteur, il était un vrai résonateur à cette problématique dramaturgique.

Les échos avec *Hamlet* ne cessaient de surgir : comme Hamlet, la Belle-Fille dit en entrant que son père est mort il y a deux mois, qu'on en porte encore le deuil, elle défend sa mémoire contre l'autre homme de sa mère ; ou encore, on s'aperçoit à la fin de la pièce que l'Adolescent et la Petite Fille sont des spectres, et des spectres effrayants qui renvoient les autres à leur culpabilité. Enfin, la nécessité de la mise en théâtre de l'histoire familiale, pour la Belle-Fille, ce qui fait qu'elle veut tant jouer la scène, est le désir de produire la faute du Père, de jouer une scène qui soit comme une *preuve* à charge… De prendre au piège du théâtre la conscience du roi, comme dit Hamlet.

Là surtout où l'œuvre rencontrait *Hamlet*, c'était dans son rapport à un scepticisme philosophique qui a souvent été au cœur de notre travail. Nous avons souvent choisi des textes qui se développent comme un mouvement d'explicitation, d'extériorisation, d'interprétation, et qui butent violemment sur l'impossibilité de fonder le rapport au monde sur une vérité. C'est une des caractéristiques des pièces d'Ibsen, et d'une certaine façon de celles de Kleist – ce sont des textes qui essaient de produire une élucidation et qui racontent qu'il y a échec : plus on essaie d'élucider, et plus on voit que c'est inélucidable.

Toute la pièce de Pirandello est prise dans ce mouvement. Ce n'est donc pas tout à fait par hasard que nous avons démarré par des gens qui sont en panne par rapport au théâtre. Je trouve très touchante cette espèce d'ambivalence fondatrice de l'œuvre de Pirandello par rapport au théâtre. Et très troublante aussi l'idée, suggérée dans *Six personnages*, que quand il finit par se produire sur la scène quelque chose qui touche la vérité, c'est le contraire d'une catharsis… Parce que quand les Personnages finissent par faire ressurgir le point le plus douloureux de leur drame, à la fin, quand leur culpabilité profonde éclate autour de la mort des deux enfants, loin d'en être allégés, libérés, ils en sont accablés ; et ils sortent de scène comme pour rejoindre une damnation éternelle… Ce dispositif anticathartique est un thème assez tragique quand on fait du théâtre.

Isabelle MOINDROT

C'est aussi un thème important dans l'histoire du théâtre. Peut-être pourriez-vous, Stéphane Braunschweig, développer cette question du désarroi contemporain du théâtre devant le texte et devant l'auteur. Quel est le statut de l'auteur pour vous, dans votre pensée de la théâtralité contemporaine ?

Stéphane BRAUNSCHWEIG

Au fond, je pense que la question de l'auteur est la pierre de touche, ou la ligne de fracture entre beaucoup de choses qui se font aujourd'hui. Est-ce qu'on considère, quand on monte une œuvre de théâtre, que le texte existe en soi, détaché des autres œuvres de l'auteur, ou qu'il représente un moment dans le parcours d'un auteur ? Est-ce qu'on considère, quand on monte un texte, qu'on en fait ce qu'on veut et que c'est un matériau à disposition, ou est-ce qu'on le regarde aussi comme le projet d'un auteur ? Sachant bien évidemment que le projet d'un auteur est aussi à déceler dans l'inconscient de l'auteur : est-ce qu'on considère que le texte est structuré par un psychisme, avec ses parties conscientes, ses parties inconscientes, ou est-ce que cela n'a finalement aucune importance ?

Cette question se pose quand on monte une pièce d'un auteur, mais elle peut aussi se poser pour des spectacles où on fait des collages de textes, des réinterprétations, des réécritures, etc. Au fond, j'ai l'impression qu'aujourd'hui la différence, ou la ligne de fracture, est moins entre les gens qui montent du texte et les gens qui n'en montent pas, qu'entre les gens qui se mettent en dialogue avec un auteur et ceux qui ne s'y mettent pas. C'est-à-dire qu'on peut ne pas monter le texte d'un auteur, faire une totale réécriture, et être quand même en dialogue avec Shakespeare, par exemple. Ainsi, dans le travail de Vincent Macaigne d'après *Hamlet*, qu'on aime ou qu'on n'aime pas, je pense qu'il y a un vrai dialogue avec Shakespeare. Shakespeare existe. Nous avons organisé un débat intitulé « Les personnages existent-ils[1] ? », mais on peut aussi demander : « Les auteurs existent-ils ? » Dans le travail de Macaigne, Shakespeare existe. Paradoxalement, je ne suis pas sûr que quand Ostermeier monte Ibsen (malgré la qualité de ses spectacles), Ibsen existe. Pourtant, il monte bien le texte, certes en le coupant, en l'adaptant un peu, mais je ne suis pas sûr qu'il touche à quelque chose de fondamental chez Ibsen. Ce n'est pas tant Ibsen qui l'intéresse que ce dont parle Ibsen : les bloquages d'une société, le poids des normes. Mais les contradictions intimes, la folie propres à Ibsen, il les laisse de côté. Du coup, en quelque sorte, l'auteur manque.

Quand je monte une pièce, avec Anne-Françoise Benhamou, nous avons l'habitude d'ouvrir la pièce aux autres pièces de l'auteur. C'est d'ailleurs l'une des raisons pour lesquelles je reviens toujours aux mêmes auteurs. Quand on met un doigt dans une œuvre, elle nous emporte la main. Je me souviens que lorsque nous montions Shakespeare, nous nous disions toujours que le mettre en scène, c'était faire sentir sa présence derrière les fictions qu'il nous propose. Cela ne veut pas dire qu'on doit être respectueux de l'œuvre et de l'auteur, qu'on ne les trahit pas, ce n'est pas le problème. La question est de savoir si on développe un rapport avec une altérité. Et avec un univers psychique qui n'est pas le nôtre et dans lequel, avec lequel, on va dialoguer. Quitte à ce que ce rapport soit irrévérencieux, polémique, insolent…

C'est pourquoi dans *Six personnages*, à un moment donné, et avec humour, le metteur en scène dit : « bon, alors on garde l'auteur mais on ne garde pas le texte ». Parce qu'on peut garder l'auteur mais ne pas garder le texte. Et on peut garder le texte mais ne pas garder l'auteur… Voilà où j'en suis aujourd'hui. C'est pour cela que je me suis permis, au grand dam de beaucoup de gens de la critique, de réécrire un peu Pirandello. Mais franchement, j'ai l'impression d'avoir plutôt retrouvé Pirandello dans ce geste-là que de l'avoir évacué.

1 « Les personnages existent-ils ? », rencontre animée par M. Vignard, avec P. Bayard et S. Braunschweig, à la Colline – Théâtre national, 24 septembre 2012, en ligne : www.colline.fr/Radio/RENCONTRE_les_personnages_existent_ils_24_sept_2012.mp3 (consulté le 5 août 2016).

Isabelle Moindrot

C'est vraiment passionnant de voir que l'auteur est une créature virtuelle et non pas un être réel comme vous et moi : c'est quelque chose d'un peu plus que nous tous. Mais peut-être puis-je poser la question maintenant à Myriam Tanant, est-ce que les acteurs aussi sont des créatures virtuelles ? Et lesquelles de ces créatures virtuelles ont contribué à nourrir votre imaginaire ?

Myriam Tanant

Je viens d'entendre des propos passionnants sur le travail qui a été mené à partir des *Six personnages en quête d'auteur* et je partage l'idée que l'auteur peut être virtuel. Pour répondre à votre question, j'ai envie de dire que les acteurs ne le sont pas mais qu'ils le deviennent dans le temps quand ils hantent notre imaginaire et notre mémoire. Aussi, je vais convoquer ici mes souvenirs de spectatrice : exercice périlleux, comme on sait, car que valent-ils au bout d'un certain nombre d'années ? Que se rappelle-t-on d'un spectacle, d'un acteur ? Et pourtant, des chocs que l'on a éprouvés au théâtre, émergent du fond de l'oubli quelques fulgurances que François Régnault synthétise par le terme de clou[1]. Le clou, c'est en effet l'image ou le mot, ou le geste qui condense dans l'instant toute l'intensité d'une scène, qui accroche le plus l'attention. En ce qui concerne les interprétations de Pirandello, ma mémoire s'est focalisée sur les personnages féminins et leurs interprètes qui ont toutes été le clou du spectacle. Je me souviens (il est vrai qu'on ne peut plus dire cela sans penser à Georges Pérec) de Delphine Seyrig interprétant Donata Genzi, l'actrice vouée tout entière à son art, dans la pièce *Se trouver* mise en scène par Claude Régy au Théâtre Antoine en 1966[2]. C'était la première fois que cette pièce était jouée sur une scène française et ce fut ma première approche scénique d'un texte de Pirandello. J'y étais allée pour entendre la pièce mais surtout pour voir Delphine Seyrig. Quelques années plus tôt, j'avais été fascinée par son interprétation dans le film d'Alain Resnais *L'Année dernière à Marienbad* qui m'avait semblé à l'époque assez proche de l'univers de la pièce de Pirandello. Je

1 F. Régnault, « Le blanc du roi », dans *Chéreau*, dir. O. Aslan, Paris, CNRS Éditions, coll. « Les voies de la création théâtrale », p. 80.

2 Texte français de M. Arnaud, décor d'A. Pace, avec J.-P. Marielle, C. Piéplu, M. Chaumette, D. Seyrig, S. Frey, J. Rochefort, M. Marquet, H. Garcin, C. Monnet, P. Rousseau.

me souviens de son entrée sur la scène du Théâtre Antoine, blonde en fourreau noir, alors que dans le film de Resnais, elle était brune, mais je retrouvais son élégance nonchalante et son phrasé intériorisé, musical et harmonieux qui en faisait un personnage différent des autres. Elle semblait errer dans un décor minimaliste ponctué de miroirs qu'elle masquait avec un châle pour ne pas voir son reflet. Quand elle le retirait enfin, elle portait une robe blanche. J'ai donc le souvenir d'un spectacle en noir et blanc, très lent, Delphine Seyrig et Sami Frey qui interprétait le rôle d'Ely Nielsen, son amant, murmuraient leurs répliques comme s'ils étaient plongés dans une profonde réflexion dans un temps dilaté. On avait l'impression d'assister à une cérémonie secrète. Ce parti pris de mise en scène avait provoqué quelques remous dans la salle. Et pourtant le dernier monologue de Donata, dit par Delphine Seyrig de manière inspirée mais sans théâtralité, dévoilait pleinement le mystère de la relation entre la femme et l'actrice. Actrice par excellence, Delphine Seyrig le fut aux yeux de Claude Régy puisqu'il lui confia le rôle d'une comédienne dans cinq des sept pièces qu'ils créèrent ensemble[1], comme si « nulle autre qu'elle ne pouvait mieux incarner toutes les facettes d'une actrice fantasmée, fascinante et insaisissable, toujours la même et toujours différente[2] ».

J'ai su plus tard qu'avec *Se trouver*, Delphine Seyrig revenait à l'un de ses auteurs préférés qu'elle avait déjà abordé à deux reprises[3]. Mais surtout elle regrettait amèrement de ne pas avoir pu interpréter le rôle de la Belle-Fille dans *Six personnages en quête d'auteur*. Elle avait en projet de jouer l'Inconnue dans *Comme tu me veux*, et le rôle d'Ilse dans *Les Géants de la montagne*, mais la mort ne lui en a pas laissé le temps.

Je me souviens de Christine Fersen interprétant le rôle de la Belle-Fille dans *Six personnages en quête d'auteur* à la Comédie-Française en 1978. La mise en scène était signée par Antoine Bourseiller[4]. Christine Fersen, dans

---

1 *La Prochaine Fois je vous le chanterai* de J. Saunders (1966), *Se trouver* de L. Pirandello (1966), *Rosencrantz et Guildenstern sont morts* de T. Stoppard (1967), *Le Jardin des délices* de F. Arrabal (1969), *La Chevauchée sur le lac de Constance* de P. Handke (1974).

2 M. Brangé, « Delphine Seyrig ou l'Actrice (1965-1973) », dans *Claude Régy*, dir. M.-M. Mervant-Roux, Paris, CNRS Éditions, coll. « Les voies de la création théâtrâle », 2008, p. 290-293.

3 *Henry IV* à Philadelphie en 1958, et *On ne sait comment* au Vieux-Colombier dans une mise en scène de J. Tasso en 1962.

4 Texte français de M. Arnaud, décors d'A. Bourseiller, costumes de S. Delaunay, avec J.-P. Roussillon, J.-L. Boutté, C. Winter, Y. Gaudeau, C. Fersen, R. Acquaviva.

sa robe géométriquement picturale de Sonia Delaunay, vibrait comme une flamme. Elle me donnait l'impression d'être un volcan quand elle imposait au Père, interprété par Jean-Paul Roussillon, de représenter jusqu'au bout le drame de l'inceste. Avec sa vigueur incandescente, elle demeure dans mon souvenir un personnage rebelle qui rejoignait les grandes héroïnes tragiques.

Je me souviens de Maria Casarès qui m'a bouleversée dans *Les Géants de la montagne*, mis en scène par Bernard Sobel à Gennevilliers en 1994[1]. J'avais vu Maria Casarès au Théâtre Hébertot où elle interprétait de manière très émouvante Donn'Anna Luna dans *La vie que je t'ai donnée*[2]. Dans *Les Géants*, Maria Casarès devenait une Ilse exceptionnelle car on avait l'impression que l'actrice racontait, à travers le personnage, sa propre histoire de théâtre, la traversée de tous les personnages qu'elle avait incarnés. Une mémoire du théâtre entrait en scène à travers l'intensité de l'actrice, cheveux noirs et courts, dans sa longue robe mauve tirant sur le rouge que les lumières de la fin rendaient noire. Elle me paraissait immense, alors que dans la vie, elle ne l'était pas. À la fin du spectacle, elle s'avançait au milieu de la troupe et fixait le public d'un regard intense, à la fois rebelle et interrogatif.

Je me suis alors souvenue, face à ce regard, d'une phrase de Giorgio Strehler qui disait « Les Géants, c'est nous ». Et je me suis souvenue que j'avais vu en 1967, sur la scène de l'Odéon dans le cadre du Théâtre des Nations, *I giganti della montagna*, l'une des mises en scène emblématiques de Strehler sur laquelle il avait travaillé à plusieurs reprises et dans plusieurs langues. Je me souviens de l'interprète d'Ilse, Valentina Cortese, fragile et forte dans sa robe mauve, habitée dans son corps et dans son expression par la passion du théâtre jusqu'à s'exposer à la furie des Géants. Elle montait en effet de dos, comme on monte à l'échafaud, sur le praticable en fond de scène, commençait à dire son texte avant de s'effondrer, touchée par un projectile. Puis les comédiens portaient son corps sur leurs épaules en descendant dans la salle, et tandis qu'ils sortaient, le rideau de fer tombait et écrasait leur charrette ; image à la fois violente et poignante.

---

1 Texte français de B. Pautrat, décors de T. Maselli, avec M. Casarès, P. Clévenot, J.-L. Orofino, C. Duparfait, E. Istria, L. Mayor, D. Lerquet, T. Nibelle, G. Watkins.

2 La mise en scène était de M. Dumoulin en 1989. En 1987, M. Casarès avait joué dans *Ce soir on improvise*, dans une mise en scène de L. Pintillé au Théâtre de la Ville.

Ce ne sont que des souvenirs, mais ils sont importants pour moi car ils ont nourri mon imaginaire. Je pense que dans quelques années, quand je raconterai mes souvenirs de spectatrice, lors d'une autre table ronde, ou à des proches, j'ajouterai aussi les *Six personnages* du Théâtre de la Colline, dans la mise en scène de Stéphane Braunschweig.

Anne-Françoise BENHAMOU
École normale supérieure de Paris

Stéphane BRAUNSCHWEIG
La Colline – Théâtre national (2010-2016)
Odéon – Théâtre de l'Europe (2016-)

Huguette HATEM
Université Paris 8

Isabelle MOINDROT
Université Paris 8

Myriam TANANT
Université Sorbonne nouvelle – Paris 3

BELLISSIMA DE LUCHINO VISCONTI OU DE LA VOCATION THÉÂTRALE

Au cours de la saison 1948-1949, Luchino Visconti réalise en seulement sept mois quatre nouveaux spectacles : *Rosalinda o Come vi piace* de Shakespeare, créé le 26 novembre 1948 au théâtre de l'Eliseo à Rome ; *Un tram che si chiama desiderio* de Tennessee Williams le 21 janvier 1949, toujours à l'Eliseo ; l'*Oreste* de Vittorio Alfieri, le 9 avril 1949 au théâtre Quirino de Rome ; *Troilo e Cressida* de Shakespeare, le 29 juin 1949 au jardin de Boboli à Florence. Puis plus rien jusqu'en 1951, date à laquelle Visconti met en scène *Morte di un commesso viaggiatore* d'Arthur Miller pour l'Eliseo (première le 10 février) et veille sur la reprise de *Un tram che si chiama desiderio* pour le Teatro Nuovo de Milan (première le 28 avril). Le tournage de *Bellissima* a lieu pendant l'été de la même année. Après la parenthèse de *Il seduttore* de Diego Fabbri, monté pour La Fenice de Venise en octobre, le retour à l'activité théâtrale à l'automne 1952 s'intensifie avec les mises en scène de *La locandiera* de Goldoni et des *Tre sorelle* de Tchekhov. Le film *Bellissima* naît donc lors d'une pause dans l'activité théâtrale frénétique de Visconti, mais aussi pendant « une phase de réflexion et de retour critique sur le théâtre[1] ».

Naturellement, comme toujours chez Visconti, les raisons théoriques, sociologiques ou métathéâtrales importent moins que les raisons autobiographiques. En s'auto-analysant dans *Bellissima*, le réalisateur analyse son propre travail et y découvre des émotions qui relèvent du métier comme de la vie (sans qu'on sache ce qui, du métier ou de la vie, l'emporte sur l'autre) : son rapport avec ses acteurs, d'une part, et avec le public, d'autre part ; son rôle de pédagogue et de maître, basé sur l'artifice et la fiction ; la force vitale de l'alchimie scénique fondée sur de maigres illusions.

1 L. Micciché, *Visconti e il neoralismo. « Ossessione », « La terra trema », « Bellissima »*, Venise, Marsilio, 1990, p. 191 : « [...] compte tenu surtout du rythme initial de l'activité d'après-guerre de Visconti sur la scène italienne, la période comprise entre l'été 1949 et l'automne 1952 représente une phase de réflexion et de retour critique sur le théâtre ». – Sauf indication contraire, toutes les traductions sont de la responsabilité de la traductrice de ce chapitre.

UN ÉLIXIR D'AMOUR

La musique est le premier instrument de cette mise en abyme. L'ouverture du film est tirée de *L'elisir d'amore* de Donizetti (II, 3), de même que le motif conducteur qui reprend l'air où Dulcamara est debout « dans un carrosse doré, tenant à la main des prospectus et des bouteilles. Derrière lui un serviteur, qui joue de la trompette. Tous les villageois les entourent » (I, 5[1]). Dulcamara chante ainsi : « Ô vous dames sévères, / désirez-vous rajeunir ? Effacez avec ceci vos rides déplaisantes. / Voulez-vous, demoiselles, avoir la peau bien lisse ? / Et vous jeunes galants, ne jamais manquer d'amantes ? / Achetez mon spécifique, pour presque rien je vous le donne[2]. » Dans le film, le vendeur de l'élixir n'est autre qu'Alessandro Blasetti. Entouré par des mères plaintives qui aspirent au succès par l'intermédiaire de leurs fillettes, il joue son propre rôle de réalisateur en quête d'une petite diva. Le peuple désire la jeunesse à tout prix : le cinéma peut la lui donner à condition d'accepter l'illusion qu'il propose[3]. Le nouveau Dulcamara diffuse ses essences en engendrant des images et des chœurs grotesques : les comères, les fillettes, Cinecittà[4].

1 F. Romani, *L'elisir d'amore*, dans *Tutti i libretti di Donizetti*, éd. E. Saracino, Milan, Garzanti, 1993, p. 605 : « *Il dottore Dulcamara in piedi sopra un carro dorato, avendo in mano carte e bottiglie. Dietro ad esso un servitore, che suona la tromba. Tutti i paesani lo circondano.* »

2 *Ibid.*, p. 606 : « O voi, matrone rigide, / ringiovanir bramate ? / Le vostre rughe incomode / con esso cancellate. / Volete voi, donzelle, / ben liscia aver la pelle ? / Voi, giovani galanti, / per sempre avere amanti ? / Comprate il mio specifico, / per poco io ve lo do. »

3 *Cf.* les déclarations de Visconti dans « Entretien avec Luchino Visconti », éd. J. Doniol-Valcroze et J. Domarchi, *Cahiers du Cinéma*, XVI, n° 93, mars 1959, p. 6 : « dans l'accompagnement musical tiré de *L'Elixir d'amour* de Donizetti, il y a un motif qui s'appelle le "thème du Charlatan". Il revient chaque fois que Blasetti apparaît. Il n'en a rien su. Il ne connaissait pas Donizetti. Mais voilà qu'un beau jour quelqu'un lui révèle la chose. Il m'écrit une lettre indignée : "Vraiment, je ne te croyais pas capable de ça, etc." Je lui répondis : "Pourquoi ? Nous sommes tous des charlatans, nous les metteurs en scène. C'est nous qui mettons des illusions dans les têtes des mères ou des petites filles. C'est nous qui prenons les gens dans la rue et c'est notre tort. Nous vendons un élixir d'amour qui n'est pas de l'élixir : comme dans l'opéra, c'est du vin de Bordeaux. Ce thème du charlatan je ne l'ai pas mis pour toi, mais pour moi aussi". Cela il l'a compris. Et nous nous sommes réconciliés. »

4 Au cœur de ces images, certes tournées avec une certaine légèreté, il y a le jugement moral et social que Visconti porte sur l'industrie du cinéma comme opium du peuple : juste tribut à payer au débat, essentiellement marxiste, des années 1950, et noyau central de l'intrigue écrite par Cesare Zavattini. Même si les traits grotesques adoptés par Visconti

Alors réalisateur à succès populaires, Blasetti se prête avec élégance à incarner le symbole du réalisateur-star dans une fresque d'ensemble. Quant à Anna Magnani, l'une des divas, sinon *la* diva du cinéma italien de l'époque, elle est l'un des présupposés mêmes de la réalisation du film. Visconti l'avait désirée, sans pouvoir l'obtenir, pour *Ossessione* ; il peut maintenant en disposer pour le portrait de Maddalena Cecconi, la mère protagoniste de *Bellissima* : « L'histoire était vraiment un prétexte », déclare Visconti. « Le vrai sujet c'était Magnani : je voulais faire avec elle le portrait d'une femme, d'une mère moderne, et je crois l'avoir assez bien réussi, parce que Magnani m'a prêté son énorme talent, sa personnalité. C'est cela qui m'intéressait[1]. » Ainsi le divisme, comme l'a relevé Gianni Rondolino[2], devient-il le sujet principal du film. Le point de vue adopté cependant n'est pas sociologique, il est interne au travail du réalisateur avec l'acteur et le personnage. Le théâtre, ou plus exactement, l'expérience théâtrale – qui est toujours pour Visconti au fondement de la construction de ses films – est alors la clé de voûte de la production.

Anna Magnani, la diva, est chargée d'interpréter les différentes épreuves d'une ascension tentée, et ratée, celle dans laquelle son personnage se lance par personne interposée et dans l'innocence la plus absolue. À travers sa fille Maria, c'est pour elle-même que Maddalena Cecconi cherche inconsciemment l'élixir d'amour, de même que c'est à elle qu'est en réalité destiné le *training* (ou si l'on veut, l'éducation, la formation) que la mère organise pour sa fille. La mise en scène d'un cas de pédagogie théâtrale ressort d'autant plus nettement qu'elle est située dans un contexte décalé. Ainsi le quartier populaire, les intérieurs modestes de l'appartement ou encore la cour du bâtiment, sont-ils les décors et les loges hostiles à la théâtralité qui imprègnent la stratégie et la pratique quotidienne de Maddalena Cecconi. De cette façon Visconti considère le couple mère-fille comme double du rapport maître-élève qu'il vit dans sa propre expérience artistique. C'est la seconde mise en abyme.

---

pour représenter le peuple séduit ne sont pas moins forts que ceux adoptés pour mettre en scène la cour des séducteurs, comme pour signifier que l'élixir d'amour est un calcul de ces derniers autant qu'un besoin du peuple.

1 « Entretien avec Luchino Visconti », art. cité, p. 6.

2 G. Rondolino, *Luchino Visconti*, Turin, UTET, 1981, p. 277 : « Visconti veut affronter avec *Bellissima* la question du "portrait cinématographique", en revenant au divisme [...] mais pour l'interpréter sous un angle extrêmement critique, d'une certaine façon en le démythifiant tout en en acceptant pleinement les caractéristiques spécifiques. »

Et le maestro parvient parfaitement à tirer parti, sur le vif du plateau, du corps-à-corps affectueux entre la « maîtresse » Magnani et la petite actrice maladroite et inexpérimentée prise dans la rue comme tant de cobayes du cinéma néoréaliste. Devant le degré zéro du jeu de l'« élève », le jeu de la Magnani – yeux grand ouverts, chevelure constamment décoiffée, gestualité exhibée, intonations de voix projetées, changements soudains de regards – s'avère hyperthéâtral. Tel un maître qui voudrait stimuler son acteur, la Magnani joue pour l'enfant, exhibe ses qualités actoriales pour l'aiguillonner et lui montrer l'exemple. Et dans cette école de théâtre les duos entre mère et fille sont plus incisifs que toutes les étapes extérieures du « maquillage » de la petite Maria en diva (du coiffeur à la couturière, du photographe à la leçon de danse), que le scénario expose de manière un peu élémentaire comme s'il s'agissait d'un manuel pour acteurs en herbe du conservatoire d'art dramatique.

Ce sont là les moments les plus manifestes de l'*opera buffa* populaire qui sert de fond au portrait de Maddalena et de Maria. Comme toujours, pour Visconti, l'éducation théâtrale consiste moins dans l'apprentissage ou la transmission de techniques du métier qu'en une passion à partager ou à communiquer. C'est bien ce qui excite le plus la curiosité de Visconti : le corps-à-corps, voire le duel d'âme et de corps entre une mère et sa fille. La première (l'âme-mère) tente en vain d'insuffler au second (le corps-fille) le souffle de la passion théâtrale. Maddalena est une pédagogue qui a devant elle un corps réfractaire lequel, tel un miroir, reflète sans les modifier toutes ses ambitions, tous ses désirs. La passion théâtrale de Maddalena, qui voudrait être une maïeutique, s'avère en définitive autistique et narcissique.

LEÇONS DE THÉÂTRE

Reportons-nous aux plans 54-83 et 84-90 qui offrent deux exemples de parodie d'éducation théâtrale. La première séquence narre la rencontre de Maddalena avec la vieille actrice (et prétendue professeur de jeu) Tilde Sperlanzoni ; la mère revendique alors son primat pédagogique : « Mais

Madame, vous n'êtes quand même pas venue jusqu'ici pour m'apprendre comment on élève les enfants[1] ? » Dans la deuxième séquence, on assiste à la reconquête du pouvoir pédagogique de la part de la mère : « Mais qui c'était ? Tu ne dois écouter personne d'autre que maman, toi... on n'est pas sortis de l'auberge sinon[2] ! »

Le rapprochement des deux séquences a une valeur d'exemple encore plus forte si on le confronte à une situation scénique analogue que Visconti allait créer quelques mois plus tard dans sa mise en scène de *La locandiera* de Goldoni. Là aussi se trouvent contraposés le maniérisme des deux actrices professionnelles (Ortensia et Dejanira) et le jeu énergique et efficace de Mirandolina. Chez elle, Maddalena comme Mirandolina prépare le café et repasse avec un talent et une sensualité pleins de naturel, en rivalité ouverte avec la nullité de la soi-disante « professionnelle », ridicule dans ses poses scéniques, ses prétentions intellectuelles et son avidité crasseuse. À la leçon idiote de la Sperlanzoni, fondée sur l'identification – sorte d'assonance dégradée de Stanislavski (« Premier exercice, l'identification ; s'identifier dans une situation[3] ») – fait écho le superbe portrait de mère et d'actrice qui suit. Le miroir d'une coiffeuse et plus bas, un autre miroir ; deux fois reflétée, l'image de Maddalena. Celle-ci dialogue avec Maria, qu'on ne voit pas, mais c'est avec elle-même qu'elle parle en réalité : « Elle t'apprenait à jouer. C'est ça, à jouer... Au fond c'est quoi jouer ? Hein ? Et si moi je croyais que j'étais quelqu'un d'autre... Si je faisais semblant d'être quelqu'un d'autre... Voilà, je joue[4]... » Après un contre-champ de Maria et un plan bref sur les deux sujets ensemble, on revient au portrait de Maddalena, cette fois non plus devant le miroir mais assise face à l'enfant qui tourne le dos à la caméra. Elle est en fait pour la deuxième fois devant le miroir, autrement dit devant elle-même : « Tu écoutes bien maman, d'accord. Elles me font rire toutes ces mères dans le couloir. [...] Toi c'est sûr que tu peux être actrice. Tu peux être actrice toi tu sais ? Moi aussi, si

1 L. Visconti, *Bellissima*, introd. C. Zavattini, transcription E. Ungari, Bologne, Cappelli, 1978, p. 38 : « Signora, ma lei non è venuta fino qua per insegnarmi come si allevano i figli, per caso ? »

2 *Ibid.*, p. 43 : « Ma chi era ? Tu devi dar retta solo a mamma... se no staressimo freschi qui ! »

3 *Ibid.*, p. 41 : « Il primo esercizio è quello dell'immedesimazione ; immedesimarsi in una situazione. »

4 *Ibid.*, p. 44 : « T'insegnava a recità. E già, a recità... In fondo che è recità ? Eh ? Se io mò me credessi d'esse n'altra... Se facessi finta d'esse n'altra... Ecco che recito. »

j'avais voulu… (*soupirs*)[1] ». C'est le premier moment d'introspection aiguë depuis le début choral du film. Tout se passe comme si s'accomplissait le vœu chanté par les paroles du générique, toujours sur la musique de Donizetti, adaptée par Franco Mannino : « Non fate strepito : parlate piano » (« Pas de bruit, parlez doucement[2] »).

Une fois achevée la description des différentes étapes du « maquillage » maladroit de Maria Cecconi (avec pour plan culminant celui de la coupe des petites tresses opérée par le coiffeur-enfant), et après qu'on a ainsi découvert que le sujet véritable du film est plutôt la vocation théâtrale de Maddalena, la narration monte en intensité, ou si l'on veut, descend en profondeur. Le « roman de formation » de Maddalena occupe le premier plan dès lors que celui de l'enfant entreprend sa parabole descendante, dès lors que l'échec du rêve cinématographique commence à se révéler définitif (aux yeux des spectateurs sinon à ceux de la mère). Ce sont là les séquences centrales de l'œuvre, les plans 175-249, qui comprennent la longue promenade de Maddalena et d'Annovazzi dans le parc désert et baigné de lumière, les scènes dans le bâtiment populaire (le spectacle du soir dans la cour des Cecconi, la longue dispute entre Maddalena et son mari en présence de la Sperlanzoni et avec la participation des voisines), la deuxième rencontre entre Annovazzi et Maddalena pendant les auditions à Cinecittà et enfin, la scène-clé de tout le film, le troisième duo du « couple » Walter Chiari – Anna Magnani sur la berge du fleuve.

UN DUO MÉLODRAMATIQUE

Anna Magnani et Walter Chiari se scrutent, s'étudient, se défient. Lui cherche à la vaincre dans un double jeu habile, profitant de l'élixir de Dulcamara-Blasetti pour lui soustraire de l'argent et tenter de la séduire ; elle accepte qu'il lui fasse la cour pour « pistonner » sa fille. La transaction a lieu par le biais du scooter, incarnation masquée d'un commerce sexuel qu'elle occulte et que lui projette : l'objet (acheté par

1 *Ibid.*, p. 45 : « Tu da' retta a mamma. Me fanno ride tutte le madri qui nel cortile. […] Tu sì che puoi fare l'attrice, Nì. Tu la puoi fa' l'attrice, sa' ? Io pure, s'avessi voluto… (*sospira*) ».

2 G. Donizetti, *L'elisir d'amore*, *op. cit.*, II, 4, p. 614.

l'homme avec l'argent que la femme sacrifie dans l'espoir de s'attirer les grâces des producteurs) établit un lien entre eux. La découverte et surtout, l'acceptation du mensonge de la part de Maddalena, sont un gage de connivence. Le mensonge est nécessaire pour accéder à l'élixir d'amour.

Le duo de séduction en trois actes peut se faire grâce à l'éloignement de la fille et du mari de Maddalena, dans un duo mélodramatique. Chacun des protagonistes a pour arme le jeu – caché sous les intentions didactiques que Walter Chiari déploie (expliquant à la femme, d'un ineffable visage de bronze, comment fonctionnent clientélisme et pistonnage dans le monde du cinéma romain) ou derrière un élan hypertrophié de sentiments chez Anna Magnani (la gestualité et les postures chargées, les « scènes »). Lui est plus caricatural, c'est en somme un acteur caractériste qui recourt à des expédients faciles à déchiffrer, empruntés à la comédie de mœurs. Quant à elle, elle adopte une technique mélo – façon roman-photo, comme on le dira par la suite – et se conforme volontiers aux motifs de la manière néoréaliste.

Il y a dans ces séquences deux moments révélateurs qui montrent en quoi la technique de Maddalena, metteur en scène non plus de la seule débutante, mais d'elle-même, dépasse celle d'Anovazzi. Le premier moment vient juste après la « scène » hyperréaliste avec le mari Spartaco. Maddalena pleure, assise à table, entourée par les voisines qui ont participé à la dispute. La scène est finie, Maddalena soupire, l'enfant tourne le dos à la caméra. Cette situation, nous l'avons déjà vue : la femme parle à sa fille comme devant un miroir. Comme dans une loge, elle lance un regard en direction de la porte par laquelle est sorti son mari, modifie l'expression de son visage, dilate ses yeux, sort de son rôle : « On y est arrivées… (*gesticulant ensuite, pour faire comprendre que c'était la seule chose à faire*) ah là là, si on n'avait pas fait ça, on la faisait même pas l'audition. » Une femme hors champ commente : « Eh bien… vous devez faire du cinéma, vous[1]… »

Voyons ensuite la conclusion du troisième acte du duel Maddalena-Annovazzi. Sur la berge du fleuve, Maddalena a écouté avec participation le jeu affecté avec lequel Annovazzi lui fait la cour, une *guittata* comme on

1 *Ibid.*, p. 103 : « Ce l'avemo fatta 'Nì… (*poi gesticolando, per far intendere che era l'unica cosa da farsi*) aò, aò se non facevamo così, il provino mica lo facevamo » ; « Ammazza… voi dovete fa' er cinematografo… ».

dirait dans le jargon théâtral, de séducteur de la vieille école, « brillant » de son emploi. Maddalena se montre sensible à ce théâtre, dans le style mélo qui lui est propre. Annovazzi a su un instant toucher la corde sensible, il a fait un cinéma crédible, loin du réalisme de Spartaco. Un cinéma qui sait distiller l'élixir d'amour, ou du moins l'illusion de la liberté (ce que Visconti souligne avec une légère ironie par ses plans tantôt par le bas, tantôt par le haut sur Annovazzi, allongé contre ciel et sable). Si Maddalena cède, elle se reprend d'emblée et de nouveau « sort de son rôle ». Elle se lève, remet en ordre ses cheveux, secoue le sable de ses vêtements et d'un timbre de voix âpre, presque méchant, irrité, glace Annovazzi qui lui demande pourquoi elle s'en va : « Parce que je dois y aller, je dois y aller[1]. » Plus que le sens des mots importe ici l'écart de voix qui, suivi du rire théâtral, interrompt la continuité du rythme dialogique imposé par Walter Chiari[2]. L'épisode se clôt sur un geste encore plus retentissant. Maddalena lance sa chaussure pour briser la porte vitrée de la *trattoria* de la mère de Spartaco : geste qui confirme le sens symbolique d'un lieu à moitié domestique, à moitié commercial, incarnation comme d'autres (la pension de Mirandolina, l'auberge de Bragana dans *Ossessione*) de la prison familiale et économique où achoppe tout désir de liberté[3].

Par-delà les différents modèles stylistiques adoptés par chacun, Maddalena et Annovazzi partagent un même besoin de se tromper soi-même dans la recherche d'un rôle différent de celui de tous les jours : « et puis on s'est parfaitement compris tous les deux[4]... ». C'est Annovazzi qui parle, ses mots ont le son bête et faux que Walter Chiari parvient à prendre avec tant de justesse. Aussi est-ce à lui, maître à penser comique, que Visconti et ses scénaristes confient la tâche de dire la vérité : « Ma mère. Toutes les choses auxquelles elle a pu renoncer... elle en a fait des espoirs pour moi[5]... » C'est une déclaration de complicité. Le bellâtre idiot a touché loin dans l'âme de Maddalena. Cela suffit à les lier ne serait-ce que pour un moment. Maddalena perçoit en cet instant ce qui la distingue du monde de la famille prolétaire de Spartaco. Elle a tenté de réaliser, d'abord par personne interposée – grâce à sa fille – sur le

1 *Ibid.* : « Perché devo annà via devo annà. »
2 *Ibid.*, p. 121.
3 *Ibid.*, p. 122.
4 *Ibid.*, p. 120 : « ...e poi ci siamo capiti perfettamente noi due... ».
5 *Ibid.* : « Mia madre. Tutte le cose alle quali ha rinunciato le ha... le ha tradotte in speranze per me... »

plateau de Blasetti, puis dans le parc désert et enfin sur la berge du fleuve, cet espoir qu'elle effleurait confusément pendant les projections des films de John Wayne dans la cour de la copropriété (qu'on se reporte à la déclaration quasi programmatique de la séquence XXV, plan 42-150[1]). Ce sont là les essais d'un espoir que la caméra révèle comme une chimère ridicule : les plans des scènes d'extérieur à contre-jour en témoignent, avec leurs faux airs assumés de roman-photo, surtout lorsque c'est Walter Chiari qui est dans le champ.

LA PARODIE D'UN RÊVE

Mais il est une chimère qui, bien que ridicule, continue confusément de veiller dans les zones les plus obscures de Maddalena. Dans la dernière séquence, telle une voix de la conscience, surgie depuis le hors champ, du haut de la cour jusqu'au sous-sol de Spartaco, résonne la voix de Burt Lancaster. Cette voix fait irruption dans la chambre de Maddalena au moment où celle-ci, cheveux dénoués, visage défait par les larmes, abandonnée dans les bras de son mari musclé en justaucorps, vient de demander à son époux légitime de la battre pour la punir de sa transgression, mais ne peut s'empêcher de soupirer, en plein repentir : « Tu entends ça ? » Le mari la regarde : « Quoi ? » « Mais c'est... Burt... Burt Lancaster : il est si bien ! Il est si bien ! » « Maddalè, si ça continue ça va être vraiment ta fête ! », répond Spartaco. « Maddalena ferme les yeux, fait une moue pour contenir ses larmes et l'embrasse en soupirant fortement[2]. » La caméra effleure ensuite l'enfant endormie tandis que s'élève le premier air de Nemorino dans *L'elisir d'amore* : « Comme elle est belle, comme elle m'est chère ! / [...] Qui peut m'éclairer l'esprit ? / Qui peut m'enseigner à me faire aimer[3] ? » Nous l'avions déjà entendu

1 Sur les aspects idéologiques de la séquence, *cf.* L. Micciché, art. cité, p. 201-206. La scène y est également transcrite.

2 *Bellissima*, *op. cit.*, p. 172 : « O senti, 'Nì ? » « Che c'è ? » « Coso... Burt... Burt Lancaster : Quant'è simpatico ! Quant'è simpatico ! » « Maddalè, e mò te gonfio davvero, eh ! Maddalena chiude gli occhi, fa una smorfia per contenere le lacrime e lo abbraccia singhiozzando con veemenza. »

3 *L'elisir d'amore*, I, 1 : « Quanto è bella, quanto è cara ! / [...] Chi la mente mi rischiara ? / Chi m'insegna a farmi amar ? »

ailleurs, tout bas : quand le père endort la fillette qui, une fois seule, éclate ensuite en sanglots ; quand la mère et sa fille écoutent une ancienne enfant prodige raconter l'histoire d'une désillusion cinématographique. C'est l'air de l'amour non réciproque et de l'espoir amoureux. L'air du rêve. Le corps de l'enfant, inerte et réfractaire à toute intervention démiurgique, incarne la vanité des rêves et des désirs de Maddalena. Ce n'est pas un hasard si, tout de suite après la première négociation de Maddalena avec Annovazzi, quand son projet commence à prendre forme dans le double exercice de séduction, le metteur en scène a monté une musique tout autre : le chanteur, entouré d'un improbable ballet, entonne sur une scène de village une chanson populaire, *Verdeluna*, stéréotype de roman-photo, un air digne du calibre d'Annovazzi.

Maddalena n'a pas d'issue, elle est prise entre deux alternatives, la comédie et le mélodrame. Une fois mis en pratique avec les instruments de l'éducation théâtrale, étrangers à sa culture d'origine, ses rêves d'autopromotion sont destinés au ridicule ou au grotesque. Mais s'ils demeurent à l'état de désirs ou d'illusions généreuses, ils méritent la pitié et l'émotion mélodramatiques que l'on réserve en général aux vaincus. Le destin de Maddalena est commun à nombre d'autres personnages viscontiens, porteurs d'une vocation théâtrale innée et irrésistible. Une vocation tendue vers l'imagination, vers la fiction. Ces êtres se rebellent contre la grisaille qui les entoure (le gris de la salopette de Spartaco, des murs domestiques, des escaliers de la copropriété), et arborent les couleurs de leurs vêtements (le noir de ceux d'Annovazzi et de Maddalena, le blanc de la robe de Maria) comme drapeaux d'un désir qui les rend différents. Maddalena exerce d'abord son imagination d'instinct, dans sa tête (mais aussi sur les écrans du quartier où l'on projette les images du Far West), avant de tenter de la former et de la traduire en pratique (dans les couloirs des auditions de Cinecittà). Elle découvre ensuite – après la rencontre avec Annovazzi – que l'imagination, pour devenir pratique, doit se faire mensonge et même corruption : c'est là pourtant que l'imagination s'affirme pour Maddalena comme une raison de survie indispensable. Et lorsqu'enfin l'écran lui renvoie les images cruelles de l'audition de Maria (Visconti la fixe alors dans un premier plan filmé en contre-champ) l'imagination froidement objectivée et extraite de sa tête lui apparaît insoutenable, inacceptable, douloureuse. Le rêve s'avère être une parodie.

La vocation théâtrale de Maddalena a des limites. Il lui manque la cruauté et le cynisme que son mari Spartaco et tous les autres hommes possèdent par droit de naissance. De même que Mirandolina, parvenue aux limites de la morale de son sexe et de sa classe sociale, renonce au rêve du Cavaliere et se retire consciemment dans le giron protégé par les figures paternelles et masculines en se mariant avec Fabrizio, son garçon d'auberge, de même Maddalena épouse une seconde fois Spartaco : rassemblant toutes ses énergies pour rembourser le crédit de la petite maison en construction, elle est prête au sacrifice. La vocation théâtrale n'était qu'une plaisanterie qui a duré le temps d'un film. Restent la voix de Burt Lancaster et d'autres stars du cinéma pour rappeler que ce n'était là qu'une parenthèse dans un cheminement sérieux vers le progrès et l'émancipation du prolétariat.

Siro FERRONE
Université de Florence

Traduction de Céline FRIGAU MANNING

ROSSINI AU MIROIR

La métathéâtralité dans la mise en scène d'opéra contemporaine

La présence de métathéâtralité dans la mise en scène des opéras de Rossini a donné lieu, dans les dernières décennies, à des interprétations variées. Si pour Muratore, la métathéâtralité concerne « les aspects de l'illusion dramatique qui préoccupaient l'auteur dans l'acte créatif[1] », l'auteur interrogé n'est plus ici le compositeur ou le librettiste, mais le metteur en scène. Or la rupture d'illusion qu'induisent les procédés métathéâtraux dans la mise en scène d'œuvres rossiniennes a souvent été interprétée comme une sorte de distanciation brechtienne ou, à l'opposé, comme une identification du public – comme lorsque de grands miroirs réfléchissent la scène dans le *Moïse et Pharaon* mis en scène par Piero Zuffi en 1965 et par Graham Vick en 1997 –, les deux effets débouchant sur une actualisation des opéras, éventuellement dotée d'un discours politique. La métathéâtralité s'est également traduite par l'exhibition de techniques et de codes propres au théâtre et à l'opéra : jeu statique de chanteurs isolés à l'avant-scène et recours aux marionnettes dans le *Tancredi* de Yannis Kokkos en 2009, décors typiques du théâtre élisabéthain dans celui de Jean-Philippe Delavault la même année.

Ces diverses facettes de la métathéâtralité dans la mise en scène rossinienne ont été questionnées à plusieurs reprises par d'autres metteurs en scène comme Patrice Caurier et Moshe Leiser, Pier'Alli, Luca Ronconi, Mary Zimmerman ou encore Pier Luigi Pizzi. À travers des exemples tirés du répertoire lyrique rossinien, notamment *serio*, seront ainsi étudiées plusieurs façons d'entendre la métathéâtralité dans la mise en scène : le métathéâtre comme miroir de la société, le métathéâtre comme miroir brisé, fondé sur un effet de distanciation, et enfin la mise

---

1 M. J. Muratore, *Cornelian Theater. The Metadramatic Dimension*, Birmingham (Al.), Summa, 1990, p. 6.

en abyme. Dans un second temps, nous nous arrêterons sur le travail du metteur en scène et scénographe Pier Luigi Pizzi, qui entretient un rapport très étroit avec le théâtre rossinien et qui a fait du procédé métathéâtral l'un des éléments caractéristiques de sa poétique scénique.

MÉTATHÉÂTRE COMME MIROIR

L'une des façons les plus fréquentes de représenter la métathéâtralité dans les mises en scène des dernières décennies consiste à interpréter l'illusion dramatique comme une sorte d'identification du public avec les personnages de l'opéra. Cela se fait généralement à travers une actualisation du récit, visant à y ajouter un discours politique, dans l'idée de moderniser des opéras du passé, dont la partition et le livret sont souvent considérés comme l'expression d'une réalité dépassée, conventionnelle et inerte qu'il faut mettre au goût du jour. Dans ces cas, le théâtre de Rossini, par le biais de la mise en scène contemporaine, se fait alors miroir de la société contemporaine.

L'un des opéras qui s'est le mieux prêté à ce discours est *Moïse et Pharaon* (1827). Dans la représentation de Patrice Caurier et Moshe Leiser de 2009[1], par exemple, les références à la Bible sont presque inexistantes et les plaies que Dieu envoie au peuple égyptien se transforment en une chute vertigineuse du cours des actions, les opérateurs en bourse tombant dans le désespoir ; l'invocation à Moïse de la part de Pharaon et sa promesse de libérer les Hébreux font bientôt revenir la lumière et l'espoir à la Bourse. Selon cette interprétation, les Hébreux sont un peuple de petits épargnants qui ont tout perdu et veulent tenter leur chance ailleurs, alors que le pharaon est dépeint comme l'archétype du grand capitaliste ultralibéral.

Dans la production de *Mosè in Egitto* (1819) que propose Graham Vick en 2011[2], en revanche, l'action scénique fait ouvertement référence au conflit entre Israéliens et Palestiniens. Le fléau de la pluie de feu est

1 *Mosè in Egitto*, Zurich, 2009. Mise en scène de M. Leiser et P. Caurier, décors de C. Fenouillat, costumes d'A. Cavalca.

2 *Mosè in Egitto*, Pesaro, Rossini Opera Festival, 2011. Mise en scène de G. Vick, décors et costumes de S. Nunn.

remplacé par un groupe de kamikazes dotés de ceintures explosives et, dans la scène finale, Mosè n'ouvre pas un passage dans les eaux, mais dans un mur en béton qui porte l'inscription « free Israel ». Le chef-d'œuvre rossinien est ici interprété selon une vision laïque et athée, comme une parabole contre l'intégrisme de toutes les confessions monothéistes : l'épopée de Moïse invoquant Dieu pour qu'il frappe de fléaux le peuple égyptien devient ainsi une métaphore de l'usage impropre de la religion à des fins politiques et de pouvoir.

Vick avait déjà produit *Moïse et Pharaon* en 1997[1]. Il avait alors choisi d'actualiser le récit biblique du livret pour évoquer l'éternel exil des Hébreux – qu'il rappelait surtout dans l'iconographie, avec les écharpes juives et des valises – et de rendre hommage à leur histoire et à leurs souffrances avec de très nombreuses références à l'Holocauste. Ici le miroir n'est pas que métaphorique, mais il est véritablement positionné sur la scène – un élément que l'artiste reprend de Piero Zuffi, qui a mis en scène ce même opéra à la Scala en 1967[2], dans le simple but, alors, d'avoir plus de personnages sur la scène et par là plus d'effet.

MÉTATHÉÂTRE COMME MIROIR BRISÉ

D'autres metteurs en scène ont, à l'opposé, opté pour une rupture de l'illusion, souvent interprétée comme une sorte de distanciation brechtienne, ayant pour objectif de mettre en évidence le caractère artificiel et fictif du genre spectaculaire même de l'opéra. Ces productions peuvent présenter un jeu figé des chanteurs-acteurs, fréquemment isolés à l'avant-scène ou sur des passerelles, ou encore recourir à l'utilisation de marionnettes, comme dans le *Tancredi* de Yannis Kokkos en 2009[3]. L'idée de base de cette production est de faire croiser la violence du monde chevaleresque avec l'innocence et la pureté des protagonistes, qui sont représentés comme des pions sur l'échiquier du destin, dans

1 *Moïse et Pharaon*, Pesaro, Rossini Opera Festival, 1997. Mise en scène de G. Vick, décors de S. Lazaridis, costumes de G. Buzzi.

2 *Moïse et Pharaon*, Milan, Teatro alla Scala, 1965. Mise en scène, décors et costumes de P. Zuffi.

3 *Tancredi*, Turin, Teatro Regio, 2009. Mise en scène, décors et costumes de Y. Kokkos.

l'impossibilité de communiquer entre eux. Des *pupi*, les grosses marionnettes traditionnelles siciliennes[1], sont utilisés pour représenter l'armée ou pour doubler les personnages sur scène, comme des ombres de leurs actions et sentiments ; ils rappellent aussi le cadre géographique du livret et le destin qui tire les fils du sort des personnages. Cet effet est renforcé par le fait que les chanteurs interprétant des rôles secondaires et les figurants portent des masques qui rigidifient les traits du visage, les transformant partiellement en marionnettes. Les protagonistes ne les portent pas parce qu'ils cherchent à échapper à leur destinée.

Des marionnettes étaient déjà présentes dans la mise en scène de *Matilde de Shabran* de Pier'Alli en 1996[2], où l'artiste cherchait à reproduire un esprit tragi-comique, en présentant un Moyen Âge caricatural, avec des tours, des machines de guerre et des personnages en cuirasse qui contrastaient avec le personnage de la protagoniste, appartenant plutôt à l'époque de composition de l'œuvre, donc au début du XIXe siècle.

Cet effet de miroir brisé s'adapte bien aux opéras du Rossini sérieux, caractérisés par une structure musicale assez particulière, qui ne correspond plus pleinement à l'*opera seria* du XVIIIe siècle ni à l'opéra du XIXe siècle et qui, sans doute pour ces caractéristiques, ont été peu portés à la scène à l'époque contemporaine[3]. Les défis que pose aux metteurs en scène cette dramaturgie musicale, marquée par la hiérarchisation conventionnelle des formes à numéros conférant aux œuvres un effet de fragmentation, peuvent ainsi être relevés par les procédés métathéâtraux, qui rapprochent cette discontinuité – condition typique de la réception de l'opéra rossinien au temps de sa composition – des conditions de réception contemporaines.

---

1 Les *pupi* sont traditionnellement utilisés pour représenter des épisodes chevaleresques inspirés de la poésie italienne de la Renaissance, de l'hagiographie ou d'histoires de brigands célèbres.

2 *Matilde di Shabran*, Pesaro, Rossini Opera Festival, 1996. Mise en scène, décors et costumes de P. Pier'Alli.

3 F. D'Amico, *Il teatro di Rossini*, Bologne, Il Mulino, 1992, chap. 7, p. 123-170. – Dans les trois dernières décennies, ce répertoire a été redécouvert et il est toujours plus présent à l'affiche des théâtres d'opéra italiens et mondiaux grâce au minutieux travail musicologique d'édition des partitions autographes sous la direction de Philip Gossett (*cf. Works of Gioachino Rossini*, éd. P. Gossett, Cassel, Bärenreiter-Verlag, 2007-) et à des mises en scène proposant sur cette base des interprétations cohérentes.

MÉTATHÉÂTRE COMME MISE EN ABYME

Une troisième déclinaison de la métathéâtralité que l'on peut observer dans les mises en scène contemporaines des opéras de Rossini est la mise en abyme dévoilant des techniques et codes propres au théâtre et à l'opéra.

Une production emblématique de cette forme de métathéâtre est *Il viaggio a Reims* créé par Luca Ronconi en 1984[1]. Le Rossini Opera Festival avait commandé cet opéra au metteur en scène en le prévenant qu'il serait enregistré pour la télévision et retransmis sur grand écran sur la place principale de la ville de Pesaro. L'artiste tire parti de la situation pour créer un spectacle qui mette en évidence la fiction et l'aspect ironique de la louange rossinienne (l'opéra avait été créé pour le couronnement de Charles X). Au lieu de dissimuler les microphones et les appareils techniques, il les met en valeur en mélangeant aux vrais techniciens des figurants habillés en caméramans et en ingénieurs du son, et en faisant en sorte que les caméras et les projections vidéo deviennent une partie intégrante du spectacle. La métathéâtralité est du reste présente à travers deux effets de théâtre dans le théâtre, Ronconi interprétant l'opéra comme un hommage à l'art du spectacle plutôt qu'au roi : au début du premier acte, des figurants se situent sur les côtés de la scène pour indiquer qu'il s'agit d'une représentation, et à la fin de l'acte, les protagonistes assistent à un spectacle de danse, réalisé avec des marionnettes dans une petite scène suspendue.

D'autres exemples très significatifs sont fournis par la mise en scène d'*Armida* par Mary Zimmerman en 2010[2], presque entièrement caractérisée par des effets métathéâtraux. Les éléments scénographiques, simples et stylisés, donnent l'impression d'une maquette en grand format ; l'action est introduite et se conclut par des didascalies écrites sur des panneaux ; en outre, dans le second acte, la baguette magique de la protagoniste – qu'elle utilise auparavant pour endormir les Croisés et s'éloigner avec son bien-aimé – est utilisée comme une baguette de chef d'orchestre.

---

1 *Il viaggio a Reims*, Pesaro, Rossini Opera Festival, 1984, mise en scène de L. Ronconi, décors et costumes de G. Aulenti.

2 *Armida*, New York, Metropolitan Theatre, 2010. Mise en scène de M. Zimmermann, décors et costumes de R. Hudson.

PIER LUIGI PIZZI ET LE MÉTATHÉÂTRE

Ces trois différents aspects de la métathéâtralité dans la mise en scène ont été explorés à plusieurs reprises par Pier Luigi Pizzi, qui en a fait l'un des éléments caractéristiques de son esthétique théâtrale tout au long de sa carrière commencée au début des années 1950. Ce metteur en scène venu de la scénographie s'est entièrement consacré à l'opéra depuis les années 1970, et, à partir des années 1980, s'est spécialisé dans le répertoire de Rossini, *buffo* et *serio*, en participant à plusieurs reprises au Rossini Opera Festival et en jouant un rôle très important dans la redécouverte de ce répertoire.

Ses spectacles, qui se fondent dans la presque totalité des cas sur la partition autographe, sont étroitement liés au travail de redécouverte musicologique de l'œuvre rossinienne. Pizzi tente en effet de donner à voir, au niveau scénique même, l'opéra dans un esprit d'authenticité, tout en s'efforçant qu'il fasse sens pour le public d'aujourd'hui. Ainsi, à propos des *Indes galantes* de Rameau, mis en scène au théâtre du Châtelet de Paris en 1983, Pizzi déclare à Alain Duault qu'il recourt à une imagerie baroque, mais selon le regard réorganisateur d'un esthète contemporain, un procédé que l'on peut retrouver dans son travail sur le répertoire rossinien :

> Mais bien sûr je veux donner une couleur, un éclairage moderne à cette œuvre. Non pas la « moderniser », ce qui serait une erreur, mais la regarder avec un œil d'aujourd'hui. Donc en reproduire des images qui parlent à notre imaginaire contemporain : il y a bien sûr une imagerie riche, brillante, colorée, mais en même temps rigoureuse, adaptée à une sensibilité et à une pensée de notre temps : l'essentiel est de trouver un équilibre entre la tradition baroque et l'esthétique contemporaine, c'est-à-dire, sans négliger l'enracinement historique et esthétique de cette œuvre, et son lien à un certain concept de la représentation, lui donner les moyens d'atteindre le goût qui parle aujourd'hui et permet, peut-être mieux que l'archéologie esthétique, de retrouver, à travers une certaine distanciation, le cœur même de l'œuvre[1].

Le travail de Pizzi a donc comme point de départ le respect de la partition et du livret mais, comme tout metteur en scène travaillant sur

1 Entretien avec P. L. réalisé par A. Duault, cité par C. Deshoulières, *L'Opéra baroque et la scène moderne : essai de synthèse dramaturgique*, Paris, Fayard, 2000, p. 136.

une œuvre du passé, l'artiste doit se mesurer au problème du décalage entre le temps de composition et le temps de réception. Pour faire face à cette situation, il reprend souvent des œuvres picturales ou architectoniques du passé et recourt notamment au processus métathéâtral : dans ses productions, les trois approches que nous venons d'esquisser du miroir, du miroir brisé et de la mise en abyme se côtoient ou se fondent l'une dans l'autre. Les productions les plus emblématiques de ce point de vue sont *Semiramide* de 1980, *Tancredi* de 1992 et *Mosè* de 1993, trois opéras que Pizzi a du reste mis en scène plusieurs fois dans des versions à chaque fois très différentes[1].

La production de *Semiramide*, en 1980 au festival d'Aix-en-Provence[2], est souvent citée dans les œuvres ou les articles sur Pizzi, et répertoriée parmi les meilleures mises en scène du Rossini *serio*[3]. L'œuvre est centrée sur le personnage de Semiramide, reine mythique de la ville de Babylone, qui doit désigner un nouvel époux et un nouveau roi pour remplacer son défunt mari. Au moment où son choix se porte sur le guerrier Arsace, le spectre de son époux apparaît publiquement et ordonne que le nouveau roi fasse un sacrifice humain. Le drame se noue lorsqu'Arsace découvre qu'il est le fils de Semiramide et que son destin lui ordonne de sacrifier sa mère, coupable de régicide et d'avoir frôlé l'inceste.

Pizzi choisit de représenter Babylone en réinventant le modèle stylistique néoclassique : cette production met au premier plan la citation architecturale et monumentale, avec un décor qui présente des similitudes avec les projets de Piranèse pour les *Cheminées fantastiques*, alors que les costumes reprennent les dessins de la *Mascarade à la grecque* de l'architecte Ennemond Alexandre Petitot[4]. Par leur matrice architecturale,

---

1 Pizzi a mis en scène *Semiramide* en 1980 (Aix-en-Provence) et 2005 (Rome) ; *Tancredi* en 1982 (Pesaro), 1991 (Pesaro), 1992 (Schwetzingen) et 1999 (Pesaro) ; *Mosè in Egitto* en 1983 (Pesaro) et *Mosè* en 1993 (Venise).

2 *Semiramide*, Aix-en-Provence, 1980. Mise en scène, décors et costumes de P. L. Pizzi.

3 Isabelle Moindrot explique à ce propos que « si la réalisation de Pizzi eut un tel retentissement, [...] ce n'est donc pas en raison de la seule beauté du spectacle. Diffractant le pathétique dans le merveilleux, le triste dans l'éblouissant, elle répondait surtout aux critères très particuliers du tragique chez Rossini, et témoignait de la puissance théâtrale de cette esthétique de l'ambiguïté de la convention » (I. Moindrot, « Rossini au XXe siècle ou l'opéra restauré », *Romantisme*, vol. 28, n° 102, 1998, p. 9-10).

4 G. B. Piranesi, *Diverse maniere d'ornare i camini*, Rome, Generoso Salomoni, 1769 ; E. A. Petitot, *Mascarade à la grecque*, gravé par Benigno Bossi, Parme, Benigno Bossi, 1771. – Lors d'un entretien réalisé à l'occasion de sa deuxième *Semiramide* en 2005, Pizzi affirme que la production de 1980 a été conçue comme « une fastueuse représentation

ces costumes suggèrent la rigidité du genre tragique dans lequel s'inscrit l'action et contraignent les chanteurs à bouger de façon non naturelle. Ainsi, pour Christophe Deshoulières, les personnages de la cour de Babylone « portent leurs maisons sur le dos [...] ; la tortue que devient le comédien-chanteur dans son encombrant costume, manifeste la filiation entre la machine baroque et la surmarionnette moderne[1] ». Le jeu antinaturaliste des chanteurs peut en effet susciter le rapprochement avec la surmarionnette théorisée par Gordon Craig[2], laquelle empêche une identification avec le personnage chez les interprètes et le public, leur donnant la possibilité de réfléchir sur l'œuvre.

Par ailleurs, tout l'espace est uniformément teinté d'une couleur blanche – les murs, les escaliers, le tombeau du roi, les costumes, les visages et les perruques. Les objets et les êtres vivants sont donc traités comme un matériau unique. La scénographie hisse ainsi les personnages du drame à un niveau explicitement artificiel, un effet accentué par les passerelles qui surmontent le fossé de l'orchestre pour isoler la prouesse du chant dans le temps suspendu de la performance. Avec ces citations à l'art néoclassique, Pizzi choisit de faire référence au temps de la création de l'œuvre, qu'il recrée de surcroît par un autre artifice métathéâtral : aux côtés de la scène, une partie du chœur est habillée en costumes d'époque, rappelant le public rossinien et donnant une représentation spéculaire, mais décalée dans le temps, du public dans la salle.

Un autre spectacle qui présente une dimension métathéâtrale est le *Tancredi* mis en scène en 1992 au festival de Schwetzingen, en Allemagne[3],

baroque inspirée de Piranèse et réalisée devant un public de l'époque du compositeur », *cf.* P. Scotti, « Il lato intimista di Semiramide », *Il Giornale*, 13 février 2005 ; à ce sujet, voir également S. Cometta et E. Soldini, « Vidéographie », *L'Avant-Scène Opéra. Sémiramis*, n° 184, p. 97, et I. Moindrot, « Rossini au XXe siècle ou l'opéra restauré », art. cité, p. 9). Quant à Petitot, Pizzi s'y intéresse particulièrement puisqu'il lui a consacré une exposition, *Ennemond Alexandre Petitot. I disegni*, à Parme au Palazzo Bossi Bocchi, du 27 avril au 30 juin 2002. Sur la ressemblance entre les costumes de la *Semiramide* de 1980 et les gravures de Petitot, *cf.* M. I. Biggi, « L'eredità dei Galli Bibiena. Pierluigi Pizzi e Massimo Gasparon », en ligne : http://drammaturgia.fupress.net/recensioni/recensione1.php?id=161 (consulté le 17 août 2016), et C. Barbato, « Le citazioni plastiche e visive nelle scenografie d'opera di Pier Luigi Pizzi », *Parole rubate. Rivista internazionale di studi sulla citazione*, numéro en préparation sur « La citazione a teatro ».

1 C. Deshoulières, *L'Opéra baroque et la scène moderne*, *op. cit.*, p. 429-430.

2 *Cf.* G. Attolini, *Gordon Craig*, Bari, Laterza, 1996, en particulier chap. V et VI, p. 48-59 et p. 60-77.

3 *Tancredi*, festival de Schwetzingen, 1992. Mise en scène, décors et costumes de P. L. Pizzi. – Le *Schwetzingen Festspiele* est un festival allemand d'opéra et de musique classique créé

la troisième production de Pizzi sur ce même drame en musique. Le récit se déroule à Syracuse au Moyen Âge, pendant l'invasion des Sarrasins. Le chevalier Tancredi, banni de la ville, y retourne rappelé par sa bien-aimée et se bat pour la sauver d'une injuste accusation de trahison, bien qu'il la croie coupable.

Respectant les directives de la manifestation, le metteur en scène opte pour un décor baroque, et cherche à reconstruire ici encore le contexte de création de l'œuvre plutôt que les indications des didascalies du livret. Ici le terme « baroque » ne fait pas référence aux machineries et aux effets spéciaux, absents dans ce spectacle, mais à l'iconographie : les costumes et des décors peints, rappellent, en effet, ceux que l'on utilisait au XVIIIe et XIXe siècles. Pizzi choisit un effet de théâtre dans le théâtre avec deux ouvertures de scène l'une dans l'autre. Le cadre extérieur se compose de deux grandes colonnes en marbre bleu ciel, tandis que l'ouverture de scène intérieure représente des portails rougeâtres tout en rappelant la couleur dominante utilisée pour les costumes du chœur et du protagoniste.

Tous ces éléments soulignent le caractère fictif de l'opéra : une toile de fond peinte qui représente, selon les scènes, soit la mer soit des nuages ; des éléments mobiles très légers, qui transforment le palais en grande place puis en grotte ; des passerelles pour isoler les chanteurs, comme dans les productions de *Tancredi* de 1982 et de *Semiramide* de 1980. Ce caractère artificiel et éphémère est accentué par le finale. Le rideau se ferme sur la mort du protagoniste mais, après les applaudissements, un coup de baguette du chef d'orchestre le fait revenir à la vie en proposant une variante de l'opéra avec *lieto fine*.

Pizzi a aussi recours au processus de la mise en abyme dans la mise en scène de *Mosè* représentée au théâtre la Fenice de Venise en 1993[1]. La nécessité de travailler avec des moyens réduits amène le metteur en scène à s'éloigner de sa démarche habituelle – caractérisée par des décors très recherchés – en créant un spectacle qui souligne les aspects humains et religieux de l'opéra. L'aspect visuel est en effet celui d'un spectacle *in fieri*, encore en phase de montage, ce que renforce le choix

---

en 1952 par la *Süddeutscher Rundfunks*, radio allemande. Il se déroule chaque année de mai à début juin dans un château du XIXe siècle. L'une des caractéristiques de ce festival est la redécouverte d'opéras des siècles passés sur instruments d'époque.

1 *Mosè in Egitto*, Venise, Teatro La Fenice, 1993. Mise en scène, décors et costumes de P. L. Pizzi.

de faire chanter le chœur en lisant la partition. Les éléments du décor sont ébauchés, il s'agit d'espaces géométriques en noir et blanc, d'une toile de fond peinte et d'un grand escalier poli qui forme une sorte d'amphithéâtre. Les costumes sont très simples également. Tous les personnages sont vêtus de combinaisons de sport gris clair et portent des chaussures de tennis. Aucun élément ne distingue le peuple hébreux du peuple égyptien, et il n'y a ni bons ni méchants, tous ayant, d'après Pizzi, des états d'âme et des sentiments similaires[1]. Quant aux costumes des solistes, ceux des égyptiens sont somptueux et dorés, ceux des juifs, en laine, sont caractérisés par la sobriété, tandis que les lumières, toujours au minimum, permettent cependant de créer au fur et à mesure des effets de relief.

Le metteur en scène tire de cette linéarité accentuée et de cette scénographie élémentaire un spectacle particulièrement évocateur. La scène du passage de la mer Rouge en est l'illustration. La mer y est représentée grâce à un tissu luisant que des mimes gonflent au vent, une idée chère à Giorgio Strehler qui l'a utilisée, par exemple, dans sa mise en scène du *Macbeth* verdien en 1975. Pizzi arrive ainsi à créer l'illusion d'un corps liquide qui d'abord se retire pour faire passer le peuple élu, avant de s'écouler de nouveau pour submerger, dans une tempête sonore de coups de tonnerre et d'éclairs, le peuple de Pharaon. C'est donc avec une grande simplicité que Pizzi conçoit l'une des scènes les plus spectaculaires du théâtre de Rossini.

La métathéâtralité est donc un élément caractéristique de nombre de mises en scène contemporaines des opéras de Rossini. Elle se décline de différentes façons, dont nous avons ici esquissé une typologie en trois volets : un métathéâtre à vocation d'actualisation, miroir de la société actuelle, un métathéâtre fondé sur la distanciation, comme dans un miroir brisé, et enfin un métathéâtre privilégiant les effets de mise en abyme. En nous attachant plus particulièrement au travail de Pier Luigi Pizzi, nous avons pu observer qu'il préfère la forme du miroir brisé (qu'il représente avec des chanteurs-marionnettes dans la *Semiramide* de 1980 ou en isolant les chanteurs à l'avant-scène, comme dans les *Tancredi* de

1 Comme l'explique Pizzi, « le véritable protagoniste est le chœur, qui alterne sur la scène sous la forme des Hébreux ou des Égyptiens : deux peuples animés des mêmes sentiments, espérances et désespoirs », entretien réalisé par L. Bentivoglio, « Pizzi : Ecco il mio Mosè », *La Repubblica*, 19 novembre 1993 (notre traduction).

1982 et 1992) et celle de la mise en abyme (notamment par le biais du chœur habillé comme le public de l'époque de la composition et situé aux côtés de la scène). Deux approches qui soulignent l'aspect fictif et artificiel de la représentation théâtrale.

Plus largement dans la production de Pizzi, la métathéâtralité est tellement ancrée dans son travail, qu'elle est aussi présente sous forme de renvoi d'une production à l'autre, voire d'autocitation. Certains éléments scénographiques, en effet, se retrouvent presque à l'identique dans plusieurs spectacles. C'est le cas du cheval de carrousel en bois, traîné à vue par les chanteurs ou par des machinistes, que l'on peut rencontrer dans le *Rinaldo* de Haendel, mis en scène à Reggio Emilia en 1985, et dans les *Tancredi* rossiniens de 1982, 1992 et 1999.

Pour autant, le métathéâtre ne se réduit pas pour Pizzi aux aspects esthétiques. C'est une démarche d'ensemble qui permet de dépasser le décalage entre le temps de composition de l'œuvre et le temps actuel de la réception, d'entendre la mise en scène des opéras du passé et de faire en sorte qu'un répertoire oublié et largement sous-estimé – comme les *opere serie* rossiniens – revienne à la scène.

Cristina BARBATO
Université Paris 8

MONTAGE MÉTATHÉÂTRAL D'UNE PIÈCE EXOTIQUE GOLDONIENNE : *L'ÉPOUSE PERSANE*

Si traduire veut dire *ne pas perdre* afin de *transmettre*, transmettre en appelle à *transformer*, et transformer, au fond, c'est déjà perdre ce que l'on voulait garder. Comment défier l'inéluctable ? L'une des particularités de la tâche du traducteur de théâtre est de se voir à la fois mis en difficulté et réconforté par l'intervention des autres passeurs que sont les acteurs, le metteur en scène avec lequel, souvent, il collabore, ainsi que le spectateur à qui il cède une part du travail d'interprétation. Dans la solitude de ses premiers pas, il doit néanmoins affronter une autre complication : s'il est à la fois traducteur, chercheur et théoricien de sa propre pratique, il se risque à la rencontre de vérités parfois très différentes, voire contradictoires. Dans ces cas – fréquents, il faut le dire – au lieu de chercher systématiquement une entente, ou une apparente conciliation, il va préférer intégrer dans son discours les contradictions en l'état.

C'est précisément par le maintien d'une tension entre choix qui parfois tendraient à s'exclure, que nous avons tenté de générer, dans notre projet de traduction-adaptation de la « trilogie persane » de Carlo Goldoni (mise en scène Simona Morini, Compagnie Errance, 2007)[1], une rencontre entre un Orient et un Occident qui s'attirent et se rejettent, ou encore à identifier nos propres contradictions pour les utiliser enfin comme de potentielles clés de lecture. Dans ce projet de traduction, montage et mise en scène, j'ai occupé les positions multiples de traductrice, adaptatrice, dramaturge et actrice. Je vais ici revenir sur la

---

1 *La sposa persiana, Ircana a Julfa* et *Ircana a Ispahan*, pièces à grand retentissement, furent écrites entre 1753 et 1756 lorsque l'auteur travaillait pour le théâtre San Luca de Venise. Le travail de traduction et d'adaptation a été mené par la compagnie Errance entre 2005 et 2008 sous forme de théâtre laboratoire. Le premier volet en a notamment été présenté au festival de la Biennale de Venise en juillet 2007.

démarche qui a été la nôtre, et que l'ethnologue Marc Augé nomme « strabisme méthodologique[1] ». Elle s'est imposée à nous d'elle-même dès lors qu'il a fallu commencer à traiter des concepts aussi vastes et instables que ceux de « langage » ou de « culture ». En diversifiant les approches, nous sommes parvenus à une souplesse (indispensable aux deux *praxis* que sont le théâtre et la traduction) qui nous a permis d'enregistrer nos errements non plus comme des faux pas mais comme des éléments constitutifs du processus de re-création. C'est à ce moment que la mise en abyme intervient pour opérer d'ingénieux découpages kaléidoscopiques au cœur de l'œuvre montée, pour laisser paraître en filigrane du texte traduit les traces de la création, et réunir le travail de chacun des passeurs en un palimpseste métathéâtral.

SCRUTER LE SENS CACHÉ DES TEXTES GOLDONIENS

Dans le sous-texte des comédies de Carlo Goldoni – par conséquent dans le caché, le non immédiatement perceptible –, et dans l'ensemble du matériel paratextuel dont il a pourvu son théâtre, sommeille la matrice de sa poétique théâtrale. Sa trilogie dite « persane », constituée d'une épaisse sédimentation d'écrits du passé, d'emprunts multiples, de traces de vécu, de mélange de genres, de sous-entendus dissimulés et de revendications ouvertes, cache sa richesse à tout œil autre que celui de l'expert. Nous avons donc pensé qu'en ayant accès à des informations souterraines mises en lumière par les exégètes du texte ainsi qu'aux différents niveaux de temporalité à travers lesquels le texte a cheminé pour s'offrir à lui, le spectateur, invité à s'investir, à se mouvoir avec les acteurs et les choreutes sur l'ensemble du plateau comme dans un labyrinthe aux multiples accès et sorties, pourrait accomplir plus aisément, et partant plus librement, sa part du travail interprétatif.

La structure métathéâtrale autour de laquelle nous avons articulé le nouveau texte de la trilogie persane s'est inspirée, d'une part, de l'usage

1 M. Augé, *Symbole, fonction, histoire : les interrogations de l'anthropologie*, Paris, Hachette, 1979.

multiple que l'auteur a fait de ce procédé théâtral ancien, d'autre part de la richesse de possibilités qu'a offert le dispositif choral de l'Antiquité à nos jours. Nous nous sommes donc mis à imaginer trois dimensions superposées : détaché de l'*action principale* (évocation du passé), le *chœur*, fait témoin et exégète (évocation du présent et spectateur interne) invite l'assistance à prendre part aux émotions qui affectent les personnages, tandis que le *coryphée-démiurge*, incarnant l'entre-deux temps (trait d'union entre les différentes temporalités) accompagne la marche du spectateur externe tout au long des trois volets du triptyque, jusqu'à ce qu'il se sente en mesure de s'émanciper de sa médiation.

Goldoni lui-même nous mettait sur cette voie, en soumettant les genres à la praxis représentative, en traitant le texte écrit – dont il défend ardemment le respect et l'éminence – comme un matériau vivant, un support mémoriel de la parole, une mise en geste du mot. Marzia Pieri, auteur de la première anthologie commentée du tryptique, suggère de lire cette œuvre insolite comme une véritable « transgression théâtrale plus que jamais riche d'avenir[1] ». Par la proposition même d'un cycle de pièces étalé sur trois journées et deux lieux, l'auteur brise la règle des unités et repousse le théâtre au seuil d'un autre genre littéraire très en vogue à cette époque, le roman. Plus généralement, le mélange et la confrontation des genres sur la scène traversent depuis un siècle une période de compétitivité : le ballet-pantomime veut supplanter le jeu des acteurs, le livret d'opéra se hisser au rang de la musique, la comédie atteindre les sphères esthétiques du genre tragique[2]. La danse et la musique, présents dans la farce, et encore au XVIIIe siècle dans le théâtre forain, font quelques apparitions à l'intérieur de la comédie goldonienne. La veine fantastique et le déploiement de la machinerie invitant à la pluralité, on trouve dans les scènes les plus animées de *Il genio buono e il genio cattivo* un entrelacs de danse, musique et théâtre qui viennent rythmer l'action des personnages[3]. Du côté d'un théâtre plus naturaliste,

1 M. Pieri, « Introduzione », dans C. Goldoni, *La sposa persiana, Ircana a Julfa, Ircana a Ispaan*, éd. M. Pieri, Venise, Marsilio, 1996, p. 51.

2 Goldoni y fait une allusion dans *La bella verità*, II, 9 et 10. Pour aborder plus largement la question de la compétition des arts de la scène voir R. Tessari, *Teatro e spettacolo nel Settecento*, Bari, Laterza, 1995.

3 Pour une étude approfondie de la pièce, voir J. Joly, *Le Désir et l'Utopie. Études sur le théâtre d'Alfieri et de Goldoni*, Clermont-Ferrand, Faculté des lettres et sciences humaines de l'université de Clermond-Ferrand II, 1979, p. 231-257.

Il campiello présente des moments marquants de divertissement et de danse dont Giorgio Strehler s'est servi pour exalter « l'enfance et la nostalgie de l'enfance[1] », ces moments où toutes les couches de la population se mélangent en adoptant une même manière de vivre la festivité.

Étudiant ces modèles et leurs adaptations scéniques modernes, nous avons à notre tour réintroduit la danse, devenue l'un des piliers de notre mise en scène – élément désormais indissociable du texte traduit et des parties figuratives de la pièce enchâssante – en convoquant, par une rencontre pluriethnique de sa pratique, l'aspect fédérateur du geste dansé entendu comme amusement autour duquel on se rassemble, mais aussi son aspect codifié ou ritualisé qui voudrait pallier à l'éclatement de l'être et du monde, leur restituer temporairement une unité.

Cette foisonnante superposition de contenus s'est donc proposée de conduire le spectateur sur la voie d'une interprétation en mouvement de l'œuvre traduite, de lui faire découvrir l'*autre* Goldoni, celui de l'exotisme tragi-comique, celui du naturel stylisé par la scansion du vers, celui enfin qui renonce à ses propres principes et à une part de sa légendaire moralité pour dire sur le mode de l'allégorie l'obscurantisme et les tabous de son temps. En se proposant de déjouer les pièges de la littéralité qui, outre le fait de produire une langue passive, inhibe l'inventivité inhérente à l'œuvre, ce projet de traduction s'est donc orienté dès le départ vers une transcription que nous pourrions dire « critique » du texte-source. Le montage métathéâtral nous a offert en cela, par l'intromission du dispositif choral, une considérable marge d'expression.

RÉMINISCENCE MODERNE DU CHŒUR ANTIQUE

Le chœur dans le théâtre grec antique est formé d'un groupe d'individus qui, par le chant ou la déclamation, annonce le franchissement d'une étape de l'histoire contée et indique pour ainsi dire au spectateur la manière de réagir à la représentation. Les odes chorales, assurées initialement par les acteurs puis, à l'époque des grandes

1 M. Tanant, « Strehler et Goldoni : Le miroir et la métaphore », art. cité, p. 139.

Dionysies, prises en charge par les choreutes (chanteurs ou danseurs), fragmentent la tragédie en une suite d'épisodes. De la multitude qu'il incarne, le chœur est ensuite progressivement perçu comme une entité unifiée, une seule voix, et devient le lieu privilégié de la mise en œuvre de l'*ethos* – la disposition psychique commune à un groupe de personnes appartenant à une société. À notre tour, nous avons donc considéré cette masse humaine comme reflet de l'âme, des agissements et des codes consensuels des hommes, un chœur miroir des temps révolus, présents, et de ceux à venir, à l'inverse de celui que Nietzsche entend comme « mur dont s'entoure la tragédie pour s'isoler totalement du monde réel, et par là, préserver son espace idéal et sa liberté poétique[1] ».

Outre sa dimension symbolique, le chœur est aussi épicentre vers lequel convergent les divers niveaux de lecture du spectacle, perturbant ainsi la perception linéaire et passive du spectateur, l'encourageant à aller vers ce que Brecht appelle distanciation, cette prise de recul nécessaire qui mène, au-delà de la simple identification, à la prise de conscience critique. L'acteur-choreute, depuis la scène, regarde l'acteur-actant ; il devient dès lors spectateur intérieur regardé par le spectateur extérieur, et le théâtre dans le théâtre se propose ainsi de rendre poreuse la barrière mentale et immatérielle posée entre scène et salle, nous faisant douter de notre propre réalité.

> Pourquoi sommes-nous inquiets [...] que Don Quichotte soit lecteur du Quichotte et Hamlet spectateur d'Hamlet ? Je crois en avoir trouvé la cause : de telles inversions suggèrent que si les personnages d'une fiction peuvent être lecteurs ou spectateurs, nous, leurs lecteurs ou spectateurs, nous pouvons être des personnages fictifs[2].

Partant de concepts et d'instruments classiques soumis à de nouvelles formes, on peut arriver à l'éclatement des genres, à la levée de certaines contraintes formelles, un objectif qui constitue l'une des préoccupations premières des arts contemporains. Et c'est par la mise en place d'un « théâtre de fracture », au sein duquel l'événement social embrasse la collectivité tout entière et appelle à la cohésion, que la performance

---

1 F. Nietzsche part ici du concept schillerien de la signification du chœur (« La naissance de la tragédie », dans *Œuvres philosophiques complètes*, trad. M. Haar, P. Lacoue-Labarthe et J.-L. Nancy, Paris, Gallimard, 1977, p. 54).

2 J. L. Borges, *Enquêtes*, Paris, Gallimard, 1957, p. 81.

scénique « soumet le spectateur à un choc émotif[1] ». N'arrive-t-il pas qu'à la fin d'un spectacle, remué non pas forcément par l'hilarité ou les pleurs mais par une secousse psychique inexplicable, on se sente, comme après un voyage en terre inconnue, différent ? Il ne peut y avoir un avant et un après le spectacle que si l'acte théâtral a su, en convoquant des images, des formes et des schémas acquis, générer l'insolite.

Par ailleurs, le chœur peut aussi matérialiser l'intériorité d'un personnage. Dans le théâtre du XVIIIe siècle, c'est encore l'aparté qui fait double emploi d'extériorisation de la pensée intime du personnage et d'adresse au public, et sa destination incertaine présente souvent des difficultés lors de son interprétation par le comédien. Le langage évoluant aussi vite que l'expérience humaine, la pensée qu'il essaie de figurer se détériore, devient floue, si le champ référentiel – ou le sous-texte – qui la soutient n'est pas revitalisé. Les personnages de la trilogie persane étant le produit même de leur façon de s'exprimer, autrement dit de leurs idiolectes, donner plus de relief à leur intériorité par la mise en mots ou en gestes de leurs pensées nous a ici aidés à mettre en lumière la modernité du théâtre goldonien.

Pour *L'Épouse persane*, nous avons à cet effet imaginé un chœur-sérail, repère spatial et ornement scénographique, devenu extériorisation de la voix intérieure. Chantant ainsi les rêves manqués de la jeune esclave Ircana, la cruauté de ses parents qui l'ont vendue, son désespoir face à la rivalité qui l'oppose à Fatima l'épouse légitime de Tamas, ce chœur-sérail n'a pas vocation unique à renseigner le public sur les desseins secrets du personnage. Il s'agit, comme l'a fait Euripide pour *Les Troyennes* ou Eschyle pour *Les Suppliantes*, de hisser le chœur et la collectivité qu'il incarne au statut de protagoniste. Ce qui sépare Ircana de ses congénères, c'est précisément ce désir exprimé – que d'autres femmes du sérail nourrissent en secret – de changer sa condition sociale. Cependant les parcours de chacune d'elles, quoi que fasse la favorite pour se distinguer, se recoupent : nous sommes donc arrivés à la conclusion que le récit de la vie d'une esclave circassienne pouvait être porté par plusieurs voix et n'en représenter qu'une, comme il pouvait en représenter dix ou cent, devenir la parole de toutes les captives d'Ispahan, et partant celle des Chrétiennes de Julfa[2].

1 E. Barba, *Théâtre, solitude, métier, révolte*, présenté par L. Masgrau, trad. É. Deschamps-Pria, Saussan, L'Entretemps, 1999, p. 31.

2 Dans le second volet du triptyque on se déplace d'Ispahan à Julfa, de la culture musulmane des Perses à la culture chrétienne des Arméniens, ce qui permet à l'auteur de rendre plus

LA PLURIDIMENSIONNALITÉ DU MÉTATHÉÂTRE

Pour arriver à une juste mesure dans la conception de ce type de dispositif, nous avons très tôt essayé de définir où se situait notre démarche sur l'axe du temps. « Lire pleinement », nous dit George Steiner, « c'est restituer le vif des valeurs et des intentions où se meut la parole effective[1] ». Pour y parvenir, le traducteur, comme le metteur en scène, navigue constamment entre deux temps, celui de l'œuvre et celui de la réception, soit la démarche historisante ou l'actualisation. Au croisement de ces deux angles d'approche, nous avons choisi d'adopter une structure à géométrie variable grâce à laquelle le texte traduit a pu bifurquer au fil du spectacle vers un cortège de possibilités, et optimaliser la polysémie du texte original. Se figer sur une temporalité unique aurait présenté plusieurs risques, dont celui, dans le cas d'une traduction historisante, de rendre sourde une partie du sous-texte. « La fidélité d'une époque », avertit Henri Meschonnic, « paraît infidélité plus tard, parce qu'elle était sans le savoir une fidélité non au texte mais à l'époque[2] ». Inventer un temps qui n'évince pas le temps ni la poésie du texte, et qui limite la question de la caducité d'une traduction, passait pour nous par la tenue d'une certaine tension entre passé et présent.

Goldoni lui-même le répète à plus d'une occasion dans ses *Mémoires* et préfaces. Sans créativité, l'écriture et la traduction perdent non seulement leur raison d'être, mais se démunissent de toute prétention artistique. Les metteurs en scène d'aujourd'hui essaient de répondre à cette recommandation de l'auteur en jouant avec la labilité du temps théâtral. Lorsque Jacques Lassalle, à l'occasion du bicentenaire de la mort de l'auteur, donne un autre visage à *La serva amorosa* redécouverte par Luca Ronconi quelques années plus tôt, il crée un espace aérien où les objets, suspendus au-dessus de la scène, symbolisent une temporalité révolue, cristallisée au creux de l'œuvre, par opposition au

---

claire et plus directe la critique faite aux mœurs de son temps, plus particulièrement sur la question des mariages arrangés qui affectait à cette époque bien des foyers vénitiens.

1 G. Steiner, *Après Babel : une poétique du dire et de la traduction*, trad. L. Lotringer et P.-E. Dauzat, Paris, Albin Michel, 1998, p. 59.

2 H. Meschonnic, *Poétique du traduire*, Paris, Verdier, 1999, p. 57.

présent immédiat, fugace et mouvementé du plateau. Relégué à la fosse orchestrale, Arlequin – peut-être pour remémorer ses antiques origines sataniques – occupe, seul, un espace souterrain qui semble le placer dans un passé encore plus lointain, celui de la tradition.

Au temps de l'œuvre se superposent le temps de la représentation et le temps de l'action. Du rapport entre ces deux temps on obtient ce que l'on appelle communément le temps théâtral. Le procédé d'enchâssement et de parcellisation de l'espace scénique ajoute deux niveaux temporels : le temps réel des spectateurs intérieurs et le temps fictif de l'action enchâssante. Chacun de ces temps se comprime et se distend, s'écoule et se condense, en fonction du degré de perméabilité des autres temps, créant ainsi différentes combinaisons temporelles pouvant aller jusqu'à une parfaite coïncidence des quatre temporalités. La dénomination anglaise de *play within a play*, en cela, illustre parfaitement le procédé : il y a bien enchâssement et interdépendance des structures intérieure et extérieure. Ladite « métalepse dramatique[1] » advient préférablement au moment du passage entre deux scènes et apporte à l'action principale (généralement celle de la pièce enchâssée) une profondeur infinie, en appelant le spectateur à voir et à entendre au-delà de ce qui est dit et montré. Par l'effet kaléidoscopique de la juxtaposition des miroirs, le spectateur extérieur regarde le spectateur-chœur intérieur, lui-même assistant à la comédie jouée par les acteurs, tantôt en tant que témoin impliqué qui prend part à l'action – interférence des actions enchâssante et enchâssée – tantôt en tant que témoin externe.

Dans notre trilogie persane, ces imbrications métathéâtrales se calent sur plusieurs niveaux et, comme nous en avons amorcé l'explication, se partagent en deux catégories : d'une part les irruptions individuelles qu'assurent ceux que nous appelons personnages démiurges (ou coryphées) qui ouvrent et ferment les trois pièces, d'autre part les apparitions collectives du chœur chantant ou dansant. Installée sur un espace qui jouxte la scène, l'intégralité de la compagnie forme ce chœur d'où s'extraient tour à tour les acteurs qui, l'espace d'un échange, deviennent personnages. L'ensemble constitué par l'entité prologale, l'entité chorale

1 G. Genette emploie ce terme – utilisé surtout dans le champ de la théorie narrative – lorsqu'il y a changement de niveau dramatique (*Figures III*, Paris, Seuil, 1972). On se reportera pour une réflexion théorique sur cette notion au premier chapitre du présent ouvrage, P. Vescovo, « Métathéâtre et métalepse. Pour une distinction et une définition théorique », p. 19-37.

et les pièces imbriquées de la trilogie se découpe à partir d'une logique tridimensionnelle couvrant à la fois une dimension purement spatiale et trois niveaux de temporalité. Au premier niveau paraît le personnage démiurge chargé de ramener l'histoire à la mémoire et, après avoir redéfini l'espace scénique, de passer la parole aux autres personnages de la pièce. Au second niveau, nous plaçons la reconstruction d'une Perse évoquée par les rapports de voyageurs et les contes orientaux. Sur ce plan intermédiaire est projeté l'Orient fantasmé par le lettré vénitien du XVIIIe siècle, ou plus spécifiquement le regard de Goldoni, dirigé vers ses contemporains et vers la postérité : une peinture personnalisée d'un Orient à la fois proche et lointain. Au troisième niveau, enfin, se situe la communauté chorale, cette entité mouvante et protéiforme qui, portée par des rythmes orientaux ancestraux et une écriture polyphonique moderne, s'adresse directement au spectateur, l'appelle à réagir, à se rendre témoin de l'action, à entrer en confidence avec les personnages, à se compromettre émotionnellement et, éventuellement, à s'identifier.

Pour ce qui est de l'organisation spatiale, nous avons disposé la scène ainsi : l'espace d'arrière-fond a été cartographié en fonction d'une dichotomie traditionnaliste entre hommes (côté jardin) et femmes (côté cour), tandis qu'un espace central était réservé au rituel. Aussi cette division nous a-t-elle permis non seulement de distinguer visuellement les niveaux temporels, mais d'y déposer un sens passé et actuel, témoin d'une vision de l'organisation pluriséculaire des relations humaines dans diverses civilisations anciennes et contemporaines. Horizons et cultures se mélangent, passé et présent se rejoignent ou s'entrechoquent et, par des anachronismes et des paralogismes voulus, le spectacle affiche une volonté de brouiller les cartes, d'obliger le public à rechercher les possibles correspondances entre ce qu'il voit et ce qu'il vit, à regarder à travers les interstices ajourés d'un panachage culturel – où se côtoient archaïsmes obscurs et désir de modernité – aussi entremêlé que les mailles d'un tapis persan.

MISE EN ABYME PAR LE RITUEL

Nous avons ainsi intégré au spectacle des scènes de rituels, dirigées par des musiciens et des danseurs expérimentés, connaisseurs et transmetteurs des ritualités anciennes de leurs terres natives (Maghreb et Salento). Aussi le dédoublement temporel et spatial nous a-t-il permis d'introduire en marge de l'histoire, sans en suspendre le fil narratif, des scènes qui ont produit une nette amplification des nombreux doubles sens et sens cachés de scènes auxquelles le seul texte traduit n'offrait pas la profondeur nécessaire. Nous nous sommes en priorité attachés à l'idée que le rituel s'organise autour de gestes très minutieusement codifiés qui visent à réunir un groupe d'exécutants autour d'un culte, d'une manifestation, d'une fête, d'un événement récurrents, et que s'il s'agit d'un rite initiatique, il a pour rôle de réinsérer l'individu au sein de la collectivité, en marquant un passage, un changement d'état, l'accession à un stade supérieur ou, du moins, nouveau. Nous nous sommes aussi souvenus que lorsqu'Antonin Artaud parle d'« infirmité spirituelle de l'Occident », il se réfère à notre progressif abandon de la valeur rituelle de l'art au profit de sa valeur ornementale, ou formelle (au sens le plus pauvre du terme), par la rupture des liens avec toutes formes d'attitudes mystiques[1] . À travers sa réhabilitation, certains dramaturges ou metteurs en scène issus du courant théâtral dit « d'avant-garde » – il nous suffira de citer Meyerhold, Grotowski, Brook, Barba, Artaud ou Genet, figures qui ont constamment nourri nos réflexions et nos choix – ont voulu revenir aux racines de pratiques fédératrices, capables de remembrer une communauté composite. En visant le dépassement de la représentation naturaliste du monde, finalement si subjective, nous nous sommes essayés à une autre lecture du vrai, moins pragmatique, et en cela moins matérialiste ou disons plus spirituelle. À la base d'une telle ambition, a été la rencontre biculturelle du soufisme et du tarentulisme (donnant lieu aux danses des tarentelles du Sud de l'Italie), deux courants spirituels, entre religiosité et tension vers l'abolition de l'aspect dogmatisant du rite, qui s'organisent en « ordre

1 A. Artaud, *Le Théâtre et son double*, *op. cit.*, p. 107.

symbolique culturellement conditionné[1] », en faisant conjointement appel à la musique et à la coprésence de plusieurs agents participatifs.

Attachés à la perspective d'engager prudemment le pas vers une déterritorialisation du langage théâtral, de nous diriger vers un horizon artistique universel, par le mélange de formes communes du rituel, nous avons recherché une façon efficace et profonde de mettre en scène le combat des personnages – et le point de vue de l'auteur – afin de faire ressortir la part souffrante (rite de la *tarantola*) ou cachée (principe du soufisme) d'eux-mêmes. Ce travail parallèle rendu possible par l'adoption du dispositif métathéâtral a exigé une adhésion commune et une volonté égale de la part du traducteur, du metteur en scène et des acteurs d'aller outre une lecture rationalisante de la réalité :

> Quand la réalité se fige en trauma, en pure interdiction, en pur danger, elle perd sa valeur rituelle et dramatique ; elle devient le seuil jusqu'où même l'impensé n'accède plus. Elle devient une déité qui n'a plus besoin de l'homme ; elle ne veut de l'homme que sa soumission d'otage. Or, le sacré est cette vue du réel qui associe l'interdit et l'intime. La réalité, au sens traumatique du mot, ne retient que l'interdit, car elle nie, *a priori*, l'intime[2].

Le geste ritualisé donne alors une légitimité à l'extériorisation de l'intime par sa codification et grâce à « l'efficacité symbolique des rites d'institution : c'est-à-dire le pouvoir qui leur appartient d'agir sur le réel en agissant sur la représentation du réel[3] ». Domestiquer son individualité – Fatima y parvient, Ircana échoue, à la fin du premier épisode – peut passer par une phase de crise effective que la communauté exécutante du rituel accompagne et, en quelque sorte, canalise, en veillant à dominer les éventuels débordements de l'initié pour l'amener doucement à recouvrer l'ordre intérieur.

Deux ouvrages majeurs de l'ethnologue Ernesto De Martino nous ont accompagnés dans la conception de ce que nous avons appelé « la transe de Fatima ». La transe libératrice, où Fatima crie, pleure, se débat contre

1 E. De Martino, *La terra del rimorso : il Sud tra religione e magia* [1961], Milan, Net, 2000, p. 57. Pour une étude des rites soufis nous renvoyons à l'ouvrage de l'orientaliste et iraniste H. Corbin, *Face de Dieu, face de l'homme : herméneutique et soufisme* [1983], Paris, Entrelacs, 2008.

2 J. Gillibert, *L'Acteur en création*, Toulouse, Presses universitaires du Mirail, 1993, p. 74.

3 P. Bourdieu, « Les rites comme actes d'institution », *Actes de la recherche en Sciences Sociales*, vol. 3, n° 1, juin 1982, p. 59.

elle-même et ses voix intérieures, dansée et rythmée par les antiques et folkloriques *tamorre*, vient substituer, ou mieux incarner, le plus long monologue que Goldoni ait écrit pour Fatima, à l'acte IV, scène 10 du premier volet de la trilogie et dont il défend la pertinence plus tard dans son *Festino*[1]. Notre choix est né d'un long et minutieux travail de lâcher-prise que notre chorégraphe Mariangela Siani a développé avec l'actrice incarnant le rôle de Fatima, travail pendant lequel ce subit monologue de deux pages a pris la forme d'une étape incubatoire, épisode témoin d'un état de nécessité intérieure qui se prépare à être expulsé. De l'observation de ce travail est née ma proposition, ensuite soumise au metteur en scène et à l'ensemble de la compagnie, de ritualiser ce moment d'aveu fébrile où est mentionnée la recommandation parentale d'obéissance à l'homme épousé, par l'évocation de la voix maternelle.

De Martino insiste sur l'importance de ce « savoir pleurer qui réintègre l'homme dans l'histoire humaine[2] », une réaction émotive qui constitue l'une des étapes du parcours initiatique de tout être humain dès sa plus tendre enfance, quel que soit son environnement culturel. Or Fatima, jeune adolescente promise au fils d'un riche négociant turc, préparée depuis l'enfance à l'abnégation, à l'exclusion du libre arbitre, est perpétuellement dans la retenue, dans la non-expression de ses affects, une forme d'autocensure que lui impose sa lignée. Son aveu libérateur marque pour nous le moment où, acculée par ce qu'elle appelle dans le dernier volet de la trilogie un « assaut de sentiments », elle n'a d'autre alternative que de faire face ou s'avouer vaincue. La suite conforte notre logique : après ce passage, elle trouve enfin les mots justes pour apostropher Tamas, son jeune époux, et le jeu bascule en sa faveur.

En exorcisant ses voix intérieures surgies du passé – celles de la mère et de la nourrice initiant l'enfant à l'obéissance, à l'acceptation, la transmission de ces femmes qui après avoir été opprimées deviennent à leur tour bras de l'oppression – la jeune Fatima accède à un stade symbolique d'âge adulte qui l'autorise à prendre la parole en son nom propre.

La présence physique et active, en tant qu'œil intérieur, des spectateurs ou adeptes – à commencer par ceux du chœur actant – est indispensable

1 C. Goldoni, *Il festino*, dans *Opere teatrali*, Venise, Antonio Zatta, 1794, petite pièce écrite en quelques jours, sur le thème des cancans, entièrement dédiée à la défense du premier volet de *La Trilogie persane*.

2 E. De Martino, *Morte e pianto rituale dal lamento funebre antico al pianto di Maria*, Turin, Boringhieri, 1983, p. 6.

à la bonne marche du rituel. Dans les rites d'initiation de la Grèce antique, on désignait par *epoptès* le témoin oculaire, c'est-à-dire « celui qui regarde[1] », qui assiste, sur qui l'opération rituelle exerce un impact dû à l'activité visuelle et à la notion d'apprentissage qui en découle. La lamentation rituelle est vécue individuellement par la personne qui l'exécute. Les autres agents impliqués – souvent placés autour du « justiciable », pour reprendre un terme de Bourdieu – regardent mais sans prendre part, ni physiquement, ni vocalement, ni émotionnellement au rituel. Le simple fait d'y assister les rend complices et garants de la sécurité du sujet accomplissant la transe. Nul ne manifeste d'inquiétude devant les gestes démesurés ou les cris, car chacun sait que l'issue du rite sera bénéfique, voire salvatrice[2].

N'étant pas une scène d'intrigue enchâssée parmi d'autres, mais formant un spectacle détaché et tout à la fois très étroitement lié à l'action dramatique principale, le spectateur extérieur le perçoit sur deux niveaux dimensionnels réassociant théâtralité et ritualité. Le chœur, avec toujours au centre le dénominateur commun du miroir, par sa présence silencieuse et hiératique – seules les mélodies lancinantes, les litanies et les percussions envahissent le champ sonore – l'invite à assister au cérémonial sans nécessairement y prendre part.

Partant d'une multitude d'Ailleurs, le dispositif métathéâtral nous a ainsi aidés à rejoindre cette unité perdue, à réunifier le sujet psychologique scindé, retrouvant la part cachée que chaque individu inconsciemment recherche quand il se hasarde à explorer l'inconnu. Cette unité, ou cette volonté de générer des rencontres, et partant, du sens aux yeux du spectateur contemporain, a été notre graal. Elle a constamment nourri notre désir de construire une passerelle entre l'auteur – le poète et son imaginaire, le contexte à l'intérieur duquel il écrit et agit, les représentations, qui sont celles d'une époque « désinformée » où les réalités méconnues prenaient facilement des allures de légendes –, et nous, passeurs d'aujourd'hui, traducteurs-interprètes de son œuvre. Par la mise en place de la fragmentation spatio-temporelle qu'engendre le procédé du théâtre dans le théâtre, nous avons donc voulu laisser en

1 M. Mervant-Roux, *L'Assise du théâtre : pour une étude du spectateur*, Paris, CNRS Éditions, 1998, p. 46-64.

2 *L'Épouse persane*, III, 7.

marge du texte traduit et mis en scène nos doutes et nos questionnements d'une part, mais aussi nos ajouts, nos découvertes et notre apport à l'inventivité de l'auteur. Une question s'est néanmoins parfois érigée en obstacle : la mise en abyme, inexistante au plan du montage originel de la pièce, court-elle le risque de restituer une vision déformée de l'œuvre ? Par son emploi, avons-nous frôlé le seuil de ce qu'Albert Bensoussan appelle la traîtrise[1] ?

Peut-être. Mais si la posture de l'effacement est entendue comme signe de vassalité à l'égard de l'auteur, il nous est apparu tout aussi valable de penser que mettre à nu les artifices de la fabrique théâtrale, en d'autres termes faire le jour sur les canaux et les procédés interprétatifs, reste un choix noble en ce qu'il fait montre de franchise et d'une démarche assumée. Et c'est notamment dans ces espaces annexes superposés à la pièce principale – motif central de la représentation –, dans ses recoins étroits et fragiles, que nous avons rencontré Goldoni, mis sur table nos perplexités et nos tiraillements, lui, les siens, pour ouvrir ensemble de prolixes débats autour de cette première version française de *L'Épouse persane*, deux siècles et demi après sa création.

Eleonora VISCIGLIO
Université Paris 8

1 A. Bensoussan, *Confessions d'un traître. Essai sur la traduction*, Rennes, PUR, 1995.

IDENTITÉ, PIRANDELLISME ET TARAHUMARAS

Analyse de la performance par l'actrice

> Mon art est plein d'une pitié amère pour tous ceux qui se trompent sur eux-mêmes ; mais cette compassion ne peut être qu'accompagnée d'une farouche révolte contre le destin qui condamne l'homme à l'illusion.
> Luigi PIRANDELLO[1]

Identité, pirandellisme et Tarahumaras : le titre du spectacle – ou de la performance – est déjà le signe d'une forme hybride. Il peut passer pour l'intitulé d'une conférence, d'un exposé ou d'une communication, mais le décalage entre les deux premiers termes et le troisième crée un hiatus. Ce dernier mot sonne comme une boutade. Il pourrait être le fruit d'un lapsus enfantin, mais les connaisseurs soupçonnent une référence : le *Voyage au pays des Tarahumaras* d'Antonin Artaud[2]. Le titre ainsi composé est représentatif d'un spectacle qui part d'une situation très reconnaissable pour laisser apparaître des motifs moins connus.

La pièce a été jouée pour la première fois à l'université Paris 8 en mai 2012 et reprise par la suite dans différentes salles de théâtre[3]. Sa création, qui débuta plus d'un an auparavant, eut pour point de départ

1 Cité par G. Dumur, *Le Théâtre de Pirandello*, Paris, L'Arche, 1955, p. 10.

2 A. Artaud, « D'un voyage au pays des Tarahumaras », *Les Tarahumaras*, Paris, Gallimard, 1971, p. 45-69.

3 *Identité, pirandellisme et Tarahumaras*, de et avec : L. Roux ; mise en scène : A. Pawin ; son : H. Kostrewa ; lumière : L. d'Aria ; chorégraphie : C. Chauvière ; production : Compagnie des Corps Bruts ; avec le soutien du FSDIE de l'université Paris 8 et du Cinq, espace dédié aux pratiques artistiques du 104. Création le 14 mai 2012 à l'amphi IV de l'université Paris 8, reprises aux Festival du Jeune théâtre de Savigny-sur-orge (91), Festival J'acte

une thématique canonique, l'identité et ses représentations, ainsi qu'un objet symbolique : un masque de rituel guatémaltèque. La situation de départ (une conférencière venue faire un exposé sur la notion d'identité) est d'abord fracturée par l'irruption de comportements étranges, puis totalement renversée par le masque de rituel qui prend possession du corps de la conférencière. Joué dans un théâtre, le spectacle vise à réduire au maximum la théâtralité, afin de mettre en péril la notion de représentation et de produire un doute chez les spectateurs, ainsi amenés à se poser cette question : « Est-ce qu'elle va vraiment nous faire une conférence pendant 55 minutes ? » Une fois la déconstruction de la théâtralité opérée, le spectacle reconstruit d'autres formes, qui tentent de refléter les tendances contradictoires et chaotiques de la personnalité.

Invitée par Céline Frigau Manning à jouer *Identité, pirandellisme et Tarahumaras* à l'occasion du colloque « Le miroir derrière le rideau », j'ai fait le choix de ne pas présenter un « spectacle » mais de tenter une « performance », c'est-à-dire d'intégrer la conférence fictionnelle dans le colloque réel, le personnage imaginaire dans la communauté des chercheurs, la fausse communication dans le programme scientifique. La situation fictive n'était donc plus à créer, elle était donnée. Il n'était plus nécessaire de représenter la conférence. Il fallait cependant réussir un jeu de dupe et retarder au maximum la révélation, les auditeurs-spectateurs devant comprendre le plus tard possible qu'il s'agissait de théâtre. Ce retournement m'a amenée à m'interroger sur la conception du théâtre comme miroir ; dans le cas où la situation fictionnelle devient situation réelle, l'acte performatif se passerait-il de *mimésis* ?

LES MIROIRS DU SPECTACLE. BRISURE

> Une fois admis que l'homme vit de façon mécanique, qu'il essaie de se fixer dans une forme, qu'il porte un masque, l'instant de la tragédie – ou l'objet de la description artistique – sera l'instant de rupture pendant lequel nous assistons à l'éclatement de la forme, à l'arrachement du masque. [...] La

---

et jactes de Limoux (11300), Centre d'animation Mathis (75), Festival Nanterre-sur-scène #3 (92), Studio-théâtre de Stains (93).

> nécessité qui conduit Pirandello au théâtre paraît correspondre à un souci de plus en plus grand d'élucidation du problème de la réalité[1].

Tout l'objet du spectacle tel qu'il est conçu consiste à réaliser en direct cet « arrachement du masque » qui est au cœur du théâtre de Pirandello. À cette fin, il est composé de plusieurs niveaux textuels. Le texte de la conférence, construit à partir d'extraits de critiques, de citations, voire de plagiats, est écrit. Il est même apposé noir sur blanc sur les documents de la conférencière. Le deuxième niveau d'écriture est plus improvisé et plus personnel : la ligne parallèle au texte de la conférence – la ligne de la folie ou de la dérive irrationnelle – est variable et vient percuter la logique de la démonstration scientifique. Le troisième niveau est lié à la partition physique et au dessin de la mise en scène, de plus en plus précis au fur et à mesure du spectacle[2]. Cette composition par strates a émergé au fil d'un travail de plateau et évolue à chaque reprise du spectacle. La part importante d'improvisation permet de renouveler l'écriture et de l'adapter à la situation concrète de la représentation. Elle donne chair à une action qui peut paraître paradoxale au théâtre, et qui est mise en abyme, décrite et nommée dans la conférence par le terme de « démascation ».

Le paradoxe de cette « démascation » est rendu concret par la présence d'un masque réel qui, utilisé pour sa puissance d'évocation tribale, mythique et originelle, est le révélateur d'une vérité. Le masque du personnage au sens pirandellien (la forme sociale, construite, d'une personnalité) est fissuré par l'irruption des forces inconscientes (organiques, incontrôlées) du masque de rituel. Le masque n'est aucunement utilisé comme il peut l'être dans la *Commedia dell'Arte*. Il renvoie plutôt à une origine mythique, perdue et inconnue de l'homme – au théâtre de la cruauté d'Antonin Artaud. La « démascation » concerne donc à la fois le personnage de la conférencière qui essaie d'échapper à sa forme sociale (ou, dans le cadre du colloque, de l'intervenante[3]), et la représentation

1 G. Dumur, *Le Théâtre de Pirandello*, *op. cit.*, p. 34.

2 La deuxième partie, qui mêle des textes composés en improvisation et des extraits d'œuvres littéraires (*Belle du seigneur*, d'Albert Cohen ; une variation libre sur le poème *Passionnément* de Ghérasim Luca) laisse place à un parcours poétique et visuel.

3 Je distingue : 1. la « conférence » et la « conférencière » quand j'évoque le projet originel ; 2. la « communication » ou « l'intervention » et « l'intervenante » lorsque je me réfère à la situation précise du colloque.

qui s'efforce d'échapper à ses présupposés. C'est à ce niveau précis que se joue la métathéâtralité : la tension entre l'hyperréalisme dans lequel est prononcée la conférence (ou la communication) et l'abstraction poétique dans laquelle nous entraîne le masque guatémaltèque doit permettre, pour finir, d'accéder au « vrai », c'est-à-dire à une expression purement émotionnelle de l'être qui se serait extrait de la forme. Ce « vrai » reste évidemment hypothétique.

« LE SIGNE POUR LA CHOSE, ET SOUVENT LA CHOSE N'Y EST PLUS[1] »

La première partie du spectacle, la conférence de Lili Büme, repose sur le principe du miroir qui déforme petit à petit l'image qu'il renvoie. La mise en scène, le jeu et l'écriture reprennent les gestes, les codes et les attitudes conventionnels de la communication universitaire pour les déstabiliser : la conférencière qui, dans un premier temps, les surinvestit, semble finalement prendre conscience de leur absurdité, ou du moins la rendre manifeste. Lili Büme commence ainsi par demander aux spectateurs de « garder les questions pour la fin », mais vu le temps imparti et l'importance de sa communication, de ne poser que les questions « pertinentes ». Plus tard, elle évoquera « le grand Pirandello » avec un accent italien exagéré, ou bien elle notera avec délice que la « démascation » est un néologisme. Ces détails visent à démystifier les attitudes suffisantes que la possession du savoir peut risquer de susciter, et dont les conférenciers, enseignants ou chercheurs exagèrent souvent eux-mêmes les codes avec humour et théâtralité. C'est le premier niveau du miroir qui grossit légèrement (ou grossièrement, selon la perception) des traits facilement reconnaissables. La relation qui s'établit avec les spectateurs est alors censée reposer sur une certaine complicité. Il va de soi que dans le cadre d'un colloque, et face à un public composé de chercheurs et d'enseignants coutumiers de tels événements, de leurs rites et formules, cet effet de complicité se trouve mis en péril et ne peut seul être visé.

1 N. Bouvier et T. Vernet, *L'Usage du monde*, Évreux, Le Cercle du Bibliophile, 1970, p. 110.

Le deuxième niveau commence à ouvrir le hiatus : le personnage se met à agir de façon quelque peu étrange. Il s'égare hors du rôle qu'il s'était construit. Le miroir ne réfléchit plus une réalité connue, mais des comportements qui n'appartiennent plus au quotidien. Il ne s'agit plus de démystifier un « type » (la conférencière), il s'agit d'observer le surgissement de l'absurde, ou de la folie. Le personnage, en prenant conscience de sa forme figée, n'en est plus la victime : il prend la liberté de bousculer les conventions et place avec plaisir les spectateurs dans une situation de malaise. Lili Büme sourit ainsi pendant de longues minutes en regardant ses auditeurs dans les yeux. Le sourire, au départ timide, s'élargit, devient démesurément long, figé, grimaçant. Ce sourire, toutes dents dehors, est similaire à celui du masque guatémaltèque, porteur de la même ambiguïté. On peut se demander si Lili Büme est totalement folle, naïve ou cruelle. Comme si, silencieusement, elle demandait aux spectateurs qui, d'eux ou d'elle, va craquer, qui va mettre un terme à la folie qui s'empare d'un discours de moins en moins rationnel ; qui, le premier, va lâcher son rôle.

La tension qui s'empare alors de Lili Büme doit gagner également les spectateurs : ceux-ci sentent que la situation de la conférence, qu'ils avaient fini par accepter, peut éclater. Ils sont sur leurs gardes, les rôles vacillent. Mais personne ne craque, les masques ne tombent pas et parfois les spectateurs arborent, eux aussi, un sourire figé. Le vertige de ce moment suspend le temps. La complicité se métamorphose en un sentiment qui frôle le tragique : par sa durée, le sourire est le signe extérieur qui, parce qu'il cache de manière ostensible la brisure intérieure, en fait suinter la plaie. Le personnage est totalement démuni face au monde, aux autres, à elle-même – et le sourire désarmé en devient désarmant.

LE MÉTACOLLOQUE. PRENDRE UN MASQUE POUR NE PLUS JOUER

J'insiste volontairement sur la question du rôle et sur la distinction entre l'actrice et le personnage (alors que c'est moi qui écris, joue et analyse), car si le spectacle dans sa forme théâtrale ne cesse de flirter avec cette frontière, dans la forme performative présentée au colloque, il la franchit tout à fait. Il me semble qu'en lieu et place de la complicité entre l'actrice et les spectateurs contre (ou avec) le personnage, il y eut une complicité entre l'actrice et le personnage contre (ou avec) les spectateurs[1].

Afin de renforcer la portée du propos et de saisir l'opportunité que représentait un colloque sur le métathéâtre italien, nous avons décidé d'introduire la conférence de Lili Büme dans le programme scientifique. Nous allions faire du « métacolloque » dans un colloque sur le métathéâtre. Il fallait pour cela monter ce qu'on appelle, dans d'autres sphères, un « canular ». Le processus débuta bien en amont de la date de la représentation. La fiction commença avec la signature : Lili Büme[2] viendrait présenter ses travaux, pendant que Louise Roux serait ailleurs. On créa à Lili Büme une adresse e-mail sur laquelle elle ne recevrait que les informations relatives au colloque et qui permettrait aux autres participants de voir apparaître son nom. On lui inventa un sujet de recherche, une raison d'être là : la sonorité allemande de « Büme » renvoyait à Bonn, ville dans laquelle se tenait l'université où elle faisait, en cotutelle, son doctorat, et où Pirandello lui aussi avait fait ses études – façon de se poser, ainsi, comme l'une de ses lointaines descendantes, via des origines obscures mais absolument avérées, et de créer de la sorte une mythologie.

En même temps que le personnage de Lili Büme se construisait peu à peu, la nécessité de ne révéler le simulacre que le plus tard possible m'obligeait à ne quasiment pas jouer. Pour la communication présentée lors du colloque, je transformai donc le début du spectacle, en l'épurant au maximum de tous ses signes de théâtralité. Au lieu de m'adresser aux spectateurs en évoquant les fameuses « questions pertinentes », je repris une phrase d'un modérateur qui me paraissait faire écho avec ma communication, et qui en réalité résonnait avec l'intervention performative tout entière. Il s'agissait de Siro Ferrone qui avait dit, à la suite de la communication de Jérôme Chaty : « Nous-mêmes vivons dans une parodie permanente. » Cette introduction eut, je crois, l'effet recherché : il assit ma position d'intervenante et dissimula, encore un moment,

1 Les spectateurs étaient de deux sortes : les spectateurs complices (nos amis, les spectateurs qui venaient pour le spectacle mais savaient qu'ils ne devaient pas révéler la supercherie) et les spectateurs du colloque (les « innocents », ceux dont il est question ici et à qui la performance était avant tout destinée).

2 Dans le spectacle initial, le personnage s'appelait Lili Boome, mais nous avons considéré que le nom avait des sonorités comiques qui porteraient préjudice à notre dessein.

l'imposture. Je m'appliquai au maximum à ne pas jouer, c'est-à-dire à être moi-même autant que possible. Il y avait pourtant des indices de bizarrerie : le faux enregistrement de la voix de Pirandello qui dut mettre la puce à l'oreille de la majorité des spécialistes, puis, bien entendu, le sourire. Mais je fus surprise, pendant mon discours, de voir des chercheurs prendre des notes, s'ennuyer, regarder la bibliographie qui leur avait été distribuée : avoir, en somme, un comportement normal d'auditeurs.

À quel moment le doute s'est-il immiscé ? Quand l'attention des auditeurs s'est-elle détournée du discours pour se concentrer sur celle qui le proférait ? Est-ce lorsque l'une des participantes du colloque, qui avait saisi la dimension théâtrale de l'intervention, s'est mise à prendre des photos ? Les spectateurs ont-ils continué malgré tout à jouer le jeu, prenant le rôle d'« auditeurs du colloque » et devenant alors eux aussi « performeurs » ? De la scène, j'ai été étonnée de sentir l'attention qu'ils pouvaient mettre à saisir le propos de ma communication. Le plaisir que cela m'a procuré (pendant la performance, je n'ai pas imaginé qu'ils pouvaient à ce point jouer avec moi) m'a engagée à tenir l'enjeu de mon intervention et cette situation en a, en quelque sorte, renforcé le sérieux. Peut-être cela a-t-il en partie empêché les spectateurs d'observer la mise à mal des codes qui leur était renvoyée en miroir. Toute la question est de savoir, en effet, si le fait que les participants du colloque aient été pris à leur propre jeu de spectateurs-participants a été pour eux prétexte à une prise de distance ou à une prise en otage. Lorsqu'il n'y a plus de *représentation*, la scène théâtrale peut sans doute encore réfléchir certaines situations dans leur ridicule, leur excès ou leur tragique si la performance permet aux participants de jouer un rôle – en l'occurrence, leur propre rôle.

Les réactions qui m'ont été transmises, très diverses, ne peuvent évidemment pas être considérées comme exhaustives. Certains avaient honte pour moi (pour Lili Büme) d'oser rendre publique une communication aussi médiocre, d'autres ont d'abord cru (vu l'affluence des spectateurs venus m'écouter) que je pouvais être une chercheuse connue, d'autres, enfin, étaient irrités d'avoir été dupés et se sentaient trahis. L'écoute et le rôle pris par les auditeurs furent donc probablement variables. J'imagine que ces divisions au sein du public furent l'occasion pour les spectateurs de se questionner sur la place et le rôle du spectateur. Les spectateurs-complices-amis-invités se sont amusés à observer, par exemple, la réaction des participants-du-colloque-innocents. L'attention a pu se détourner de l'observation de la « démascation » pour s'intéresser aux rouages de l'événement que constituait la performance. Je ne suis pas certaine toutefois que le miroir ait renvoyé l'image démystificatrice qu'il recherchait, et questionné la mise en scène du savoir à travers la forme colloque. Deux hypothèses alors : ou bien le théâtre, pour agir comme miroir déformant, doit réfléchir une autre image que celle de la situation réelle (le reflet de la salle dans le miroir de la scène peut devenir aveuglant) ; ou bien la performance, étant réelle et non réflexive, fait appel à d'autres principes que celui du miroir et n'est démystificatrice que si tout le parterre est convié au jeu de rôle.

LA PERFORMANCE DÉMASQUÉE

Ce travail m'a amenée à m'interroger sur ce qui faisait la différence entre le théâtre et la performance, et à tenter de distinguer théoriquement ce qui, dans la pratique, semble indistinctement mêlé et flirte volontiers avec les frontières. Le spectacle abolit plus ou moins radicalement les deux temps propres au théâtre classique (le temps de l'écriture et le temps de la représentation[1]), de façon d'autant plus nette dans le cadre du colloque : ce qui est représenté est également réalisé au plateau. C'est justement l'abolition de cette distinction (entre le « vrai » de la performance et le « faux » de la représentation) qui définit, selon les propos de Marina Abramovic repris par Joseph Danan, la performance.

> Le théâtre est faux, il y a une boîte noire, vous payez pour un billet et regardez quelqu'un qui joue la vie de quelqu'un d'autre. Le couteau n'est pas réel, le sang n'est pas réel, et les émotions ne sont pas réelles. La performance est exactement à l'opposé : le couteau est réel, le sang est réel, et les émotions sont réelles. C'est un concept différent. Il s'agit de la vraie réalité[2].

On pourrait avancer que Pirandello, lorsqu'il cherche à faire exploser les cadres de la représentation, laisser exister l'improvisation au sein de

1 *Cf.* à ce sujet H. Gouhier, *Le Théâtre et les arts à deux temps*, Paris, Flammarion, 1989.
2 Cité par J. Danan, *Entre théâtre et performance : la question du texte*, Paris, Actes Sud-Papiers, 2013, p. 18.

la pièce écrite et interroger la notion de « rôle » dans la vie et au théâtre, ouvre l'ère de la performance. On est très loin de John Cage, de Merce Cunningham ou du Living Theatre, mais ce que révèlent les personnages en quête d'auteur ou l'héroïne de *Se trouver*, c'est que la frontière entre l'art et la vie est plus floue que ne le suggère, dans la scène traditionnelle, l'usage de la mimésis. C'est surtout, comme l'écrit Joseph Danan, qu'il faut « produire un acte qui soit le plus vivant possible dans le présent non reproductible de toute représentation. [Que] cette exigence du théâtre est poussée à l'extrême dans la performance. [Qu']elle se manifeste cycliquement, dès lors que l'académisme et la routine guettent[1] ». C'est bien ce que la métathéâtralité, chez Pirandello, va interroger, et ce que les théories d'Artaud, dans leur radicalité, vont essayer de définir. Comment l'acteur peut-il rester vivant et ne pas *représenter* la vie, mais la *présenter* dans son organicité et dans sa fragilité ? La performance a pour condition l'« implication directe du performeur ou de la performeuse, sans le fard du rôle ou du personnage. Ce sont eux qui se mettent en jeu et [...] en danger – que le risque soit physique ou davantage de l'ordre d'un affrontement psychologique avec soi-même[2]. »

Le spectacle *Identité, pirandellisme et Tarahumaras*, dans sa réalisation, est un processus plus qu'une représentation. Le chemin que prend le personnage est celui que prend également l'actrice pour retrouver la vie derrière la forme. Mais l'actrice, pour accomplir cette « démascation », prend la forme d'un personnage. Toutefois, la forme qu'elle prend (la forme de l'intervenante) est sa propre forme (puisque je suis également doctorante). Elle joue à déconstruire les différentes facettes de sa personnalité.

Le principe de cette déconstruction est très simple : comme on pèle un oignon, on enlève les différentes couches correspondant aux rôles sociaux, puis aux rôles intimes, qui construisent la personnalité. À chaque fois, il s'agit de détruire les corsets qui nous enferment dans une forme. Cette destruction passe essentiellement par la prise de pouvoir de l'inconscient qui s'exprime corporellement, sous le masque guatémaltèque, et vient déchirer le dessin qui semblait indélébile. Le parcours jalonné de ces différentes étapes de la « démascation » semble infini, autant que la multitude de peaux qui se présentent. Toutefois, le chemin conduit à un rapport frontal très direct pour tenter, dans

1 *Ibid.*, p. 23.
2 *Ibid.*, p. 22.

une parole improvisée, de faire part aux spectateurs de l'objectif de la recherche et de la réaliser. En fonction du parcours effectué, la parole est plus ou moins libérée, l'actrice plus ou moins démasquée. Ce dernier moment est, nécessairement, « réel ».

Contre toute attente, ce moment n'a pas eu lieu le jour du colloque. Des applaudissements ont coupé mon élan, mais j'ai senti surtout que je n'avais pas lâché prise et que cela n'aurait été qu'artifice. À moins que je n'aie eu peur, tout simplement. Plusieurs questions se sont posées à moi, car c'est l'unique représentation où je n'ai pas atteint le « cœur de l'oignon », ou tenté de le toucher publiquement alors que c'est le nœud de cette recherche. Pourquoi ?

Premièrement, il m'est apparu qu'en me cachant sous le pseudonyme de Lili Büme, je ne laissais pas la performance advenir. Au théâtre, ce qui est jeu n'empêchant pas le « réel », malgré le théâtre, de surgir, devient dans la performance une entrave qui, malgré le « réel », fait obstacle. Dans le cadre de ce colloque, assumer cette performance sous mon nom, Louise Roux, m'aurait permis de me présenter dans mon rôle de doctorante, et de déconstruire, « réellement », ce rôle – ou d'échouer à le défaire, sans fard.

Deuxièmement, je me suis demandé si la performance, qui avait commencé en amont de la représentation, n'aurait pas dû s'arrêter au moment où le théâtre avait fait irruption sur la scène (au moment où avait surgi le vrai masque). Ni les auditeurs ni moi-même ne pouvions revenir en arrière, une fois que le miroir du théâtre avait mis une frontière entre l'art et la vie – on avait ressenti un soulagement, « ah, c'est du théâtre, ce n'est pas la vie ! ». Mais nous sortions tout juste d'un jeu de dupes, nous n'allions pas nous laisser berner à nouveau, maintenant que nous avions compris que c'était « pour de faux ». Le miroir avait été désactivé, je n'avais donc plus aucune raison de le briser.

Louise Roux
Université Paris 8

BIBLIOGRAPHIE

CORPUS MÉTATHÉÂTRAL

ANDREINI, Giovan Battista, *Prologo in dialogo tra Momo e la verità*, Ferrare, Baldini, 1612.

ANDREINI, Giovan Battista, *Lo schiavetto*, Milan, Malatesta, 1612 ; Venise, Ciotti, 1620.

ANDREINI, Giovan Battista, *Amor nello specchio*, Paris, Della Vigna, 1622.

ANDREINI, Giovan Battista, *Le due commedie in commedia*, Venise, Imberti, 1623, dans *Commedie dell'Arte*, éd. Siro Ferrone, Milan, Mursia, 1986, vol. 2, p. 17-105.

ANDREINI, Giovan Battista, *Lelio bandito*, Venise, Combi, 1624.

ANDREINI, Giovan Battista, *Lo specchio*, Paris, Callemont, 1625.

ANDREINI, Giovan Battista, *Il teatro celeste*, Paris, Callemont, 1625.

BALOCCHI, Luigi, musique de Valentino FIORAVANTI, *I virtuosi ambulanti. Les Virtuoses ambulans. Opéra bouffon… représenté la première fois à Paris, sur le théâtre de l'Impératrice, le 26 septembre 1807*, Paris, Au théâtre de l'Impératrice, 1807.

BARBARO, Daniele, *Tragedia* [vers 1541], dans *Discours littéraires et pratiques politiques*, éd. Adelin Charles Fiorato, Paris, Presses de la Sorbonne nouvelle, 1987, p. 89-162.

BERNAUDO, Francesco, *Il Gostavo re di Svezia*, Naples, Scorigio, 1633.

BERTATI, Giovanni, et BERNARDINI DI CAPUA, Marcello, *Le tre orfanelle*, Venise, Modesto Fenzo, 1798.

BRICCIO, Giovanni, *La Zingara Sdegnosa*, Venise, Angelo Salvadori, 1634.

BRICCIO, Giovanni, *Il Pantalone imbertonao*, Trévise, [s.e.], 1673.

BRICCIO, Giovanni, *La Tartarea, commedia infernale*, Bologne, Antonio Pisarri, 1674.

BUSONI, Ferruccio, *Arlecchino oder Die Fenster, ein theatralisches Capriccio*, Leipzig, Breitkopf & Härtel, [1917].

CALMO, Andrea, *La potione*, Venise, Alessi, 1552 ; éd. moderne Ramona Mendola, mémoire de maîtrise, Udine, 2012.

CALMO, Andrea, *La Fiorina*, Venise, Bertacagno, 1553.

CALVINO, Italo, « Per *Un re in ascolto* di Berio, libretto originale 1979 », dans *Romanzi e racconti*, vol. 3, éd. dirigée par Claudio Milanini, Mario Barenghi et Bruno Falcetto, avec une bibliographie des écrits d'Italo Calvino dirigée par Luca Baranelli, *Racconti sparsi e altri scritti d'invenzione*, Milan, Mondadori, 1994, p. 730-754.

CALZABIGI, Ranieri, *L'opera seria commedia per musica*, éd. Rosy Candiani, Rome, CISU, 1993.

« La cantante e l'impresario » e altri metamelodrammi, éd. Francesca Savoia, Gênes, Costa & Nolan, 1988.

Commedie dei Comici dell'Arte, éd. Laura Falavolti, Turin, UTET, 2001, rééd. 2013.

CORNEILLE, Pierre, *L'Illusion comique*, dans *Théâtre complet*, éd. Georges Couton, Paris, Classiques Garnier, 1971, t. I, p. 627-694.

CORNEILLE, Pierre, *L'illusione comica*, trad. Edoardo Sanguineti, Gênes, Il Melangolo-Teatro di Genova, 2005.

DELLA VALLE, Federico, *Iudith* [1627], dans *Opere*, éd. Maria G. Stassi, Turin, UTET, 1995, p. 59-170.

DIODATI, Giuseppe Maria, musique de Domenico CIMAROSA, *L'impresario in angustie. L'Entrepreneur italien dans l'embarras, opéra bouffon en trois actes*, Paris, Mestayer et Salle Favart, 1801.

DOTTORI, Carlo de', *Aristodemo* [1657], dans *Il teatro del Seicento*, éd. Luigi Fassò, Milan-Naples, Riccardo Ricciardi, 1954, p. 751-854.

ERRICO, Scipione, *Le liti di Pindo*, Messine, Bianco, 1634.

FO, Dario, *Il diavolo con le zinne*, Turin, Einaudi, 1998.

FO, Dario, *Teatro*, éd. Franca Rame, Turin, Einaudi, 2000.

FO, Dario, *Sotto paga ! Non si paga !*, éd. Franca Rame, Turin, Einaudi, 2008.

FO, Dario, *Arlecchino : Hellequin, Harlekin, Arlekin*, Turin, Einaudi, 2011.

FO, Dario, et RAME, Franca, *Le commedie*, Turin, Einaudi, 1977-1998.

FOPPA, Giuseppe Maria, et FIORAVANTI, Valentino, *Le virtuose ridicole*, Venise, Modesto Fenzo, 1801.

GASSMANN, Florian Leopold, *L'opera seria*, éd. Éric Weimer, New York – Londres, Garland, 1982.

GIRALDI, Giovan Battista, *Orbecche* [1541], dans *Il teatro italiano II*, éd. Marco Ariani, Turin, Einaudi, 1977, vol. 1, p. 79-184.

GIUSTI, Vincenzo, *Irene*, Venise, Rampazetto, 1579.

GNECCO, Francesco, *La prova d'un'opera seria*, Milan, 1805 ; *cf. Analyse de la Prova d'un opera séria (la répétition d'un opéra sérieux). Opera bouffon en deux actes, musique de Gnecco*, Paris, Herhan, imprimeur, [s. d.].

GOLDONI, Carlo, *La cameriera brillante*, éd. Roberto Cuppone, introduction de Paolo Puppa, Venise, Marsilio, 2002, trad. Manuela Salvi et Raphaël

Aubert, *La Brillante Soubrette : comédie en trois actes*, introduction de Gino Zampieri, Dole, Canevas, 1993.

GOLDONI, Carlo, *La castalda / La gastalda*, éd. Laura Riccò, Venise, Marsilio, 1994.

GOLDONI, Carlo, *Le avventure della villeggiatura*, dans *Trilogia della villeggiatura*, éd. Franco Fido, Venise, Marsilio, 2005 ; trad. Michel Arnaud, *Les Aventures de villégiature*, dans *Théâtre*, Paris, Gallimard, 1972, p. 1161-1233 ; trad. Françoise Decroisette, *La Villégiature*, Paris, L'Arche, 1992.

GOLDONI, Carlo, *La locandiera*, éd. Sara Mamone et Teresa Megale, Venise, Marsilio, 2007 ; trad. Norbert Jonard, *La locandiera*, Paris, GF Flammarion, 1996 ; trad. Danièle Aron, *La locandiera : comédie en 3 actes*, Paris, Comédie-Française, 1981.

GOLDONI, Carlo, *Il poeta fanatico*, éd. Marco Amato, Venise, Marsilio, 1996.

GOLDONI, Carlo, *La sposa persiana, Ircana a Julfa, Ircana a Ispaan*, éd. Marzia Pieri, Venise, Marsilio, 1996.

HOFMANNSTHAL, Hugo von, *Ariane à Naxos*, trad. Georges Pucher, *L'Avant-Scène Opéra*, n° 282, 2014, p. 16-77.

KRAUSS, Clemens, musique de Richard STRAUSS, *Capriccio*, trad. Bernard Banoun, *L'Avant-Scène Opéra*, n° 152, 1993, p. 18-109.

LEONCAVALLO, Ruggero, *Pagliacci : dramma in un atto*, Milan, Edoardo Sonzogno, 1892 ; trad. Olivier Rouvière, *Paillasse*, Paris, Opéra national de Paris, 2012.

Libretti d'opera italiani, éd. Paolo Fabbri et Giovanna Gronda, Milan, Mondadori, coll. « I Meridiani », 1997.

MALIPIERO, Gian Francesco (musique et livret), *L'Orfeide*, Londres, Chester, [1925].

MANFREDI, Muzio, *Semiramis*, éd. Grazia Distaso, Tarente, Lisi, 2001, p. 35-118.

PALOMBA, Giuseppe, musique de Valentino FIORAVANTI, *Le cantatrici villane, dramma giocoso per musica in due atti. Les Cantatrices villageoises, opéra bouffon en 2 actes, représenté, pour la 1re fois, à Paris, sur le théâtre de l'Impératrice, le 30 Janvier 1806*, Paris, Mme Masson, 1806.

PASOLINI, Pier Paolo, *Affabulazione*, dans *Teatro*, Milan, Mondadori, 2001, p. 467-573 ; trad. Michèle Fabien et Titina Maselli, *Affabulazione. Régicide*, dans *Théâtre*, Paris, Actes Sud, 1995, p. 119-208.

PASOLINI, Pier Paolo, *Bestia da stile*, dans *Teatro*, Milan, Mondadori, 2001, p. 759-862 ; trad. Alberte Spinette, *Bête de style*, dans *Théâtre*, Paris, Actes Sud, 1995, p. 463-555.

PASOLINI, Pier Paolo, *Calderón*, dans *Teatro*, Milan, Mondadori, 2001, p. 659-758 ; trad. Michèle Fabien, *Calderón*, dans *Théâtre*, Paris, Actes Sud, 1995, p. 5-117.

PASOLINI, Pier Paolo, *Orgia*, dans *Teatro*, Milan, Mondadori, 2001, p. 243-355 ;

trad. Danièle Sallenave, *Orgie*, dans *Théâtre*, Paris, Actes Sud, 1995, p. 389-461.

PASOLINI, Pier Paolo, *Porcile*, dans *Teatro*, Milan, Mondadori, 2001, p. 575-658 ; trad. Alberte Spinette, *Porcherie*, dans *Théâtre*, Paris, Actes Sud, 1995, p. 315-387.

PICCIOLI, Francesco Maria, *Berenice vendicativa*, Padoue, Per Pietro Maria Frambotto, 1680.

PICCIOLI, Francesco Maria, *L'orologio del piacere*, Piazzola, Nel Luoco delle Vergini, 1685.

PIRANDELLO, Luigi, *Ciascuno a suo modo*, dans *Maschere Nude*, éd. Alessandro D'Amico, avec Alessandro Tinterri, Milan, Mondadori, 2004, vol. 3, p. 303-405, trad. Michel Arnaud, *On ne sait jamais tout*, dans *Théâtre complet*, vol. 2, éd. André Bouissy et Paul Renucci, Paris, Gallimard, 1985, p. 141-213.

PIRANDELLO, Luigi, *Questa sera si recita a soggetto*, dans *Maschere Nude*, éd. Alessandro D'Amico, avec Alessandro Tinterri, Milan, Mondadori, 2007, vol. 4, p. 245-396, trad. Michel Arnaud, *Ce soir on improvise*, dans *Théâtre complet*, vol. 2, éd. André Bouissy et Paul Renucci, Paris, Gallimard, 1985, p. 683-767.

PIRANDELLO, Luigi, *Sei personaggi in cerca di un autore*, dans *Maschere Nude*, éd. Alessandro D'Amico, Milan, Mondadori, 1993, vol. 2, p. 651-758 ; trad. Michel Arnaud, *Six personnages en quête d'auteur*, dans *Théâtre complet*, vol. 1, éd. Paul Renucci, Paris, Gallimard, 1977, p. 995-1081 ; texte français Huguette Hatem, *L'Avant-Scène Théâtre*, n° 1018, 1997.

PIRANDELLO, Luigi, *Six personnages en quête d'auteur*, adapté par Stéphane Braunschweig, suivi de Luigi Pirandello et Adolf Lantz, *Six personnages en quête d'auteur, histoire pour l'écran*, Besançon, Les Solitaires intempestifs, 2012.

PIRANDELLO, Luigi, *I giganti della montagna*, dans *Maschere Nude*, éd. Alessandro D'Amico, avec Alessandro Tinterri, Milan, Mondadori, 2007, vol. 4, p. 807-910, trad. Paul Renucci, *Les Géants de la montagne*, dans *Théâtre complet*, vol. 2, éd. André Bouissy et Paul Renucci, Paris, Gallimard, 1985, p. 1031-1086.

PIRANDELLO, Luigi, *La favola del figlio cambiato*, trad. Gérard Genot, *La Fable du fils substitué*, dans *Théâtre complet*, vol. 2, éd. André Bouissy et Paul Renucci, Paris, Gallimard, 1985, p. 909-967.

POLI, Giovanni, *Le maschere latine. Une pièce sur les origines des masques de la Rome antique. La commedia degli Zanni : deux parties d'après des documents de la Renaissance de « la Commedia dell'Arte »*, trad. Edoardo Andreotti Loria, édition spéciale Théâtre universitaire Ca' Foscari, Venise, Tipografia emiliana, 1960.

POLI, Giovanni, *La commedia degli Zanni : due tempi da documenti rinascimentali della Commedia dell'Arte*, Milan, La Rapida, 1964.

POLI, Giovanni, *La commedia degli Zanni, da documenti rinascimentali sulla Commedia dell'Arte*, *Collana del teatro a l'Avogaria*, Venise, La Tipografica, nº 7, 1983.

POLI, Giovanni, *Gli ultimi carnevali di Venezia : rievocazione della vita privata e pubblica di Venezia dal 1789 al 1796*, *Collana del teatro a l'Avogaria*, nº 4, Venise, La Tipografica, 1976.

POLI, Giovanni, *Mamole e buli*, *Collana del teatro a l'Avogaria*, nº 5, Venise, La Tipografica, 1976.

QUINAULT, Philippe, *La Comédie sans comédie*, Paris, Guillaume de Luyne, 1657.

ROSPIGLIOSI, Giulio, *La comica del cielo*, dans *Melodrammi sacri*, éd. Danilo Romei, Florence, Studio Editoriale Fiorentino, 1999, p. 139-214.

ROSSATO, Arturo, *I cavalieri di Ekebù : dramma lirico in 4 atti e 5 quadri*, musique de Riccardo Zandonai, Milan, Ricordi, 1926.

ROSSI, Gaetano, et MAYR, Simone, *L'accademia di musica*, Venise, stamperia Valvasense, 1799.

SANGUINETI, Edoardo, *Edoardo Sanguineti : Opere e introduzione critica*, éd. Giorgio Guglielmino, Vérone, Anterem, 1993.

SANGUINETI, Edoardo, *Sei personaggi.com. Un travestimento pirandelliano*, Gênes, Il Nuovo Melangolo, 2001.

SAVINIO, Alberto, *Il suo nome*, dans *Alcesti di Samuele e atti unici*, Milan, Adelphi, 1991, trad. *Son nom*, trad. Marie-José Tramuta et Mohamed Bencella, dans *De l'informe, du difforme, du conforme au théâtre, sur la scène européenne, en Italie et en France*, dir. Yannick Butel, Bern, Peter Lang, 2010, p. 109-142.

SCALA, Flaminio, *Il teatro delle favole rappresentative*, éd. Ferruccio Marotti, 2 vol., Milan, Il Polifilo, 1974.

SHAKESPEARE, William, *A Midsummer Night's Dream. Sogno di una notte d'estate*, éd. Paolo Bertinetti, trad. Patrizia Cavalli, notes Renato Rizzoli, Turin, Einaudi, 2002.

SHAKESPEARE, William, *Hamlet*, trad. J.-M. Déprats, éd. bilingue présentée par G. Venet, Paris, Gallimard, 2002.

VISCONTI, Luchino, *Bellissima*, introd. Cesare Zavattini, transcription Enzo Ungari, Bologne, Cappelli, 1978.

RÉFLEXIONS CRITIQUES ET THÉORIQUES SUR LE MÉTATHÉÂTRE

ABEL, Lionel, *Metatheatre. A New View of Dramatic Form*, New York, Hill and Wang, 1963.

ALFONZETTI, Beatrice, *Il trionfo dello specchio. Le poetiche teatrali di Pirandello*, Catane, Cuecm, 1984.

ALFONZETTI, Beatrice, et FERRETTI LEVI MONTALCINI, Annalisa, « *Sei personaggi in cerca d'autore*. Il fuoco bianco dell'incesto », dans *L'ascolto del testo*, éd. Sandra Teroni, Florence, Nicomp, 2007, p. 80-123.

AMBROSOLI, Raffaella, « La satira metateatrale di Calzabigi : *L'opera seria* », dans *Ranieri Calzabigi tra Vienna e Napoli, Atti del convegno di studi (Livorno, 23-24 settembre 1996)*, dir. Federico Marri et Francesco Paolo Russo, Lucques, Libreria Musicale Italiana, 1997, p. 85-99.

ANGELINI, Franca, « *Sei personaggi in cerca d'autore* di Luigi Pirandello », dans *Letteratura italiana*, dir. A. Asor Rosa, *Le opere IV. Il Novecento 1. L'età della crisi*, Turin, Einaudi, 1995, p. 463-496.

BAKER, Scott K., *Drama and « Ideenschmuggel ». Inserted Performance as Communicative Strategy in Karl Gutzkow's Plays 1839-1849*, Oxford, Peter Lang, 2008.

BANU, Georges, *Shakespeare : métaphores et pratique du théâtre*, Avignon, Éditions universitaires d'Avignon, 2010.

BUOMMINO, Nevia, *Lo specchio nel teatro di Giovan Battista Andreini*, Rome, Accademia Nazionale dei Lincei, 1999.

CAMBIAGHI, Mariagabriella, *Teatro e metateatro in Italia tra barocco e Novecento*, Milan, CUEM, 2008.

CARLSTEDT, Christian, « Le *metamelodramma*, ou la parodie à l'italienne de l'opéra du XVIIIe siècle », dans *L'opera seria* (programme de salle), Théâtre des Champs-Élysées, saison 2002-2003, p. 52-56.

CASHMAN, Kimberly, *Staging Subversions. The Performance-within-a-Play in French Classical Theater*, New York, Peter Lang, 2005.

COTTICELLI, Francesco, et MAIONE Paologiovanni (dir.), *Il teatro allo specchio : il metateatro tra melodramma e prosa*, Naples, Turchini Edizioni, 2012.

DECROISETTE, Françoise, « Goldoni et le *metamelodramma* : *La bella verità* », dans *Musiques goldoniennes. Hommage à Jacques Joly*, dir. Françoise Decroisette, Strasbourg, Circé, coll. « Outremonts », 1995, p. 37-43.

DECROISETTE, Françoise (dir.), *Le Théâtre réfléchi : poétiques théâtrales italiennes des Intronati à Pasolini*, Saint-Denis, PUV, 2000.

DECROISETTE, Françoise, « Fantômes goldoniens dans *Capriccio* de Richard Strauss », dans *L'Autre de l'œuvre*, dir. Yoshikazu Nakaji, Saint-Denis, PUV, coll. « L'Imaginaire du texte », 2006, p. 161-175.

FABBRI, Paolo, « La farsa *Che originali* di Mayr e la tradizione metamelodrammatica », dans *Giovanni Simone Mayr. L'opera teatrale e la musica sacra*, dir. Francesco Bellotto, Bergame, Comune di Bergamo, 1997, p. 139-160.

FERRONI, Giulio, « L'opera in commedia : una immagine del Melodramma nella cultura veneziana del Settecento », dans *Venezia e il Melodramma nel Settecento*, dir. Maria Teresa Muraro, Florence, Olschki, 1978, p. 63-78.

FISCHER, Gerhard, et GREINER, Bernhard (dir.), *The Play Within the Play : the Performance of Meta-Theatre and Self-Reflection*, New York, Rodopi, 2007.

FORESTIER, Georges, *Le Théâtre dans le théâtre sur la scène française du XVII*[e] *siècle*, Genève, Droz, [1981], 1996 pour la deuxième édition revue et augmentée.

FRESE WITT, Mary Ann, *Metatheater and Modernity. Baroque and neobaroque*, Madison-Teaneck, Fairleigh Dickinson University Press, 2013.

FRIGAU MANNING, Céline, et PICARD, Timothée, « "La petite chose avec Molière" : Strauss et la tradition métathéâtrale », *L'Avant-Scène Opéra. Ariane à Naxos*, n° 282, 2014, p. 112-119.

GALLAGHER, David (dir.), *Interpreting Great Classics of Literature as Metatheatre and Metafiction. Ovid, Beowulf, Corneille, Racine, Wieland, Stoppard, and Rushdie*, Lewiston-Queenston-Lampeter, The Edwin Mellen Press, 2010.

GOLDIN, Daniela, « Un microgenere melodrammatico : l'opera dell'opera », dans *La vera fenice*, Turin, Einaudi, 1985, p. 73-76.

GRECO, Achille, *La grande magia. Eduardo e il metateatro*, Soveria Mannelli, Rubbettino, 1998.

HOMAN, Sidney, *When the Theater Turns to Itself. The Aesthetic Metaphor in Shakespeare*, Lewisburg, Bucknell University Press, 1981.

JACOBS, René, « Le théâtre dans le théâtre. La satire de l'opéra chez Florian Leopold Gassmann », dans *L'opera seria* (programme de salle), Théâtre des Champs-Élysées, saison 2002-2003, p. 29-34.

JERNIGAN, Daniel K., *Drama and the Postmodern. Assessing the Limits of Metatheatre*, New York, Cambria Press, 2008.

KOWZAN, Tadeusz, *Théâtre miroir. Métathéâtre de l'Antiquité au XXI*[e] *siècle*, Paris, L'Harmattan, 2006.

MURATORE, Mary Jo, *Cornelian Theater. The Metadramatic Dimension*, Birmingham (Al.), Summa Publications, 1990.

NARDI, Florinda, « La modernità del metateatro : Goldoni e Pirandello », dans *Moderno e modernità : la letteratura italiana. Atti del XII Congresso nazionale dell'Associazione degli Italianisti, Roma, 17-20 settembre 2008*, dir. Clizia

Gurreri, Angela Maria Jacopino, Amedeo Quondam, Rome, Dipartimento di Italianistica e Spettacolo, Sapienza Università di Roma, 2009, en ligne : www.italianisti.it/upload/userfiles/files/Nardi%20Florinda.pdf (consulté le 23 août 2016).

NELSON, Robert J., *Play within a Play. The Dramatist's Conception of his Art : Shakespeare to Anouilh*, New Haven, Yale University Press, 1958.

PAVIS, Patrice, « Métathéâtre », dans *Dictionnaire du théâtre*, Paris, Armand Colin, 2002, p. 203-204.

PROFETI, Maria Grazia, « Dalla *Baltasara* alla *Comica del cielo* : i meccanismi della scena nella scena », dans *Percorsi europei* (*Commedia aurea spagnola e pubblico italiano, vol. 3*), Florence, Alinea Editrice, 1997, p. 39-62.

RICHARD, Françoise, « *Il Molière* de Carlo Goldoni (1751) : de la poétique en action à l'autobiographie », dans *Voyages des textes de théâtre Italie-France-Italie : XVI*e*-XX*e *siècles*, dir. Françoise Decroisette, Saint-Denis, PUV, 1998, p. 103-124.

SCHMELING, Manfred, *Métathéâtre et intertexte. Aspects du théâtre sur le théâtre*, Paris, Lettres modernes, 1982.

SLATER, N. W., *Spectator Politics. Metatheatre and Performance in Aristophanes*, Philadelphie, University of Pennsylvania Press, 2002.

SWIONTEK, Slawomir, « Le dialogue dramatique et le métathéâtre », *Zagadnienia Rodzajow Literackich*, 36/1-2, 1993, p. 7-44.

TAMBURINI, Elena, « Natura e artificio nella finzione scenica berniana : *La comica del cielo* di Giulio Rospigliosi (1668) », *Rassegna di Architettura e Urbanistica*, XXXIII, n° 98-99-100, 1999-2000 [mais 2002], p. 106-147.

TANANT, Myriam, « Strehler et Goldoni : le miroir et la métaphore », dans *Strehler. Les voies de la création théâtrale*, dir. Odette Aslan, Paris, CNRS Éditions, 1989, p. 125-139.

TROISI, Federica, *Il metateatro. Aspetti della drammaturgia inglese dal XVIII al XX secolo*, Fasano, Schena editore, 1996.

WILHELM, Franck (dir.), *Le Théâtre dans le théâtre, le cinéma au cinéma*, Carnières-Morlanwelz, Lansman, 1998.

HISTOIRE ET ESTHÉTIQUE DU THÉÂTRE ET DE L'OPÉRA ITALIENS

ALIVERTI, Maria Ines, « La Commedia dell'Arte e i limiti di una modernità », dans *La Commedia dell'Arte : alle origini del teatro moderno : atti del convegno di studi di Pontedera*, dir. Mariti, Luciano, Rome, Bulzoni, 1980, p. 44-61.

ALIVERTI, Maria Ines, « Per una iconografia della Commedia dell'Arte : a proposito di alcuni recenti studi », *Teatro e storia*, n° 4, 1989, p. 71-88.

ALONGE, Roberto, *Madri, baldracche, amanti. La figura femminile nel teatro di Pirandello*, Milan, Costa & Nolan, 1997.

ANTONUCCI, Giovanni, *Storia del Teatro italiano del Novecento*, Rome, Studium, 1986.

AQUILECCHIA, Giovanni, *Schede di italianistica*, Turin, Einaudi, 1976.

ARIANI, Marco, et TAFFON, Giorgio, *Scritture per la scena. La letteratura drammatica nel Novecento italiano*, Rome, Carocci, 2001.

ARRUGA, Lorenzo, « Entretien avec Italo Calvino », *Musica Viva*, an VI, n° 2, février 1982.

ARTIOLI, Umberto, « Il fantasma del corpo crocefisso. Visionarietà e parola nella drammaturgia di Edoardo Sanguineti », dans *Edoardo Sanguineti, Opere e introduzione critica*, éd. Giorgio Guglielmino, Vérone, Anterem, 1993, p. 81-92.

ATTOLINI, Giovanni, *Teatro e spettacolo nel Rinascimento*, Rome-Bari, Laterza, 2007.

BARATTO, Mario, « Introduzione », dans *Alle origini del teatro moderno : la Commedia dell'Arte. Atti del convegno di studi, Pontedera, 28-30 maggio 1976*, dir. Luciano Mariti, Rome, Bulzoni, 1980, p. 15-20.

BARBATO, Cristina, « Le citazioni plastiche e visive nelle scenografie d'opera di Pier Luigi Pizzi », *Parole rubate. Rivista internazionale di studi sulla citazione*, numéro spécial *La citazione a teatro*, à paraître.

BARSOTTI, Anna, *Eduardo, Fo e l'attore-autore del Novecento*, Rome, Bulzoni, 2007.

BENTOGLIO, Alberto, « Marcello Moretti », dans *Dizionario biografico degli italiani*, vol. 76, Rome, Treccani, 2012, en ligne : www.treccani.it/enciclopedia/marcello-moretti_%28Dizionario-Biografico%29/ (consulté le 26 septembre 2016).

BERTOLONE, Paola, « Jewish languages and jewish characters in Giovan Battista Andreini's *Lo schiavetto* », dans *Jewish Theatre : a Global View*, dir. Edna Nahshon, Leyde, Brill, 2009, p. 99-112.

BIGGI, Maria Ida, « L'eredità dei Galli Bibiena. Pierluigi Pizzi e Massimo

Gasparon », en ligne : http://drammaturgia.fupress.net/recensioni/recensione1.php?id=161 (consulté le 17 août 2016).

BOUISSY, André, « Révolution dramaturgique de Pirandello et psychodrame de Moreno », *Lectures pirandelliennes*, Abbeville, Paillart, coll. « Centre de recherches de l'université de Paris VIII-Vincennes », 1978, p. 275-290.

BRUMANA, Biancamaria, « Il Tasso e l'opera nel Seicento : una "Gerusalemme 'interrompue'" nella *Comica del cielo* di Rospigliosi-Abbattini », dans *Tasso, la musica, i musicisti*, Florence, Olschki, 1988, p. 137-164.

BRYANT, David, et MURARO, Maria Teresa (dir.), *I vicini di Mozart*, vol. 2. « La farsa musicale veneziana, 1750-1810 », Florence, Olschki, 1989.

BURATELLI, Claudia, *Spettacoli di Corte a Mantova tra Cinque e Seicento*, Florence, Le Lettere, 1999.

CAMERINI, Paolo, *Piazzola nella storia e nell'arte musicale del secolo XVII*, Milan, Hoepli, 1929.

CASTIL-BLAZE, François-Henri-Joseph Blaze, dit, *L'Opéra-Italien de 1548 à 1856*, Paris, Castil-Blaze, 1856.

CATZ, Mathilde, « L'"opera comica" chez deux compositeurs viennois : Florian Leopold Gassmann, Joseph Haydn », thèse de doctorat en musicologie, dir. Laurine Quetin, université François Rabelais, Tours, 2002.

COMPARINI, Lucie, « Le tablier et le mouchoir. L'ascension de la servante dans le théâtre de Pietro Chiari et Carlo Goldoni », thèse de doctorat en études italiennes, dir. Françoise Decroisette, université Paris 8, 1996.

CRUCIANI, Fabrizio, « Il teatro e la festa », dans *Il teatro italiano nel Rinascimento*, Bologne, Il Mulino, 1987, dir. F. Cruciani, D. Seragnoli, p. 31-52.

D'AMICO Fedele, *Il teatro di Rossini*, Bologne, Il Mulino, 1992.

D'ANGELI, Concetta, *Forme della drammaturgia : definizioni e esempi*, Turin, UTET, 2004.

DECROISETTE, Françoise (dir.), *La France et l'Italie : traductions et échanges culturels*, Caen, université de Caen, 1992.

DECROISETTE, Françoise (dir.), *Voyages des textes de théâtre Italie-France-Italie : XVIe-XXe siècles*, Saint-Denis, PUV, 1998.

DECROISETTE, Françoise, « Improvisation, enregistrement, création en Italie au XVIIe siècle », dans *Création et mémoire dans la culture italienne (XVe-XVIIIe siècles)*, dir. Sylviane Leoni et Alfredo Perifano, Besançon, Presses universitaires Franc-Comtoises, 2001, p. 105-129.

DECROISETTE, Françoise (dir.), *Le Livret d'opéra, œuvre littéraire ?*, Saint-Denis, PUV, coll. « Théâtres du monde », 2011.

DECROISETTE, Françoise (dir.), *L'Histoire derrière le rideau. Écritures scéniques des luttes du Risorgimento*, Rennes, PUR, coll. « Le Spectaculaire Théâtre », 2013.

DECROISETTE, Françoise, GRAZIANI, Françoise, et HEUILLON, Joël (dir.), *La Naissance de l'opéra : 'Euridice', 1600-2000*, Paris, L'Harmattan, 2002.

DI PROFIO, Alessandro, *La Révolution des Bouffons. L'opéra italien au Théâtre de Monsieur 1789-1792*, Paris, CNRS Éditions, 2003.

DONAT, Gustav, « Florian Leopold Gassmann als Opernkomponist », *Studien zur Musikwissenschaft*, vol. 2, 1914, p. 34-211.

DUMUR, Guy, *Le Théâtre de Pirandello*, Paris, L'Arche, 1955.

FABBRI, Paolo, *Il secolo cantante. Per una storia del libretto d'opera in Italia nel Seicento*, Rome, Bulzoni, 2003.

FABIANO, Andrea, *Histoire de l'opéra italien en France (1752-1815). Héros et héroïnes d'un roman théâtral*, Paris, CNRS Éditions, 2006.

FAVA, Antonio, *La maschera comica nella Commedia dell'Arte : disciplina d'attore, universalità e continuità dell'improvvisa, poetica della sopravvivenza*, préf. Francesco Zimei, Colledara, Andromeda, 1999.

FERRARI, Giordano, *Les Débuts du théâtre musical d'avant-garde en Italie. Berio, Evangelisti, Maderna*, préf. Françoise Escal, Paris, L'Harmattan, 2000.

FERRONE, Siro, *Attori, mercanti, corsari. La Commedia dell'Arte in Europa tra Cinque e Seicento*, Turin, Einaudi, 1993.

FERRONE, Siro, *Arlecchino. Vita e avventure di Tristano Martinelli attore*, Rome-Bari, Laterza, 2006, trad. Françoise Siguret, *Arlequin : vie et aventure de Tristano Martinelli, acteur*, Montpellier, L'Entretemps, 2008.

FIASCHINI, Fabrizio, *L'« incessabil agitazione ». Giovan Battista Andreini tra professione, cultura e religione*, Pise-Rome, Serra, 2006.

FIDO, Franco, *Il paradiso dei buoni compagni : capitoli di storia letteraria veneta*, Padoue, Antenore, 1988.

FISCHER, James, « *Commedia* Iconography in the Theatrical Art of Edward Gordon Craig », dans *The Commedia dell'Arte : from the Renaissance to Dario Fo*, dir. Christopher Cairns, Lewiston (N. Y.), Mellen, 1989, p. 245-276.

FORMENT, Bruno, « An enigmatic souvenir of Venetian opera : Alessandro Piazza's Teatro (1702) », *Early Music*, n° 38 (3), 2010, p. 387-401.

FRIGAU MANNING, Céline, *Chanteurs en scène. L'œil du spectateur au Théâtre-Italien (1815-1848)*, Paris, Honoré Champion, 2014.

GENTILE, Attilio, *Carlo Goldoni e gli attori*, Trieste, Cappelli, 1951.

GRECO, Franco Carmelo, « Le metamorfosi di Pulcinella. Immaginazione e rappresentazione di una maschera », dans *Pulcinella, maschera del mondo : Pulcinella e le arti dal Cinquecento al Novecento*, dir. Franco Carmelo Greco, Naples, Electa, 1990, p. 13-48.

GRIGNANI, Maria Antonietta, « Sanguineti-Gozzi : un travestimento (anamorfosi) da canovaccio », *Il verri*, n° 29, octobre 2005, p. 50-63.

GUARDENTI, Renzo, « Drammaturgie pittoriche del secolo dei Lumi », communication présentée lors du colloque international « Settecento italiano / Settecento europeo », université de Florence, 4-5 octobre 2012.

GUCCINI, Gerardo, « Dall'Innamorato all'autore. Strutture del teatro recitato a Venezia nel XVIII secolo », *Teatro e storia*, vol. 3, octobre 1987, p. 251-293.

HECK, Thomas F., *Commedia dell'Arte : A Guide to the Primary and Secondary Literature*, New York – Londres, Garland, 1988.

HERRY, Ginette, « Goldoni e la Marliani, ossia l'impossibile romanzo di Corallina », *Studi goldoniani*, dir. Nicola Mangini, n° 8, 1988.

HERRY, Ginette, « Pour une biographie détaillée de Carlo Goldoni – printemps 1755-1756, premiers matériaux », dans *Tra libro e scena, Carlo Goldoni*, dir. Carmelo Alberti et Ginette Herry, Venise, Il Cardo, 1996, p. 11-47.

HERRY, Ginette, *Carlo Goldoni. Biografia ragionata*, Venise, Marsilio 2007-, t. I : 1707-1744, t. II : 1744-1750, t. III : 1750-1753, t. IV : 1753-1755.

HUCK, Olivier, « Oper in den villen der Republick Venedig und villeggiatura in der oper », *Studi musicali*, XXXIV, 2005, n° 1, p. 137-180.

IVANOVICH, Cristoforo, *Memorie teatrali di Venezia*, éd. N. Dubowy, Lucques, Libreria Musicale Italiana, 1993, p. 416-418.

JACQUOT, Jean (dir.), *Le Lieu théâtral de la Renaissance*, Paris, CNRS Éditions, 1964.

JOLY, Jacques, *Le Désir et l'Utopie. Études sur le théâtre d'Alfieri et de Goldoni*, Clermont-Ferrand, Faculté des lettres et sciences humaines de l'université de Clermond-Ferrand II, 1979.

KATRITZKY, M. A., *The Art of Commedia : A Study in the Commedia dell'Arte, 1560-1620, With Special Reference to the Visual Records*, Amsterdam, Rodopi, 2006.

KOSCH, Franz, « Florian Leopold Gassmann als Kirchenkomponist », *Studien zur Musikwissenschaft*, vol. 14, 1927, p. 213-240.

LATTARICO, Jean-François, « Héros, anti-héros, *effemminati*. Pour une typologie des personnages dans l'opéra vénitien du *Seicento* », dans *Figure, figures. Portraits de femmes et d'hommes célèbres, ou moins, dans la littérature italienne*, dir. Agnès Morini, Saint-Étienne, Publications de l'université de Saint-Étienne, 2002, p. 205-226.

LAZZERI, Ghino, *La vita e l'opera letteraria di Ranieri Calzabigi : saggio critico*, Città di Castello, Lapi, 1907.

LEE, Vernon, *Studies of the Eighteenth Century in Italy*, Londres, Satchell and Co., 1880.

MAMONE, Sara, *Il teatro nella Firenze medicea*, Milan, Mursia, 1981.

MANCINI, Franco, MURARO, Maria Teresa, et POVOLEDO, Elena (dir.), *I teatri del Veneto, vol. 1. Teatri effimeri e nobili imprenditori*, Venise, Corbo e Fiori, 1995.

MARITI, Luciano (dir.), *La Commedia dell'Arte : alle origini del teatro moderno : atti del convegno di studi di Pontedera*, Rome, Bulzoni, 1980.

MAROTTI, Ferruccio, et Romei, Giovanna, *La professione del teatro*, Rome, Bulzoni, 1991.

MAROTTI, Ferruccio, « Elogio a Dario Fo. Dario Fo : drammaturgia d'autore/attore », *Ariel*, n° 1, 2006, p. 27-33.

MAYER-MODENA, Maria Luisa, « A proposito di una scena "all'ebraica" nello *Schiavetto* dell'Andreini », *ACME. Annali della Facoltà di lettere e filosofia dell'Università degli studi di Milano*, vol. 43, n° 3, 1990, p. 73-82.

MAZOUER, Charles, *Le Théâtre d'Arlequin : comédies et comédiens italiens en France au XVIIe siècle*, préf. Giovanni Dotoli, Fasano, Schena ; Paris, Presses de l'université Paris-Sorbonne, 2002.

MELE, Rino, « Drammaturgia sanguinetiana », dans *Sanguineti. Ideologia e linguaggio*, dir. Luigi Giordano, Salerne, Metafora edizioni, 1991, p. 61-68.

MEYER, Eve Rose, « Florian Gassmann and the Viennese Divertimento », thèse en musicologie, dir. Laurine Quetin, University of Pennsylvania, 1963.

MICHEL, Olivier, et ROSSI, Luigi, « Bricci [Briccio], Giovanni », *Dizionario biografico degli italiani*, vol. 14, Rome, Treccani, 1972, vol. 14, Rome, Treccani, 1972, en ligne : www.treccani.it/enciclopedia/giovanni-bricci_(Dizionario-Biografico)/ (consulté le 5 octobre 2016).

MIGGIANI, Maria Giovanna, « Il teatro di San Moisé, 1793-1818 », *Bollettino del centro rossiniano di studi*, 30, 1990, p. 78-82.

MILANINI, Claudio, « Materiali per *Un re in ascolto* », dans Italo Calvino, *Romanzi e racconti*, éd. dirigée par Claudio Milanini, Mario Barenghi et Bruno Falcetto, avec une bibliographie des écrits d'Italo Calvino dirigée par Luca Baranelli, vol. 3, *Racconti sparsi e altri scritti d'invenzione*, Milan, Mondadori, 1994, p. 1292-1295.

MOLINARI, Cesare, *Le nozze degli dei. Un saggio sul grande spettacolo italiano nel Seicento*, Rome, Bulzoni, 1968.

MOINDROT, Isabelle, « Rossini au XXe siècle ou l'opéra restauré », *Romantisme*, vol. 28, n° 102, 1998, p. 7-16.

MOLINARI, Cesare, *La Commedia dell'Arte*, Milan, Mondadori, 1985.

MOLINARI, Cesare, « Autori-attori della Commedia dell'Arte », *Quaderns d'Italià. Dalla Commedia dell'Arte a Goldoni*, n° 2, 1997, p. 21-38, en ligne : www.raco.cat/index.php/QuadernsItalia (consulté le 5 août 2016).

MONGRÉDIEN, Jean, *Le Théâtre-Italien de Paris, 1801-1831. Chronologie et documents*, 8 vol., Lyon, Symétrie ; Venise, Palazzetto Bru-Zane, coll. « Perpetuum mobile », 2008.

MONGRÉDIEN, Jean, « Le Théâtre-Italien de Paris sous le Consulat et l'Empire », *Napoleonica. La Revue*, 2010/1, n° 7, p. 79-87.

NARDI, Florinda, *Carlo Goldoni e la professione di scrittor di commedie*, Rome, Nuova cultura, 2008.

PADOAN, Giorgio, *Momenti del Rinascimento veneto*, Padoue, Antenore, 1978.

PADOAN, Giorgio, *La commedia rinascimentale veneta*, Vicence, Neri Pozza, 1982.

PADOAN, Giorgio, « Fiorina nel mondo degli uomini : dal Ruzante al Calmo », *Publications du CIRRI*, n° 12, *Réécritures 2*, 1984, p. 101-140.

PANDOLFI, Vito, *La Commedia dell'Arte. Storia e testo*, 6 vol., Florence, Sansoni, 1957-1961, fac-similé : Florence, Le Lettere, 1988.

PARINI, Sergio, « Intervista a Dario Fo », *Cacao Alcatraz News*, n° 2, novembre 1985, dans *Archivio Dario Fo Franca Rame*, en ligne : www.archivio.francarame.it (consulté le 21 août 2016).

PERRUCCI, Andrea, *Dell'arte rappresentativa premeditata ed all'improvviso* [1699], éd. Anton Giulio Bragaglia, Florence, Sansoni, 1961.

PESCE, Dolores, *Edoardo Sanguineti e il teatro. La poesia del travestimento*, Alexandrie, Edizioni dell'Orso, 2003.

PESLIN, Daniela, *Le Théâtre des Nations : une aventure théâtrale à redécouvrir*, préf. Georges Banu, Paris, L'Harmattan, 2009.

PESTALOZZA, Luigi, « Critica spettacolare della spettacolarità. Conversazione con Edoardo Sanguineti », *Musica/Realtà*, n° 4, p. 21-37, désormais également dans Edoardo Sanguineti, *Per musica*, éd. Luigi Pestalozza, Milan-Modène, Ricordi-Mucchi, 1993, p. 11-12.

POLI, Giovanni, « Annotazioni sulla teorica della Commedia dell'Arte », dans *La commedia degli Zanni : due tempi da documenti rinascimentali della Commedia dell'Arte*, Milan, La Rapida, 1964, p. 89-91.

POMILIO, Tommaso, « Scrittura dell'ascolto : Calvino in Berio », actes de la quatrième journée d'études consacrée à *Un re in ascolto* du projet *Le théâtre de Luciano Berio* (2010-2013), organisé par Giordano Ferrari à l'université Paris 8, en partenariat avec le Centre d'études Luciano Berio et la Fondation Giorgio Cini, Venise 28 septembre 2012, en ligne : www2.univ-paris8.fr/DMCE/article.php (consulté le 2 juillet 2016).

REBAUDENGO, Maurizio, *Giovan Battista Andreini tra poetica e drammaturgia*, Turin, Rosenberg & Sellier, 1994.

RITROVATO, Salvatore, « *Un re in ascolto.* L'ultimo "tragico" Calvino librettista », dans *Tra note e parole. Musica, lingua, letteratura*, dir. Carla Carotenuto et Michela Meschini, Ravenne, Angelo Longo, 2007, p. 117-129.

RONDOLINO, Gianni, *Luchino Visconti*, Turin, UTET, 1981.

ROSSINI, Gioachino, *The Works of Gioachino Rossini*, éd. Philip Gossett, Cassel, Bärenreiter-Verlag, 2007-.

RUFFINI, Franco, *Commedia e festa nel Rinascimento. La « Calandria » alla corte di Urbino*, Bologne, Il Mulino, 1986.

SALA DI FELICE, Elena, *Metastasio. Ideologia, drammaturgia, spettacolo*, Milan, Franco Angeli, 1983.

SANGUINETI, Edoardo, « Una polemica in prosa », *Officina*, n° 7, novembre 1956, puis dans *K e altre cose*, Milan, Scheiwiller, 1962, p. 35-44, désormais dans

Segnalibro. Poesie 1951-1982, rééd. de la première édition de 1982, Milan, Feltrinelli, 2010, p. 349-256.

SANGUINETI, Edoardo, « Il traduttore, nostro contemporaneo », dans *La missione del critico*, Gênes, Marietti, 1987, p. 182-188.

SANGUINETI, Edoardo, *Atlante del Novecento italiano*, éd. Erminio Risso, avec des photographies de Giovanni Giovannetti, Lecce, Manni, 2001.

SCANNAPIECO, Anna, « Giuseppe Bettinelli editore di Goldoni », dans *Problemi di critica goldoniana*, dir. Giorgio Padoan, Ravenne, Longo, 1994, p. 63-188.

SCANNAPIECO, Anna, « *Io non soglio scrivere per le stampe…* Genesi e prima configurazione della prassi editoriale goldoniana », *Quaderni veneti*, n° 20, 1994, p. 119-186.

SCHACHERL, Bruno, « Giovanni Poli », dans *Enciclopedia dello spettacolo*, dir. Silvio D'amico, *Aggiornamento 1955-1965*, Rome, Unione editoriale, 1966, p. 883-885.

SELFRIDGE-FIELD, Eleanor, *A New Chronology of Venetian Opera and Related Genres, 1660-1760*, Stanford, Stanford University Press, 2007.

SORIANI, Simone, « Dario Fo, il teatro di narrazione, la nuova "performance" epica. Una genealogia di un quasi-genere », *Forum Italicum*, vol. 39, n° 2, automne 2005, p. 620-648.

SORIANI, Simone, *Dario Fo. Dalla commedia al monologo (1959-1969)*, avec un témoignage de Dario Fo, postface de Concetta D'Angelli, Corazzano, Titivillus, 2007.

SORIANI, Simone, « Dario Fo, tra la pagina e la scena », communication présentée à l'occasion de la journée d'études consacrée à Ludovico Ariosto et Dario Fo organisée par Patrizia Gasparini et Rachel Monteil, université Nancy II, 15 décembre 2011, en ligne : www.siesasso.org/pdf/autres/Simone Soriani-Fo tra la pagina e la scena.pdf (consulté le 21 août 2016).

STREHLER, Giorgio, « *In margine al diario* », *Quaderni del Piccolo Teatro*, dir. Paolo Grassi, Giorgio Strehler, Ruggero Jacobbi, n° 4, 1962, p. 57-60.

TAMBURINI, Elena, *Gian Lorenzo Bernini e il teatro dell'Arte*, Florence, Le Lettere, 2012.

TANANT, Myriam, « L'héritage italien », *Les Nouveaux Cahiers de la Comédie-Française. Dario Fo*, n° 6, mars 2010, p. 22-26.

TATTI, Silvia, « Filippo Pananti poeta di teatro e giacobino », dans *Lumi inquieti. Amicizie, passioni, viaggi di letterati nel Settecento : omaggio a Marco Cerruti*, dir. B. Alfonzetti et S. Tatti, Turin, Accademia University Press, 2012, p. 227-239.

TAVIANI, Ferdinando, *Uomini di scena, uomini di libro*, Bologne, Il Mulino, 1995.

TESSARI, Roberto, *Commedia dell'Arte : la Maschera e l'Ombra*, Milan, Mursia, 1981.

URBANI, Brigitte, « Interculturalismo del teatro di Dario Fo », dans *Italia e Europa. Dalla cultura nazionale all'interculturalismo : atti del XVI Congresso dell'AIPI, Cracovia, 26-29 agosto 2004*, dir. Bart Van den Bossche *et al.*, Florence, Franco Cesati, 2006, vol. 2, p. 359-368.

URBANI, Brigitte, « Formes et fonctions du "théâtre dans le théâtre" dans l'œuvre dramatique de Dario Fo et Franca Rame », dans *Le Théâtre de Dario Fo et Franca Rame*, dir. Pérette-Cécile Buffaria et Paolo Grossi, Paris, Cahiers de l'Hôtel de Gallifet, 2011, p. 11-47.

VALENTINI, Chiara, *La storia di Dario Fo*, Milan, Feltrinelli, 1977.

VARESE, Claudio, « Calvino librettista e scrittore in versi », dans *Italo Calvino. Atti del Convegno Internazionale (Firenze, 26-28 febbraio 1987)*, dir. Giovanni Falaschi, Milan, Garzanti, 1988, p. 352-353.

VAZZOLER, Franco, *Il chierico e la scena. Cinque capitoli su Sanguineti e il teatro*, Gênes, Il Melangolo, 2009.

VESCOVO, Piermario, *Da Ruzante a Calmo : tra "Signore comedie" e "Onorandissime stampe"*, Padoue, Antenore, 1996.

VESCOVO, Piermario, *Il tempo a Napoli. Durata spettacolare e racconto*, Venise, Marsilio, 2011.

WEBER, Luigi, *Usando gli utensili di utopia. Traduzione, parodia e riscritture in Edoardo Sanguineti*, Bologne, Gedit, 2004.

WILBOURNE, Emily, « La Florinda : the performance of Virginia Ramponi Andreini », thèse de doctorat en musique, dir. Suzanne G. Cusick, New York University, 2008.

ZANCARINI, Jean-Claude, « Andrea Calmo, auteur-acteur vénitien », *Cahiers de la Renaissance italienne*, n° 2, dir. Adelin Charles Fiorato, 1989, p. 43-66.

ZANCARINI, Jean-Claude, « Andrea Calmo : dal testo alla scena », *Viaggi teatrali dall'Italia a Parigi fra Cinque e Seicento : atti del convegno internazionale, Torino, 6-8 aprile 1987*, Gênes, Costa & Nolan, 1989, p. 234-252.

ZANCARINI, Jean-Claude, « *Étranges étrangers* : l'Autre comique dans la comédie polyglotte vénitienne du XVIe siècle », dans *L'Image de l'Autre européen : XVIe-XVIIe siècles*, dir. Jean Dufournet, Adelin Charles Fiorato, Augustin Redondo, Paris, Presses de la Sorbonne nouvelle, 1992, p. 121-132.

ZORZI, Ludovico, « Tradizione e innovazione nel "repertorio" di Andrea Calmo », *Studi sul teatro veneto fra Rinascimento ed età barocca*, 1971, p. 221-239.

ZORZI, Ludovico, « Calmo, Andrea », *Dizionario biografico degli italiani*, Rome, Istituto dell'Enciclopedia italiana, vol. 16, 1973, p. 776.

ZORZI, Ludovico, « Intorno alla Commedia dell'Arte », dans *L'attore, La commedia, il drammaturgo*, Turin, Einaudi, 1990, p. 141-182.

HISTOIRE, ESTHÉTIQUE ET THÉORIE DU THÉÂTRE ET DE L'OPÉRA

ALFONZETTI, Beatrice, *Drammaturgia della fine. Da Eschilo a Pirandello*, Rome, Bulzoni, 2008.

ALIVERTI, Maria Ines, *Jacques Copeau*, Rome-Bari, Laterza, 1997.

ARISTOTE, *Poétique*, éd. Roselyne Dupont-Roc et Jean Lallot, Paris, Seuil, 1980.

BAKSHY, Alexander, *The Path of the Modern Russian Stage and Other Essays*, Londres, Cecil Palmer and Hayward, 1916.

BASSO, Alberto (dir.), *Dizionario enciclopedico universale della musica e dei musicisti. I titoli e i personaggi*, Turin, UTET, 1999.

BENJAMIN, Walter, « Was ist das epische Theater ? » [1939], trad. Rainer Rochlitz, « Qu'est-ce que le théâtre épique ? », dans *Œuvres*, t. III, Paris, Gallimard, coll. « Folio-Essais », 2000, p. 317-328.

BERLIOZ, Hector, *Mémoires* [1870], éd. Pierre Citron, Paris, Flammarion, 1991.

BRANGÉ, Mireille, « Delphine Seyrig ou l'Actrice (1965-1973) », dans *Claude Régy*, dir. Marie-Madeleine Mervant-Roux, Paris, CNRS Éditions, coll. « Les voies de la création théâtrâle », 2008, p. 290-293.

BRECHT, Bertolt, *Écrits sur le théâtre. 1*, trad. Jean Tailleur, Guy Delfel, Béatrice Perregaux et Jean Jourdheuil, Paris, L'Arche, 1972 ; *Écrits sur le théâtre. 2*, trad. Jean Tailleur et Édith Winkler, Paris, L'Arche, 1979.

COPEAU, Jacques, *Registres. 2 : Molière*, textes rassemblés et présentés par André Cabanis, Paris, Gallimard, 1976.

CORVIN, Michel, *Dictionnaire encyclopédique du théâtre*, Paris, Bordas, 1995.

CRAIG, Edward Gordon, *De l'art du théâtre*, trad. Geneviève Séligmann-Lui, introduction de Jacques Rouché, Paris, La Nouvelle Revue française, 1920.

DE MARINIS, Marco, « Copeau, Decroux et la naissance du mime corporel », dans *Étienne Decroux, mime corporel : textes, études et témoignages*, dir. Patrick Pezin, Saint-Jean-de-Védas, L'Entretemps, 2003, p. 269-284.

DE MIN, Silvia, *Leggere le didascalie. Narrazione, commento, immaginazione nella drammaturgia moderna*, Bologne, Archetipolibri, 2012.

DÉPRATS, Jean-Marie, « Traduire Shakespeare : le geste et la voix », *Seizièmes assises de la traduction littéraire (Arles 1999)*, Paris, Atlas/Actes-Sud, 2000, p. 127-137.

DESHOULIÈRES, Christophe, *L'Opéra baroque et la scène moderne : essai de synthèse dramaturgique*, Paris, Fayard, 2000.

FO, Dario, *Manuale minimo dell'attore*, éd. Franca Rame, Turin, Einaudi, 1997 ; trad. Valeria Tasca, *Le Gai Savoir de l'acteur*, Paris, L'Arche, 1990.

GILLIBERT, Jean, *L'Acteur en création*, Toulouse, Presses universitaires du Mirail, 1993.

JOMARON-LEYVASTRE, Jacqueline, *Georges Pitoëff metteur en scène*, Lausanne, L'Âge d'homme, 1979.

LECOQ, Jacques, *Le Corps poétique. Un enseignement de la création théâtrale*, Arles, Actes Sud-Papiers, 1997.

MAMONE, Sara, *Paris et Florence : deux capitales du spectacle pour une reine, Marie de Médicis*, trad. S. Bajard et F. Decroisette, en collaboration avec l'auteur, Paris, Seuil, 1990.

MAMONE, Sara, « Arte e spettacolo : la partita senza fine », dans *Iconographie et arts du spectacle*, dir. Jérôme de La Gorce, Paris, Klincksieck, 1996, p. 59-112.

MERVANT-ROUX, Madeleine, *L'Assise du théâtre : pour une étude du spectateur*, Paris, CNRS Éditions, 1998.

MESGUISCH, Daniel, et Viala, Alain, *Le Théâtre*, Paris, PUF, coll. « Que sais-je ? », 2011.

MEYERHOLD, Vsevolod, *Écrits sur le théâtre*, trad., préf. et notes de Béatrice Picon-Vallin, 2 tomes, Lausanne-Paris, L'Âge d'homme, 2001-2009, t. 2, p. 108-110.

MOINDROT, Isabelle, *L'Opéra seria ou le règne des castrats*, Paris, Fayard, 1993.

MOINDROT, Isabelle, *La Représentation d'opéra. Poétique et dramaturgie*, Paris, PUF, 1993.

NAVAUD, Guillaume, *Persona. Le théâtre comme métaphore théorique de Socrate à Shakespeare*, Genève, Droz, 2011.

PAVIS, Patrice, *Vers une théorie de la pratique théâtrale*, Paris, Presses universitaires du Septentrion, 2000.

PICON-VALLIN, Béatrice, « Les années dix à Pétersbourg. Meyerhold, la *Commedia dell'Arte* et le bal masqué », dans *Le Masque. Du rite au théâtre*, dir. Odette Aslan et Denis Bablet, Paris, CNRS Éditions, 1999, p. 147-157.

RÉGNAULT, François, « Le blanc du roi », dans *Chéreau*, dir. Odette Aslan, Paris, CNRS Éditions, coll. « Les voies de la création théâtrâle », p. 80-83.

SACCHI, Annalisa, « Su un'abilità di Walter Benjamin : la citabilità del gesto », *Culture Teatrali*, n° 18, printemps 2008, p. 155-164.

SEGRE, Cesare, *Teatro e romanzo. Due tipi di comunicazione letteraria*, Turin, Einaudi, 1984.

STREHLER, Giorgio, « Shakespeare e Brecht (dall'archivio storico del Piccolo Teatro di Milano) », dans *Strehler e oltre : il "Galileo" di Brecht e "La tempesta" di Shakespeare*, dir. Giuseppina Restivo, Renzo S. Crivelli, Anna Anzi, Bologne, CLUEB, 2010, p. 131-132.

UBERSFELD, Anne, *Les Termes clés de l'analyse du théâtre*, Paris, Seuil, 1996.

VESCOVO, Piermario, *Entracte. Drammaturgia del tempo*, Venise, Marsilio, 2007.

VINCENZI, Marco (dir.), *Drammaturgie musicali del Novecento. Teorie e testi*, Lucques, Libreria Musicale Italiana, 2008.

VOIGT, Joachim, « Das spiel im spiel. Versuch einer formbestimmung an beispielen aus dem deutschen englischen und spanischen drama », Göttingen, thèse de doctorat, 1954.

TEXTES CRITIQUES, THÉORIQUES ET PHILOSOPHIQUES

ARTAUD, Antonin, *Le Théâtre et son double*, Paris, Gallimard, 1964.

ARTAUD, Antonin, « D'un voyage au pays des Tarahumaras », *Les Tarahumaras*, Paris, Gallimard, 1971, p. 45-69.

AUGÉ, Marc, *Symbole, fonction, histoire : les interrogations de l'anthropologie*, Paris, Hachette, 1979.

AUSTIN, John Langshaw, *Quand dire, c'est faire* [1960], introduction, trad. et commentaire par Gilles Lane, Paris, Seuil, 1970.

BARTHES, Roland, « Littérature et signification » [1963], *Essais critiques*, Paris, Seuil/Points, 1981, p. 258-276.

BARTHES, Roland, *Fragments d'un discours amoureux*, Paris, Seuil, 1977.

BARTHES, Roland, et HAVAS, Roland, « Ascolto », *Enciclopedia Einaudi*, Turin, Einaudi, 1977, vol. 1, p. 982-991.

BELPOLITI, Marco, *L'occhio di Calvino*, nouvelle édition augmentée, Turin, Einaudi, 2006.

BENSOUSSAN, Albert, *Confessions d'un traître. Essai sur la traduction*, Rennes, PUR, 1995.

BONHOMME, Julien, « Réflexions multiples. Le miroir et ses usages rituels en Afrique centrale », *Images Re-vues*, 4/2007, en ligne : http://imagesrevues.revues.org/147 (consulté le 28 octobre 2015).

BORGES, Jorge Luis, *Fictions*, trad. Paul Verdevoye, Nestor Ibarra et Roger Caillois, Paris, Gallimard, [1957], nouvelle édition augmentée, 1983.

BOURDIEU, Pierre, « Les rites comme actes d'institution », dans *Actes de la recherche en Sciences Sociales*, vol. 3, nº 1, juin 1982, p. 58-63.

BOUVIER, Nicolas, et VERNET, Thierry, *L'Usage du monde*, Évreux, Le Cercle du Bibliophile, 1970.

BUCI-GLUCKSMANN, Christine, *La Folie du voir. De l'esthétique baroque*, Paris, Galilée, 1986.

CALVINO, Italo, *Saggi 1945-1985*, éd. Mario Barenghi, Milan, Mondadori, 1995, vol. 1, p. 748-749.

CAVALLI, Patrizia, et TEJERA, Diana, *Al cuore fa bene far le scale. Uno staordinario incontro tra la musica pop e la poesia contemporanea*, livre et CD, Rome, Voland, 2012.

CHKLOVSKI, Victor, « L'art comme procédé », *Sur la théorie de la prose* [1929], trad. Guy VERRET, Lausanne, L'Âge d'homme, 1973, p. 9-28.

COMPAGNON, Antoine, *La Seconde Main ou le travail de la citation*, Paris, Seuil, 1979.

CORBIN, Henry, *Face de Dieu, face de l'homme : herméneutique et soufisme* [1983], Paris, Entrelacs, 2008.

CROCE, Benedetto, *Frammenti di etica*, Bari, Laterza, 1922.

DANAN, Joseph, *Entre théâtre et performance : la question du texte*, Paris, Actes Sud-Papiers, 2013.

DE MARTINO, Ernesto, *La terra del rimorso : il Sud tra religione e magia* [1961], Milan, Net, 2000.

DE MARTINO, Ernesto, *Morte e pianto rituale dal lamento funebre antico al pianto di Maria*, Turin, Boringhieri, 1983.

DEL LUNGO, Andrea, « En commençant et en finissant. Pour une herméneutique des frontières », dans *Le Début et la fin du récit. Une relation critique, accompagné d'entretiens inédits avec Christine Montalbetti, Jean Rouaud et Jean-Philippe Toussaint*, dir. Andrea Del Lungo, Paris, Classiques Garnier, 2010, p. 7-22.

DERRIDA, Jacques, « Signature, événement, contexte », dans *Marges de la philosophie*, Paris, Minuit [1972], 1985, p. 365-393.

DURKHEIM, Émile, *Le Suicide. Étude de sociologie* (1897), Paris, PUF, 2007.

FERRONI, Giulio, « Mourir au début, mourir à la fin », dans *Le Début et la fin du récit. Une relation critique, accompagné d'entretiens inédits avec Christine Montalbetti, Jean Rouaud et Jean-Philippe Toussaint*, dir. Andrea Del Lungo, Paris, Classiques Garnier, 2010, p. 207-223.

FREUD, Sigmund, *L'Interprétation du rêve. Œuvres complètes*, t. IV, trad. Janine Altounian, Pierre Cotet, René Lainé et al., Paris, PUF, 2010.

FUMAROLI, Marc, *Héros et orateurs*, Genève, Droz, 1990.

GENETTE, Gérard, *Figures III*, Paris, Seuil, 1972.

GENETTE, Gérard, *Palimpsestes : la littérature au second degré*, Paris, Seuil, 1982.

GENETTE, Gérard, *Métalepse. De la figure à la fiction*, Paris, Seuil, 2004.

GENETTE, Gérard, « De la figure à la fiction », *Métalepses. Entorses au pacte de la représentation*, dir. John Pier et Jean-Marie Schaeffer, Paris, Éditions de l'EHESS, 2005, p. 21-35.

GOUHIER, Henri, *Le Théâtre et les arts à deux temps*, Paris, Flammarion, 1989.

GRAF, Marion, « Nationalité : frontalier », dans *L'Écrivain et son traducteur, en Suisse et en Europe*, dir. Marion Graf, Genève, Zoé, 1998, p. 7-9.

JENNY, Laurent, *La Fin de l'intériorité. Théorie de l'expression et invention esthétique dans les avant-gardes françaises (1885-1935)*, Paris, PUF, 2002.

KANDINSKY, Wassily, *Du Spirituel dans l'art, et dans la peinture en particulier*, éd. Philippe Sers, trad. Nicole Debrand et Bernadette du Crest, Paris, Gallimard, coll. « Folio Essais », 1989.

LISTA, Marcella, *L'Œuvre d'art totale à la naissance des avant-gardes (1908-1914)*, Paris, CTHS/INHA, 2006.

LOTMAN, Youri Mikhailovitch, « La signification modélisante des concepts de "fin" et de "début" dans les textes artistiques », dans *Travaux sur les systèmes de signes. École de Tartu*, dir. Youri Mikhailovitch Lotman et Boris Andreevitc Ouspenski, trad. Anne Zouboff, Bruxelles, Éditions Complexe, 1976, p. 197-201.

MESCHONNIC, Henri, *Poétique du traduire*, Paris, Verdier, 1999.

MEYER-MINNEMANN, Klaus, « Un procédé narratif qui "produit un effet de bizarrerie" : la métalepse littéraire », dans *Métalepses. Entorses au pacte de la représentation*, dir. John Pier et Jean-Marie Schaeffer, Paris, Éditions de l'EHESS, 2005, p. 133-150.

MILAN, Serge, *L'Antiphilosophie du futurisme. Propagande, idéologie et concepts dans les manifestes de l'avant-garde italienne*, Lausanne, L'Âge d'homme, 2009.

MONTALE, Eugenio, *Quaderno di traduzioni*, Milan, Mondadori, 1975.

NIETZSCHE, Friedrich, *La Naissance de la tragédie*, dans *Œuvres philosophiques complètes*, trad. Michel Haar, Philippe Lacoue-Labarthe et Jean-Luc Nancy, Paris, Gallimard, 1977.

PASOLINI, Pier Paolo, *Empirismo eretico*, Milan, Garzanti, 1991 (1972), puis dans *Saggi sulla letteratura e sull'arte*, vol. 1, Milan, Mondadori, 1999, p. 1241-1683, édition française : *L'Expérience hérétique : langue et cinéma*, trad. Anna Rocchi Pullberg, préf. Maria-Antonietta Macciocchi, Paris, Payot, 1976.

PERRELLA, Silvio, *Calvino*, Bari, Laterza, 1999.

PIER, John, et SCHAEFFER, Jean-Marie (dir.), *Métalepses. Entorses au pacte de la représentation*, Paris, Éditions de l'EHESS, 2005.

PRATELLA, Francesco Ballila, *Manifeste des musiciens futuristes*, 1911, trad. Giovanni Lista, dans *Futurisme. Manifestes, documents, proclamations*, éd. Giovanni Lista, Lausanne, L'Âge d'homme, 1973, p. 307-311.

RE, Valentina, *Cominciare dalla fine. Studi su Genette e il cinema*, Milan-Udine, Mimesis, 2012.

RIPOSIO, Donatella, *Il laberinto della verità. Aspetti del romanzo libertino del Seicento*, Alexandrie, Edizioni dell'Orso, 1995.

ROSSET, Clément, *Le Réel et son double. Essai sur l'illusion* [1976], nouvelle édition revue et augmentée, Paris, Gallimard, 1984.

ROSSET, Clément, *En ce temps-là. Notes sur Louis Althusser*, Paris, Minuit, 1992.

ROSSET, Clément, *Propos sur le cinéma*, Paris, PUF, 2011.

ROUSSET, Jean, *La Littérature de l'âge baroque en France. Circé et le paon*, Paris, José Corti, 1954.

RUSSOLO, Luigi, *L'Art des bruits. Manifeste futuriste 1913*, Paris, Allia, 2013 ; également présenté dans le recueil complet *L'Art des bruits*, éd. Giovanni Lista, 1975, p. 312-317.

SEARLE, John Rogers, *Les Actes de langage* [1970], trad. Hélène Pauchard, Paris, Hermann, 1972.

SEARLE, John Rogers, *Pour réitérer les différences : réponse à Derrida* [1987], trad. Joëlle Proust, Combas, Éditions de l'Éclat, 1991.

SOLOMOS, Makis, *De la musique au son. L'émergence du son dans la musique des XXe et XXIe siècles*, Rennes, PUR, 2013.

STEINER, George, *Après Babel : une poétique du dire et de la traduction*, trad. Lucienne Lotringer et Pierre-Emmanuel Dauzat, Paris, Albin Michel, 1998.

PARATEXTES THÉÂTRAUX ET LITTÉRATURE

BADOARO, Giacomo, *Le Retour d'Ulysse dans sa patrie*, trad. Françoise Decroisette, Paris, Éditions Premières loges, 1994.

BASILE, Giambattista, *Le Conte des contes ou Le divertissement des petits enfants*, trad. Françoise Decroisette, Strasbourg, Circé, 2015[3].

BERIO, Luciano, « La musicalità di Calvino », dans *Italo Calvino. La letteratura, la scienza, la città*, dir. Giorgio Bertone, Gênes, Marietti, 1988, p. 115-116.

BRECHT, Bertolt, *Le Cercle de craie caucasien*, trad. Georges Proser, Paris, L'Arche, 1978.

BURATELLI, Claudia, LANDOLFI, Domenica et ZINANNI, Anna, *Comici dell'Arte. Corrispondenze*, Florence, Le Lettere, 1993.

CALMO, Andrea, *Le Lettere*, libro I, Venise, Comin de Trino, 1547 ; libro II, Venise, Comin de Trino, 1548 ; libro III, Venise, Alessi, 1552 ; libro IV, Venise, Farri, 1556 ; *Le Lettere di Messer Andrea Calmo*, éd. Vittorio Rossi, Turin, Loescher, 1888.

CALMO, Andrea, *Las Spagnolas* [sous le pseudonyme de Scarpella Bergamasco], Venise, Stephano et Battista cognati, 1549 ; éd. Lucia Lazzerini, Milan, Bompiani, 1979.

CALMO, Andrea, *Il saltuzza*, Venise, Alessi, 1551 ; éd. Luca D'Onghia, Padoue, Esedra, 2006.

CALMO, Andrea, *Le egloghe pastorali*, Venise, Bertacagno, 1553.

CALMO, Andrea, *Rime piscatorie*, Venise, Bertacagno, 1553 ; éd. Gino Belloni, Venise, Marsilio, 2003.

CALMO, Andrea, *La rodiana* [sous le nom de Ruzante], Venise, Alessi, 1553 ; éd. Piermario Vescovo, Padoue, Antenore, 1985.

CALMO, Andrea, *Il Travaglia*, Venise, Alessi, 1556 ; éd. Piermario Vescovo, Padoue, Antenore, 1994.

CALVI, Girolamo, *Di Giovanni Simone Mayr*, éd. Pierangelo Pelucchi, Bergame, Fondazione Donizetti, 2000.

CALVINO, Italo, *Sotto il sole giaguaro*, Milan, Garzanti, 1986.

CALVINO, Italo, *Lettere 1940-1985*, éd. Luca Baranelli, introduction de Claudio Milanini, Milan, Mondadori, 2000.

CALVINO, Italo, « A proposito di *Un re in ascolto* (due lettere inedite di Italo Calvino a Luciano Berio) », dans *Berio*, dir. Ezio Restagno, Turin, EDT, 2013, p. 135-141.

CALZABIGI, Ranieri, *Scritti teatrali e letterari*, éd. Anna Laura Bellina, Rome, Salerno, 1994.

CARPANI, Giuseppe, *Rossiniane ossia lettere musico-teatrali*, Padoue, Minerva, 1824.

CHIARI, Pietro, *La commediante in fortuna, o sia Memorie di madama N.N. scritte da lei medesima*, t. I, Venise, Angelo Pasinelli, 1755.

COE, Jonathan, *La Vie très privée de Mr. Sim*, trad. Josée Kamoun, Paris, Gallimard, 2011.

Commedie dell'Arte, éd. Siro Ferrone, 2 vol., Milan, Mursia, 1985-1986.

COSTANTINI, Angelo, *La Vie de Scaramouche* [1695], Paris, Typographies expressives, 2009.

DA GAGLIANO, Marco, *La Dafne*, Florence, Presso Cristofano Marescotti, 1608.

DE JORIO, Andrea, *La mimica degli antichi investigata nel gestire napoletano*, Naples, Dalla stamperia e carteria del Fibreno, 1832.

DELFINO, Giovanni, *La Lucrezia*, éd. Federica Giampieretti, Rome, Vecchiarelli, 2008.

ENGEL, Johann Jacok, *Ideen zu einer Mimik*, Berlin, August Mylius, 1785-1786, trad. Hendrik Jansen, *Idées sur le geste et l'action théâtrale*, Paris, Jansen, 1795, fac-similé : avec présentation de Martine de Rougemont, Genève, Slatkine, 1979.

FOPPA, Giuseppe Maria, *Amore la vince*, Venise, Casali, 1793.

FOPPA, Giuseppe Maria, *Il contravveleno*, Venise, Fenzo, 1799.

FOPPA, Giuseppe Maria, *Il muto per astuzia*, Venise, Casali, 1799.

FOPPA, Giuseppe Maria, *Il convitato di pietra*, Venise, Casali, 1801.

GOLDONI, Carlo, *Arlequin, serviteur de deux maîtres*, trad. Françoise Decroisette, Paris, Larousse, 2007.

GOLDONI, Carlo, *L'École de danse*, trad. Françoise Decroisette, Strasbourg, Circé, 1994.

GOLDONI, Carlo, *Les Femmes curieuses ; suivi de Le véritable ami*, trad. Françoise Decroisette et Anne Manceron, Arles, Actes Sud, 1996.

GOLDONI, Carlo, *Memorie italiane*, prefazioni Pasquali, t. XI, Venise, Marsilio, 2008.

GOLDONI, Carlo, *Les Mémoires italiens*, trad., annot. et présentés par Ginette Herry, Belfort, Circé, 1999.

GOLDONI, Carlo, *Mémoires*, dans *Tutte le opere di Carlo Goldoni*, éd. Giuseppe Ortolani, Milan, Mondadori, 1952, 1964, vol. 1, II, p. 1-619.

GOLDONI, Carlo, *I mercatanti*, éd. Franco Vazzoler, Venise, Marsilio, 2001.

GOLDONI, Carlo, *La vedova scaltra*, éd. Laura Sannia Nowé, Venise, Marsilio, 2004.

GOZZI, Carlo, *I due fratelli nemici*, dans *Opere. Teatro e polemiche teatrali*, éd. Giuseppe Petronio, Milan, Rizzoli, 1962, p. 873-970.

GOZZI, Carlo, *Memorie inutili* [1797], éd. Paolo Bosisio et Valentina Garavaglia, Milan, LED, 2006.

GOZZI, Carlo, *Mémoires inutiles de la vie de Carlo Gozzi écrits par lui-même et publiés par humilité*, trad. sous la direction de Françoise Decroisette, Paris, Alain Baudry & Cie, 2010.

GOZZI, Carlo, *L'Oiseau vert*, trad. Françoise Decroisette, Grenoble, Elug, 2012.

MARTINELLI, Tristano, *Compositions de rhétorique de M. Don Arlequin, comicorum de civitatis Novalensis, corrigidor de la bonna langua francese et latina, condutier de comediens, connestable de messieurs les badaux de Paris, et capital ennemi de tut les laquais inventeurs desrobber chapiaux*, [Lyon], [s.e.], [1600].

MAYORGA, Juan, *Hamelin*, trad. Yves Lebeau, Besançon, Les Solitaires intempestifs, 2007.

MAYORGA, Juan, *Le Garçon du dernier rang*, trad. Dominique Poulange et Jorge Lavelli, Besançon, Les Solitaires intempestifs, 2009.

MORANTE, Elsa, *La serata a Colono*, dans *Il mondo salvato dai ragazzini*, Milan, Mondadori, 1990.

MORROCHESI, Antonio, *Lezioni di declamazione e d'arte teatrale di Antonio Morrocchesi, professore nell'I. e R. Accademia delle belle arti di Firenze*, Florence, Tipografia all'insegna di Dante, 1832, fac-similé : Rome, Gremese, 1991.

MUNARO, Massimo, *Edipo. Tragedia dei sensi per uno spettatore*, Pise, Titivillus, 2010.

Palazzeschi, Aldo, *Lasciatemi divertire (Canzonetta)*, dans *L'incendiario*, puis dans *Poesie* [1925], Milan, Mondadori, 1974.

PANANTI, Filippo, *Il poeta di teatro*, Milan, Silvestri, 1817.

RÉGNARD, Jean-François, *Le Carnaval de Venise*, Paris, Ballard, 1699.

ROMANI, Felice, *L'elisir d'amore*, dans *Tutti i libretti di Donizetti*, éd. Egidio Saracino, Milan, Garzanti, 1993, p. 601-620.

SANGUINETI, Edoardo, *Mikrokosmos*, éd. Erminio Risso, Milan, Feltrinelli, 2004.

Recueil de plusieurs fragments des premières comédies italiennes qui ont été représentées en France sous le règne de Henry III. Recueil, dit de Fossard, conservé au Musée National de Stockholm, présenté par Agne Beijer, suivi de *Compositions rhétoriques de M. Don Arlequin*, présenté par Pierre Louis Duchartre, Paris, Duchartre et Van Buggenhoudt, 1928.

Le Recueil Fossard : la Commedia dell'Arte au XVIe *siècle*, présenté par Agne Beijer, Paris, Librairie théâtrale, 1981.

SOMMI, Leone de', *Quattro dialoghi in materia di rappresentazioni sceniche*, éd. Ferruccio Marotti, Milan, Il Polifilo, 1968.

SOMMI, Leone de', *Quatre dialogues en matière de représentations théâtrales*, trad. Françoise Decroisette, Paris, Rampazzo et associés, 1992.

STERNE, Laurence, *La Vie et les Opinions de Tristram Shandy, Gentleman*, trad. Alexis Tadié, Paris, Gallimard, 2012.

TASSO, Torquato, *Gerusalemme liberata. Jérusalem délivrée*, éd. bilingue, éd. Lanfranco Caretti, trad. Gérard Genot, Paris, Les Belles Lettres, 2008.

TRISSINO, *La quinta e la sesta divisione della Poetica* (1549), dans *Trattati di poetica e di retorica del Cinquecento*, vol. 4, éd. Bernard Weinberg, Bari, Laterza, 1974, p. 5-90.

INDEX DES NOMS

INDEX DES ŒUVRES DRAMATIQUES

RÉSUMÉS ET PRÉSENTATIONS DES AUTEURS

Piermario VESCOVO, « Métathéâtre et métalepse. Pour une distinction et une définition théorique ».

Piermario Vescovo (université Ca' Foscari de Venise) travaille sur la théorie et l'histoire du texte dramatique (*Il tempo a Napoli*, Venise, 2011 ; *A viva voce. Percorsi del genere drammatico*, Venise, 2015) et sur les rapports entre littérature et arts visuels (*La virtù e il tempo. Giorgione*, Venise, 2012). Auteur de nombreuses éditions critiques consacrées à Calmo, Goldoni, Gozzi, Nievo, il est aussi metteur en scène.

Métathéâtre et métalepse sont deux procédés souvent confondus. Il s'agit ici d'aborder la question de la distinction du changement de niveau narratif, dans ses nombreuses applications au théâtre – au XXᵉ siècle en particulier, mais pas seulement – d'avec le métathéâtre. Les exemples, tirés de l'histoire de la dramaturgie européenne, permettront de donner à ce problème un encadrement théorique.

Enrica ZANIN, « La tragédie dans la tragédie. Essais de définition du métathéâtre propre à la tragédie ».

Enrica Zanin est maître de conférences en littérature comparée à l'université de Strasbourg. Ancienne élève de l'École normale supérieure, agrégée de lettres, elle consacre ses travaux à la théorie et à la pratique du théâtre européen de la première modernité. Elle a publié le volume *Fins tragiques* (Genève, 2014) traitant des enjeux poétiques et idéologiques du dénouement.

La critique s'accorde généralement pour affirmer que le métathéâtre sied plus à la comédie qu'à la tragédie. Mais quelles seraient les caractéristiques d'une métathéâtralité tragique ? L'analyse de l'occurrence des termes *teatro* et *tragedia* dans les tragédies italiennes de la première modernité révèle que celles-ci pratiquent peu le métathéâtre, mais que cette pratique, bien que sporadique, présente des traits spécifiques qui contribuent à définir le genre et son horizon d'attente.

Beatrice ALFONZETTI, « Les fins closes et circulaires du métathéâtre. Des *Sei personaggi* aux *Giganti della montagna* de Luigi Pirandello ».

Beatrice Alfonzetti, professeur à l'université de Rome-La Sapienza, présidente de la Société italienne d'études sur le XVIIIe siècle, a pour thèmes privilégiés la poétique de Pirandello, Fo, Rame, Ramondino, la conjuration, le dénouement, les rapports entre la dramaturgie et l'histoire. Elle a écrit de nombreux ouvrages, notamment *Dramma e storia. Da Trissino a Pellico* (Rome, 2013).

Non seulement Pirandello expérimente tous les possibles d'une gamme de fins inédites au XXe siècle (énigmatiques, suspendues, interrompues…), mais la trilogie qu'il consacre aux conflits du théâtre favorise la construction d'un dispositif dramaturgique fondé sur l'anticipation, l'amplification et la répétition, avec une fin philosophique fixe et circulaire. Ce sont donc les contradictions fertiles que suscite le court-circuit entre métathéâtre et dénouement qui sont ici interrogées.

Sara MAMONE, « *La locandiera*, comédie nouvelle ou portrait d'une compagnie ? ».

Sara Mamone, professeur à l'université de Florence, a consacré ses publications au théâtre de l'Ancien Régime, notamment *Paris et Florence : deux capitales du spectacle pour une reine, Marie de Médicis* (Paris, 1990), *Dei, semidei, uomini* (Rome, 2003) et les correspondances des princes Giovan Carlo et Mattias de' Medici (Florence, 2013). Elle a réalisé avec T. Megale l'édition critique de *La locandiera* (Venise, 2007).

La locandiera de Carlo Goldoni est sans doute la plus célèbre des comédies italiennes et fait l'objet d'innombrables productions dans le monde entier. Mais au moment de sa conception, l'auteur, comme il le reconnaît lui-même, se souciait moins de sonder les psychologies de ses personnages que de tirer le meilleur parti des acteurs de sa compagnie. Ainsi peut-on voir les acteurs dans les personnages, et repenser *La locandiera* comme un portrait de la compagnie Medebach.

Lucie COMPARINI, « Les miroirs croisés de *La cameriera brillante* de Carlo Goldoni. "El capriccio de far sta commedia… per un'altra ragione" ».

Lucie Comparini, maître de conférences en études italiennes à l'université Paris-Sorbonne, est spécialiste du théâtre italien du XVIIIe siècle et de ses liens avec le théâtre français. Elle a à son actif de nombreuses publications sur Goldoni, Chiari et Gozzi. Elle est aussi traductrice et coordonne l'atelier théâtral étudiant La Mascareta qui traduit et met en scène des textes italiens classiques et modernes.

Si la scène est souvent utilisée, chez Goldoni, comme mise en abyme de la salle de spectacle, du lieu de répétition voire des coulisses, moins étudié est le cas de la représentation amateur dans des lieux privés. *La cameriera brillante* permet ainsi d'introduire des schémas métathéâtraux à des fins internes (étude des caractères, découverte d'une vérité, résolution de l'action) ou d'explorer les potentialités paradoxales de la mise sur scène qui devient découverte de l'autre et découverte de soi.

Camillo FAVERZANI, « L'opéra dans l'opéra. Actualité de *L'opera seria* de Florian Leopold Gassmann (1769) ».

Camillo Faverzani, maître de conférences à l'université Paris 8 – Vincennes – Saint-Denis, travaille sur le théâtre et le roman des XVIIIe-XXe siècles. Parmi ses publications, *Mythe et Opéra* (Saint-Denis, 2013), *Part[h]enope* (Berne, 2013), *L'Antiquité et l'Opéra* (Saint-Denis, 2014), *Verdi narrateur* (Lucques, 2014). Il anime le séminaire « L'Opéra narrateur » du LER.

L'opera seria de Gassmann et Calzabigi (Vienne, 1769), souvent considéré comme le plus représentatif du genre, est l'un des rares exemples de méta-opéras du XVIIIe siècle à avoir connu une renaissance, avec la reproduction du manuscrit de Vienne (1982) et quatre mises en scène entre 1994 et 2012 (J.-L. Martinoty, L. Dale, B. Bénichou et M. Dijkema). À l'issue d'un bilan critique sur le genre, une approche historique et structurelle de l'œuvre permettra d'en interroger l'actualité contemporaine.

Jérôme CHATY, « Métathéâtralités dans la *farsa giocosa per musica* vénitienne de 1798 à 1803. Une rencontre fructueuse entre un genre et un filon ».

Jérôme Chaty, agrégé d'italien, achève une thèse, sous la direction de Françoise Decroisette, sur l'activité et la production du librettiste vénitien Foppa. Il est notamment l'auteur d'articles sur la réécriture du théâtre de Gozzi à l'opéra (*Le Livret d'opéra, œuvre littéraire ?*, Paris, 2010) et les livrets de Sografi et Rossi (*L'Antiquité et l'Opéra*, Saint-Denis, 2014).

Dans les années 1795-1815 à Venise, la *farsa giocosa per musica* en un acte connaît un essor sans précédent. Or, entre 1798 et 1803, au moins sept nouvelles *farse* métathéâtrales sont produites dans cinq théâtres vénitiens. Que devient ici un filon qui a désormais derrière lui une longue tradition en Italie, élaborée tout au long du XVIIIe siècle au fil d'*intermezzi*, de *drammi giocosi* et d'autres genres lyriques comiques ?

Céline Frigau Manning, « Le métaopéra italien comme moteur d'« acclimatation ». Esprit, gaieté, satire sur la scène parisienne du premier XIXe siècle ».

Céline Frigau Manning est maître de conférences en études théâtrales et italiennes à l'université Paris 8 – Vincennes – Saint-Denis et membre junior de l'Institut universitaire de France. Ancienne élève de l'École normale supérieure de Paris, agrégée d'italien, elle a été pensionnaire à la Villa Médicis. Ses travaux portent sur l'opéra (*Chanteurs en scène*, Paris, 2014) et la traduction théâtrale.

L'histoire de l'institutionnalisation de l'Opéra-Italien de Paris est intimement liée aux *opere buffe* métathéâtrales qui s'y jouent au début du XIXe siècle – *La prova d'un'opera seria* de Gnecco, *L'impresario in angustie* de Cimarosa, *I virtuosi ambulanti* ou *Le cantatrici villane* de Fioravanti. Comment comprendre, au fil des réactions parues dans la presse du temps, leur succès auprès du public parisien et leur rôle dans un processus que les contemporains disent d'« acclimatation » ?

Jean-Claude Zancarini, « *La potione* et *La Fiorina*. Quand Messer Andrea fait du théâtre avec Machiavel et Ruzante ».

Jean-Claude Zancarini est professeur émérite en études italiennes à l'École normale supérieure de Lyon. Auteur d'une thèse sur l'auteur-acteur vénitien Andrea Calmo (*ca.* 1510-1571), il s'est attaché à la littérature théâtrale du XVIe siècle, avant de se consacrer aux liens entre histoire, langue et politique, et en particulier à la pensée politique florentine à l'époque des guerres d'Italie.

L'un des choix de l'auteur-acteur vénitien Andrea Calmo consista à faire du théâtre *avec* du théâtre, en partant de textes théâtraux connus pour les réinterpréter. *La potione* (1552) est ainsi inspirée par la trame de *La mandragola* de Machiavel, et *La Fiorina* (1553) trouve son point de départ dans la comédie homonyme de Ruzante parue l'année précédente. Comment Calmo aspire-t-il, avec des résultats différents, à une création originale reflétant ses ambitions théâtrales ?

Stéphane Miglierina, « L'enfer métathéâtral. Le miroir du monde dans *La Tartarea* de Giovanni Briccio ».

Stéphane Miglierina, ancien élève de l'École normale supérieure de Lyon, agrégé d'italien, est maître de conférences en études italiennes à l'université Paris-Sorbonne. En 2009, il a soutenu une thèse, dirigée par Françoise Decroisette, consacrée à la dramaturgie du « moindre mal » de Carlo Maria Maggi. Ses recherches portent sur les comédies dialectales du XVIIe siècle et les traités de dramaturgie.

Giovanni Briccio est l'auteur de comédies plurilingues où les personnages traditionnels de la *Commedia dell'Arte* deviennent des types citadins permettant d'explorer la notion de théâtre du monde. *La Tartarea* en particulier (1614), par un jeu référentiel dense et un comique qui se revendique comme nouveau, né de la juxtaposition des genres, des lieux et des notions philosophiques, s'affirme comme une pièce à la fois métathéâtrale et comiquement métaphysique.

Irina POSSAMAI, « Métathéâtre et intertexte dans l'œuvre théâtrale de Pier Paolo Pasolini ».

Irina Possamai est docteur de l'université Paris 8 – Vincennes – Saint-Denis. Co-organisatrice avec N. Setti d'un colloque sur les réécritures de Médée, elle a publié de nombreux articles sur le théâtre, l'opéra et la poésie (XXe-XXIe siècles). Associant recherche et création, elle a écrit le livret *Midea* pour O. Strasnoy (Milan, 2003), *Corpi radianti* (Palerme, 2007) et *Mira*, musique d'A. Federici (Trévise, 2013).

Dans le théâtre de Pasolini, le métathéâtre déclenche des dynamiques d'autoanalyse : les mises en abyme sollicitent l'intervention du public au sein de la représentation, et l'informent de la réflexion de l'auteur sur son théâtre en train de se faire, tout en convoquant le dramaturge lui-même comme spectateur de son travail. Par quels procédés et pour quels effets ? L'étude d'*Affabulazione*, de *Pilade*, d'*Orgia* et de *Porcile* l'éclairera.

Franco VAZZOLER, « Métathéâtre et travestissement dans la poétique et la dramaturgie d'Edoardo Sanguineti ».

Franco Vazzoler, professeur à l'université de Gênes, explore le texte théâtral en relation au jeu actorial. Il a publié *I due Pantaloni. I mercatanti* de Goldoni (Venise, 2001), l'introduction au *Vieux boute-en-train* (Paris, 1995) ; le *Teatro de Moravia* avec A. Nari (Milan, 1998) ; et sur Sanguineti *Il chierico e la scena* (Gênes, 2009). Il a traduit en italien *Mémoires du théâtre* de G. Banu (Gênes, 2005).

Sanguineti se dit convaincu que tout théâtre est métathéâtral. Comment prend-il donc position à l'égard de l'une des réflexions métathéâtrales fondatrices du XXe siècle, la pensée brechtienne du théâtre épique ? Comme le montre l'analyse du procédé métathéâtral dans plusieurs de ses textes

(*Passaggio*, *L'Orlando furioso*, *Sei personaggi.com*), ce n'est pas la distanciation, pour ce dramaturge, qui permet de saisir l'essence du discours théâtral, mais le travestissement.

Pérette-Cécile BUFFARIA, « *Shakespeare a Palermo* : la caméra, kaléidoscope métathéâtral de Francesca Comencini ».

Pérette-Cécile Buffaria († 2015), professeur à l'université de Nancy, a travaillé sur l'écriture autobiographique, la *scapigliatura* (*Carlo Dossi*, Alexandrie, 2006), la littérature moderne et contemporaine. Directrice de plusieurs ouvrages collectifs, membre des comités de rédaction de *Laboratoire italien* et *La Revue des études italiennes*, elle était traductrice en sciences humaines et littérature.

Dans un théâtre détruit de Palerme, Carlo Cecchi met en scène *Songe d'une nuit d'été* de Shakespeare, traduit par Patrizia Cavalli. Francesca Comencini en filme les répétitions. De la conception du théâtre qui se dégage de ce film, *Shakespeare a Palermo* (1997), trois éléments sont significatifs : le regard autobiographique et métathéâtral de la cinéaste ; la structure enchâssée, polysémique ; l'ancrage militant d'un regard posé comme cadre pratique, structure d'appréhension de la réalité.

Paola RANZINI, « Un miroir aux reflets trompeurs. La citation de gestes et postures des *Comici dell'Arte* au XXe siècle ».

Paola Ranzini est professeur à l'université d'Avignon et des Pays de Vaucluse. Ses recherches concernent le théâtre européen (dramaturgie, spectacles, esthétique). Auteur de monographies et articles parus en France et en Italie, elle a travaillé à l'édition critique de *Il ventaglio* et *Gli amanti timidi* de Goldoni. Parmi ses derniers livres, *Théâtre italien contemporain. Des auteurs pour le nouveau millénaire* (Paris, 2014).

Nombre d'acteurs et de dramaturges du XXe siècle – Meyerhold, Craig, Copeau, Decroux, Strehler ou Fo – puisent dans une matière aussi connotée que la tradition des *Comici dell'Arte*. Ces citations prennent une dimension métathéâtrale complexe éclairée d'un double point de vue : théorique, à partir des réflexions sur la citabilité du geste (Brecht, Benjamin) et sur l'itérabilité (Derrida) ; iconographique, en insistant sur le rôle des images dans l'identification de scènes jouées à l'italienne.

Francesco D'ANTONIO, « Dario Fo : un comique en révolte dans le miroir de la *Commedia dell'Arte* ».

Francesco D'Antonio, maître de conférences d'italien à l'université de Strasbourg, spécialiste de l'histoire et de la littérature théâtrales italiennes des XVIe-XVIIe siècles, a consacré nombre de travaux aux académies et compagnies théâtrales de cette période, à l'œuvre d'Anton Giulio Brignole Sale et à l'opéra baroque. Ses recherches portent également sur le théâtre italien contemporain.

La référence à la *Commedia dell'Arte* dans le théâtre de Fo est constante. Sous forme de prologue, d'adresse au public ou de *lazzi*, elle introduit un jeu métathéâtral où le texte se fait support mobile au spectacle, recomposable à chaque représentation, et fonde un projet militant qui renvoie à l'histoire hérétique du théâtre des XVIe et XVIIe siècles, ou à l'histoire tout court, celle des opprimés, des marginaux, des fous dont les spectacles de Fo et Rame ont intégré le regard démystificateur.

Giulia FILACANAPA, « La méta-*Commedia dell'Arte* dans les anthologies scéniques de Giovanni Poli : *Gli ultimi carnevali veneziani* ».

Giulia Filacanapa a soutenu une thèse en études italiennes et histoire du théâtre sur la réinvention de la *Commedia dell'Arte* au XXe siècle, à travers l'exemple du metteur en scène Giovanni Poli. Auteur d'articles sur Dario Fo, elle est présidente de *Stefanoperocco*, association dédiée aux masques.

Comment Poli fonde-t-il une méta-*Commedia dell'Arte* dans ses anthologies scéniques, et en particulier dans *Gli ultimi carnavali di Venezia* (1975) ? Comment la matière et les masques *dell'Arte* s'y reflètent-ils dans un miroir déformant, affirmant les thèmes du dramaturge et sa vision du théâtre politique comme théâtre pour tous ? Dans ce métathéâtre engagé, la citation des *Comici dell'Arte* révèle toute sa force démystificatrice et politique, entre tradition et modernité.

Cécile BERGER, « Le miroir brisé ou le passage derrière le rideau dans *Lo schiavetto* de Giovan Battista Andreini (1612) ».

Cécile Berger est maître de conférences à l'université Toulouse – Jean-Jaurès. Normalienne agrégée d'italien, elle a traduit collectivement les *Mémoires inutiles* de Carlo Gozzi (Paris, 2010). Spécialiste du théâtre italien (fin XVIe-XVIIIe siècles), elle publie sur G. B. Andreini, Métastase, Carlo Gozzi (*L'Oiseau vert*, *L'Avant-Scène Théâtre*, 2015) et Carlo Goldoni.

La métaphore du miroir est récurrente chez Giovan Battista Andreini. Dans *Lo schiavetto* (1612), Andreini multiplie les expédients scéniques pour la décliner et briser ce « miroir de la vie humaine » qu'est à ses yeux la comédie. Il faut alors étudier les voies métathéâtrales originales qu'il met en œuvre pour passer de l'autre côté du miroir, et s'interroger sur les motivations et les effets, en termes d'esthétique théâtrale, de cette construction-déconstruction.

Jean-François LATTARICO, « Un exemple spectaculaire de métathéâtre musical du *Seicento*. La *Berenice vendicativa* de Piccioli et Freschi (1680) ».

Jean-François Lattarico, ancien élève de l'École normale supérieure, est professeur d'études italiennes à l'université Lyon III – Jean-Moulin. Spécialiste de l'opéra vénitien du XVIIe siècle, il a édité *Il viaggio d'Enea all'Inferno* de Busenello auquel il a consacré *Busenello : un théâtre de la rhétorique* (Paris, 2013). Il est aussi l'auteur d'un essai sur l'académie libertine au XVIIe siècle, *Venise incognita* (Paris, 2012).

Créé en 1680 dans un théâtre privé, *Berenice vendicativa* est un exemple singulier de métathéâtre musical du baroque tardif, en raison des effectifs hollywoodiens requis, et pour le petit opéra en un acte qui le clôture. Or l'opéra s'inscrit dans un filon hérité du théâtre parlé, profane et sacré, mais qui, à la faveur d'une évolution favorisant de plus en plus le spectaculaire visuel au détriment de la dramaturgie, prépare l'émergence de formes plus légères, comme la comédie-ballet.

Emmanuelle BOUSQUET, « Les livrets d'opéra italiens de l'entre-deux-siècles (XIXe-XXe siècles). Miroir d'un lieu, miroir d'un temps ».

Emmanuelle Bousquet est maître de conférences en études italiennes à l'université de Nantes. Docteur de l'université Paris 8 – Vincennes – Saint-Denis, elle a soutenu en 2003 une thèse sous la direction de Françoise Decroisette consacrée à l'expression de l'identité dans les opéras de Riccardo Zandonai. Ses recherches portent sur la question de la genèse des œuvres lyriques en lien avec les humanités numériques.

La fin du XIXe siècle et le premier XXe siècle, en Italie, est marquée par le spectacle apocalyptique du conflit mondial et les modifications de frontières interrogeant le lieu où chacun imagine se trouver. Trois opéras permettent ici d'en prendre la mesure : *I pagliacci* de Leoncavallo, *I cavalieri d'Ekebù* de Zandonai et *Arlecchino* de Busoni. De leur métathéâtralité, créateurs et spectateurs cherchent les significations communes par la contestation, avant tout, des principes en cours jusque-là.

Silvia TATTI, « Le librettiste d'après Italo Calvino. Autour de *Un re in ascolto* ».

Silvia Tatti, professeur en littérature italienne à l'université de Rome – La Sapienza, a écrit une thèse dirigée par Françoise Decroisette intitulée « Tempeste della vita : la letteratura degli esuli italiani in Francia nel 1799 » (Paris, 1999). Ses recherches portent sur les relations franco-italiennes et la littérature des XVIIIe-XIXe siècles. Elle est notamment l'auteur de *Il classico. Storia di una parola* (Rome, 2015).

Dans le livret *Un re in ascolto*, réadapté pour la création de l'opéra en 1984, la multiplicité des niveaux représentés rend plus complexe la dimension traditionnelle métathéâtrale. Ce que Calvino et Berio interrogent surtout, ce sont la nature des sons textuels et les potentialités de l'écoute. La question du rapport entre texte et musique éclaire d'une façon nouvelle les expériences précédentes, jusqu'à la réflexion de Métastase pour qui les mots contenaient déjà, en soi, le présage du son.

Anne-Françoise BENHAMOU, Stéphane BRAUNSCHWEIG, Huguette HATEM, Isabelle MOINDROT et Myriam TANANT, « Des personnages en quête d'un public ? Pirandello sur les scènes françaises ».

Anne-Françoise Benhamou est professeur en études théâtrales à l'École normale supérieure (UMR THALIM) et dramaturge. Ses travaux portent sur la dramaturgie et la mise en scène contemporaine. Elle a écrit *Dramaturgies de plateau* (Besançon, 2012), *Koltès dramaturge* (Besançon, 2013), *Patrice Chéreau. Figurer le réel* (Besançon, 2015).

Stéphane Braunschweig, directeur du CDN d'Orléans (1993-1998), du TNS (2000-2008) et de La Colline-théâtre national (2010-2016), dirige depuis 2016 l'Odéon – Théâtre de l'Europe. De Pirandello, il a mis en scène *Vêtir ceux qui sont nus* (2006), *Six personnages en quête d'auteur* (2012) et *Les Géants de la montagne* (2015). Il est l'auteur du livre *Petites portes, grands paysages* (Arles, 2007).

Huguette Hatem, agrégée d'italien, a enseigné au CNED et à l'université Paris 8 – Vincennes – Saint-Denis. Elle a traduit de nombreux auteurs italiens : Goldoni, Gozzi, Pirandello, Ugo Betti, Eduardo De Filippo, Ettore Scola. Elle a écrit avec Laurence James un roman, *Nice, amère saison* (Paris, 2010). Comédienne, elle a joué dans les centres dramatiques nationaux de province et à Paris une quarantaine de pièces.

Isabelle Moindrot, professeur d'études théâtrales à l'université Paris 8 – Vincennes – Saint-Denis, est l'auteur d'ouvrages sur le théâtre, la mise en scène et l'opéra. Elle a dirigé notamment *Le Spectaculaire dans les arts de la scène du romantisme à la Belle Époque* (Paris, 2006), *Victorien Sardou. Le théâtre et les arts* (Rennes, 2011) et codirigé *L'Altérité en spectacle. 1789-1918* (Rennes, 2015).

Myriam Tanant est professeur émérite de l'université Sorbonne nouvelle – Paris 3. Assistante de Giorgio Strehler, elle lui a consacré un ouvrage éponyme *Giorgio Strehler* (Paris, 2007). Elle est l'auteur de livrets d'opéra, mis en musique par Fabio Vacchi et Hugues Dufourt, ainsi que de pièces de théâtre. Elle a mis en scène des opéras de Mozart, Paisiello, Milhaud. Elle a traduit Goldoni, Pirandello, Svevo, Basile.

Si Dullin porte à la scène *La Volupté de l'honneur* en 1922, c'est avec la création des *Six personnages en quête d'auteur* par Pitoëff en 1923 qu'une longue série commence, mettant en cause les fondements de la représentation théâtrale. Isabelle Moindrot anime une discussion où chacun partage ses expériences pirandelliennes de praticiens et de spectateurs, autour des questions de traduction, de dramaturgie et de mise en scène.

Siro FERRONE, « *Bellissima* de Luchino Visconti ou de la vocation théâtrale ».

Siro Ferrone dirige la revue *Drammaturgia*, la collection « Storia dello Spettacolo » et pilote le projet Archivio Multimediale dell'Attore. Il a publié *Comici dell'Arte* (Florence, 1993), *Commedie dell'Arte* (Milan, 1985-1986), *Attori mercanti corsari* (Turin, 1993), *Arlecchino* (Rome, 2006 et Montpellier, 2008), *La vita e il teatro di Carlo Goldoni* (Turin, 2011), *La Commedia dell'Arte* (Milan, 2014).

Bellissima (1951) se situe, pour Visconti, dans une phase d'intense activité théâtrale et de profonde réflexion critique sur le théâtre. Magistralement interprété par Anna Magnani, ce film est pour lui l'occasion d'une recherche sur le jeu théâtral et sur la théâtralisation du moi. En interrogeant son rapport avec les acteurs et le public, en découvrant les émotions qui relèvent du métier comme de la vie, Visconti propose une mise en scène du masque et du vrai, dont le cinéma est le miroir.

Cristina BARBATO, « Rossini au miroir. La métathéâtralité dans la mise en scène d'opéra contemporaine ».

Cristina Barbato, professeur certifiée d'italien, a soutenu une thèse en cotutelle dirigée par Françoise Decroisette et Paolo Bosisio sur la *regia critica* et les mises en scène des *opere serie* de Rossini par Ronconi et Pizzi. Elle est membre du Laboratoire d'études romanes (LER) de l'université Paris 8 – Vincennes – Saint-Denis et a publié plusieurs articles concernant la mise en scène lyrique contemporaine.

L'application de procédés métathéâtraux à la mise en scène d'opéras rossiniens a donné lieu à des interprétations variées. Pizzi, en particulier, en a fait l'un des éléments-clés de sa poétique. C'est ce que montre l'étude de trois de ses productions rossiniennes, *Semiramide* (1980), où le chœur, hors scène, est habillé comme le public du XIXe siècle ; *Tancredi* (1992), où il propose deux ouvertures de scène l'une dans l'autre ; *Mosè* (1993), où l'aspect visuel est celui d'un spectacle *in fieri*.

Eleonora VISCIGLIO, « Montage métathéâtral d'une pièce exotique goldonienne : *L'Épouse persane* ».

Eleonora Visciglio, docteur de l'université Paris 8 – Vincennes – Saint-Denis, enseigne le français et l'italien aux universités de Xalapa et Anahuac (Mexique). Sa thèse dirigée par Françoise Decroisette portait sur la trilogie persane de Goldoni dont elle a proposé la première traduction-adaptation française (compagnie Errance, Biennale de Venise, 2007). Elle travaille avec une compagnie de marionnettistes mexicains.

En 2007, la compagnie Errance choisit, par un jeu de dédoublement structurel, d'introduire un chœur chantant et actant dans son spectacle *L'Épouse persane*, mis en scène par Simona Morini. L'une des actrices-adaptatrices interroge ici le montage métathéâtral du nouveau texte de la trilogie persane : il s'inspire, d'une part, de l'usage multiple que Goldoni lui-même fait du procédé dans ses pièces, d'autre part de la richesse de possibilités qu'offre le dispositif choral.

Louise ROUX, « *Identité, pirandellisme et Tarahumaras*. Analyse de la performance par l'actrice ».

Louise Roux, ancienne élève de l'École normale supérieure de Lyon, a soutenu en 2015 une thèse consacrée au retour du collectif et à l'émergence de pratiques alternatives dans le théâtre contemporain. Également comédienne, formée au Studio-Théâtre d'Asnières, elle poursuit en parallèle recherche pratique et théorique. Depuis 2010, elle enseigne la création collective à l'université Paris 8 – Vincennes – Saint-Denis.

Le titre *Identité, pirandellisme et Tarahumaras* peut se lire comme l'intitulé d'une communication. C'est une performance masquée dont l'actrice propose l'analyse après l'avoir jouée lors du colloque « Le miroir derrière le rideau. Sur le métathéâtre en Italie ». Introduisant la mise en abyme dans le colloque lui-même, le retournement invite à interroger la conception du théâtre comme miroir, quand l'acte performatif se passe de *mimésis* et n'est plus réfléchissant.

TABLE DES MATIÈRES

DEUXIÈME PARTIE

MIROIRS RÉFLÉCHISSANTS OU DÉFORMANTS

FIGURES D'ACTEURS, DE DRAMATURGES ET DE SPECTATEURS

TROISIÈME PARTIE

MIROIRS À DOUBLES FONDS

MÉTATHÉÂTRE ET INTERTEXTUALITÉ

QUATRIÈME PARTIE

AU MIROIR DE LA *COMMEDIA DELL'ARTE*

GESTES, *TOPOI* ET CITATIONS

CINQUIÈME PARTIE

MIROIRS BRISÉS

LA QUÊTE DE FORMES NOUVELLES

SIXIÈME PARTIE

DE L'AUTRE CÔTÉ DU MIROIR

JEU, MISE EN SCÈNE ET RÉCEPTION